21世纪经济管理精品教材

金融学系列

企业并购与资产重组

理论、案例与操作实务

（第2版）

石建勋　郝凤霞◎主　编

张　鑫　李海英◎副主编

清華大學出版社

北京

内 容 简 介

本书结合并购重组的大环境、大趋势，详细介绍和分析了并购重组的动因、并购重组的程序、并购中的定价与融资、并购重组中的法律与监管框架、跨国并购等内容。全书共编写了几十个最新的、具有代表性的典型案例，对于读者结合案例学习掌握并购重组的理论与方法非常有帮助。

本书内容新颖、涉及面广、信息量大，案例丰富、生动实用，不仅适合金融类在校生学习使用，也非常适合企业高级管理人员、投资者、创业者、投资银行专家、律师、从事并购业务的中介机构从业人员以及对并购重组有兴趣的读者阅读。

图书在版编目（CIP）数据

企业并购与资产重组：理论、案例与操作实务/石建勋，郝凤霞主编．—2版．—北京：清华大学出版社，2017（2020.9重印）
（21世纪经济管理精品教材·金融学系列）
ISBN 978-7-302-46906-3

Ⅰ．①企…　Ⅱ．①石…　②郝…　Ⅲ．①企业兼并－高等学校－教材　②企业重组－高等学校－教材　Ⅳ．①F271

中国版本图书馆CIP数据核字（2017）第063956号

责任编辑：张　伟
封面设计：李召霞
责任校对：宋玉莲
责任印制：宋　林

出版发行：清华大学出版社
网　　址：http://www.tup.com.cn，http://www.wqbook.com
地　　址：北京清华大学学研大厦A座　　**邮　　编**：100084
社 总 机：010-62770175　　**邮　　购**：010-62786544
投稿与读者服务：010-62776969，c-service@tup.tsinghua.edu.cn
质量反馈：010-62772015，zhiliang@tup.tsinghua.edu.cn
课件下载：http://www.tup.com.cn，010-83470158
印 装 者：北京鑫海金澳胶印有限公司
经　　销：全国新华书店
开　　本：185mm×260mm　　**印　　张**：22.25　　**字　　数**：526千字
版　　次：2012年8月第1版　2017年7月第2版　　**印　　次**：2020年9月第6次印刷
印　　数：12001～14000
定　　价：49.00元

产品编号：070719-02

第2版前言

本书出版发行4年有余，已经被许多学校作为本科生、金融专业硕士和工商管理硕士的企业并购和资产重组课程教材使用，现在需要再印刷一批。考虑到企业并购和资产重组的理论与实务有着很强的政策性、时效性，有必要与时俱进地修改补充新内容。

4年多来，经济环境和政策环境都发生了重大变化，特别是中国共产党十八届三中全会确立了今后中国经济运行要让市场对资源配置起决定性作用的改革方向，在企业并购重组方面，减少政府审批，用市场化的手段管理和规范企业并购重组成为十八大之后并购重组市场监管改革的新亮点，国家有关部门先后出台了一批新的有关企业并购和资产重组的法律法规，给并购市场带来了新的活力和动力。另外，近几年中国企业"走出去"进行跨国并购的数量和规模增加很快，有许多成功的案例和经验教训。

此次本书再版前的修改补充，增加了对近几年出台的一系列并购新规的解读，增加了一些并购重组的新案例等，力图从更大、更远、更宽广的视角来分析企业并购重组，有助于我们学习和把握企业并购重组大发展的背景和趋势。

本书此次再版前的修改主要由四位主编按原版分工的章节分别负责完成。特别要说明的是，本书编写出版得到了同济大学专业学位研究生教材出版基金的资助，在此表示衷心的感谢。

本书理论与实践研究涉及面广，需要深入探讨的问题很多，难免有不当之处，敬请读者批评指正(sjx12188@126.com)。

编　者

2017年1月于同济大学

第1版前言

21世纪以来,以企业为核心的市场体系进入一个大的结构性调整阶段。企业能否适应不断变化的市场体系,成为全球各大公司所关注的首要问题。通过并购重组促进企业实现资源整合,增强公司的盈利能力,实现产业升级和技术创新,提升企业的核心竞争力,实现企业的跨越式发展成为当今企业做大做强的必由之路。世界500强公司基本上都是靠并购重组发展壮大起来的,其发展史是一部企业并购重组的发展史。并购是企业最具戏剧性和最具吸引力的资本运作,同时又是一项严峻和艰辛的商业活动、金融活动,更是企业发展的必由之路。在风生水起的并购市场,几乎每天都在上演"大鱼吃小鱼,小鱼吃虾米"的并购交易。

中国加入WTO(世界贸易组织),中国企业也将身不由己地置身于并购浪潮之中,在一些国内企业纷纷被外资并购的过程中,一大批勇敢的中国企业主动"走出去"并购重组世界各地的企业。例如,联想收购IBM电脑事业部、吉利收购沃尔沃等,这些振奋人心的消息不断地吸引着中国人的眼球。并购重组也是资本市场永恒的话题,随着中国资本市场的发展壮大,上市公司的并购浪潮风起云涌。因此,学习和掌握并购重组的基本理论,总结实践经验,把握并购重组大趋势,掌握基本并购重组技能已成为现代企业家、经营管理者、各类投资者和金融行业的工作者必备的知识和才能。

本书在编写过程中参考借鉴了许多前人的研究成果,在书后列出了有关参考文献,对于书中所采用的文献的内容,编者在此特向这些文献的作者表示诚挚的敬意和衷心的感谢。

本书的编写分工是:石建勋负责第一章、第二章编写,并负责全书的章节设计,其他章节内容和案例的修改、选择和补充完善,第二次通稿审核、定稿;郝凤霞负责第三章、第六章、第九章的编写,并负责全书的第一次通稿审核和部分内容修改;张鑫负责第七章、第八章的编写;李海英负责第四章、第五章的编写。全淑琴、汤洁琳、冯斌、何天妤、曾攀峰、季雨洁等参加了本书资料收集、文字整理及部分编写工作,在此一并表示感谢。

本书理论与实践研究涉及面广,需要深入探讨的问题有很多,难免有不当之处,敬请广大读者批评指正(sjx1218@sohu.com)。

编　者

2012年5月于同济大学

目录

第一章　企业并购与资产重组的理论与实践 …………………… 1

第一节　企业并购的定义 ………………………………………… 1
第二节　资产重组的定义 ………………………………………… 2
第三节　企业并购与资产重组理论 ……………………………… 7
第四节　企业并购与资产重组的动因分析 ……………………… 12
第五节　中外企业并购实践总结 ………………………………… 18
本章小结 ……………………………………………………………… 26
复习思考题 …………………………………………………………… 27
案例一　招商局集团的国际化重构 ……………………………… 27
案例二　首旅集团收购如家 ……………………………………… 32

第二章　企业并购与资产重组的基本知识 ……………………… 37

第一节　并购重组与企业资本运作 ……………………………… 37
第二节　企业并购与资产重组的基本类型 ……………………… 40
第三节　企业并购与资产重组的风险 …………………………… 44
第四节　企业并购与重组中可能发生的纠纷 …………………… 47
本章小结 ……………………………………………………………… 48
复习思考题 …………………………………………………………… 49
案例一　利亚德的兼并发展壮大之路 …………………………… 49
案例二　上汽并购韩国双龙汽车的风险与纠纷 ………………… 52

第三章　企业并购重组的程序与步骤 …………………………… 57

第一节　非上市公司的一般并购程序 …………………………… 57
第二节　上市公司的并购程序 …………………………………… 69
第三节　中介机构在企业并购中的作用 ………………………… 81
本章小结 ……………………………………………………………… 88
复习思考题 …………………………………………………………… 88
案例　上海国资打造商业航母的系列并购重组 ………………… 89

第四章 企业上市前的并购与重组 …… 94

第一节 企业上市前并购与重组概述 …… 94
第二节 非上市公司并购和重组的制度体系 …… 98
第三节 企业上市前的股权并购 …… 101
第四节 企业上市前的资产重组 …… 107
第五节 企业上市前资产重组中的财务整合 …… 109
本章小结 …… 112
复习思考题 …… 112
案例一 圆通借壳上市,抢滩资本市场 …… 112
案例二 巨人网络将“借壳”世纪游轮回归A股上市 …… 115

第五章 企业上市后的并购与重组 …… 118

第一节 上市公司并购重组概述 …… 118
第二节 上市公司并购重组的财务整合 …… 125
第三节 上市公司并购重组方式创新与风险应对 …… 130
第四节 上市公司并购重组新规解读 …… 134
本章小结 …… 141
复习思考题 …… 142
案例一 南北车合并,强强携手 …… 142
案例二 宏达高科收购佰金 …… 146

第六章 跨国并购 …… 151

第一节 跨国并购理论与发展 …… 151
第二节 跨国并购动机与效应分析 …… 161
第三节 中国企业跨国并购概况 …… 165
本章小结 …… 183
复习思考题 …… 183
案例一 光明收购 Synlait Milk …… 184
案例二 吉利并购沃尔沃 …… 192

第七章 企业并购中的定价与融资 …… 196

第一节 企业并购中的资产评估和定价 …… 196
第二节 如何避免资产并购中的定价错误 …… 204
第三节 企业并购中的融资 …… 212
本章小结 …… 219
复习思考题 …… 220
案例一 “宝能系”以杠杆式并购控股万科 …… 220

案例二　并购基金设立模式及相关典型案例…… 224

第八章　企业并购后的整合 …… 230

第一节　企业并购后整合的基本问题…… 230
第二节　企业并购后整合的内容…… 237
第三节　中国企业海外并购后整合的风险与对策…… 248
本章小结…… 262
复习思考题…… 262
案例一　联想并购 IBM 个人电脑事业部后的整合 …… 262
案例二　艾默生并购深圳安圣电气后的整合…… 268

第九章　并购与重组中的法律与监管框架 …… 273

第一节　世界各国公司并购重组的监管…… 273
第二节　中国企业并购的监管及相关法律…… 283
第三节　企业并购过程中的反垄断审查…… 293
第四节　改进并购监管以促进并购发展…… 295
本章小结…… 301
复习思考题…… 301
案例一　可口可乐收购汇源的反垄断调查…… 301
案例二　微软收购雅虎搜索业务的反垄断审查…… 306
案例三　哈里伯顿能源服务集团和贝克休斯“世纪并购”的反垄断调查…… 313

附录　中国上市公司并购典型案例汇总 …… 317

参考文献 …… 343

第一章 企业并购与资产重组的理论与实践

第一节 企业并购的定义

企业并购是指企业的兼并和收购(merger & acquisition,M&A),是企业资本运作和资本经营的主要形式。企业并购是一种特殊的交易活动,其对象是产权。通过并购,企业可以实现资源合理配置,扩大生产经营规模,实现协同效应,降低交易成本,以增强企业的竞争优势,提高企业的价值。当前,并购已成为企业外部扩张与成长的重要途径之一。

企业并购的实质是在企业控制权转移过程中,各权利主体依据企业产权所做出的制度安排而进行的一种权利让渡行为。企业并购是企业基于经营战略考虑对企业股权、资产、负债进行的收购、出售、分立、合并、置换活动,表现为资产与债务重组、收购与兼并、破产与清算、股权或产权转让、资产或债权出售、企业改制与股份制改造、管理层及员工持股或股权激励、债转股与股转债、资本结构与治理结构调整等。

企业并购活动是在一定的财产权利制度和企业制度条件下进行的。在企业并购过程中,某一部分权利主体通过出让所拥有的对企业的控制权而获得相应的收益,另一部分权利主体则通过付出一定的代价而获取这部分控制权。企业并购活动包括兼并、收购和合并三个不同的内容和含义。

(1) 兼并。兼并是指两家或更多的独立的企业、公司合并组成一家企业,通常由一家占优势的公司吸收一家或更多的公司。兼并的方法:①用现金或证券购买其他公司的资产;②购买其他公司的股份或股票;③对其他公司股东发行新股票以换取其所持有的股权,从而取得其他公司的资产和负债。兼并有广义和狭义之分。狭义的兼并是指一个企业通过产权交易获得其他企业的产权,使这些企业的法人资格丧失,并获得企业经营管理控制权的经济行为。广义的兼并是指一个企业通过产权交易获得其他企业产权,并企图获得其控制权,但是这些企业的法人资格并不一定丧失。

(2) 收购。收购是指一家企业用现金、股票或者债券等支付方式购买另一家企业的股票或者资产,以获得该企业的控制权的行为。收购有两种形式:资产收购和股权收购。资产收购是指一家企业通过收购另一家企业的资产以达到控制该企业的行为。股权收购是指一家企业通过收购另一家企业的股权以达到控制该企业的行为。按收购方在被收购方股权份额中所占的比例,股权收购可以划分为控股收购和全面收购。控股收购指收购方虽然没有收购被收购方所有的股权,但其收购的股权足以控制被收购方的经营管理。控股收购又可分为绝对控股收购和相对控股收购。并购方持有被并购方股权51%或51%以上的为绝对控股收购。并购方持有被并购方股权50%或51%以下但又能控股的为相对控股收购。全面收购指收购方收购被收购方全部股权,被收购方成为收购方的全资子公司。

收购与兼并的主要区别是，兼并使目标企业和并购企业融为一体，目标企业的法人主体资格取消，而收购常常保留目标企业的法人地位。

(3) 合并。合并(consolidation)是指两个或两个以上的企业互相合并成为一个新的企业。合并包括两种法定形式：吸收合并和新设合并。吸收合并是指两个或两个以上的企业合并后，其中一个企业存续，其余的企业归于消灭，用公式可表示为：A+B+C+…=A (或B或C…)。新设合并是指两个或两个以上的企业合并后，参与合并的所有企业全部消灭，而成立一个新的企业，用公式表示为：A+B+C+…=新的企业。合并主要有如下特点：第一，合并后消灭的企业的产权人或股东自然成为存续或者新设企业的产权人或股东；第二，因为合并而消灭的企业的资产和债权债务由合并后存续或者新设的企业继承；第三，合并不需要经过清算程序。

在西方文献中，表述兼并、收购、合并、联合、接管的词有很多，如acquisition，annexation，amalgamation，consolidation，takeover等。尽管这些词词义有交叉，但还是可以从严格意义上进行区分。

(1) acquisition一般是指一个经济实体控制另一个经济实体。

(2) annexation原指一国正式宣布对原不属于其管辖范围内的某一领土享有主权的正式行为，它是单方面的行为，通过实际占领而生效，并通过普遍的承认而合法化。

(3) amalgamation指两个或更多公司的联合或合并，这种联合或合并的实现途径有：一个公司控制其他公司；两个或更多公司之间的合并；原先的公司解散，成立新的公司来接管联合的经济实体。

(4) consolidation指两个或两个以上的公司合并成一家新企业的行为，所有原来的各个企业都终止而成为一个新成立的企业的组成部分。

(5) takeover指收购方在对方完全不知情或者双方达不成共同协商条件的情况下不顾被收购方的意思而强行夺取被收购公司控制权的行为。

以上名词解释词条来源于《大不列颠百科全书》《牛津金融和银行词典》。

第二节 资产重组的定义

一、资产重组的概念界定

资产重组是指企业资产的拥有者、控制者与企业外部的经济主体对企业资产的分布状态进行重新组合、调整、配置的过程，或对设在企业资产上的权利进行重新配置的过程。狭义的资产重组仅仅指对企业的资产和负债的划分与重组，广义的资产重组还包括企业机构和人员的设置与重组、业务机构和管理体制的调整。目前所指的资产重组一般都是指广义的资产重组。在股票市场基本分析的诸多方法中，资产重组是上市公司基本面分析重要的研究内容和领域之一。

资产重组分为内部重组和外部重组。内部重组是指企业(或资产所有者)将其内部资产按优化组合的原则，进行的重新调整和配置，以期充分发挥现有资产的部分和整体效益,从而为经营者或所有者带来最大的经济效益。在这一重组过程中,仅是企业内部管理机制和资产配置发生变化,资产的所有权不发生转移,属于企业内部经营和管理行为,因此,不与他人产生任何法律关系上的权利义务关系。外部重组是企业或企业之间通过资产的买卖(收购、兼并)、互换等形式,剥离不良资产、配置优良资产,使现有资产的效益得以充分发挥,从而获取最大的经济效益。这种形式的资产重组,企业买进或卖出部分资产或者企业丧失独立主体资格,其实只是资产的所有权在不同的法律主体之间发生转移,因此,此种形式的资产转移的法律实质就是资产买卖。

目前在国内所使用的"资产重组"的概念,早已被约定俗成为一个边界模糊、表述一切与上市公司重大非经营性或非正常性变化的总称。在上市公司资产重组实践中,"资产"的含义一般泛指一切可以利用并为企业带来收益的资源,其中不仅包括企业的经济资源,也包括人力资源和组织资源。资产概念的泛化,也就导致了资产重组概念的泛化。

虽然国家有关部门近期出台了不少有关资产重组的法律法规和行政规章制度,但均未涉及资产重组的概念,到目前为止还没有一条关于资产重组的明确定义。虽然在重组实践中会从不同的角度对资产重组及其包括的内容进行一定程度的规范,但使用的名称仍然极不统一,随意性较大,列举的方式也不周延,甚至有点儿混乱,这些都为资产重组概念的泛化敞开了较大的口子。

我国的资产重组概念所包含的内容比国外的企业重组(restructuring)的概念要广,而且我国的资产重组概念是从股市习惯用语上升到专业术语的,因此给资产重组下一个内涵外延明确的定义是非常困难的。我国学者在研究当中多半采取下一个泛泛的定义做简单描述的做法或者干脆回避对资产重组这一重要的概念进行定义。现已有的关于资产重组的定义不少于 20 种,其中国内目前使用得比较广泛的有以下几种。

1. 从资产的重新组合角度进行定义

梁爽(1997)等专家认为资产是企业拥有的经济资源,包括人的资源、财的资源和物的资源。所以,资产重组就是对"经济资源的改组",是对资源的重新组合,包括对人的重新组合、对财的重新组合和对物的重新组合。赵楠(1998)甚至认为,资产重组不仅包括人、财、物三个方面的重新组合,而且还应当包括进入市场的重新组合。该定义只突出了资产重组的"资产"的一面,没有突出资产重组涉及的"产权"的一面。

2. 从业务整合的角度进行定义

资产重组是指企业以提高公司整体质量和获利能力为目的,通过各种途径对企业内部和外部业务进行重新整合的行为(张宁、范永进,1999)。该定义从业务的整合角度对重组进行了解析,基本反映了资产重组的目的。但概括性不强,内涵和外延不明确,而且同样没有涉及资产重组的产权的一面及业务重组。

3. 从资源配置的角度进行定义

资产重组就是资源配置(薛小和,1997)。有人进一步认为,资产重组就是对存量资产的再配置过程,其基本含义就是通过改变存量资源在不同的所有制之间、不同的产业之间、不同的地区之间,以及不同企业之间的配置格局,实现产业结构优化和提高资源利用率的目标。而华民等学者进一步扩展了资产重组概念,认为资产重组涉及两个层面的问题。其一是微观层次的企业重组,内容主要包括:企业内部的产品结构、资本结构与组织结构的调整;企业外部的合并与联盟等。其二是宏观层次的产业结构调整。产业结构调整是较企业重组更高一级的资源重新配置过程。

该定义把资产重组与资源配置联系起来了。但资产重组是资源配置的一种方式,而资源配置只是资产重组的一种目的和结果而已。比如企业的生产从一种产业转移到另一种产业是不属于资产重组的,而是属于资源配置的范畴。仅用资源配置来定义资产重组内涵不清晰,外延模糊,未能突出资产重组的特点。

4. 从产权的角度进行定义

企业资产重组就是以产权为纽带,对企业的各种生产要素和资产进行新的配置与组合,以提高资源要素的利用效率,实现资产最大限度的增殖的行为。而有人甚至认为资产重组只是产权重组的表现形式,是产权重组的载体和表现形态。该定义突出了资产重组中的"产权"的一面,但又排除了不涉及产权的资产重组的形式。

从上述定义可以看出我国的资产重组的概念显然有两个层面的含义:一个是企业层面的"资产"重组;另一个是股东层面的"产权"重组。因此资产重组可以分为企业资产的重新整合以及企业层面上的股权的调整。根据上述定义,资产重组不包括企业内部的资产的重新组合以及企业对外进行产权投资,而只谈企业与外界之间发生的资产组合与企业的产权变动。

而根据证券市场上的约定俗成,资产重组还是一个带有"量"的内涵的概念,即企业的这种资产的调整和配置必须达到一定程度才能被称为资产重组。如对一个上市公司而言,股权转让是频繁的,少量的股权转让不属于资产重组范围。基于我国证券市场的约定俗成,可以从以下几方面把握资产重组的概念和含义。

1. 资产重组并不仅仅是存量资产的调整

对于资产重组到底是存量资产的调整还是增量资产的调整,在一般情况下,这种基于存量资产结构的调整,往往需要有新的增量资产的进入才能进行更好的调整。资产重组从一般意义上讲,应当是存量资产和增量资产的重新整合,这种整合是一个动态过程。

2. 我国的资产重组概念所包含的内容比国外企业重组的概念要广

在国外,企业重组指的是清偿一些领域的项目,并将资产重新投向其他现有领域或新的领域(威斯通等,1996)。而中国证券市场约定俗成的资产重组的概念比国外的"企业重组"的概念要广得多,已经涵盖兼并收购以及企业重组的各个方面。

3. 资产重组概念具有中国特色

在我国现阶段出现的上市公司为保"壳"或类似目的而进行的资产重组,其实是包含债务重组(剥离)、股权重组、职工安置(国有职工身份置换)等一系列社会、经济、政治因素在内的系统工程。因而,我国上市公司资产重组在符合资产重组一般规律的前提下,还具有地方政府主导参与等鲜明的中国特色。例如,我国的国有股回购与成熟市场当中的"股份回购"是不同的。这些正是源自于中国特殊的制度环境。

二、资产重组具体内容

根据我国证券市场的约定俗成,可以把上市公司资产重组分为五大类:①收购兼并。②股权转让,包括非流通股的划拨、有偿转让和拍卖等,以及流通股的二级市场购并(以公告举牌为准)。③资产剥离或所拥有股权出售,是指上市公司将企业资产或所拥有股权从企业中分离、出售的行为。④资产置换,包括上市公司资产(含股权、债权等)与公司外部资产或股权互换的活动。⑤其他类。

1. 收购兼并

在我国收购兼并主要是指上市公司收购其他企业股权或资产、兼并其他企业,或采取定向扩股合并其他企业。它与我国上市公司的大宗股权转让概念不同。"股权转让"是在上市公司的股东层面上完成的,而收购兼并则是在上市公司的企业层面上进行的。兼并收购是我国上市公司资产重组当中使用最广泛的一种重组方式。

2. 股权转让

股权转让是上市公司资产重组的另一个重要方式。在我国股权转让主要是指上市公司的大宗股权转让,包括股权有偿转让、二级市场收购、行政无偿划拨和通过收购控股股东等形式。上市公司大宗股权转让后一般出现公司股东甚至董事会和经理层的变动,从而引入新的管理方式,调整原有公司业务,实现公司经营管理以及业务的升级。

3. 资产剥离或所拥有股权的出售

资产剥离或所拥有股权的出售也是上市公司资产重组的一个重要方式。主要是指上市公司将其本身的一部分出售给目标公司而由此获得收益的行为。根据出售标的的差异,可划分为实物资产剥离和股权出售。资产剥离或所拥有股权的出售作为减少上市公司经营负担、改变上市公司经营方向的有力措施,经常被加以使用。在我国上市公司当中,相当一部分企业上市初期改制不彻底,带有大量的非经营性资产,为以后的资产剥离活动埋下了伏笔。

4. 资产置换

资产置换是上市公司资产重组的重要方式之一。在我国资产置换主要是指上市公司控股股东以优质资产或现金置换上市公司的存量呆滞资产,或以主营业务资产置换非主营业务资产等行为。资产置换被认为是各类资产重组方式当中效果最快、最明显的一种方式,经常被加以使用。上市公司资产置换行为非常普遍。

5. 其他类

除了收购兼并、股权转让、资产剥离或拥有的股权出售、资产置换等基本方式以外,根据资产重组的定义,我国还出现过国有股回购、债务重组、托管、公司分拆、租赁等重组方式。

其中值得一提的是"壳"重组和 MBO 不是两种单独的资产重组方式。因为这两种方式都是"股权转让"重组的一种结果。配股(包括实物配股)不是资产重组的一种方式,因为配股过程中,产权没有出现变化。虽然在增发股份的过程中产权发生了变化,但根据约定俗成,把增发股份当作一种融资行为,而不当作资产重组行为。上市公司投资参股当中的新设投资属于上市公司投资行为,而对已有企业的投资参股则是"兼并收购"的一种。

三、资产重组特殊功能

在我国上市公司当中,国有控股企业占绝大部分,这些从国有企业转制而来的国有控股上市公司,除普遍存在产权主体塑造不彻底、股权结构不合理、公司治理结构不完善等问题以外,还肩负着优先安置下岗职工等不少社会目标,使得国有控股上市公司的目标多元化。因此我国上市公司资产重组除了具有西方发达证券市场中上市公司兼并重组的一般功能目标以外,还有一些特殊的功能目标。这些功能目标一部分来自企业自身发展的要求,是企业主动行为的后果,而另一部分则是社会赋予国有企业的特殊目标要求,即在我国上市公司资产重组功能目标体系中,既有为了企业利润最大化而进行兼并重组的一般功能,又有国有资产战略调整等社会功能,还有企业自身发展要求和国家社会目标相一致的产业结构调整等功能。

1. 资产重组对公司治理的改善功能

由于我国上市公司多从国有企业转制过来,国有股权一股独大,导致公司治理结构不合理。通过“股权转让”等资产重组方式,可改善公司股权结构。

2. 上市公司资产重组的产业结构调整功能

我国上市公司集中于传统产业,产业间的组织程度较低,重复建设和重复投资严重,因此可以通过股权转让、并购、资产剥离,实现上市公司的产业转移。

四、资产重组的原则

在社会主义市场经济条件下进行资产重组应该遵循以下的原则。

(1) 资产重组要以产权连接为基础。因为以产权连接为基础的资产重组是牢固的,它避免以契约形式来进行资产重组时过多的谈判成本和道德风险;同时,真正的产权转移可以为新企业的产权明晰创造条件,使新企业拥有完整的产权。

(2) 资产重组要以市场的要求为出发点。国有资产重组过程中切忌政府的过多干预,而必须是资本所有者和企业经营者根据市场提供的信号,按照资本追逐效益的原则来进行操作。

(3) 国有资产重组要有明确的产业政策。我国是发展中国家,在产业政策中,通过资产存量的调整来改变国家的产业结构状况是一项重要的政策措施。因此国家就必须制定相应的政策来保证资产重组活动的结果符合国家的产业政策的需要。

(4) 资产重组要保持企业竞争性和垄断性的统一。资产重组必然会导致大企业、大集团的产生,这样会产生规模效益,降低企业的生产成本,从而提高企业的市场竞争力。但是这样可能会造成垄断,而市场经济的活力就是由竞争机制带来的。所以在资产重组的过程中,要形成一定有规模的大企业,同时要避免产生垄断性的企业集团。

(5) 资产重组不要寻求一劳永逸的方案。因为现在的市场环境变化是非常快的,今天看起来合理的产业结构,过不了多久就会变得不合理了。同时,从资产重组的主体来看也不可能永久不变,现在是被收购的目标企业,过一段时间可能成为收购方,去收购别的企业。

五、资产重组和企业并购之间的区别与联系

资产重组与公司并购是两个不同的概念。资产重组侧重资产关系的变化,资产重组后,企业所占有的资产形态和数量通常会发生改变。而并购则侧重于股权、公司控制权的转移。对于公司来说,即使公司的控股权发生了变化,只要不发生资产的注入或剥离,公司所拥有的资产未发生变化,也只是公司的所有权结构发生变化,实现了控股权的转移。

但是，资产重组与并购常常是交互发生的，先收购后重组，或先重组、再并购、再重组在资本运作中也是经常采用的方式。重组和并购是互相交叉的两个概念，它们既可以互不相干，分别发生，也可以互为因果。比如有些公司，可能实现了控股权的转移，但并没有出现资产重组；而有些上市公司，可能控制权没有转移，但却进行了资产重组。而更多则是先并购后重组，或者先重组、再并购、再重组。此外，还要看从哪个角度看问题。比如甲公司收购了乙公司的股权，取得了对乙公司的控股地位之后，可能拿乙公司的股权进行抵押融资，或利用乙公司进行担保贷款，而乙公司本身并没有重大的资产收购或出售行为，那么，对甲公司而言，其资产进行了重组，而对乙公司而言，则是仅仅换了大股东而已，可以说被收购了，却与重组不沾边。如果是上市公司，即使控股权有变化，只要不发生资产的注入和剥离，对上市公司本身来讲并不会导致资产的重组，而只是公司所有权结构的变化。由此可见，重组侧重于资产关系，并购侧重于股权关系。

从单个企业的视角出发，资本市场上的并购与重组则包含既不相同又互相关联的三大类行为：公司扩张、公司调整和公司所有权、控制权转移。但实践中，一个重组行为甚至可以同时划入这三类概念，如收购公司，对收购方来说，是一种扩张行为，而对目标公司而言是一种控制权或所有权的转移行为，对目标公司的出让方来说又是一种收缩或调整行为。

第三节　企业并购与资产重组理论

企业并购理论的发展和并购浪潮的发生是紧密相连的，伴随着每次的并购浪潮，企业并购的理论也逐步向前发展。面对一次又一次并购浪潮，经济学家们试图从多种角度对并购活动加以解释，进而形成多种理论。目前，较有影响的有竞争优势理论、效率理论、代理理论、内部化理论、价值低估理论、市场势力论、财富重分配理论等，这些理论从不同角度阐述了企业兼并和收购的动因问题及其实施并购的有效性问题。

一、竞争优势理论

并购动机理论的出发点是竞争优势理论的原因在于以下三个方面：第一，并购的动机来源于竞争的压力，并购方在竞争中通过消除或控制对方来提高自身的竞争实力。第二，企业竞争优势的存在是企业并购产生的基础，企业通过并购从外部获得竞争优势。第三，并购动机的实现过程是竞争优势的双向选择过程，并产生新的竞争优势。并购方在选择目标企业时正是针对自己所需目标企业的特定优势。

二、效率理论

效率理论认为并购活动能提高企业经营绩效，增加社会福利，因而支持企业并购活动。通过并购改善企业经营绩效的途径有规模经济和管理高效两条。

1. 规模经济

一般认为扩大经营规模可以降低平均成本，从而提高利润。因而该理论认为并购活动的主要动因在于谋求平均成本下降。这里的平均成本下降的规模经济效应可以在两个级别上取得：第一级在工厂，包括众所周知的生产专门化的技术经济、工程师规律等；第二级在公司，包括研究开发、行政管理、经营管理和财务方面的经济效益。此外，还可以加上合并的“协同效益”，即所谓的“2+2>4”效益。这种合并使合并后企业所增强的效率超过其各个组成部分增加效率的总和。协同效益可从互补性活动的联合中产生。如一家拥有强大的研究开发队伍的企业和一家拥有一批优秀管理人员的企业合并，就会产生协同效应。

2. 管理高效

有些经济学家强调管理对企业经营效率的决定性作用，认为企业间管理效率的高低成为企业并购的主要动力。当A公司管理效率优于B公司时，A、B两公司合并能提高B公司效率。这一假设所隐含的是并购公司确能改善目标公司的效率。在实践中这一假说显得过于乐观。有人在此基础上，进一步解释为并购公司有多余的资源和能力投入对目标公司的管理中。此理论有两个前提：①并购公司有剩余管理资源，如果其能很容易释出，则并购是不必要的。但是，如果管理队伍为不可分组合，或具有规模经济，则必须靠并购加以利用；②目标公司的非效率管理可以在外部管理人介入之下得以改善。

此理论在一定程度上解释了并购的效率的动因。它能解释具有相关知识和信息的相关产业并购活动，却无法解释多角化并购。

三、代理理论

代理问题是Jensen和Meckling于1976年提出的，他们认为在代理过程中，由于存在道德风险、逆向选择、不确定性等因素的作用而产生代理成本。他们把这种成本概括为以下几方面：所有人与代理人订立契约成本；对代理人监督与控制成本；限定代理人执行最佳或次佳决策所需的额外成本；剩余求偿损失。

并购活动在代理问题存在的情况下有以下几种解释。

1. 并购是为了降低代理成本

Fama和Jensen在1983年认为，公司代理问题可由适当的组织程序来解决。在公司所有权和经营权分离的情况下，决策的拟订和执行是经营者的职权，而决策的评估和控制由所有者管理，这种互相分离的内部机制设计可解决代理问题。而并购则提供了解决代理问题的一个外部机制。当目标公司代理人有代理问题产生时，通过收购股票获得控制权，可减少代理问题的产生。

2. 经理论

这一理论认为在公司所有权和控制分离后，企业不再遵循利润最大化原则，而选择能使公司长期稳定和发展的决策。Muller在1969年提出假设，认为代理人的报酬由公司规模决定。因此代理人有动机使公司规模扩大而接受较低的投资利润率，并借并购来增加收入和提高职业保障程度。马克斯、威廉森等认为经理的主要目标是公司的发展，并认为已接受这种增长最大化思想且发展迅速的公司最易卷入并购活动中。Fuss于1980年发现并购公司经理在合并后的两年里平均收入增加33%，而在没有并购活动发生的公司里，经理的平均收入只增加20%。1975年马克斯和惠廷顿发现公司规模是影响经理收入的主要因素。这些证据证实了这一理论。1977年辛格和米克斯对并购后的企业利润情况的研究表明，合并后的企业利润一般都下降。这一证据表明企业合并注重的是企业长期发展，而不太注重利润情况，甚至牺牲短期利润。但 Lewellen 和 Huntsman 在 1970 年的实证结果显示，代理人的报酬和公司的报酬率有关而与公司规模无关。这一结论是对经理论的挑战。

3. 自由现金流量说

这一理论源于代理问题。Michael Jensen（1986）认为自由现金流量的减少有利于减少公司所有者和经营者之间的冲突。所谓自由现金流量是指公司的现金在支付所有净现值为正的投资计划后所剩余的现金量。如果公司要使其价值最大，自由现金流量应完全交付给股东，但此举会削弱经理人的权力，而且在资本市场上筹集再度进行投资计划所需的资金时将受到监控，由此降低代理成本。

除了减少企业的自由现金流量外，Jensen 还认为适度的债权由于必须在未来支付现金，比经理人答应发放现金股利来得有效，而更易降低代理成本。他还强调对那些已面临低度成长而规模逐渐缩小，但仍有大量现金流量产生的公司，控制其财务上的资本结构是很重要的。此时并购的含义是公司借并购活动，适当提高负债比例，可减少代理成本，增加公司价值。

四、内部化理论

内部化理论是在 20 世纪 70 年代后期兴起的。这一理论不再以传统的消费者和厂家作为经济分析的基本单位，而是把交易作为经济分析的“细胞”，并在有界理性、机会主义动机、不确定性和市场不完全等几个假设的基础上展开，认为市场运作的复杂性会导致交易的完成需付出高昂的交易成本（包括搜寻、谈判、签约、监督等成本）。为节约这些交易成本，可用新的交易形式——企业来代替市场交易。这一理论在解释并购活动的同时，认为并购的目的在于节约交易成本。通过并购节约交易成本有以下五个方面。

1. 企业通过研究和开发的投入获得产品——知识

在市场存在信息不对称和外部性的情况下，知识的市场难以实现，即便得以实现，也需要付出高昂的谈判和监督成本。这时，可通过并购使专门的知识在同一企业内运用，达到节约交易成本的目的。

2. 企业的商誉作为无形资产，其运用也会遇到外部性问题

因为某一商标使用者降低其产品质量，可以获得成本下降的大部分好处，而商誉损失则由所有商标使用者共同承担。解决这一问题的办法有两条：一是增加监督，保证合同规定的产品最低质量，但会使监督成本大大增加；二是通过并购将商标使用者变为企业内部成员。作为内部成员，降低质量只会承受损失而得不到利益，消除了机会主义动机。

3. 大量专用中间产品投入

有些企业的生产需要大量的专门中间产品投入，而这些中间产品市场常存在供给的不确定性、质量难以控制和机会主义行为等问题。这时，企业常通过合约固定交易条件，但这种合约会约束企业自身的适应能力。当这一矛盾难以解决时，通过并购将合作者变为内部机构，就可以消除上述问题。

4. 资产专用性

一些生产企业为开拓市场需要大量的促销投资,这种投资由于专用于某一企业的某一产品,具有很强的资产专用性。同时销售企业具有显著的规模经济,一定程度上形成进入壁垒,限制竞争者加入,形成市场中的少数问题。当市场中存在少数问题时,一旦投入较强专门性资本,就要承担对方违约造成的巨大损失。为减少这种风险,要付出高额的谈判成本和监督成本。在这种成本高到一定程度时,并购就成为最佳选择。

5. 组织结构变化

企业通过并购形成规模庞大的组织,使组织内部的职能相分离,形成一个以管理为基础的内部市场体系。一般认为,企业内的行政指令来协调内部组织活动所需的管理成本较市场运作的交易成本要低。

内部化理论在对并购活动的解释上有较强的说服力。但由于其分析方法和所用概念的高度抽象,使其难以得到系统检验;又由于分析过程及所得结论过于一般化,使其很难在管理领域得到应用。

五、价值低估理论

这一理论认为并购活动的发生主要是因为目标公司的价值被低估。当一家公司对另一家公司的估价比后者对自己的估价更高时,前者有可能投标买下后者。目标公司的价值被低估一般有下列几种情况:①经营管理能力并未发挥应有的潜力。②并购公司拥有外部市场所没有的目标公司价值的内部信息。③由于通货膨胀等原因造成资产的市场价值与重置成本的差异,使公司价值有被低估的可能。

Tobin 以比率 Q 来反映企业并购发生的可能性。Q 为企业股票市场价值与企业重置成本之比。当 $Q>1$ 时,形成并购的可能性较小。当 $Q<1$ 时,形成并购的可能性较大。美国 20 世纪 80 年代的情形说明了这一点。在 80 年代美国并购高潮期间,美国企业的 Q 比率一般在 0.5%~0.6%,但当一家公司投资一家目标公司时,目标公司的股票行市形成溢价,一般溢价幅度在 50%左右。如果一家企业比值为 0.6%,股票溢价为 50%,那么并购总成本为资产重置成本的 90%,比新建一家企业便宜 10%,而且这种并购形成的投资在投资完成后可立即投入运行。还有人认为,当技术、销售市场和股票市场价格变动非常迅速时,过去的信息和经验对未来收益的估计没有什么用处。结果是价值低估的情况屡见不鲜,并且导致并购活动增加。因此,价值低估理论预言,在技术变化日新月异及市场销售条件与股价不稳定的情况下,并购活动一定很频繁。

六、市场势力论

这一理论认为,并购活动的主要动因是可以借并购活动达到减少竞争对手来增强对企业经营环境控制的目的,提高市场占有率并增加长期的获利机会。下列三种情况可能导致以增强市场势力为目标的并购活动。

(1) 在需求下降、生产能力过剩和削价竞争的情况下,几家企业联合起来,以取得实现本产业合理化的比较有利的地位。

(2) 在国际竞争使国内市场遭受外商势力的强烈渗透和冲击的情况下,企业间通过联合组成大规模联合企业，对抗外来竞争。

(3) 由于法律变得更为严格，使企业间包括合谋等在内的多种联系成为非法。在这种情况下，通过合并可以使一些非法的做法“内部化”，达到继续控制市场的目的。

1980 年，惠廷顿研究发现大公司在利润方面比小公司的变动要小。这说明大公司由于市场势力较强，不容易受市场环境变化的影响。规模、稳定性和市场势力三者是密切相关的。事实上，由于美国等发达国家信奉自由竞争市场的哲学立场，因而企业并购会受到垄断法的强硬约束。在并购产生过度集中时，常借由法庭控诉和管制手段来干预并购活动。

七、财富重分配理论

在并购理论中，另一探讨的主题是认为并购活动只是财富的重新分配。当并购消息宣布后，由于各投资人(股东)掌握的信息不完全或对信息的看法不一致，会导致股东对股票价值有不同的判断，引起并购公司和目标公司的股价波动。这种价格波动，不是源于公司经营状况的好坏，而是财富转移的结果。并购公司和目标公司间的财富转移使目标公司的市盈率变动，投资人往往以并购公司的市盈率重估目标公司的价值，引起目标公司的股价上涨。同理，并购公司的股票价格也因此上涨；反之则亦然。

并购活动的财富转移曾引起一些争论。有人认为财富的转移可能是并购公司和目标公司股东间的财富转移，有人认为可能是债权人财富转移给股东，甚至有人认为可能是劳工或消费者财富的转移。Mc Daniel(1986)对上述争论做过实证研究，结果显示，并购所创造的资本利得并不是源于债权持有人，即使以负债方式并购而增加负债比例，债权持有人也没有受到什么负面影响。但是，如果以杠杆并购(loverage buy-out，LBO)方式并购而使负债大量增加，则对债权持有人的负面影响就大。关于这一问题的争论尚无定论。

八、交易费用学说

Hennartt 和 Park(1993)最早运用交易费用理论来分析跨国公司的新建与并购选择。他们把交易费用作为工具，分析指出当跨国公司具有技术优势、管理优势时，并购投资会增加交易成本，从而不利于并购进入；如果跨国公司的扩张是在非相关性行业，并购则可以减少投资风险，降低交易费用。内部化理论的著名代表巴克利和卡森(1998)发表“国外市场进入战略分析——内部化理论的延伸”一文，进一步发展了 Hennart 等人的研究。他们利用交易费用这一工具，从东道国宏观环境、产业环境和企业内部因素三个方面全面分析了东道国的文化差异、行业结构、行业进入限制、竞争对手的反应以及跨国公司的技术水平、规模、海外经营经验等对贸易、许可证、特许经营、合资、跨国并购等不同市场进入方式选择的影响。交易费用学说提供了一个解释跨国并购影响因素的一般理论范式和工具，但是其局限性也相当明显。

九、企业成长理论

1959 年，彭罗斯发表《企业成长理论》，提出了以资源为基础的企业成长理论。他认为企业成长不仅要依靠劳动分工，而且内部资源的整合和协调产生的新的“剩余”对企业成长至关重要。新的"剩余"集中体现在企业的人力资源中,这是因为依靠企业经理人员的能力、知识和管理经验,就可以更有效地利用企业内部资源,产生更高的组织效率(福斯,1998)。该理论将人力资源看作影响跨国公司并购扩张的最重要因素,并认为当企业扩张不具有人力资源优势时,就只能通过并购获得目标公司的人力资源来实现成长(Hennart 和 Park,1993)。但是,对于跨国并购这样复杂的投资行为,仅仅用人力资源或者企业能力来解释是不充分的,而且该理论对跨国并购选择的解释也有限。

十、产业组织理论的产业壁垒、产业进入政策壁垒

该理论认为,企业的最低有效生产规模、核心技术和政府对产业进入的限制,都可能对企业的行业进入形成产业壁垒,具体包括规模壁垒、技术壁垒和产业进入政策壁垒等。而企业通过对行业内原有企业的并购,获得其生产能力、技术,可以有效地降低或消除规模、技术壁垒,规避政策限制,实现有效进入。因此,东道国产业壁垒的高低会影响跨国并购决策。虽然产业组织理论不能全面、单独解释跨国并购投资行为(Yip,1982),但这种探索在理论上却是一大进步,因为以往的研究只关注企业的特征、东道国的环境特征等对跨国并购的影响,忽略了对产业层次的研究。产业组织理论从产业层次上提出了产业壁垒也对跨国并购产生影响。

第四节　企业并购与资产重组的动因分析

企业作为一个资本组织,必然谋求资本的最大增值,企业并购作为一种重要的投资活动,产生的动力主要来源于企业追求资本最大增值的动机,以及竞争压力等因素,但是就单个企业的并购行为而言,又会有不同的动机和在现实生活中不同的具体表现形式,不同的企业根据自己的发展战略确定并购的动因。

一、并购的效应动因理论

在并购动因的一般理论基础上有许多具体的并购效应动因,主要有以下四个方面。

1. 韦斯顿协同效应

该理论认为并购会带来企业生产经营效率的提高,最明显的作用表现为规模经济效益的取得,常称为"1+1>2"的效应。

2. 市场份额效应

通过并购可以提高企业对市场的控制能力。通过横向并购达到该行业特定的最低限度的规模,改善了行业结构,提高了行业的集中程度,使行业内的企业保持较高的利润率水平;而纵向并购是通过对原料和销售渠道的控制,有力地控制竞争对手的活动;混合并购对市场势力的影响是以间接的方式实现的,并购后企业的绝对规模和充足的财力对其相关领域中的企业形成较大的竞争威胁。

3. 经验成本曲线效应

其中的经验包括企业在技术、市场、专利、产品、管理和企业文化等方面的特长。由于经验无法复制,通过并购可以分享目标企业的经验,减少企业为积累经验所付出的学习成

本，节约企业发展费用。在一些对劳动力素质要求较高的企业，经验往往是一种有效的进入壁垒。

4. 财务协同效应

并购会给企业的财务带来效益，这种效益的取得是由于税法、会计处理惯例及证券交易内在规定的作用而产生的货币效益。主要有税收效应，即通过并购可以实现合理避税；股价预期效应，即并购使股票市场企业股票评价发生改变从而影响股票价格，并购方企业可以选择市盈率和价格收益比较低，但是有较高每股收益的企业作为并购目标。

二、企业并购的一般动因分析

企业并购的直接动因有两个：一是最大化现有股东持有股权的市场价值；二是最大化现有管理者的财富。而增加企业价值是实现这两个目的的根本，企业并购的一般动因体现在以下几方面。

1. 获取战略机会

并购者的动因之一是要购买未来的发展机会，当一个企业决定扩大其在某一特定行业的经营时，一个重要战略是并购那个行业中的现有企业，而不是依靠自身内部发展。原因在于：第一，直接获得正在经营的发展研究部门，获得时间优势，避免了工厂建设延误的时间；第二，减少一个竞争者，并直接获得其在行业中的位置。企业并购的另一战略动因是市场力的运用，两个企业采用统一价格政策，可以使它们得到的收益高于竞争时的收益，大量信息资源可能用于披露战略机会，财会信息可能起到关键作用，如会计收益数据可能用于评价行业内各个企业的赢利能力，可被用于评价行业赢利能力的变化等，这对企业并购有巨大意义。

2. 发挥协同效应

主要来自以下几个领域：在生产领域，可产生规模经济性，可接受新技术，可减少供给短缺的可能性，可充分利用未使用的生产能力；在市场及分配领域，同样可产生规模经济性，是进入新市场的途径，扩展现存分布网，增加产品市场控制力；在财务领域，充分利用未使用的税收利益，开发未使用的债务能力；在人事领域，吸收关键的管理技能，使多种研究与开发部门融合。

3. 提高管理效率

其一是企业现在的管理者以非标准方式经营，当其被更有效率的企业收购后，更替管理者而提高管理效率；其二是当管理者自身利益与现有股东的利益更好地协调时，则可提高管理效率，如采用杠杆购买；其三是现有的管理者的财富构成取决于企业的财务是否成功，这时管理者集中精力致力于企业市场价值最大化。此外，如果一个企业兼并另一个企业，然后出售部分资产收回全部购买价值，结果以零成本取得剩余资产，使企业从资本市场获益。

4. 获得规模效益

企业的规模经济是由生产规模经济和管理规模经济两个层次组成的。生产规模经济主要包括企业通过并购对生产资本进行补充和调整，达到规模经济的要求，在保持整体产品结构不变的情况下，在各子公司实行专业化生产。管理规模经济主要表现在由于管理费用可以在更大范围内分摊,使单位产品的管理费用大大减少,可以集中人力、物力和财力致力于新技术、新产品的开发。

5. 买壳上市

目前,我国对上市公司的审批较严格。上市资格也是一种资源,某些并购不是为获得目标企业本身而是为获得目标企业的上市资格。通过到国外买壳上市,企业可以在国外筹集资金进入外国市场。中国远洋运输集团在海外已多次成功买壳上市控股了香港中远太平洋和中远国际。中远集团(上海)置业发展有限公司耗资1.45亿元,以协议方式一次性购买上海众城实业股份有限公司占股28.7%的发起人法人股,达到控股目的,成功进入国内资本运作市场。

6. 并购降低进入新行业、新市场的障碍

并购是企业进入新行业、新市场的快捷方式。出于市场竞争压力,企业需要不断强化自身竞争力,开拓新业务,降低经营风险。企业可以通过并购利用被并购方的资源,包括设备、人员和目标企业享有的优惠政策快速地进入新的市场领域。例如,为在上海拓展业务,占领市场,恒通公司通过协议以较低价格购买上海棱光实业国有股份,达到控股目的而使自己的业务成功地在上海开展。

三、企业并购的财务动因分析

在西方,对企业并购存在种种理论上的解释。有的理论认为并购中通过有效的财务活动使效率得到提高,并有可能产生超常利益。有的从证券市场信号上分析,认为股票收购传递目标公司被低估的信息,会引起并购方和目标公司股票上涨。综合各种理论,企业产权在买卖中流动,遵循价值规律、供求规律和竞争规律,使生产要素流向最需要、最能产生效益的地区和行业的同时,还要考虑由于税务、会计处理惯例以及证券交易等内在规律作用而产生的一种纯货币的效益,因此,企业产权并购财务动因包括以下几方面。

1. 避税因素

由于股息收入、利息收入、营业收益与资本收益间的税率差别较大,在并购中采取恰当的财务处理方法可以达到合理避税的效果。在税法中规定了亏损递延的条款,拥有较大赢利的企业往往考虑把那些拥有相当数量累积亏损的企业作为并购对象,纳税收益作为企业现金流入的增加可以增加企业的价值。企业现金流量的盈余使用方式有增发股利、证券投资、回购股票、收购其他企业。如发放红利,股东将为此支付较企业证券市场并购所支付的证券交易税更高的所得税;有价证券收益率不高;回购股票易提高股票行市,加大成本。而用多余资金收购企业对企业和股东都将产生一定的纳税收益。在换股收购中,收购公司既未收到现金,也未收到资本收益,因而这一过程是免税的。企业通过资产流动和转移使资产所有者实现追加投资和资产多样化目的,并购方通过发行可转换债券换取目标企业的股票,这些债券在一段时间后再转换成股票。这样发行债券的利息可先从收入中扣除,再以扣除后的盈余计算所得税,另外企业可以保留这些债券的资本收益直至其转换为股票为止,资本收益的延期偿付可使企业少付资本收益税。

2. 筹资

并购一家掌握有大量资金盈余但股票市价偏低的企业,可以同时获得其资金以弥补自身资金不足。筹资是迅速成长的企业共同面临的一个难题，设法与一个资金充足的企业联合是一种有效的解决办法，由于资产的重置成本通常高于其市价，在并购中企业热衷于并购其他企业而不是重置资产。有效市场条件下，反映企业经济价值的是以企业赢利能力为基础的市场价值而非账面价值，被兼并方企业资产的卖出价值往往出价较低，兼并后企业管理效率提高，职能部门改组降低有关费用，这些都是并购筹资的有利条件。当前许多国有企业实施的技术改造急需大量发展资金投入，因此采取产权流动形式使企业资产在不同方式下重新组合，盘活存量以减少投入，迅速形成新的生产力。

3. 企业价值增值

通常被并购企业股票的市盈率偏低，低于并购方，这样并购完成后市盈率维持在较高的水平上，股价上升使每股收益得到改善，提高了股东财富价值。因此，在实施企业并购后，企业的绝对规模和相对规模都得到扩大，控制成本价格、生产技术和资金来源及顾客购买行为的能力得以增强，能够在市场发生突变的情况下降低企业风险，提高安全程度和企业的赢利总额。同时企业资信等级上升，筹资成本下降，反映在证券市场上则使并购双方股价上扬，企业价值增加，并产生财务预期效应。

4. 利于企业进入资本市场

我国金融体制改革和国际经济一体化增强，使筹资渠道大大扩展到证券市场和国际金融市场，许多业绩良好的企业出于壮大势力的考虑往往转到资本运营的方向来寻求并购。

5. 投机

企业并购的证券交易、会计处理、税收处理等所产生的非生产性收益，可改善企业财务状况，同时也助长了投机行为。在我国出现的外资并购中，投机现象日渐增多，它们以大量举债方式通过股市收购目标企业股权，再将部分资产出售，然后对目标公司进行整顿再以高价卖出，充分利用被低估的资产获取并购收益。

6. 财务预期效应

由于并购时股票市场对企业股票评价发生改变而影响股价，成为股票投机的基础，而股票投机又促使并购发生。股价在短时期内一般不会有很大变动，只有在企业的市盈率或赢利增长率有很大提高时，价格收益比才会有所提高，但是一旦出现企业并购，市场对公司评价提高就会引发双方股价上涨。企业可以通过并购具有较低价格收益比但是有较高每股收益的企业，提高企业每股收益，让股价保持上升的势头。在美国的并购热潮中，预期效应的作用使企业并购往往伴随着投机和剧烈的股价波动而进行。

7. 追求最大利润和扩大市场

企业利润的实现依赖于市场，只有当企业提供的商品和服务在市场上为顾客所接受，实现了商品和服务向货币转化，才能真正实现利润。与利润最大化相联系的必然是市场最大化的企业市场份额最大化。由于生产国际化、市场国际化和资本国际化的发展而使一些行业的市场日益扩大，并购这些行业的企业需迎接国际开放市场的挑战。

与国外相比，我国企业并购在处理财务问题方面还处于起步阶段，理论界已经认识到问题的重要性。有些研究人员借鉴国外做法对并购动机、企业价值评估、并购融资等相关问题做了一些探索，但是尚未取得共识，有待深入研究。而在我国，无论是应对加入

WTO的形势还是建立现代企业制度,都会面临企业并购经济行为。在我国有必要加强对企业并购财务管理问题的研究,并希望能够规范并购行为,为企业并购的制度化提供一些借鉴,为并购双方提供有益的探索及思路。

四、资产重组的一般动因分析

1. 企业资产重组促进优化资源配置

企业资产重组的具体形式可能千变万化,但其最终目的都是使资源得到最佳的配置。那么,什么样的资源配置方式或者状况才能算作最优呢?一般认为:"帕累托有效"(Pareto efficient)状况是一种最佳的资源配置状况。所谓"帕累托有效"是指这样一种资源配置状况:此时整个社会中一切可以利用的资源都已经在各个经济主体之间得到了合理的分配,任何一个经济主体都不可能在不降低其他经济主体效用的情况下来提高自己的效用。"帕累托有效"是一个理论上的抽象概念,在实践中更富有指导意义的概念是"帕累托改进"。

所谓"帕累托改进"是指在现有的资源配置基础上,对各种资源在不同经济主体之间分配比例、规模、素质等加以调整,以促进整体效用水平的提高。"帕累托改进"隐含着这样一个假设:资源尚未得到充分利用或在各经济主体间的分配尚未使其得到充分发挥,因而还存在改进资源配置从而使总效用增加的可能。显然,这一假设很符合实际情况。在这改进过程中,有可能有关各方面的境况都得到改善,从而使整体效用增加,例如某企业将一台本企业闲置不用的设备转让给另一家急需此设备的企业,那么后者的境况当然是改善了,而前者由于出让该设备而得到一笔资金,如将这笔资金妥善运用,同样也可使自身境况改善;也有可能参与调整的某一方境况得到改善,而且改善的程度大于前者恶化的程度,这样也使得效用增加。

我国现阶段企业规模极不合理,"小而全""大而全"的组织规模未发生根本性的变化,生产成本难以降低,恶性的、过度的竞争加剧,整体效益难以提高,大中型企业普遍难以达到规模经济,市场竞争力不强。虽然前期的改革措施都是以实现资源配置的"帕累托有效"为目标的,而相对于纯粹的计划方式或较低层次的改革,每一项改革措施也算得上是一种"帕累托改进"。但是,由于这些措施没有从根本上触动我国原有的资源配置机制,而是始终想依靠国有资产存量的流动性和企业产权的转让关系来解决它们的效率问题,从而也就决定了不可能依靠这些措施来建立一套有效的、新型的资源配置机制。实际上,存量资产效率的提高与其流动性是资源配置中无法分开的两个方面,两者互为前提又互为制约,而要素存量的流动不仅包括部分要素的流动(如闲置设备的转让),更重要的则是要素整体的流动即企业的买卖。只有使作为各种生产要素有机结合的企业流动起来,才能彻底消除存量资产低效运营的产权基础,从而保持国有资产存量持续的优化组合与总体运行效率的提高。而要实现这一目标,则有赖于产权转让制度的建立与发展。从这个意义上说,我国的企业资产重组应该是以产权重组为核心的企业经营管理体制的重组。

2. 企业资产重组促进产业结构调整

一般来说,一国的产业结构主要包括产品结构、部门结构、行业结构、地区结构及企业组织结构等，产业结构表明了各经济部门对国家发展和人民生活水平提高的市场需求的共同满足程度。它首先必须具有协调性，不能出现"瓶颈"制约，造成其他产业供给过剩而浪费资源；其次必须具有先进性，它必须反映当代科技成果和生产方式的特征，以促进产业升级换代和国民经济综合实力的提高，这也是优化产业结构所要求达到的目标。回顾近几十年来我国经济发展的历程，尽管对产业结构进行了多次调整，但始终见效不大。我国的产业结构在以下几个方面都存在着严重的不合理之处。

（1）产品结构严重不合理，具体表现为传统产品有余、新兴产品缺乏，难以满足社会各方面日益增长和变化的消费需求。

（2）部门与行业结构严重不合理，主要表现为存量资产在部门与行业间的配置不合理，有的过多而有的偏少，造成长线与短线并存的局面。

（3）地区结构严重不合理，即存量资产的空间配置不合理，如生产基地远离原材料基地和消费密集区，或者地区之间结构趋同，不符合各地利用比较优势进行专业化分工的基本原则等。

（4）技术结构严重不合理，存量资产中的技术含量偏低，大多仍停留在传统的低水平，新兴产业多数未产业化。

（5）企业组织结构严重不合理，即企业个体过小，联系分散，陷于"小而乱""小而全""小而劣"，而未形成规模经济效益。

社会生产力的发展和需求结构的改变必然导致产业结构的改变，有的产业在衰落，有的则方兴未艾。衰落产业的存量资源利用率在下降，亟须转移到经济效率更高的产业中去，新兴产业的发展则受到有限的资源存量的限制。在市场经济条件下，利润极大化动机必然驱使衰落产业和新兴产业之间发生资源流动，衰落产业多余的存量资产转入新兴产业，从而实现结构调整。在这一过程中，企业资产重组可以起到积极的作用。

从我国目前的情况来看，加快资本市场的发展，把新增资本注入政府产业政策支持的新兴产业中去，充分利用资本市场交易功能以及通过鼓励一、二级市场上的企业资产重组来实现产业结构的调整，可能是最优的选择。

3. 资产重组促进企业对外扩张

在企业资产重组的活动中，重组方与被重组方以资产为纽带，力图实现"强强联合"正成为国有企业资产重组热潮中的一个新聚焦。从经济学的角度来看，企业资产重组的动力来自两个方面，一是迫于同行竞争、经济周期和产业结构的变动压力，试图通过资产重组来提高规模经济效益，达到占有更多市场份额的目的。二是追求利润最大化的动力机制刺激着企业资产重组活动的不断产生和发展。我们从已经发生的资产重组的案例中分析，主要有三大原因激励着企业资产重组，即企业发展动机、占有市场份额动机和企业发展战略动机。

4. 资产重组促进证券市场发展

从近两年证券市场的发展实践来看，企业资产重组有利于促进我国证券市场向前发展，有利于提高证券市场的质量。证券市场的基础是上市公司。常言道：浇花需浇根，根深才能叶茂。只有上市公司质量的提高，才能使证券市场在规范中发展。同样，规范证券市场就是要致力于规范上市公司的行为，提高上市公司的质量。因此，对上市公司采取资产重组的办法,重新优化配置资源,不仅有利于证券市场规范运作,而且还能不断地给上市公司输入新鲜血液,给证券市场带来勃勃生机。

我国证券市场上出现的“借壳上市”这种新的并购方式就是通过证券市场来完成的。由于我国新股发行的严格控制,使许多规模较大和效益较好的企业不能上市,不能通过证券市场直接融资,于是借壳上市的并购方式应运而生。借壳上市,一方面使借壳公司达到了融资目的;另一方面,由于借壳公司把优质资产注入壳公司,使壳公司的资本规模急剧膨胀,业务迅速扩大,盈利增强,进一步又可在证券市场上扩股增资。

通过证券市场实行企业收购兼并,促进资源的合理配置,是我国企业资产重组的高级形态。随着中国资本市场的快速发展,以及产业结构调整力度不断加大,不少企业将成为多余,企业资产重组不可避免。国家对国有企业的政策是“抓大放小”,为了促进经济增长方式的转变,国家推行大企业、大集团战略,鼓励“多重组少破产”,上市公司正走在我国企业资产重组的前列。

第五节 中外企业并购实践总结

一个世纪以来,西方各国通过大规模的企业并购,实现了企业规模的迅速扩张,进而推动了产业升级和资本结构的优化配置,一大批大型跨国公司随之诞生。随着经济全球化的推进,企业并购在全球范围内再次掀起了高潮,而中国企业并购是伴随着以放权让利为特征的国企改革进行的,国企改革的内在驱动力已基本消耗殆尽,国有经济需要战略性重组,并通过国企改革建立适应市场竞争需要的经营机制。

一、西方国家企业并购历史回顾

美国的并购历史是西方并购历史的集中反映和代表。从1898年起,美国企业已经掀起了6次并购浪潮。

1. 第一次并购浪潮(1898—1903年)

第一次并购浪潮发生在1898年到1903年之间。它以横向并购为特征,如图1-1所示,使资本主义迅速从自由竞争向垄断过渡,形成了一大批垄断企业。这5年期间,美国的工业结构发生了重要的变化,100家最大的公司规模增长了400%,并控制了全国工业资本的40%。这次浪潮终止的原因有两个:第一,美国在1903年出现经济衰退,股市低迷,股价大跌,并购资金来源不足;第二,以《谢尔曼法》的制定为标志,美国国内掀起了反垄断运动的高潮,政府开始抑制导致垄断的并购行为。

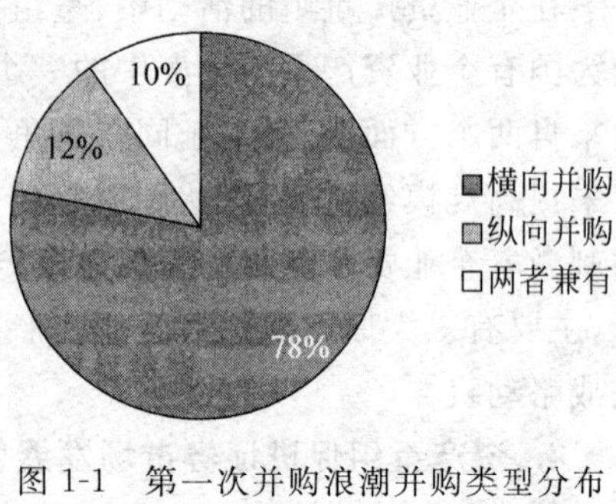

图1-1 第一次并购浪潮并购类型分布

资料来源:Nelson, Neil Fligstein. the Transformation of Corporate Control[M]. Cambridge, Mass: Harvard University Press, 1990: 72.

2. 第二次并购浪潮(1916—1929年)

第二次并购浪潮发生在20世纪20年代,于1929年达到高潮。第二次并购浪潮的最大特点是相当规模的纵向并购的出现。虽然横向并购仍为主流，但是纵向并购风行一时。这次并购主要发生在汽车制造业、石油工业、冶金工业及食品加工业，它加强了第一次并购浪潮的集中，也加强了企业之间的竞争程度。1929 年爆发的美国经济危机导致该次并购浪潮终结。

3. 第三次并购浪潮(1955—1969 年)

第三次并购浪潮发生在第二次世界大战以后的 20 世纪五六十年代。它以混合并购为最大的特点。通过这次跨部门和跨行业的混合并购，美国出现了一批多元化经营的大型企业。这次并购浪潮终结于 20 世纪 70 年代的石油危机。

4. 第四次并购浪潮(1975—1989 年)

第四次并购浪潮从 20 世纪 70 年代中期持续到 80 年代末，以 1985 年为高潮。它有以下几个特点。

(1) 高风险、高收益的"垃圾债券"这种新型的融资工具的出现，为杠杆收购(LBO)与经营者收购(MBO)创造了条件。杠杆收购与经营者收购的结合创造出一批全新的"积极投资者"。他们集投资者(委托人)和经营者(代理人)于一身，有更大的动力去追求股东利益最大化，从而降低了企业的代理人成本。

(2) 分解式交易(divestiture transaction)为许多综合型大公司采用。通过分解式交易，母公司将其子公司作为一个独立的实体分离出去，或者把它出售给别的企业。据估计，此类交易占总交易量的 1/3 左右。通过这类交易，企业经营者甩掉了包袱，把主要精力放在最有效率的业务上，由此提高了企业的经营效率。

(3) 敌意收购的比例较高，如表 1-1 所示。美国从 1990 年起开始陷入经济衰退，轰轰烈烈的第四次并购浪潮也暂时进入低潮。

表 1-1　1985—1992 年的并购数量和敌意并购数量　　起

年　份	并购数量	敌意并购数量	年　份	并购数量	敌意并购数量
1985	2 001	116	1989	2 366	160
1986	3 336	190	1990	2 074	64
1987	2 032	147	1991	1 877	22
1988	2 258	263	1992	2 574	20

资料来源：Nelson，Neil Fligstein. the Transformation of Corporate Control[M]. Cambridge，Mass：Harvard University Press，1990：76.

5. 第五次并购浪潮(1994—2008 年美国金融危机之前)

第五次并购浪潮从 20 世纪 90 年代中期开始持续至 2008 年美国金融危机之前，以 2000—2001 年高新技术领域的并购为高潮。它有如下特点。

(1) 跨国并购风起云涌。比如美国得克萨斯公用事业收购英国能源集团，美国环球影城公司收购荷兰的波利格来姆公司，德国的戴姆勒收购美国的克莱斯勒，英国石油收购美国阿莫科石油。

(2) 强强联手引人注目。如美国花旗银行和美国保险巨子旅行者集团的合并金额高达 725 亿美元，成为全球业务范围涵盖最广的国际金融集团；埃克森以近 790 亿美元的价格收购了美国的美孚公司，缔造了全球最大的石油公司；美国在线公司和时代华纳公司组建美国在线-时代华纳公司,交易案金额高达1400多亿美元,打造了全球最大的网络传媒集团。

(3) 大多数企业逐渐放弃了杠杆收购,财务性收购让位于战略性收购,企业开始更多地从自身发展的战略角度来考虑并购问题。

6. 第六次并购浪潮(2008年至今)

2008年美国发生的金融危机,引发了全球性经济危机,西方发达国家破产倒闭企业不计其数,一些勉强生存下来的企业,经营困难,纷纷寻求通过兼并重组的方式获得新生,而以中国为代表的新兴市场经济国家,则成为新一轮全球并购浪潮的主角。与此前5次并购浪潮不同的是,这一次是新兴经济体主导的对西方发达国家企业的并购,核心是技术、品牌、渠道、人才的全球整合。其呈现以下特点:

(1) 跨区域横向并购整合。金融危机发生后,欧美各国政府对金融机构加强了监管,单靠以前繁荣时期获取收益的盈利方式吸收流动性的做法,将面临交易成本上升的考验。而跨区域进行横向并购,能够最大限度利用各国(地区)的资金和金融资产,凸显规模优势。事实上,这种以做大规模为目的的横向并购,早在1890—1907年美国第一次并购浪潮中就已反映出来了,其结果是引发美国政府出台了制止依靠并购,形成托拉斯组织阻碍竞争行为的监管措施。

(2) 进入21世纪后,机构的强大和跨国特征已经超越了一个企业自身的属性,每一次大型并购的背后,都有经济、政治和利益集团、监管机构以及公共关系的影子。比如,在2004—2008年发生的第六次并购浪潮中,并购交易已经成为全球性的行业,而且第一次出现了主权财富基金的身影,金融创新变得越来越重要,国家与国家的竞争,开始表现在机构与机构之间的竞争上。从这个意义上讲,金融危机阻断了这种并购的发展,今天的事件只是上次并购浪潮的延续。但不管怎样,我们可以大胆预期,这次"巨无霸"的出现,可能也会催生全球证券行业的运行模式创新性变革,从而推动全球金融行业早日迎来一个新的增长点。

(3) 第六次全球并购是糅合了已有并购范式和创制新模式的多维面并购。第六次全球并购主要是由一个发展中国家对发达国家发起的并购,是相对落后经济体对发达经济体主导的并购,这就决定了并购过程中一定有不成熟乃至商业逻辑上甚至不成立的东西,因而既有前5次全球并购已产生的横向、纵向及混合并购模式,也预计一定会创制出一些全新的涉及并购要素的理念、商业模式及盈利模式,所以第六次全球并购预计是糅合了这些创制的新商业模式和已有并购范式的多维面并购。因而,这次并购浪潮,着实需要我们中国从事并购的机构和个人与时俱进地更新知识面,以不断探索、不断历练的态度,积极应对。

(4) 第六次全球并购将是由中国面向全球的并购。中国经过改革开放以来30多年的发展,特别是经过了以往吸收西方发达国家过剩资本和产能的历程,中国一方面已进入工业化的中后期,与西方发达国家所处的后工业时代比较接近;另一方面中国目前已积聚了一定的经济体量,这就自然引发由中国主导的全球并购,让中国过剩产能或产业转移到国外。中国政府提出了"一带一路"发展战略,倡议建立亚洲基本建设投资银行,此举也真实反映了中国企业"走出去"实现跨国并购的两个路径。这两个全球并购路径,一个是面向欧美国家并购的“往上走”;另一个是到非洲、拉丁美洲一些经济发展水平低于中国的国家推销高铁产品,投资建设钢铁厂、水泥厂,实现中国水泥、钢材、中低端汽车等过剩产品的“往低走”。

(5) 第六次全球并购是第一次由社会主义市场经济国家发起的对西方发达市场经济国家的并购,必然遭遇国别间体制机制与文化差异的碰撞。在以中国这个社会主义市场经济国家为中心的第六次全球并购中,必然交织着社会主义市场经济对资本主义市场经济的体制机制、微观运行、文化理念的碰撞,遭遇较多障碍,其间在于中国较多的问题是民营企业比较弱,而国有企业能够垄断占据较多业务资源,但对能做得到的跨国并购动力不强。即便是我们以经过 30 多年发展起来的民营企业作为全球并购主体,因其技术、质量、品牌、管理与经过两三百年发展的西方发达国家相比仍是落后的,体量更显得渺小,更何况前 5 次全球并购中每次均为发达国家与发达国家间的并购,以大购小,纵使有小企业并购海外大企业,也是在同一个发展水平体系下的并购。因而,以“全球并购、中国整合”为核心内容的第六次全球并购,必然会遭遇中国与西方发达国家间体制、机制与文化差异的碰撞。

二、西方国家企业并购发展趋势

更大规模的跨国并购和信息产业的并购将成为下一轮并购的主要特征。如果说第五次并购浪潮的最显著特点是跨国并购的话,伴随着全球经济的进一步一体化和数字技术的飞速发展,第六次并购浪潮将体现更大规模、更多行业的跨国并购和以网络经济为平台的 Internet 并购。Internet 并购,又称为赛博并购,从广义角度讲就是指信息技术(IT)产业的一体化过程;从狭义角度讲就是新兴网络企业间的并购。信息作为 21 世纪全球经济发展最重要的资源和最核心的经济技术变量,其生产、流通、交换和分配逐渐成为世界经济活动的主体。信息产业作为一个新兴的产业部门,市场前景非常广阔,它的迅速扩张和一体化趋势都将主要通过并购来完成,具体如表 1-2 所示。

表 1-2 截至 2000 年全球 10 起最大的 Internet 并购案

排序	购买者与并购对象	交易金额(亿美元)	宣布日期(月/日/年)
1	America OnLine/Time Warner	1 819.41	1/10/2000
2	AT&T/TCI	698.97	6/24/1998
3	Viacom/CBS	408.82	9/7/1999
4	Nortel/Bay Network	90.09	6/15/1998
5	Healtheon/WebMD	78.65	5/20/1999
6	Whittman-Hart/USWeb/CKS	72.17	12/13/1999
7	ATHOME/Excite	59.25	1/19/1999
8	Yahoo/Broadcast. com	46.75	4/1/1999
9	Yahoo/Ckx3Cities	45.00	1/27/1999
10	TCI Music/Eibertv Media	42.76	4/6/1999

资料来源:AOL 与 Time Warner 合并的有关数据

三、中国企业并购历史回顾

中国企业尤其是上市公司的并购是随着我国统一的证券市场的建立而产生发展的。根据不同时期的公司并购活动的特点和发展水平,有的学者把公司的并购活动分为3个阶段,起点是20世纪80年代初期;有的学者分4个阶段,起点是20世纪90年代初期,也有的分为两个阶段。一般来看,我国对并购的研究主要集中在上市公司的并购活动,其中以1993年中国首个以控制权转移为目的的“宝延案”为并购浪潮开始的标志,1997年进入快速发展时期,具体情况如下。

1. 1990—1992年——显现阶段

在此期间我国依旧对社会主义改革的取向存在争论,国有股和公有性质的股权的转让是非常敏感的问题;同时我国证券市场本身还处于初始阶段,上市公司的数量少,质量较优,出现问题的上市公司不多。因此,并购活动总体表现得不是很活跃,企业也并没有把并购行为作为战略手段之一。这个阶段的表现是:①法律制度和市场规则的缺乏,市场缺乏统一的行为规范,监管缺乏经验;②并购的对象主要集中在二级市场和三无板块(无国家股、无法人股、无转配股)。

2. 1993—1996年——启蒙阶段

1993年9月30日,深宝安收购延中实业标志着中国上市公司并购浪潮的开始,这一阶段的并购活动仍然很少,共14起并购案。这个阶段的并购表现为:①并购支付方式都是现金支付,并购程度低;②并购细节很少对外公布,多数未公布股权收购价格,缺乏相关的法律法规约束;③缺乏政府参与和支持。

3. 1997—2004年——快速发展阶段

此阶段内中国上市公司并购数达908起,并购的最主要动机是利用“壳资源”融资;第二个动机是通过并购进行资产重组;第三个动机是实现政府推动的国企改革和扭亏的任务。其中,1999年至今,是我国上市公司并购的规范发展阶段。随着有关并购法规的逐步出台,并购行为得到了一定程度的规范。1999年7月1日开始施行的《中华人民共和国证券法》(以下简称《证券法》)明确规定了上市公司股权转让的两种方式,即上市公司的股权可以以协议转让和二级市场收购两种形式实施,这标志着规范化的发展促进上市公司并购。这个阶段的表现是:①“壳资源”依旧稀缺,目标公司多是经营业绩欠佳的行业,普遍业绩不佳。这些企业由于面临退市的威胁急于扭亏,兼并这些企业可以得到潜在的收益。②支付方式有现金交易,也有股权划拨,更多的是以资产换股权,一定程度上调整国有经济和整合产业结构。③并购后一般都会注入优质资产,剥离劣质资产,改变企业的赢利状况,以尽快使控股上市公司达到配股的赢利要求。④有关并购的法规包括会计处理和信息披露等具体的规定,使并购行为更规范。⑤转让的股权绝大部分是国有股、法人股。⑥并购动机多元,如战略性重组、二级市场赢利、经济结构调整。具体数据如表1-3所示。

表 1-3　1997—2004 年中国并购方式和数量

方式	数量及所占比例	1997 年	1998 年	1999 年	2000 年	2001 年	2002 年	2003 年	2004 年
无偿划拨	数量/起	7	18	30	27	25	29	35	27
	占当年比例/%	21.2	25.7	35.7	26.3	21	17.3	20.6	16.8
司法拍卖	数量/起	0	0	1	3	4	10	12	9
	占当年比例/%	0	0	1.2	2.9	11.8	6	7.1	5.6
购买上市公司股权	数量/起	26	47	46	68	70	104	72	74
	占当年比例/%	78.8	67.1	54.7	66	58.8	61.9	42.4	46.0
购买母公司股权	数量/起	0	4	5	2	4	11	20	15
	占当年比例/%	0	5.7	6	1.9	3.4	6.5	11.8	9.3
母公司改造	数量/起	0	1	2	2	6	14	9	29
	占当年比例/%	0	1.4	2.4	1.9	5	8.3	5.3	18.0
合计	数量/起	33	70	84	102	109	168	148	154

资料来源：朱宝宪. 公司并购与重组[M]. 北京：清华大学出版社，2006：40-41.

4. 2005 年至今——扩大发展阶段

从 2005 年开始，中国企业并购伴随着资本市场的快速发展而呈现出并购规模扩大、发布更加广泛、并购主体更加丰富的快速发展势头。特别是 2008 年美国发生金融危机后，中国企业并购重组特别是海外并购呈现了"井喷"态势。以下趋势图（见图 1-2～图 1-6）来源于清科研究中心的研究报告（注：清科研究中心对并购案例的收录不包括关联交易），清晰地展现了 2008 年至 2015 年中国企业并购重组的快速发展趋势。

图 1-2　2008—2015 年中国并购市场发展趋势

来源：私募通，2016.01，www.pedata.cn

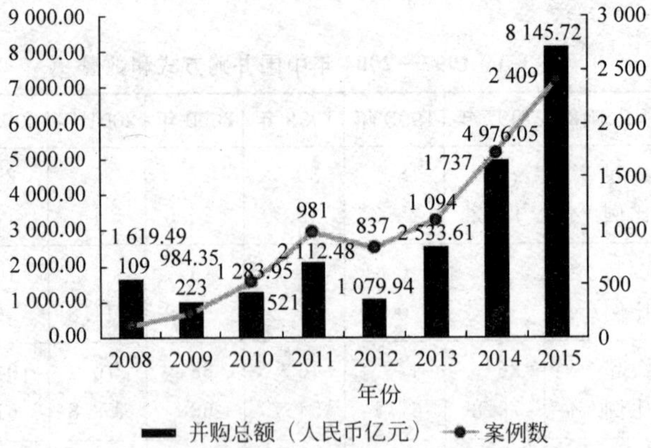

图 1-3　2008—2015 年中国并购市场国内并购趋势

来源：私募通，2016.01，www.pedata.cn

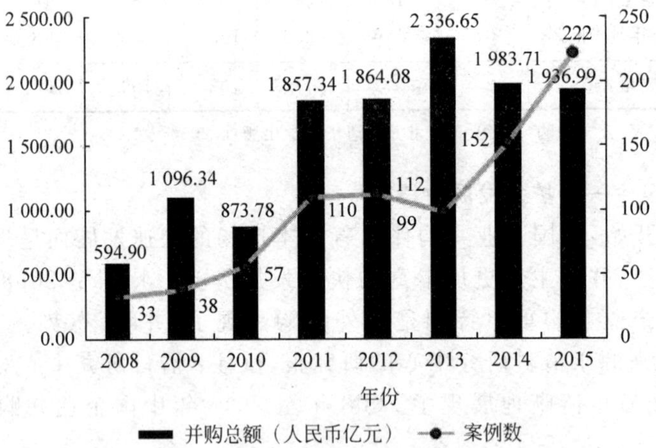

图 1-4　2008—2015 年中国并购市场海外并购趋势

来源：私募通，2016.01，www.pedata.cn

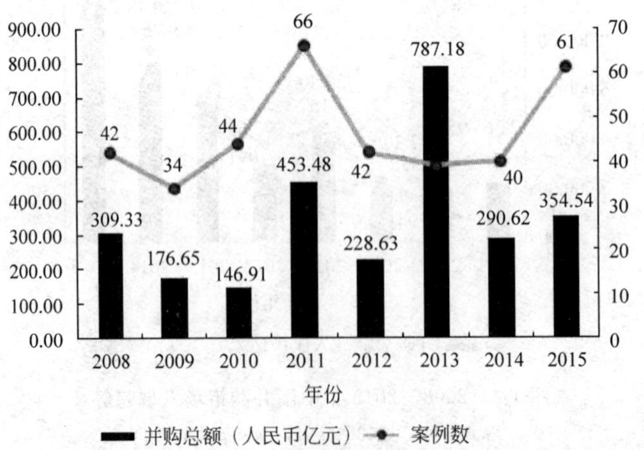

图 1-5　2008—2015 年中国并购市场外资并购趋势

来源：私募通，2016.01，www.pedata.cn

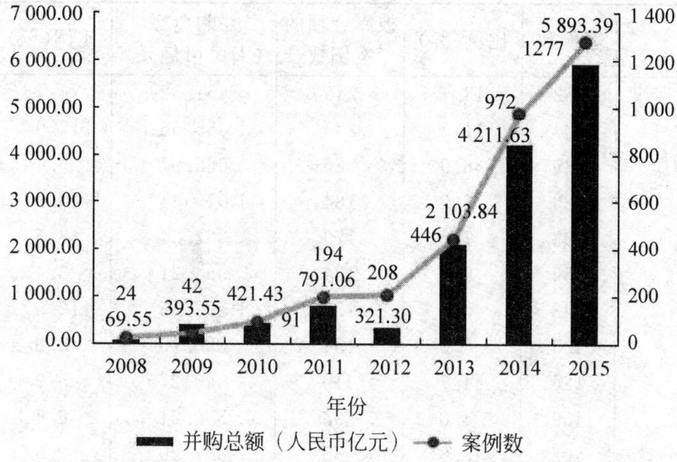

图 1-6　2008—2015 年中国并购市场 VC/PE 相关并购发展趋势

来源：私募通，2016.01，www.pedata.cn

据清科研究中心研究数据显示：2015 年中国并购市场共完成交易 2 692 起，较 2014 年的 1 929 起大增 39.6%；披露金额的并购案例总计 2 318 起，涉及交易金额共 1.04 万亿元，同比增长 44.0%，平均每个案例的并购金额为 4.50 亿元。

2015 年中国企业海外并购延续了 2014 年"量增价减"的态势，全年完成并购交易 222 起，同比增长 46.1%，涉及交易金额 1 936.99 亿元，同比微降 2.4%。外资并购保持增长态势，全年完成并购案例 61 起，较 2014 年同期增长 52.5%，涉及交易金额 354.54 亿元（见表 1-4），同比增长 22.0%，并呈现以下特点：

表 1-4　2015 年中国并购市场类型分布

并购类型	案例数	比例(%)	披露金额的案例数	并购金额（人民币亿元）	比例(%)	平均并购金额（人民币亿元）
国内并购	2 409	89.5	2 090	8 145.72	78.0	3.90
海外并购	222	8.2	184	1 936.99	18.6	10.53
外资并购	61	2.3	44	354.54	3.4	8.06
合计	2 692	100.0	2 318	10 437.25	100.0	4.50

(1) 新兴产业整合加速，强强合并频现。2015 年，中国并购市场涉及了 IT、互联网、生物技术/医疗健康、金融、机械制造等 23 个一级行业（见表 1-5）。在并购数量方面，新兴行业独占前三甲。IT、互联网产业经历了几年的爆发式增长期。IT 和互联网在 2015 年分别发生 352 起和 304 起并购案例，占总案例数的比例分别达到 13.1%和 11.3%。

2015 年互联网行业洗牌加剧，强强合并频现，如美团与大众点评、58 同城与赶集网、携程与去哪儿网都在实现牵手，这也大大拉高了行业的并购金额，互联网行业 2015 年涉及并购交易金额 1 455.66 亿元，位居榜首。

表 1-5 2015 年中国并购市场行业分布(按被并购方)

行业	案例数	比例(%)	披露金额的案例数	并购金额(人民币亿元)	比例(%)	平均并购金额(人民币亿元)
IT	352	13.1	245	461.52	4.4	1.31
互联网	304	11.3	235	1 455.66	13.9	4.79
生物技术/医疗健康	239	8.9	226	665.97	6.4	2.79
金融	220	8.2	184	1 079.34	10.3	4.91
机械制造	193	7.2	179	362.54	3.5	1.88
电子及光电设备	155	5.8	134	354.21	3.4	2.29
房地产	148	5.5	135	1 302.65	12.5	8.80
清洁技术	135	5.0	134	520.75	5.0	3.86
能源及矿产	126	4.7	119	540.27	5.2	4.29
娱乐传媒	109	4.0	98	880.01	8.4	8.07
电信及增值业务	102	3.8	85	307.20	2.9	3.01
建筑/工程	95	3.5	92	232.21	2.2	2.44
化工原料及加工	86	3.2	79	181.15	1.7	2.11
汽车	63	2.3	61	909.51	8.7	14.44
连锁及零售	58	2.2	48	298.05	2.9	5.14
食品 & 饮料	57	2.1	53	134.89	1.3	2.37
物流	36	1.3	32	207.56	2.0	5.77
农/林/牧/渔	35	1.3	31	46.32	0.4	1.32
纺织及服装	22	0.8	19	42.26	0.4	1.92
半导体	16	0.6	15	96.04	0.9	6.00
教育与培训	11	0.4	8	19.25	0.2	1.75
广播电视及数字电视	10	0.4	8	14.19	0.1	1.42
其他	120	4.5	98	325.69	3.1	2.71
合计	2 692	100.0	2 318	10 437.25	100.0	4.50

来源：私募通，2016.01，www.pedata.cn

(2) VC/PE 通过并购退出成为新趋势，TMT 行业并购规模领先。IPO 在 2015 年停摆近 4 个月，并购成为 VC/PE 退出的重要渠道，同时互联网、IT 行业强强合并及巨头行业布局，使得 VC/PE 参与的并购案例数大增。2015 年 VC/PE 参与的并购共计发生 1 277 起，较2014 年的 905 起大幅度上升 41.4%；其中披露金额的交易 1 128 起，涉及的金额共计 5 893.39 亿元，同比涨幅高达 39.9%。

本章小结

本章主要分析了企业并购重组的理论知识、实践总结和趋势发展。对企业并购重组的定义进行了全面的解释，对企业并购重组的动因、相关理论进行了全方位的阐述。最后通过对西方国家和我国企业并购的历史、现状和发展趋势进行分析，对中外企业并购的大趋势进行了展望。本章是本书的理论基础和铺垫，只有对企业并购的理论基础和实践发展有一个系统、全面的认识，才能为企业并购运作打好基石。

复习思考题

1. 什么理论认为并购会带来企业生产经营效率的提高，最明显的作用表现为规模经济效益的取得，常称为“1+1>2”的效应？

2. 企业并购的定义是什么？

3. 简要阐述企业并购动因。

4. 简要阐述企业并购理论。

案例一　招商局集团的国际化重构

一、130岁的招商局集团站在了新的起点上

2002年年初，招商局集团——这家被称作“香港四大中资机构”之一的国有海外公司迎来了130岁的生日。回顾其发展史，从1872年李鸿章创办“轮船招商局”开始，招商局创办了中国历史上第一家航运企业（轮船招商局）、第一家银行（中国通商银行）、第一家保险公司（保险招商局）、第一家煤矿（开平矿务局）、第一家纺织厂（上海机器织布局）、第一条铁路。新中国成立以后，招商局开改革开放之先，于1978年开始开发蛇口工业区，并于1986年收购香港友联银行，成为中国首家拥有银行的非金融企业。次年又创办了中国首家股份制商业银行——招商银行，1988年创办中国首家股份制保险公司——平安保险公司，1992年开发漳州开发区。同时，招商局也是中国首家在境外发行债券的非金融公司、首家在香港上市的中资企业。

目前，招商局集团——这家巨型企业总资产达530多亿港元，涉及的产业有港口（总海岸线30千米）、公路（全长2 300多千米）、金融、物流、地产、工业、贸易等，旗下公司250余家，并控股内地近20家上市公司。尽管如此庞大，但是伴随着中国经济改革的不断演进，招商局成长历程中的历次主要变迁都不可避免地受到国家宏观政策调整和经济改革政策的影响。在这个过程中，招商局经历了20世纪80年代的非理智扩张、90年代的盲目投资、1997年亚洲金融危机以后的生死考验，以及2000年开始的国有公司重组运动。

2000年7月，招商局聘请麦肯锡公司为咨询顾问，重组正式启动。“大动干戈”的重组，旨在彻底清理招商局过去积累的大量不良资产，打破臃肿的管理构架，建立新的财务抗风险体系，以及确定公司未来的核心产业。到今天，招商局已经处在大规模资产重组及管理重构之后的关键考验期。

重组决定着这家公司的未来。变革成功之后的招商局，其目标是逐渐壮大成一家健康的具有国际竞争力的投资企业财团，并成为未来中国民族工商业跨国经营的重要力量。因此，从一定意义上说，招商局过去所面临的问题、经历的风险，眼下的重组和管理重构，以及未来的变革趋势，是中国占据重要经营资源的国有大型公司的普遍映射，是市场化、国际化的战略重组。

二、20世纪80年代的大发展

1978年10月,时任交通部外事局负责人的袁庚赴港上任招商局常务副董事长,董事长由当时的交通部一位副部长兼任。这一年,在政府划拨的11.6平方千米的蛇口公社,建立了招商局蛇口工业区。依托蛇口工业区,招商局很快由资产1.3亿港元的航运公司壮大成资产逾200亿港元的大公司,产业涉及港口、工业、旅游酒店、园区开发、石化、金融等领域。

1992年下半年,招商局的12年改革实验随之结束,进入被招商局内部员工称为"大手笔时代"的发展阶段,开始多元化投资。

首开纪录的投资,是1992年集团以巨额外汇在香港和内地展开的投资攻势。较大的一笔资金用于购买30万吨级的巨型油轮(并且要为此支付很高的贷款利息),组建了号称中国最大的油轮船队。但正在自豪之际,招商局迎头遭遇了世界石油危机引发的油运市场不景气,为此付出了高昂的代价。

1994年,招商局在香港注册成立了招商局置业有限公司,在香港、北京、上海、西安、武汉、南京、珠海等地快速跑马圈地,集团下属的许多公司也纷纷涉足房地产业务。但大量的房地产项目在"地产泡沫"之后纷纷败北。招商局在劳动力密集型工业方面的投资同样不菲,为配合蛇口工业区的招商引资,招商局专门成立了招商局发展有限公司。

这一波投资浪潮中,招商局的几家上市公司也冲锋陷阵。首先是1992年在香港上市的海虹有限公司,依靠第一家在香港上市的"红筹股"概念,融取资金并展开一系列收购兼并,业务由油漆制造扩张到港口、收费公路、船运、集装箱制造等,市值快速膨胀到100亿港元,并于1997年更名为招商局国际(0144),成为招商局在港上市公司的旗舰。蛇口工业区控股约38%的国内A股上市公司深安达(000004),自1993年12月上市以后,迅速由单一的运输业扩展到证券投资、房地产、制药、高科技、商业贸易甚至广告业务。因盲目投资、扩张过快,债务负担过重(负债率一直高达75%以上)而丧失赢利能力,导致上市后再无新的股市融资机会。招商局在国内的核心上市公司招商局蛇口控股(000024)则由港口航运业展开多元化投资,在苏州、海南、南京、上海、江门等地投资大量房地产、贸易、证券等。该公司1997年的年报中,仍有"投资管理失控,导致资金周转压力过大"的陈述。

到1997年,招商局下属各种参控股企业已经超过200家,资产超过500亿港元,投资产业分散在数十个领域,管理架构形成了复杂的多级主体。招商局将发展重心转向内地的同时,也积累了内地和国际上的债务,这难免会使债务危机成为可能。

三、1997年"亚洲金融危机"对招商局的生死考验

1997年爆发的"亚洲金融危机"形成的冲击,成了招商局的一道生死关。

招商局为盲目贷款扩张付出了不小的代价。代价主要包括不良资产淤积、债台高筑、支付危机,以及在国际金融市场上的诚信缺失。其中,深安达一直就因投资过猛导致亏损不止。该公司最终在1999年被列入ST(至2001年3月方解除),随后进行艰难的资产剥离和债务重组。大股东蛇口工业区则在2000年8月转让所有安达股份(37.94%)给控股公司深圳北大高科技投资有限公司(控32%),并以1亿多元现金购买安达所有的资产和负债,将壳卖掉,正式退出该公司(深安达就此更名为北大高科)。招商局在国内的核心上市公司招商局蛇口控股则因投资扩张,负债率从上市时的约40%攀升到60%左右,财务状况也不乐观，不良资产超过数亿元人民币。此时，招商局集团整体状况同样不景气，金融危机之前集团的整体有息负债比最高时达到了60%多。

“生死危机”的真正端倪在1995年显现。招商局当时用外债在境内投资的一些项目无法带来预期收益，并产生了不良资产，股市融资也出现困难，只能靠国内银行贷款继续衔接，导致“内外债交困”。

接踵而至的1997年“亚洲金融危机”沉重打击了东南亚国家的经济，一批国有企业陆续破产清理，由此引发了国有企业在国际金融市场的“诚信危机”。当时几乎所有的中资企业都面临着支付危机，因为债权机构开始“收钱”！招商局同样面临如此压力。另一个问题是，这些企业还面临着用人民币支付外债的尴尬，不但承担汇率风险，还要支付高昂的手续费用。这是招商局最难受的一段生死考验！

生死关头，政府伸出了“救援之手”。这些救援包括银行继续放贷给招商局内地的公司，在外汇流通方面予以协助，以帮助招商局解决支付危机。1999年3月，为充实招商局集团资产，政府将总资产达66亿元的交通部独资国有企业华建交通经济开发中心(1993年成立，主营高速公路桥梁)无偿划转给招商局，成为招商局全资子公司。次年10月，政府将国家重点科学研究机构重庆交通科学设计院划转给招商局集团，成为招商局直属科技企业。招商局再次受政府优惠。

四、面临“生死考验”的“招商局保卫战”

面临“生死考验”以后的招商局，针对产业过度多元化、投资过于分散、管理层次过多等问题进行内部清算、清理资产及套现还债、精简经营主体、财务调整等战略，打响“招商局保卫战”。

招商局首先以几家上市公司为平台清理淤积下来的不良资产，包括变卖、转让、计亏等，并慢慢盘活存量资产。在清理上市公司深安达的过程中，将一部分资产出售变现，将一些不良资产剥离到蛇口工业区消化，并最终将其“卖壳”。从1997年起，招商局蛇口控股接连三次增持工业区优良资产招商供水、招商供电、招商地产，把自身质差资产置换给蛇口工业区，增强公司融资能力。招商局国际在1998年从招商局发展有限公司受让其持有的中集股份(000039)23%的股权，改善其在资本市场的形象，招商局发展则为集团套取了数亿元人民币的现金。资产清理的过程中，招商局不断获取一些现金以偿还债务，仅招商局工业集团就变卖了许多资产。之后，招商局对集团资产做整合。1999年1月，为发展高科技，招商局把集团有关科技行业的资产分离出来，在香港注册成立招商局科技集团。

招商局的这些自救显然只是简单组合，谈不上是严格的整合重组，当时整合的目的主要是还债。对于招商局来说，危机时期主要任务是“处理资产”，危机过后就要“优化资产”，因此盘活存量资产成为招商局在金融危机以后最迫切的任务，即如何有效整合集团资源，并确定核心产业、非核心产业，可控资产、非控制资产等问题。

五、请麦肯锡为招商局的战略重组把脉

根据麦肯锡的建议，集团管理层多次仔细研讨，并积极展开了工作。2001年1月，招商局提出了清晰的3年近期规划和5年长期规划的重组方案。核心产业重组以集团在香港和内地的两家主要上市公司招商局国际和招商局蛇口控股为主要角色。重组方式一是在内部推行资产置换、资产调拨等；二是依靠外部市场，包括利用招商局所拥有的其他上市公司及联合其他战略伙伴等进行资本运作。非核心产业的重组方案,一是对非管控类的投资性资产不再做更多新投资,效益稳定者予以保持;二是将管控类的非核心资产伺机在资本市场转让、出售或寻找战略伙伴共同经营。

以上方案出台后,截至2001年年底,招商局四大产业集团分别确定,即以招商局国际和华建中心为基础,整合招商局所有30千米海岸线的港口和2 300多千米的公路资产,发展交通基建产业(预期资产200亿港元);以招商局蛇口控股为基础,整合招商局4家公司所有的地产和物业资产,整合组建招商局地产控股集团(预期资产100亿港元);以招商银行、国通证券(现更名招商证券)为核心,整合招商保险、招商中国基金等10多家公司的所有金融资产,发展金融产业,并组建招商局金融管理集团(预期管理资产4 000亿港元);以招商物流有限公司为基础,整合招商局在全国的运输、仓储、分销资产,包括招商石化、安达集装箱等20多家公司,组建招商局物流集团(预期资产30亿港元)。

清晰的重组方案将帮助招商局完成"瘦身运动",同时为调整财务状况提供了契机。例如,招商局可以通过逐步把招商创业拥有的蛇口工业区的一些土地,以内部购买方式卖给上市公司招商局蛇口控股,上市公司借此融资,招商局则通过土地交易取得现金。依照逻辑分析,招商局国际同样可以通过资本运作把不良资产倒入集团其他全资国有公司,优化财务状况,而后融取资金,以高价收购集团相关优良资产,为集团套现服务。

六、以"资本手腕"筹建金融控股公司或投资控股公司

2000年6月,招商局将旗下友联银行(港股0349)以18亿港元整体出售给中国工商银行并更名为工行亚洲。随后迅疾走出的干脆利落的"五步棋"显示了招商局金融产业的实力。一是招商银行(控股25%)顺利于A股大盘上市,为招商局融资150亿元人民币,自此打通招商局银行业的资本市场通道;二是出售平安保险的全部股份(约17%);三是国通证券顺利更名为招商证券(控股37%),并获准成立合资基金管理公司;四是在拥有海达保险经纪公司(远东)、海达保险经纪公司(英国)基础上,成立海达保险经纪公司(中国),控股51%;五是整合旗下已有的基金公司、投资公司,筹划建立统一的招商基金、招商投资。

诸多迹象已经暗示招商局构建金融产业的一些计划,即在金融分业经营的政策范围下,首先全力整合旗下16家金融公司的资产,暂时划转到成立不久的招商局金融集团有限公司下面统一管理,依托该平台制造招商局五大金融品牌,即招商银行、招商证券、招商保险、招商基金、招商投资,并逐渐为它们打通资本市场通道。一旦金融时代来临,随时改组招商局金融集团为金融控股公司。

重组资产剥离情况及财务情况分别如表1-6和表1-7所示。

表1-6 重组资产剥离情况

项目 \ 类别	金融类	工业类	地产类	交通基建类	科技类
重要资产剥离名目	中国平安保险、友联银行(港股0349)	广东浮法玻璃、南玻B股(200012)等	香港西港中心大厦、长沙湾土地等	福建324国道、上海逸仙高架桥等	中国联通"深惠珠项目"等
套取现金数额	预计25亿~30亿港元	4.5亿港元	13.8亿港元	10亿港元	3.2亿港元

表 1-7　重组资产财务情况

减少负债总额	降低负债比	上半年营收	上半年利润	出售资产变现	目前可投资现金
30 多亿港元	20%多	49 亿港元	12.19 亿港元	50 亿港元	90 亿港元

资料来源：招商局集团行政办

围绕上市公司的资本运作。招商局蛇口控股仍继续以资本运作手段，加快剥离石化等非房地产业务，把招商局属下另外 50%左右的房地产及相关资产以合适价格陆续注入上市公司，在加大上市公司资产的同时清理集团不良资产，增强其资本市场融资能力。

招商局国际则更是迅猛跨出三步，将公司主业单一优化为港口和公路的交通基建业：其一，加快收购集团内外优质港口资产。两年内，招商局国际共支付近 20 亿元，收购 10 余个项目，包括蛇口招商港务 20.8%权益、漳州码头 49%股份等，并加快与上海、宁波等港口的收购谈判。其二，加快打通公路资产资本市场通道。公司为此考虑了不同的方案，包括招商局国际的公路资产分拆上市、华建中心独立上市等方案。其三，清理公司非主业资产。2002 年上半年，公司出售了其持有的南玻集团部分权益。同时公司已申请将持有的中国国际集装箱(中集)B 股法人股转为可流通股份，便于退出。招商局集团国内资本市场如图 1-7 所示。

以谋划金融控股公司和完善产业整体资本运作能力为主要构想的重构布局周密而严谨，有分析认为未来招商局甚至可能一分为二，即以实业投资为主体的“投资控股企业财团”和以金融服务为主体的“金融控股公司”。

然而，在实施和等待这个完美计划实现的过程中，招商局也要付出各种代价。

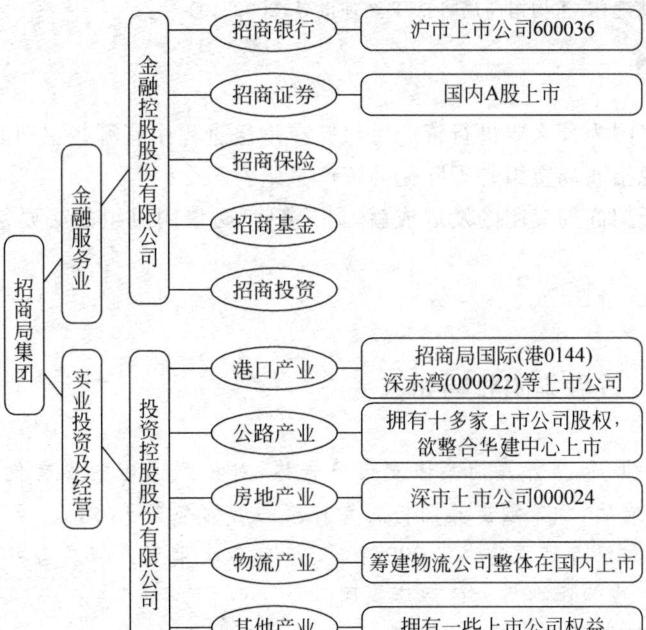

图 1-7　招商局集团国内资本市场

【案例评析】

经过战略重组以后的招商局显得一身轻松。2002 年 4 月,获得 4 亿美元的国际银团贷款,集团的整体负债率已经低于 60%,计划内需偿还的债务约 130 亿港元。

新管理层积极推动的变革方案,的确将使招商局更加健康和清晰,招商局的未来:国际化的产业资本与金融资本相结合的控股公司。但是招商局要实现这一目标不可避免地要面临解决体制和产权变革的难题,这将需要较长过程。这一过程顺利与否,将与政策变动息息相关。如同大多数国有大公司的改革一样,招商局最大的一道坎仍在于体制改革的政策约束。

根据招商局这场大重构的思路去分析,重组结束以后,招商局必须考虑在一定程度上改革产权制度,解决集团上层融资渠道缺失的问题,否则难图大略。有专家建议,在争取政策的容许后,招商局应组建两家股份制控股公司,即以金融服务业为主体的金融控股公司和以实业投资为主体的投资控股公司。两家控股公司都按国际标准的公司模式构建,并分别打通国际资本市场,国有属性的招商局集团公司可以作为两家控股公司的大股东。这种理想化的产权和体制改革,可以首先在二级层面引入战略投资者入股或者共同发展,但是在集团层面"为时太早"。

招商局处在香港,部分资本实现了国际化,在国内外都有投资与合作,完全应该或可能按照市场化、国际化要求发展成为国际化的跨国企业。问题的关键在于产权制度的改革和公司治理结构的完善,由于历史与现实的原因,招商局的未来改革不可能一下子通过剧烈改革扭转过来。国际化是招商局的差距和未来的发展方向。

[资料来源:曹建伟.重构招商局[J].IT 经理世界,2002(19).]

【案例讨论题】

1. 招商局集团为什么要进行资产重组?在重组过程中有哪些主动的并购行为?

2. 为什么说招商局重组是国际化的资产重组?

3. 结合今天招商局集团的发展成就,讨论招商局集团重组的必要性和意义,以及失误和经验教训。

案例二 首旅集团收购如家

2016 年 4 月 4 日,首旅酒店集团发布公告称,对如家酒店的私有化购买交易已经完成交割。交易完成后,如家酒店集团将成为首旅酒店的全资子公司。至此,首旅酒店集团拥有中高端酒店和经济型酒店共 3 000 余家,覆盖各类消费人群。合并后的首旅酒店集团超越锦江集团,成为国内最大的酒店集团。

一、并购公司背景

1. 首旅酒店

首旅酒店是国内大型综合性旅游上市公司,主要从事酒店运营管理及景区等经营活动。公司于1999年2月成立，2000年6月在上海证券交易所上市。首旅酒店集团的母公司首旅集团是中国综合实力最强的旅游服务企业集团，在中国十大旅游企业集团中名列前茅。首旅酒店集团拥有"首旅建国""首旅南苑""首旅京伦""欣燕都""雅客怡家"等酒店管理公司，管理着自五星级到经济型的各类酒店170余家，形成了高档、中档、经济型的酒店品牌运营管理体系和覆盖全国的酒店经营网络。

2. 如家酒店

如家酒店集团创立于2002年，是国内最大的经济型连锁酒店集团，携程旅行网和首都旅游集团是如家酒店集团的创始大股东。由于发展迅速，2006年10月，如家酒店登陆美国纳斯达克，成为中国酒店业海外上市第一股。如家酒店拥有"和颐""如家""莫泰""云上四季"等多个酒店品牌，在中国355个城市共有近3 000家酒店投入运营，拥有行业领先的国内连锁酒店网络体系。

二、并购的动因

1. 如家酒店表现低迷

2003年到2013年，以如家酒店为代表的经济型连锁酒店在国内酒店市场开启"黄金十年"，从2003年的不到30家店发展到2014年在国内300个城市拥有2 000家连锁门店。但是从2013年以后，经济型酒店的高速发展戛然而止。主要竞争压力来自同档次的酒店，随着经济型酒店的崛起，与如家酒店类似的简单经营模式正在被越来越多的酒店所效仿和复制。受国内经济持续低迷的影响，商旅住宿的活跃度大大下降，酒店业一直处于低速发展状态，经济型连锁酒店也受到波及。2011年，如家盈利3.515亿元，但净利同比下降2.3%；2012年，如家全年净亏损2 680万元；2013年，如家全年净利润约为1.962亿元，此时，在入住率和RevPAR（每间可借出客房产生的平均实际营业收入）等重要指标上，如家已经出现了持续性的下滑；2014年，如家酒店入住率为83.6%，同比下降2.5%，RevPAR仅为人民币138元；2015年，如家酒店全年总营收约66.7亿元，同比下降0.2%。此外，中概股整体在美国纳斯达克表现低迷，难以在国际资本市场获得正常的估值，发展受限，因此如家酒店集团选择在纳斯达克退市也就成为必然。

2. 首旅酒店扩张需要

首旅酒店一直以来主打高端产品，然而中国酒店业供求失衡，高端酒店因供大于求而价格下行，停留在高端酒店领域将使得首旅酒店的盈利能力下降。作为国资巨头的首旅酒店集团坐拥历史形成的优势地段和优质酒店资源，品质和存量都非常巨大，是重资产的巨头，并购互联网属性和轻资产属性的连锁酒店集团在资金上易于承受，且如家主打经济型酒店，这将形成业态互补，产生协同效应。中国旅游饭店业协会2015年开展的"2014年度中国饭店集团经营规模统计"结果显示，如家以2 810家酒店位列第一，首旅酒店以166家酒店位列14名。因此，并购如家将使得首旅以较低的成本扩大其在经济型酒店领域的市场占有率。

三、并购的过程

2015年6月11日，首旅酒店与Poly Victory、携程网、沈南鹏、梁建章、孙坚共同组成买方团，向如家酒店提交非具约束力的私有化提议函，第二天，如家宣布私有化。

在私有化之前，首旅酒店的关键安排在于：设立两层特殊目的公司（SPV），即先在香港设立全资子公司首旅酒店(香港),再由其在开曼设立全资子公司首旅酒店(开曼),作为收购主体。

整个收购过程分为三大步骤。

第一步,现金收购如家酒店非主要股东65.13%的股权。首旅集团设置的第二层SPV——首旅酒店(开曼)被如家酒店吸收合并,现金购买交割完成后,如家酒店的股东变更为首旅酒店(香港)和原主要股东。在私有化阶段,先收购上市公司的非主要股东,是惯常手法,可以锁定股份,避免私有化中遭遇狙击,出现股权争夺战的情况。如家酒店被收购前的股权结构如图1-8所示。

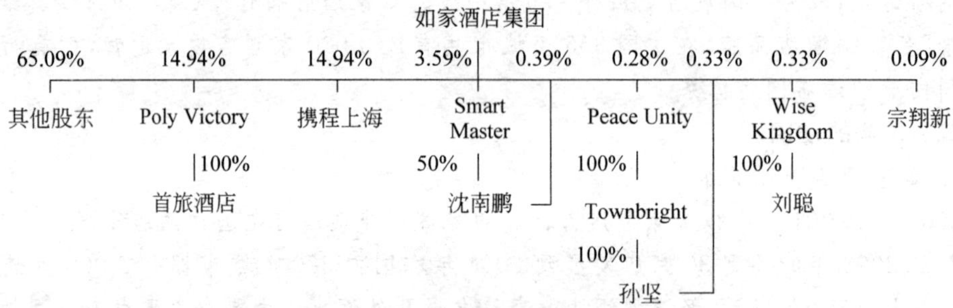

图1-8 如家酒店被收购前的股权结构

第二步,发行股份收购如家主要股东所持34.87%的股权。如家酒店的主要股东分成两部分:通过Poly Victory持股15.27%的首旅集团,持股19.6%的携程上海、沈南鹏、梁建章、孙坚、宗翔新等。其一,首旅酒店向首旅集团发行股份,购买其持有的Poly Victory 100%股权(Poly Victory主要资产为如家酒店15.27%股权)。其二,向携程上海、Wise Kingdom、沈南鹏、Smart Master、孙坚、Peace Unity、宗翔新等购买如家酒店19.6%的股份,总对价为38.73亿元。如家酒店主要股东愿意接受A股股份作为回归A股的对价,建立在A股估值溢价的前提下。以17.8美元/股的私有化价格和2016年2月22日首旅股份的股价23.62元/股计算,从美股转到A股,这部分股份的增值率在50%以上。这是整个交易结构中至关重要的一环:将私有化与跨境换股同步推进。

第三步,配套再融资。拟采用询价发行方式,向不超过10名特定对象非公开发行股份,募集配套资金不超过38.74亿元,即不低于15.69元/股。这部分再融资用于偿还支付给非主要股东的美元贷款。配套再融资完成后,首旅集团持有首旅酒店的股权为2.483 3亿股,持股比例从60.12%下降到34.25%。交易完成前后首旅酒店的股权结构如表1-8所示。

表1-8 交易完成前后首旅酒店的股权结构

名 称	持股数量(万股)	持股比例(%)	持股数量(万股)	持股比例(%)	持股数量(万股)	持股比例(%)
首旅集团	13 910.81	60.12	24 832.67	51.92	24 832.67	34.25
携程上海			10 490.19	21.93	10 490.19	14.47
Wise Kingdom			231.13	0.48	231.13	0.32

续表

名　　称	持股数量（万股）	持股比例（%）	持股数量（万股）	持股比例（%）	持股数量（万股）	持股比例（%）
沈南鹏			273.53	0.57	273.53	0.38
Smart Master			2 519.51	5.27	2 519.51	3.47
孙坚			21.95	0.05	21.95	0.03
Peace Unity			166.67	0.35	166.67	0.23
宗翔新			61.39	0.13	61.39	0.08
其他不超过10名配套融资特定投资者					24 686.26	34.04
其他股东	9 229.194	39.88	9 229.194	19.30	9 229.194	12.73
总计	23 140	100	47 826.26	100	72 512.51	100

四、并购后的整合

(1) 人事调整：如家原CEO(首席执行官)孙坚被任命为首旅酒店总经理，2014年8月加入如家担任CEO的李向荣和2006年10月加入如家酒店担任CEO的宗翔新也同批进入首旅酒店管理层。

(2) 收购后的规模：本次交易完成后，首旅酒店集团规模迅速扩大，并将在国内300余座城市运营3 000余家酒店。将进一步丰富首旅酒店的品牌体系。同时，将覆盖"豪华""高档""中档""经济型"全系列酒店类型。

(3) 资源整合：如家与首旅系将在品牌多元化、加盟模式和受益方式多元化等方面进行整合。未来几年，将重点发展中端品牌。

五、从纳斯达克回归A股

首旅酒店并购如家酒店的一大亮点就是如家酒店从纳斯达克退市后直接回归A股市场。如家被并购前的股权结构显示，首旅集团原本就通过全资子公司Poly Victory持有如家酒店15.27%股权，是其最大的单一大股东。可以说，二者本就同枝，本次重大资产重组的实质是把大股东在美国上市的资产装入A股上市平台，实现估值的提升。

除了首旅酒店收购如家，南京新百收购金卫医疗CO、银润投资(000526)收购学大教育(XUE.NYSE)也采取了私有化+跨境换股同步推进的模式，私有化美股时均是先收购多数股权再收购少数股权，大大简化了中概股回归的步骤，比传统的私有化+IPO/借壳的回归路线更简便。

【案例评析】

首旅酒店顺利收购如家酒店一方面是如家酒店对于纳斯达克低估值的不满，而首旅酒店给出了较高的溢价；另一方面是首旅酒店希望扩大自身规模，瓜分经济型酒店市场份额的需求。而且首旅集团本就持有如家15.27%的股份，是如家最大的单一大股东。

合并后的首旅酒店集团拥有中高端酒店和经济型酒店，覆盖各个消费人群，截至

2016年6月底,如家集团旗下的5个品牌,在中国340个城市共有2 970家酒店投入运营;加上首旅集团旗下的"建国""欣燕都""京伦"等系列品牌数百家酒店,合并后的首旅酒店集团超越锦江集团,成为国内最大的酒店集团。这使得首旅酒店获得较大的横向并购规模效应。同时,首旅酒店原本的京伦、首旅建国品牌是中高端定位,拥有一套完善的中高端酒店管理培训体系,这是如家所欠缺的。但如家在管理流程、营销经验、系统研发等方面具有优势,可以给予首旅酒店很多市场化的补充。这使得首旅可以获得一定的协同效益。然而,必须认识到的是,在未来的品牌整合上,首旅酒店集团的多个高端酒店品牌和如家酒店集团的多个品牌存在整合难题。双方品牌的定位其实有很大差异化,从优势角度而言,双方今后可以从经济型到高端酒店市场全覆盖。然而,如家酒店集团和首旅酒店集团由于客户群的不同,因而后台运维和客户群也大相径庭,如果要做会员体系的合并或者营销运作的统一化,存在一定难度,因为高星级酒店的后台管理与经济型酒店完全不同。但如果未来双方各自为政,则又不利于合并后的统一运作和协同发展。

【案例讨论题】

1. 首旅酒店对如家酒店的收购动因是什么?如家酒店为何能顺利地回归A股?
2. 首旅酒店收购如家酒店对双方而言的利弊各是什么?
3. 从首旅酒店收购如家酒店的案例,我们可以得到哪些启示?

第二章 企业并购与资产重组的基本知识

第一节　并购重组与企业资本运作

一、资产经营与资本运作的关系

资本运作是企业外部交易型战略的运用，兼并、收购与资产重组是企业外部交易型战略最复杂、最普遍的运作形式，也是资本运营的核心。

从宏观上讲，资本运作是指以资本增值最大化为根本目的，以价值管理为特征，通过企业全部资本和生产要素的优化配置与产业结构的动态调整，对企业的全部资本进行综合有效运营的一种经营方式。从微观上讲，资本运作是利用市场法则，通过资本本身的技巧性运作，实现资本增值、效益增长的一种经营方式。

从运作层面上分析，对于政府层面来说，资本运作是指资本的配置（重置）问题。根据目前中国的实际情况，资本配置的方式是以市场为导向，政府进行有限干预。市场经济体制中的资本配置，是通过外部资本市场与内部资本结构来进行的。从企业层面来说，企业的资本运作就是对企业内部管理型战略和外部交易型战略的有效运用。建立和培育企业核心竞争能力是企业资本运作的核心。企业通过兼并、收购或者重组，迅速巩固或扩大自身的竞争实力，并建立起持续发展的企业核心能力。从中介层面来说，资本运作主要是针对投资银行、会计师事务所、律师事务所等中介机构而言的。

资本运作不完全等于资产经营（生产经营），两者既有联系，又有区别。

两者之间的联系是：①目的一致。②相互依存。生产经营是基础，如果不进行生产经营活动，资本增值的目的就无法实现。因此，资本经营要为发展生产经营服务，并以生产经营为基础。③相互渗透。企业进行生产经营的过程，就是资本循环周转的过程，资本运营与生产经营密不可分。生产经营是基础，资本经营要为发展生产经营服务。通过资本经营，搞好融资、并购和资产重组等活动，增加资本积累，实现资本集中，目的是要扩大生产经营规模、优化生产结构、提高技术水平，以便更快地发展生产经营。区别主要有：①经营对象不同。资本运作侧重的是企业经营过程的价值方面，追求资本增值。而生产经营的对象则是产品及其生产销售过程，侧重的是企业经营过程的使用价值方面。②经营领域不同。资本运作主要是在资本市场上运作，而企业生产经营涉及的领域主要是生产资料市场、劳动力市场、技术市场和商品市场。③经营方式不同。资本运作要运用各种方式筹集资本，有效地运用资本，合理地配置资本，盘活存量资本，加速资本周转，提高资本效益。而生产经营主要是通过产、供、销等方式，达到增加产品品种、数量，提高产品质量，提高市场占有率和增加产品销售利润的目的。

二、企业资本运作的条件

实施资本运作必须充分考虑是否具备进行资本运作的条件。企业一方面应借助于宏观条件如政策支持、法律规范等宏观环境的配套和完善;另一方面还要求企业自身具备一定的微观条件。

企业首先需要考虑的基本条件包括:①具有资本运作的自主决策权;②具有追求自身资本增值和资本价值最大化的内在动力与必要的约束机制;③具有内在的资本运作风险规避机制;④具有一批优秀而稳定的经营者;⑤具有资本运作中纳入和借助其他企业的筹资和融资能力等。

其次要重视资本运作成本与风险分析,考虑资本运作带来的市场交易成本、内部组织费用、筹资费用、磨合成本等成本费用是否大于其带来的经济效益。另外还需研究企业是否具备对经营风险、管理风险、财务风险、信息风险、反收购风险、经济体制风险、股市风险、国际经济形势风险等资本运作风险进行防范和化解的能力,并提出相应的对策。

市场经济条件下,企业有效进行资本运作,保障其作用的有效发挥,应当从如下几方面着手。

1. 明确企业资本运作目标

企业要对宏观经济的运行趋势、行业发展前景、市场变动格局、产品市场占有率、自身的生产经营能力以及投入产出效果等进行深入的剖析,并在此基础上确立本企业发展的战略定位,并制定企业资本运作的中长期战略规划,确定资本运作的手段和方式,确保企业的兼并收购、股份化改造、联合协作以及合资嫁接等资本运作方式都能围绕一个非常明确的目标开展。

2. 采用合理的资本运作方式

企业在进行收购、兼并等资本运作过程中,必须明确其重心。企业应当在对其资金实力、业务能力、人才结构以及发展战略要求等进行分析和研究的基础上,选择以其主业为核心的相关纵向企业进行收购以实现纵向一体化,或者通过不同行业间的收购或兼并,实现企业主业的逐步转移或者其经营风险的分散,促进本企业综合竞争能力的提升,进而提升其在本行业中的地位。

3. 优化企业资本结构

企业只有优化资本结构,控制资本运作成本,才能实现其资本价值增值的最大化,进而获得巨大的利润,以保证和满足企业长期发展所必需的资金要求。企业资本结构的优化,必须以市场变化情况为依据,并及时调整企业股权融资与债务融资的比重,采用财务杠杆来调整和控制企业的融资成本。

4. 健全企业预算管理体制

企业在进行资本运作的实务中,必须根据自身的具体情况,科学规范其预算管理的程序与方法,不断加强预算约束,确保企业资金的运营效率。

5. 完善企业内部控制制度

作为企业内部财务管理的一种重要方式,企业内控制度的建立与完善不仅有利于健全企业的法人治理结构,实现其经营机制的转换,同时还有利于企业财务管理水平的提升。

三、企业资本运作的模式

随着我国市场经济的发展和成熟，传统的企业增长方式已无法适应现今的发展要求。企业只有合理运用资本形式优化配置、增强核心竞争力，才能最大限度地实现增值。

按资本运作的规模和方向，企业的资本运作可以分为资本扩张与资本收缩两种运营模式。

1. 资本扩张型运营模式

资本扩张型运营模式是指在现有的资本结构下，通过内部积累、追加投资、兼并收购等方式，使企业实现资本规模的扩大。根据产权流动的不同轨道可以将资本扩张分为以下三种类型：①横向资本扩张，是指交易双方属于同一产业或部门，产品相同或相似，为了实现规模经营而进行的产权交易。横向型资本扩张可以减少竞争者的数量，增强企业的市场支配能力，也可以解决市场有限性与行业整体生产力不断扩大的矛盾。②纵向资本扩张，是指交易双方处于生产、经营不同阶段的企业或者不同行业部门，是直接投入产出关系的产权交易。③混合型资本扩张，是指两个或两个以上相互间没有直接投入产出关系和技术经济联系的企业间所进行的产权交易。混合资本扩张有利于分散风险，提高企业的市场适应能力。

2. 资本收缩型运营模式

资本收缩型运营模式是指企业为了追求企业价值最大化以及提高企业运行效率，把自己拥有的部分资产、子公司、某部门或分支机构转移到公司之外，缩小公司的规模。收缩型资本运作是扩张型资本运作的逆向操作，主要实现形式有：①资产剥离，是指企业把所属的部分不适应企业发展战略的资产出售给第三方的交易行为。②公司分立，是指母公司将其拥有的子公司的全部股份，按比例分配给母公司的股东，使子公司的经营从母公司的经营中分离出去，从而形成一个与母公司有着相同股东和股权结构的新公司。③分拆上市，是指母公司将其在子公司所拥有的股份，按比例分配给现有母公司的股东，从法律意义上将子公司的经营从母公司的经营中分离出去的行为。狭义的分拆上市，特指已上市的公司将其部分业务或某子公司独立出来，另行公开招股上市。

按资本运作过程中是否进行资本交易，可将资本运作方式分为交易形式的资本运作和非交易形式的资本运作，其具体分类如图 2-1 所示。

- 资本运作
  - 交易形式的资本运作
    - 上市形式的资本运作
      - 上市前的资本运作
      - 上市资本运作
      - 上市后的资本运作
    - 非上市形式的资本运作
  - 非交易形式的资本运作

图 2-1 资本运作方式分类

非上市形式的资本运作包括以下几种。

(1) 资产重组。

(2) 债务重组。债务重组有两层含义：一是冲销无法归还的债务；二是改善资产负债结构,改变债权债务关系,或更换债权人、债权转股权。

(3) 破产重组。对严重资不抵债、扭亏无望的企业依据《中华人民共和国企业破产法》实施破产处理。

(4) 企业并购(包括股权并购、资产并购、承债并购)。

(5) 跨国投资经营。企业经营的国际化已成为一种发展趋势,过去多数企业的国际化经营主要停留在直接出口、间接出口和补偿贸易等初级形式上,难以在国际市场取得竞争优势。

(6) 参股联合,即企业法人通过共同出资参股,组建有限责任公司,或者在企业内部实行劳资两合,成立股份合作制企业。

(7) 利用外资嫁接改造,吸引外商共办合资企业,是资本运作的重要形式。通过此种形式既可利用国外资本,又可引入先进的技术和管理方法,走企业发展的捷径。

目前,企业资本运作最主要和使用最广泛的形式是企业并购。

第二节 企业并购与资产重组的基本类型

并购是企业资本扩张发展到一定阶段的产物。近年来,随着科技革命和资本市场金融创新的大发展,并购形式层出不穷。可以按照行业交易方式等进行分类,下面重点介绍一些常见的并购类型。

一、横向并购、纵向并购和混合并购

按并购双方所属行业,并购可以划分为横向并购、纵向并购和混合并购。

1. 横向并购

横向并购是指具有竞争关系、经营领域相同或所生产产品相同的同一行业之间的并购。其目的在于扩大生产规模,实现规模经济;减少竞争对手,控制或影响同类产品市场;消除重复建设并提供系列产品。横向并购的结果是资本在同一生产领域、销售领域或部门内集中,优势企业吞并劣势企业,组成庞大企业集团,扩大生产规模,以达到在新技术条件下的最佳经济规模。从本质上讲,横向并购是两个或两个以上生产或销售相同或相似产品间企业的并购,以达到消除竞争、扩大市场份额、增强企业的垄断势力的目的。

但是,横向并购可能会破坏竞争,导致行业垄断,进而降低社会整体福利。

2. 纵向并购

纵向并购是指企业与供应商或客户间进行的并购,即优势企业并购与本企业在生产工序上前后紧密相关的企业,形成纵向一体化。

从收购方向看,纵向并购包括向前并购和向后并购两种。向前并购,即向其产品的下游加工流程方向并购,如生产零件或原材料的企业并购加工企业或装配企业。向后并购,即向其产品的上游加工流程方向并购,如装配或制造企业并购零件或原材料生产企业。纵向并购把一个产品的各个生产环节和生产工序统一于一个企业之中进行统一管理、统一经营,从而能够有效利用资源,合理配置生产要素。从科斯的交易成本解释企业性质的理论方面理解,纵向并购扩大了企业的有效边界,使得原本发生在企业之间的市场交易行

为转化为企业内部行为，从而节约了交易成本。

3. 混合并购

混合并购是指处于不同产业领域、产品属于不同市场且与其产业部门不存在特别的生产技术联系的企业之间的并购。并购各方既非商业上的竞争对手，也非生产经营上的上下游关系。混合并购又分为产品扩张型并购、市场扩张型并购和纯粹混合并购三种。

混合并购是为了通过收购兼并实现多元化发展战略，以减少仅在一个行业经营所带来的特有风险，并且混合并购能够使企业快速进入更具成长性的行业，提高企业整体赢利能力。混合并购优于横向并购之处在于不会受到反垄断法的限制。

二、要约收购和协议收购

按并购交易是否通过证券交易所，并购可以划分为要约收购和协议收购。

1. 要约收购

要约收购是指收购方通过向目标公司的管理层和股东发出购买其公司股份的书面意向书，并按照要约收购公告中所规定的收购价格、收购条件、收购期限及其他规定事项，收购目标公司股份的收购方式。要约收购直接在股票市场中进行，受到市场规则的严格限制，风险较大，但自主性强。长期以来在我国资本市场上这种形式很少被采用，但要约收购在发达国家资本市场是非常普遍的收购方式。随着我国股权分置改革的完成，资本市场实现了全流通，要约收购将成为一种基本收购形式。

资料链接

我国资本市场第一起要约收购

2003 年 3 月 12 日，民营企业复星集团及其关联企业与上市公司南钢股份（沪市代码为 600282）的母公司南钢集团合资成立南京钢铁联合有限公司。南钢集团将其持有的南钢 70.95%的股份作为出资注入南钢联合公司，由此形成了南钢联合公司对上市公司南钢股份的收购，并触发了要约收购。4 月 9 日，南钢联合公司发出了对南钢股份的要约收购提示性公告。确定要约价格法人股、流通股分别为 3.81 元每股和 5.86 元每股。6 月 12 日，南钢联合公司发出正式要约收购书，进入要约收购阶段。7 月 12 日，要约期结束。其结果是无任何股东接受南钢联合公司的要约收购，即零预受、零撤回。

要约收购一般在资本市场实现全流通的发达国家盛行，我国特殊的市场经济体制使要约收购实施起来较为困难。这反映了我国资本市场要约收购的一些特性：收购不以下市为目的，一般属于强制要约收购行为。但是由于价格往往较低，流通股东接受的可能性非常小。

2. 协议收购

协议收购是指并购公司不通过证券交易所，直接与目标公司取得联系，通过谈判、协商达成共同协议的收购方式。协议收购易取得目标公司的理解与合作，有利于降低收购行为的风险和成本，但谈判过程中的契约成本较高。协议收购一般都属于善意收购。

三、善意并购和敌意并购

按并购是否取得目标企业的同意和合作,并购可以划分为善意并购和敌意并购。

1. 善意并购

善意并购也称为友好并购,是指并购企业事先与目标企业协商,征得目标企业同意并谈判达成并购条件的一致意见而实现的企业并购。善意并购因征得了目标企业的同意,能得到目标企业的合作,因而有利于降低并购企业的并购成本和风险,成功率较高,但协商、谈判时间过长可能降低并购行为的价值。

2. 敌意并购

敌意并购也称为强迫接管并购,是指并购企业在目标企业对并购行动不知晓或持反对态度的情况下对目标企业强行并购的行为。敌意并购由于得不到目标企业的合作甚至目标企业还会采取一系列措施反对并购,因而风险大,成功率较低,但敌意并购由于并购企业完全处于主动地位,不用被动权衡各方利益得失,而且并购行动节奏快、时间短,可有效控制成本。

四、杠杆收购和非杠杆收购

按收购资金来源,并购可以划分为杠杆收购和非杠杆收购。

1. 杠杆收购

杠杆收购是指收购方只支付少量的自有资金,主要利用目标公司资产的未来经营收入进行大规模的融资来支付并购资金的一种收购方式。杠杆收购有以下特征:收购方自付资金相对较少,一般占收购总价款的10%～15%;大部分资金来源于各种债务融资;偿还收购债务的资金来源于目标公司未来的现金流;收购融资的债权人只能向目标公司求偿,而无法向真正的借款方——收购方求偿,因为债券发行主体或者借款的债务人只是一个“壳公司”,在并购完成后就和目标公司合并了,债务主体就是目标公司。

杠杆收购于20世纪60年代首先出现于美国,并在第四次并购浪潮中盛行。杠杆收购使得一些规模较大的企业可能成为收购的对象。

2. 非杠杆收购

非杠杆收购是指收购方主要以自有资金来完成收购的一种收购形式。但非杠杆收购并不意味着收购公司不用举债即可承担收购价款,在实践中几乎所有的收购都会利用贷款,不同之处只是借贷数额的多少而已。

五、直接并购和间接并购

按并购双方是否直接进行并购活动,并购可以划分为直接并购和间接并购。

直接并购又称协议收购,指并购企业直接向目标企业提出并购要求,双方通过一定程序进行磋商,共同商定并购的各项条件,然后根据协议的条件达到并购目的。间接并购又称要约收购,指并购企业不直接向目标企业提出并购要求,而是通过证券市场以高于目标企业股票市价的价格收购目标企业的股票,从而达到控制目标企业的目的。

六、新设型并购、吸收型并购和控股型并购

按并购完成后目标企业的法律状态，并购可以划分为新设型并购、吸收型并购和控股型并购。

新设型并购指并购双方都解散，成立一个新的法人的并购。吸收型并购指目标企业解散而为并购企业所吸收的并购。控股型并购指并购双方都不解散，但被并购企业所控股的并购。

七、强制并购和自由并购

按并购企业是否负有并购目标企业股权的强制性义务，并购可以划分为强制并购和自由并购。

强制并购指并购企业持有目标企业股份达到一定比例，可能操纵后者的董事会并对股东的权益造成影响时，根据《证券法》的规定，并购企业负有对目标企业所有股东发出收购要约，并以特定价格收购股东手中持有的目标企业股份的强制性义务而进行的并购。自由并购是指并购方可以自由决定收购被并购方任意比例股权的并购。

八、现金购买资产式并购、现金购买股票式并购、以股票换资产式并购和以股票换股票式并购

按出资方式，并购可以划分为现金购买资产式并购、现金购买股票式并购、以股票换资产式并购和以股票换股票式并购。

1. 现金购买资产式并购

现金购买资产式并购是指购买方通过使用现金购买目标公司的财产以实现并购，收购完成后目标公司成为有现金无生产资源的空壳。这种方式的优点是等价交换、交易清楚，不会产生纠纷，主要适用于产权清晰、债权债务明确的目标公司。

2. 现金购买股票式并购

现金购买股票式并购是指收购方通过使用现金在股票市场上或通过协议转让收购目标公司的股票以实现控制权的一种收购方式。这是一种简便易行的并购方式，但要受到有关证券法规信息披露制度的制约，而且公开收购价格较高，会增加收购成本。

3. 以股票换资产式并购

以股票换资产式并购是指并购企业向目标公司发行自己的股票以换取目标公司的资产从而达到收购目标公司目的的一种收购方式。在这种并购中，目标公司一般在并购完成后解散，收购方用目标公司的资产重新组建新的公司。目标公司的原管理人员和职工一般得到保留。

4. 以股票换股票式并购

以股票换股票式并购是指收购方直接向目标公司股东发行收购公司发行的股票，以换取目标公司的股票，交换的数量应至少达到收购公司能控制目标公司的足够表决权。收购完成后，目标公司依然存在。采用以股票换股票式并购方式，收购方可以减少现金支出，还可以利用收购公司较高的股价低成本收购其他企业，以实现企业快速成长。

然而,现实中的并购形式远非以上几种。一般而言,并购的类型往往来自对并购行为进行的系统化归类。由于近年来我国企业并购发展迅速,在缺乏法律统一规定的情况下,要将实践中纷繁复杂的公司并购情况进行梳理归类,是一件颇具难度的工作。无论是在学术界还是实践操作层面,都缺乏明确的分类原则指导。并购的分类原则只是按照约定俗成的标准进行划分。例如,按涉及并购企业的范围可以分为整体并购和部分并购;按并购公司与目标公司是否属于同一国家可以划分为跨国并购和国内并购;按并购的动因可以划分为战略并购和财务并购等。

第三节 企业并购与资产重组的风险

企业并购与资产重组作为当今我国经济生活中一个引人注目的经济现象,是政府、经济界、企业界谈论的焦点。这种现象的出现有其深刻的历史背景,我国经济结构调整和国有企业改革已成为推动我国经济进一步持续发展的关键,而企业并购对于我国经济结构转换和国有企业改革有着重要的促进作用。随着我国经济进一步向纵深发展,企业并购浪潮将以人们难以想象的方式改变我国产业的面貌。但是,当前我国资产重组热潮中普遍存在一个问题,即对并购风险认识不足,虽然并购失败的案例时有发生,但由于我国并购的历史尚短,大多数企业的并购还未到收获季节,因此并购风险尚未引起人们足够的重视。

企业并购是一项复杂的系统工程,涉及多方的利益,如果进行得当就能够为公司带来巨大的好处,但是并购本身也是一把锋利的"双刃剑",具有极大的风险。美国是当今世界上最庞大、最活跃的经济体,考察它的并购历史无疑给人以深度的思考。著名学者波特对1956—1986年美国企业成长失败率进行了调查,结果表明:新建企业的失败率为44%,合资企业的失败率为50.3%,并购企业的失败率最高,达53.4%~74%;而且在并购中,不同的方式其风险也不一样,相同领域不同行业的并购失败率为53.4%,相关领域不同行业的并购失败率为61.2%,非相关领域的并购失败率则高达74%。由此可见,并购在企业成长中隐藏着巨大的风险。

我国目前并购活动中的风险主要有体制风险、营运风险、财务风险、信息风险、反收购风险等。

一、体制风险

体制风险就是由于体制的不确定对并购造成的不利影响。我国正处于经济体制转轨时期,这一风险在我国目前表现得较为明显。如我国相当一部分企业的并购行为是出于政府部门的意愿,并购双方企业常常缺乏并购动机,因而缺乏对并购完成后企业的经营管理和发展战略,这就使得并购一开始就潜伏着体制风险,具体表现在以下几方面。

(1) 一些地方政府不按市场经济原则办事,依行政手段对企业并购采取大包大揽方式。比如,以非经济目标代替经济目标,过分强调"帮困扶贫",偏离了资产优化组合的目标,给企业的长远发展埋下了隐患。

(2) 作为我国特色,企业并购中被并购一方人员的安置问题是企业并购的一项重要附加条件,有时甚至是先决条件。目前通行的做法是由买方企业负责解决卖方企业的全部人员,包括离退休人员的就业、福利、社会保障等问题,这种方式可在一定时期内避免产生一些社会问题,但从长期来看,必将影响企业的持续发展能力。

(3) 企业并购需要大量的专业人员,并购中专业服务水平的高低直接影响并购的质量。由于我国投资银行的经营运作起步较晚,尚未形成具备西方投资银行家素质的高级人员。在并购质量不能保证的情况下,并购行为必然存在诸多隐患。

二、营运风险

营运风险是指由于营运方面的问题对并购造成的不利影响。具体地说就是指并购完成后,并购者无法使整个企业产生经营、财务、市场份额等协同效应,从而无法实现并购的预期效果,有时好企业受到较差企业的拖累。营运风险的表现大致有两种:一是并购行为产生的结果与初衷相违,二是并购后的新公司因规模过大而产生规模不经济的问题。这种效率与规模成反比的现象值得我国组建大型企业集团时考虑。

三、财务风险

财务风险是指在一定时期内,因并购融资而背负债务,使企业发生财务危机的可能性。企业并购往往需要大量资金支持,并购者有时用本公司的现金或股票去并购,有时则利用卖方融资杠杆并购等债务支付工具,通过向外举债来完成并购。无论利用何种融资途径,均存在一定的财务风险。引起财务风险的原因主要有融资决策和支付决策,而融资决策和支付决策建立在定价决策基础上并影响着税收决策。因此,可以将财务风险分为三类:定价风险、融资风险和支付风险。

1. 定价风险

定价风险主要是指目标企业的价值风险。即由于收购方对目标企业的资产价值和获利能力估计过高,以致出价过高而超过了自身的承受能力,尽管目标企业运作很好,但过高的买价也无法使收购方获得一个满意的回报。定价风险主要来自以下两个方面。

一是目标企业的财务报表风险。在并购过程中,并购双方首先要确定目标企业的并购价格,主要依据目标企业的年度报告、财务报表等。但目标企业可能故意隐瞒损失信息,夸大收益信息,对很多影响价格的信息不做充分、准确的披露,这会直接影响到并购价格的合理性,从而使并购后的企业面临潜在的风险。

二是目标企业的价值评估风险。并购时需要对目标企业的资产、负债进行评估,对标的物进行评估,但是评估实践中存在评估结果的准确性问题以及外部因素的干扰问题。

2. 融资风险

融资风险主要是指与并购资金保证和资本结构有关的资金来源风险,具体包括资金是否在数量上和时间上保证需要,融资方式是否适合并购动机,债务负担是否会影响企业正常的生产经营等。融资风险最主要的表现是债务风险,它来源于两个方面:收购方的债务风险和目标企业的债务风险。虽然债务融资相对于完全股权交易更能提高 EPS(每股收益)的增长,但债务融资由于债务放大了收益的波动,它比完全股权交易风险更大。这是因为,如果收购方在收购中所付代价过高,举债过于沉重,就会导致其收购成功后付不出本息而破产倒闭。

3. 支付风险

支付风险主要是指与资金流动性和股权稀释有关的并购资金使用风险，它与融资风险、债务风险有密切联系。支付风险主要表现在以下三个方面。

一是现金支付产生的资金流动性风险以及由此最终导致的债务风险。现金支付工具自身的缺陷，会给并购带来一定的风险。首先，现金支付工具的使用，是一项巨大的即时现金负担，公司所承受的现金压力比较大；其次，使用现金支付工具，交易规模常会受到获现能力的限制；最后，从被并购者的角度来看，会因无法推迟资本利得的确认和转移实现的资本增益，从而不能享受税收优惠，以及不能拥有新公司的股东权益等原因，而不欢迎现金方式，这会影响并购的成功机会，带来相关的风险。

二是股权支付的股权稀释风险。如香港玉郎国际漫画制作出版公司并购案，其领导层通过多次售股、配股集资进行证券投资和兼并收购。这一方面稀释原有股权；另一方面也为其资本运营带来风险，最终导致香港玉郎国际漫画制作出版公司被收购。

三是杠杆支付的债务风险。20世纪80年代末，美国垃圾债券泛滥一时，其间11.4%的并购属于杠杆收购行为。进入20世纪90年代后，美国的经济陷入了衰退，银行呆账堆积，各类金融机构大举紧缩信贷，金融监督当局也严词苛责杠杆交易，并责令银行将杠杆交易类的贷款分拣出来，以供监督。各方面的压力和证券市场的持续低迷使垃圾债券无处推销，垃圾债券市场几近崩溃，杠杆交易也频频告吹。不同支付方式的选择带来的支付风险最终表现为支付结构不合理、现金支付过多从而使得整合运营期间的资金压力过大。

四、信息风险

在并购活动中，信息是非常重要的，就像打仗一样，只有知己知彼才能取得并购的成功，但要获得完全的信息是很困难的。在掌握信息方面，被并购方通常处于有利地位。因为被并购方对被并购的资产了解得最清楚，并购方则知之甚少，双方信息的不对称必然给并购带来风险。被并购方会利用自身所处的有利地位损害并购方利益以获取不正当的收益。在实际并购中因不了解被并购企业的底细，而使并购企业蒙受损失的例子比比皆是。

五、反收购风险

在企业并购活动中，当企业对目标公司的股权进行收购时，目标公司并不甘心于束手就擒，通常会采取措施进行反收购，尤其是在面临敌意收购时，目标公司可能会不惜一切代价，在投资银行的协助下，采用各种反并购措施，西方称为"驱鲨剂"，其中各种具体的技术手段也被赋予五花八门的头衔，如毒丸、金降落伞、跷跷板、反绿色邮件等。反收购的行动会增加并购工作的难度和风险，从而给并购工作带来种种不利后果：其一，打乱并购公司的工作计划，使并购工作停顿乃至夭折；其二，目标公司反收购行为抬高目标公司股票价格，提高收购方的收购成本；其三，收购方被目标公司控告到法院或证券管理部门，延误收购时间、降低收购方的声誉。

总之，企业并购所具有的风险相当复杂和广泛，各种风险最终都会影响到财务方面，无论是作为并购活动中的中介机构，还是作为企业本身，以及参与并购活动的政府各主管部门，都应谨慎对待，多谋善选，尽量避免风险，尤其是财务风险，从而最终实现并购的成功。

如果对并购风险认识不足，防范措施不到位，则可能产生并购纠纷。

第四节　企业并购与重组中可能发生的纠纷

根据目前企业并购活动中的涉讼案例，企业并购纠纷的主要类型有以下几种。

一、产权不明导致的纠纷

由于对被并购企业的产权没有进行界定或界定不合理，或者未向有关部门办理相关法定手续，导致产权不明。并购后容易造成并购方与被并购企业产权相关人的产权确认纠纷，部分并购容易造成股东之间、新老股东之间对资产价值和应承担的义务发生争议而引发诉讼。

二、主体不适格导致的纠纷

一是出售企业的主体不够明晰。如由于国有资产所有者缺位或不明确或不落实，往往出现出售企业的主体不明确，导致被出售的国有企业以出售者的身份，与购买者订立企业产权转让合同，即“企业自己卖自己”。国家作为国有企业的出资主体，属于国家的产权份额，理应由国家出售。而国家是个抽象的概念，到底哪个机构可以行使，似乎都可以又都不可以。

二是购买主体不适格。如有些被并购企业的经营范围是不允许外商经营的，却由外商收购经营；又如购买方是自然人，作为国有资产的企业出售给个人后，其资产性质（企业性质）相应也发生了变化。根据我国法律规定，个体自然人设立的私营企业不具备法人资格，只有两个以上的自然人方能成立具有法人资格的独立主体。当购买企业方为个体自然人时，其对原企业的法人主体资格往往不去变更登记为私营企业。这时，该企业的经营和法人登记便与法律发生了冲突。

三、行政干预导致的纠纷

各级人民政府代表国家对国有企业行使所有权，是在计划经济体制下形成的观念，这一观念根深蒂固。有的国企被出售或兼并后，一些地方仍不承认企业出售后其他投资者的股权，以致酿成纠纷。有些政府主管部门强行要求企业并购或被并购，有些则将自愿合并的企业强行拆开，从而导致许多并购纠纷。有些国有企业因并购而由非国有经济主体占控股地位，但政府部门仍直接任命企业领导人，从而导致纠纷。

四、操作不规范导致的纠纷

在企业并购与转制过程中，由于一些法人法制意识不强，操作不规范，引发各类案件不断增多。如对购买方资信和经营能力了解不够即出售国有企业，导致纠纷；为赶进度，急于求成，资产未评估就出售，未确定资产价值，即由领导拍脑袋定资产价值；企业并购合同或协议中权利义务约定不明导致纠纷；企业并购后，被并购企业未及时向工商管理部门办理有关并购后的变更或注销手续，导致民事法律关系的复杂化，由此引发诉讼案件。

五、遗漏、逃废债务导致的纠纷

在企业并购过程中，当事人对原企业的债务承担约定不明、责任不清而引起纠纷。一是企业在资产评估时遗漏债务，有的是遗漏原企业在进行民事和经济活动中应承担的债务；也有的是遗漏原企业可能承担的隐形债务，如未界定原企业提供的担保等隐形债务。二是被并购企业注册资金不到位或抽逃注册资金，使实际净资产数和账面净资产数不相符。三是一些"零改制""零资产"及净资产为负数的企业设法逃债，有的是"剥离式"逃债，有的是"悬空式"逃债，有的是"假破产，真逃债"。

六、员工安置导致的纠纷

并购后的企业，为适应新的运行机制的需要，往往对原企业签订的劳动合同进行清理、规范、变更或重新签订，与劳动者产生争议的事时有发生。

七、利用并购进行欺诈导致的纠纷

鉴于并购活动通常是以并购方对被并购方的债权债务和职工全盘接受为前提，因而社会震荡较小，故深受社会各界欢迎。然而，由于并购法律法规不健全、并购操作不规范，一些不法之徒趁机欺诈牟利。在司法实践中，以并购之名行骗财之实的主要类型有以下三种。

(1) 以分期付款为诱饵，先签订兼并协议，办理资产的产权转移手续，然后再将资产抵押、质押贷款，而后拒不支付余款，甚至远走高飞，致使被兼并方债权悬空，这是兼并方惯用的欺骗伎俩之一。

(2) 个别企业本已负债累累，资不抵债，但是经过一番乔装打扮，甚至动用舆论工具，大肆炒作，使其俨然变为实力雄厚、前景辉煌的殷实企业。它们利用一些本小利微、实力欠缺的中小企业急欲寻求兼并走出困境的心理，进行兼并，攫取其资产，为自己苟延残喘输血打气。

(3) 隐瞒债务，尤其是隐瞒担保债务，做假账，虚报赢利，虚列债权，隐瞒债权的真实情况，对债权进行"技术处理"，致使兼并方在接收后债务增加，债权落空，本想通过并购大展宏图，结果反被并购所累。

本章小结

本章主要分析了企业资产经营与资本运作的关系，对资本运作模式和条件进行了分析，另外对企业并购重组的分类进行了全方位的阐述。后面两节研究分析了并购过程中各类的风险和可能产生的法律纠纷，使读者从不同侧面对企业并购和资产重组有一个全面认识。

复习思考题

1. 什么是收缩型资本运作？什么是扩张型资本运作？
2. 什么是杠杆收购？杠杆收购与传统的并购方式相比有何特点？
3. 企业并购包括哪些基本内容和模式？
4. 企业并购有哪些风险？如何避免？
5. 企业并购有可能发生哪些法律纠纷？

案例一　利亚德的兼并发展壮大之路

2012年利亚德公司上市以来，短短4年时间兼并数十家公司，从一家十几亿元市值的LED生产销售企业，成长为一个市值数百亿元的LED和景观照明领域的国际化大集团。利亚德公司的扩张之路对于中国企业如何使用通过并购成功发展壮大有极大的借鉴意义。

一、并购背景

利亚德光电股份有限公司的前身是北京利亚德电子科技有限公司，该公司成立于1995年8月21日，是由美国阿莫瑞森公司（AMERISUN CORP.）出资设立的外商投资企业。利亚德董事长兼总经理李军是阿莫瑞森的控股股东和实际控制人，而公司主营业务为股权投资，在利亚德招股前，阿莫瑞森仅作为持股公司存在，未从事具体生产经营活动。2010年11月，该公司由有限责任公司整体变更设立股份有限公司。股权全部转让给李军、谭连起、崔新梅、王英因等10名境内自然人。至此，利亚德的身份变更为内资民营企业。在2012年以前，利亚德一直专注于LED显示屏应用领域，公司主营业务收入主要来源于LED全彩显示屏产品的销售收入。2012年LED显示屏正处于市场“严寒期”，因为受到美国经济以及欧债危机的影响，全球LED显示屏的平均利润较上年下降幅度明显，其中国外企业下降了10%，国内企业更是下降了15%以上。而在应收账款方面，利亚德2011年6月，应收账款净额为9 572.21万元，占当期流动资产21.53%。同时由于显示屏行业的特点决定了公司对流动资金需求量较大的特性，利亚德资产负债率达到44.11%。

二、并购历程

2012年3月，利亚德首次在深交所创业板A股上市，首次募集资金3.62亿元，值得注意的是，利亚德首次公开发行募集的资金主要用于投资建设LED封装生产线，利亚德主要是在LED显示屏应用方面的技术沉淀，而并不是芯片封装领域。且其在招股书中提及，本次募集资金投资项目实施前，本公司尚未从事LED封装器件的生产业务，公司LED封装器件生产线是否能够如期投产、器件质量是否能够达到LED应用产品的生产要求等均具有一定的不确定性。

2013年11月，利亚德公司使用“LED应用产业园建设项目”募集资金用途变更后剩余募集资金15 939.19万元中的4 083万元用于收购互联亿达股东所持有的100%股权，其中收购北京华亿联合科技有限公司持有的55%股权、北京通北纵横科技有限公司持有的45%股权。交易完成后，利亚德将持有互联亿达100%股权。

2013年11月，利亚德公司以发行股份和支付现金方式收购金达照明100%的股份，并购金额为2.03亿元人民币，利亚德以现金方式向每名交易对方支付交易对价的25%，以发行股份方式向每名交易对方支付交易对价的75%。金达照明主要从事城市照明系统，景观照明，公司切入照明系统，产生协同效果，利亚德"显示"+"照明"的双轮驱动下，将进一步帮助利亚德打开市场，增强其竞争力。

2015年7月，利亚德通过发行股份和支付现金的方式收购广州励丰文化科技有限责任公司100%股份以北京金立翔艺彩科技有限公司99%股份，并募集配套资金。收购励丰文化和金立翔，对于利亚德来说，是其走好LED显示、LED文化教育传媒两大业务板块的"踏脚石"。至此，利亚德正式进入下游演艺设备领域。

2015年11月，利亚德以现金支付方式完全吸收合并美国纳斯达克上市公司，PLANAR合并之后，PLANAR存续，成为利亚德美国的全资子公司。这是首例A股上市公司以公司合并(merger)形式兼并美国本土纳斯达克老牌上市公司(非中概股)，完成私有化退市，并完整保留标的公司美国管理团队及其优质渠道的案例。PLANAR拥有全球领先的电子专业显示技术，通过本次交易，利亚德实现了电子专业显示系统的全产品线覆盖，也可以利用PLANAR在北美、欧洲及亚洲的销售渠道，将优势产品推至海外，扩大市场份额，实现全球化布局。

进入2016年，公司更是加快了并购扩张的步伐，2016年4月利亚德以758万元自有资金及42万元募集资金收购厦门合道协同智能建筑工程有限公司85%的股份，成为实际控股股东。2016年6月，以3.5亿元人民币收购上海中天照明成套有限公司100%的股份。2016年8月，公司同时发起3份并购案，收购上海蓝硕数码科技有限公司、西安万科时代系统集成工程有限公司、四川普瑞照明工程有限公司。这一系列并购进一步开拓了公司的市场地位，增强了公司在西南、西北地区的影响力。公司进一步扩张其照明领域，显示了公司进一步发展景观照明业务的决心。

三、并购动因

1. 获取战略机会

根据企业生命周期理论，每一个企业的产品都有一个开发、研制、成型、衰退的过程，对于生产某一主导产品的企业，它一方面可以不断地开发新产品以适应企业产品生命周期；另一方面则可以定制比较长远的发展计划，有意识地通过企业并购的方式达到产品转移的目的。2012年遭遇LED显示屏行业的寒冬期，利亚德公司出现了利润大幅下降、坏账增多的现象，为了走出这一困境，利亚德公司分别收购了互联亿达、金达照明、金立翔、励丰文化，将其业务范围向下游和相关领域延伸，使自身业务从单一的LED产品领域扩展到显示、文化传媒、景观照明等领域。

2. 发挥协同效应

在利亚德收购金达照明一案中，利亚德是LED应用领导者，金达照明是专业的城市照明、景观照明公司，显示和照明是相辅相成的两个系统，兼并后公司可以分享各自的客户源，协同完成更大的目标项目。产生巨大的协同效应。

利亚德收购PLANAR一案中，利亚德是国内领先的LED供应商，PLANAR拥有全球领先的电子专业显示技术，通过此次收购，利亚德实现了电子显示专业系统的全产品线覆盖，PLANAR在北美和欧洲强大的客户资源与其领先的技术和创新能力，连同利亚德在新兴市场视频显示技术领域的领先地位，将会带来很多创新的产品和方案，产生显著的协同效应。

四、并购后的整合

1. 销售渠道的整合

在国内市场，利亚德在全国各地设立34个分公司，通过数次并购在国内拥有15个控股成员公司，营销网络和施工团队有效地覆盖了全国市场。在国外市场，利亚德并购PLANAR之后，完全打开了欧美市场，国外市场占比迅速增加。从表2-1,2014年6月半年报和2016年6月的半年报对比中可以看出，利亚德的主营收入从2014年的集中于华东和华北地区转而变为境外业务收入占比最大，华东、华南、华北和西南地区均有较大的营业收入。

表2-1 利亚德公司2014、2016半年报主营业务收入对比

地区	2014年6月		2016年6月	
	主营收入(元)	收入比例(%)	主营收入(元)	收入比例(%)
华东地区	1.03亿	25.10	1.98亿	11.42
华北地区	1.03亿	24.96	2.18亿	12.58
境外(含港澳台)	8 761万	21.27	7.90亿	45.59
华南地区	7 650万	18.58	3.27亿	18.88
东北地区	1 784万	4.33	1 421万	0.82
西南地区	1 465万	3.56	1.51亿	8.74
西北地区	599万	1.46	3 428万	1.98
其他(补充)	307万	0.75		

2. 业务方向的整合

利亚德公司的并购集中于相关业务方向的拓展和横向扩张。利亚德公司从最初的专业从事LED应用产品研发、设计、生产、销售的企业。数次并购，形成了以“LED小间距电视”“LED照明”“显示系统”和“文化传媒”四轮驱动的模式。利亚德继而整合了整体的公司发展方向，整合LED和显示传媒，致力发展虚拟现实，开发裸眼3D显示器向民用领域扩展。同时整合照明和文化产业，深度布局景观照明和旅游创意，形成两个协同发展方向。

【案例评析】

利亚德公司从2012年上市开始，就开始了大规模的扩张战略。从2012年上市募集资金扩展公司LED封装领域，到完全吸收合并海外上市公司PLANAR，再到2016年8月同时收购3家施工企业，利亚德公司形成了辐射全国乃至全球市场的布局。短短4年间，利亚德公司的市值就由2012年的16亿元跃升至2016年的252亿元。主营业务收入每年增长超过30%。

利亚德基于提高市场占有率,低成本扩张,改善产品结构,追求协同经营、协同创新等动因,采用了吸收并购和控股并购、现金收购和股票互换等形式,在4年内成功完成多起并购。利亚德在短短4年就从一个地区性的LED生产企业变成了一个拥有15个国内控股公司、6个境外控股成员公司、5个参股公司的全球化的集团。

经过一系列的并购活动,利亚德在产品种类、营运能力、盈利能力和研发能力上都有了大幅度的提高,提高了资本运营效率,改善了资产质量。由于利亚德为实现快速扩张的战略而开展了一系列的并购也会为其带来各种负担和风险。但是总体看来,利亚德的一系列并购都符合企业的发展战略,给企业发展带来了协同效果,带来了企业盈利能力的上升和创新能力的提高。一系列的并购行为给企业创造了价值。

对于利亚德来说,15家国内控股公司和6个国外控股成员公司的加入都成为利亚德新的力量,产生巨大的协同效应,形成推动利亚德发展的巨大合力。利亚德具有巨大的发展潜力,通过大规模的收购兼并,规模迅速壮大成为百亿级国际化大企业,完成了其海内外战略布局。同时,利亚德也清醒地认识到:在其多次并购和整合的过程中,出现了诸多人力资源管理和营运的困难,如何进一步处理好整合过程中的人力资源整合和协同营运,成为制约企业未来快速扩张发展的"瓶颈"。

【案例讨论题】

1. 利亚德上市之后的并购扩张速度为什么会加快?

2. 结合今天利亚德的发展成就,讨论利亚德通过并购发展的必要性和意义,以及失误和经验教训。

3. 从利亚德的并购整合案例,我们可以得到什么启示?

案例二 上汽并购韩国双龙汽车的风险与纠纷

2009年2月,中国汽车海外并购第一案的被并购方——韩国双龙汽车正式申请破产,标志着中国汽车的第一次海外并购正式失败。这次并购及其后的整合过程历时4年,经历了颇多周折,其惨痛的教训对于中国企业如何成功实施海外并购具有极大的借鉴意义。

一、上汽并购韩国双龙的背景、目的和过程

1. 并购双方的背景

此案并购方上海汽车工业(集团)总公司(以下简称"上汽集团")是中国三大汽车集团之一,主要从事乘用车、商用车和汽车零部件的生产、销售、开发、投资及相关的汽车服务贸易和金融业务。该集团持有上市公司——上海汽车集团股份有限公司(以下简称"上海汽车")78.94%的股份;同时持有独立供应汽车零部件业务上市公司——华域汽车系统股份有限公司(以下简称"华域汽车")60.10%的股份。2008年,上汽集团整车销售超过182.6万辆,其中销售乘用车111.8万辆,销售商用车70.8万辆,在国内汽车集团排名中

继续保持第一位。2009年，上汽集团以上一年度248.8亿美元的合并销售收入第五次入选《财富》杂志世界500强，排名第359位。

上汽集团除在上海当地发展外，还在重庆、青岛、南京等地建立了自己的生产基地；拥有韩国通用大宇10%的股份；在美国、日本等国家设有海外公司。

此案被并购方——双龙汽车公司（以下简称“双龙”）成立于1954年，最初主要生产重型商务车和特殊用途车辆。1983年收购东亚汽车公司后，改名为双龙汽车，并迅速崛起成为最可靠的专业四轮驱动运动型多用途车的制造商。1991年双龙与奔驰结成战略合作伙伴关系，在韩国被称为短期内实现技术转让最成功的案例。1997年，双龙因资不抵债而被大宇集团收购。1999年，大宇集团解散时，双龙被分离出来成为独立的上市公司，发展成为韩国第五大汽车制造商，主要生产大型SUV（运动型多用途汽车）和高档豪华轿车，拥有员工7 400多名，具有年产21万辆汽车的生产能力。2001年双龙创造了126万辆的新车销售佳绩。

2. 并购双方的目的

对于上汽集团来说，并购的主要目的有以下几点：一是弥补车型的缺失，争夺市场。当时，SUV车在中国刚刚起步，但发展迅猛，2003年销售量同比增长将近80%。上汽集团收购双龙不仅可以使自己的乘用车与双龙擅长的SUV车型形成互补，而且可使自己成为拥有全系列车型生产能力的汽车公司。二是提升制造和研发技术。上汽看重的是双龙现有的柴油发动机技术和令人称道的研发团队。三是拓展海外销售渠道。通过收购双龙，上汽可以拥有双龙在韩国的200多家直销代理店和400多家大宇代销网点，以及海外的90多家总经销商。总之，上汽集团把收购双龙作为一个长期的战略，试图凭借此次并购把双龙汽车的产品推广到中国，同时增加自身在国际汽车市场上的竞争力。

双龙的员工虽然担心被上汽收购后其品牌价值会大打折扣，还担心上汽集团学到技术后就会遭到抛弃，但由于从2002年开始，韩国汽车的国内销售额节节跌落，汽车发展需要依靠出口，加上双龙经营不善，债权债务出现严重倒置，公司濒临破产。在2002年双龙的出口比重只占10%的情况下，管理团队迫切需要稳定的投资和海外销售网络，而被上汽收购就可以达到这些目的。

3. 并购的简要过程

2003年下半年，双龙汽车公司债权团邀请包括美国通用汽车公司、法国雷诺汽车公司和雪铁龙汽车公司、中国上海汽车集团公司等海外企业前来投标。11月初，双龙和上汽初步达成收购意向。2004年7月，上汽与债权团进行谈判后，与韩国朝兴银行在汉城（现首尔）签署了收购协议，上汽以接近5亿美元的价格收购双龙48.92%的股权。同时与双龙汽车工会进行了谈判。其间双龙工会举行了总罢工，要求与上汽签署一份特别协议方案，建立劳资海外经营战略委员会，允许工会参与董事会决策过程，保障雇用和设备不被转移等。2005年1月27日，上汽集团完成对韩国双龙汽车公司的股权交割手续，正式成为其第一大股东。

二、并购后的整合

1. 整合失败过程

上汽收购双龙是中国企业首次在海外收购整车企业,开创了中国汽车企业在国际范围内整合品牌、技术资源的先河。但是,战略并购并不等同于并购的完美结束,而要面对后续整合的诸多问题。

上汽入主双龙后,采取了一系列措施增强企业竞争力,通过精简开支、加强管理取得了不错的业绩。到2004年年底,实现净利润1 100万美元。2005年上半年,双龙汽车总销量达到60 908辆,其中出口30 441辆,创造了历史上出口销售业绩的最高纪录。但到2005年下半年,双龙在韩国的市场份额下降,业绩拐弯直下。于是上汽以企业经营不善为由解雇了原经营班子,虽然赢得了双龙的实际控制权,但没有全盘接管,只派出3位高管进行监督、学习,双龙原管理层继续留任。

在收购双龙之初,上汽曾口头承诺不裁员,但由于人力成本过高,上汽在2005年3月启动了裁员计划,从而遭到了工会的反对。2005年10月,双龙工会以"可能面临核心技术和人才的流失,地方供应商和地区经济利益受损"为由拒绝了上汽要求和双龙在华合资建厂的计划。同时,双龙工会因不满上汽没有兑现投资双龙的承诺举行了第一次罢工。为此,上汽在2006年宣称到2010年累计投资约25亿美元用于新车及新技术研发、增设工厂、扩充营销网络等。此举虽然暂时平息了罢工,但双龙开始怀疑上汽投资的诚意。

2007年之后,随着国际油价的走高,韩国政府结束对柴油的补贴,双龙汽车在国内的市场销量出现大幅下滑,在中国也因得不到消费者的认可打不开销路。2008年金融危机的爆发导致双龙的现金流几近枯竭,走到了破产的边缘。为了维持公司的正常运转,上汽提出了减员增效、收缩战线的注资要求,但遭到双龙工会的拒绝。2008年12月17日,双龙工会成员以外泄核心技术为由,扣留中方管理人员,其后又演化为去我国驻韩国大使馆门前示威。2009年2月6日,韩国首尔法院接受双龙破产保护申请的决定。而根据法庭的判决,上汽集团将放弃对双龙的控制权,但保留对其部分资产的权力。

2. 整合失败的原因分析

上汽整合双龙失败的原因是多方面的,除了双方自身与市场变化的原因外,更是中外社会文化冲突的结果。

1) 企业自身的缺陷与市场环境的恶化

就并购方来说,上汽将双龙定位于技术平台,试图通过收购双龙提升自己的制造和研发技术。但双龙并不认同这样的定位,反而担心核心技术和生产设备会被转移到中国,最终影响双龙的发展和员工的雇用问题。上汽没有履行投资和不裁员的承诺,导致了双龙工会的不满和不信任,并最终引发了矛盾。

就被并购方来说,双龙公司规模不大,年产量在9万~15万辆,远远低于其他韩国汽车厂商;人工成本高于竞争对手。此外,双龙还存在产品结构单一的问题,在2008年原油价格飙升导致大型高档车辆销售滑坡后,缺乏可替代的中低档产品。

并购后的双龙汽车曾在上汽的帮助下确实拓展国外市场,其营业额和总资产也有了一定的增长。但2008年金融危机爆发后,全球汽车市场遭到了沉重的打击,使双龙汽车几乎完全失去了海外市场。而在韩国国内，卖车80%靠贷款。在银行惜贷，又不像现代、大宇等公司那样拥有自己的金融公司的情况下，双龙只能坐以待毙。此外，国际市场能源价格猛涨，韩国的燃油几乎全部依赖进口，其柴油价格也节节攀升。韩国汽车消费税率向小型车倾斜，大排量车型税收加重，使得双龙的状况更加糟糕，最后由于得不到上汽的注资，只能以破产告终。

2）人力资源整合和技术研发整合不当

在人力资源整合上，上汽并购初期"不裁员"的承诺使自己陷入了所有者的弱控制环境中，几乎丧失了对双龙的资源配置权以及人事的调配权；留用的原管理层不仅没有积极推动整合工作，反而阻碍并购后的整合工作。而上汽违反并购时的承诺进行大规模裁员和削减工资加剧了与工会的矛盾，极大地阻碍了上汽整合计划的实施。

在技术研发的整合上，上汽为顺利促成此次跨国并购，在并购伊始与双龙制定了特殊协议，强调要为新项目的开展、研发的投入、品牌的提高建立中长期计划，保证每年有一定规模的投入；保持双龙汽车的品牌和经营的独立性；公司的研发机构保留在韩国国内；公司为开拓中国市场，尽可能地利用上汽在中国国内的销售网。这一协议有利于保证双龙并购后的独立和长期发展，却不符合上汽为获取海外技术支持而并购的初始战略目标；保持双龙研发机构的独立性使得上汽的技术整合也大大受阻，使上汽不能分享对双龙进行长期研发投入的成果。双龙不但不认可上汽提出的"One Family"研发理念和研发系统，其工会还不断以罢工的形式坚决抵制为上汽提供技术支持和进行战略合作。

3）社会文化与法律因素

韩国工会的强势，早已闻名世界。工会不仅是劳方利益的代表或发言人，而且是一个管理者、权力拥有者和政治机构。因而，在上汽向双龙管理层提出减员增效、收缩战线等方案时，引发了双龙工会的不满乃至罢工。后来上汽虽然将拥有国际化经验的菲利浦·墨斐派往双龙担任代表理事，但为时已晚。

韩国拥有商业秘密保护制度，而且启动商业秘密侵权调查的门槛很低。被侵权人提供线索后，检察机关及警方即可采取刑事侦查行动。2008年7月，上汽双龙公司就因涉嫌违反韩国"技术流出"的有关规定，受到韩国首尔地方检察院调查。

韩国公民具有强烈的爱国意识，所以当上汽收购双龙时，多数韩国媒体都将矛头指向中国企业，称上汽无视第一大股东的责任，使上汽饱受舆论的压力，使并购时设想的技术合作根本没有达成。

【案例评析】

我国企业缺乏海外并购的经验，对并购的理解一直停留在买设备、买厂房、买技术的阶段，没有认识到并购后整合的重要性及其艰巨性。上汽收购双龙整合的失败无疑为我们提供了宝贵的经验与教训。

(1) 并购前期的尽职调查非常重要，应充分了解国外的法律环境、外国政府的角色、工会组织的作用、定价及交易完成的条件等，进而全面权衡并购的各种风险或一旦退出时尽量降低退出成本。

例如，尽管上汽在并购之初考虑到韩国的工会问题，但并没有真正认识到双龙工会的地位与影响力。每次双龙工会组织罢工后,上汽只是请一些代表来上汽参观,向他们介绍上汽历史和发展前景,以为这样就能解决工会组织罢工问题,就能与工会建立良好的劳资关系,就能让韩国工会了解中国文化,了解上汽企业文化。实际上,这种被动的"救火"行为是无法达到让双龙工会了解上汽文化的目的的。

(2) 文化整合是企业并购完之后的首要任务。在并购之后的整合中,深入了解当地人的想法,了解当地的风俗习惯和社会人文等知识,对于加速并购后的整合有着十分重要的作用。韩国与我国虽同属于亚洲文化圈,但双龙和上汽之间的认同感仍然不高。在这样的基础上推进技术与品牌的融合,难度可想而知。为此要建立合作双方相互尊重、彼此学习的平台,探讨适合本公司的文化价值观,制定企业的管理行为准则,建立第三文化作为双方合作共事的基础,切忌以一方的行为准则作为新公司的准则标准。这会酿成严重的后患,成为以后合作失败的根源。

上汽虽然认识到文化整合的重要性,在2005年2月启动了收购后的计划,宣布双龙新的价值观并要求把这一理念全面贯彻到所有运营环节等,但仅仅依靠这些初级形式是远远不够的,还需要进行长期有效的跨文化培训。培训对象不仅仅是中方员工,还应包括外方管理者,培训内容应根据不同的对象决定。例如,培训高层管理人员在于提高他们的全球视野、跨文化能力,以及如何进行文化整合;对中层管理人员的培训在于增强其跨文化意识,使之了解中外方不同的沟通方式、中外经理不同的业绩评估标准,如何激励具有中外文化背景的员工,以及如何搞好跨文化团队建设,成为高层经理的"文化顾问";对一般员工的培训在于深入分析双方的企业文化差异,进行有效沟通,以消除文化障碍从而建立员工共同的核心价值观。同时要注重培训的方式和实效。如对中外管理者进行联合培训;以案例分析为主对可能会出现的问题进行分析与解释;以理论指导实际工作,以实际工作推进理论发展。

(3) 高层管理者的经营管理能力对并购后的整合至关重要。这就需要做好跨国管理人才的储备工作。我国企业开始海外并购的经历比较短,尚不具备关于并购的完整的理念、思路和保证并购成功的手段,缺少具有从事国际经济事务能力的人力资源,因此在进行海外并购谈判时会遇到比其他国家的企业更多的挑战。而从墨斐对于解决双龙罢工事件以及他的离任对双龙的整合影响可以看出,吸收具有国际化背景的人才加入,是企业应对人才短缺最快捷、最便利,也是最有效的办法。但进行人才储备,培养自己本土化的国际人才和团队才是长远之计。

(资料来源:田永秋.上汽集团收购韩国双龙汽车——中国企业海外并购的经验与教训[EB/OL]. http://blog.sina.com.cn/s/blog_6c8e05030100m3ib.html.)

【案例讨论题】

1. 上汽并购双龙为什么会失败?如果有可能重新选择,上汽如何控制并购风险,避免失败?

2. 上汽并购双龙失败的经验教训有哪些?对中国企业海外并购有哪些启示?

第三章

企业并购重组的程序与步骤

在当今全球经济一体化加速发展的过程中，并购较以往最大的区别在于跨国性，跨国公司成为并购的主体，资本在全球范围内流动。这一进程的加快使不同国家的并购活动逐渐趋同，大同小异是当今跨国并购的显著特点。本章立足于我国国内的并购活动，具体阐述企业在并购过程中的一些基本步骤和操作环节。

企业并购程序千差万别，依其差异的大小通常分为非上市公司的一般并购程序与上市公司并购的程序，下面分别进行讨论。

第一节　非上市公司的一般并购程序

通常并购对于企业来说并非家常便饭，因而一旦涉及并购问题难免有点手忙脚乱。对于企业而言，并购往往使得公司上上下下都深受其害，不少部门的负责人甚至多日不得安眠，中介机构也苦不堪言。而所有的这一切，其本质都归根于对于并购操作程序没有了然于胸以及缺乏对并购中突发问题的应变能力。一般企业并购的流程虽然通常由战略决策；准备阶段；尽职调查，核查资料；实施阶段；整合阶段 5 个步骤组成。但不同性质的企业在进行这几个步骤时要求都有差别，这些差别将在分述这些步骤时说明。

一、战略决策

企业并购不是为了赶时髦、为了并购而并购，而要与企业的发展战略紧密相连，围绕着企业发展战略来谋划。因此，企业并购的首要任务就是进行战略决策，包括以下内容。

(1) 明确并购动机和目的。企业首先应明确为何要进行并购，通过并购想达到什么目的。企业并购的动机一般不外乎扩大市场份额、排挤竞争对手、提高利润率、分散投资风险、获取品牌和销售渠道等。收购动机一定要符合企业整体的发展战略。著名公司波士顿咨询公司提出的增长占有率模型可用于参考制定收购战略，如表 3-1 所示。

表 3-1　企业战略类型及主要实施方式

整体战略	战略细分	实施方式
稳定发展战略(金牛业务)		维持发展
扩张战略 问题业务：扩大市场规模，提高市场占有率 明星业务：提高效率，降低资金投入 金牛业务：多元化发展	一体化战略：纵向一体化、横向一体化 多元化战略：同心多元化、混合多元化	并购
放弃战略(瘦狗业务)	调整、放弃弱势业务	减资、剥离、整体出售、清算等

资料来源：李曜. 公司并购与重组导论[M]. 2 版. 上海：上海财经大学出版社，2010：55.

(2) 进行市场观察和调查。根据企业的并购动机对相关市场进行关注和调查,了解类似产品的销售、竞争对手以及可供收购的对象。

二、准备阶段

收购前的准备阶段是整个收购工作的起点,也是并购双方谈判的基础。收购前的准备主要包括详细的市场调查、客观实际的行业分析、全面周详的专项报告。

1. 选择收购时机

并购的宏观研究判断最重要的是对产业的研究和判断。产业研究判断的精髓在于,在适当的时候进入一个适当的行业。

2. 锁定收购目标

比较本企业和收购对象的长短处,优化配置双方资源,发挥互补效应,锁定收购目标。进一步了解收购目标的经营、赢利、出售动机,以及竞购形势和竞购对手情况。

3. 确定收购方式

确定是股权收购还是资产收购,整体收购还是部分收购;明确收购资金来源和可能。

4. 成立内部并购小组

内部并购小组应由公司领导挂帅、各有关部门领导组成,以保障快速应变和决策及对外联络的畅通。选择并购投资总顾问和或专业人员,决定他们参与的范围和费用。

5. 发出并购意向书

意向书内容包括并购意向、非正式报价、保密义务和排他性等条款。意向书一般不具法律效力,但保密条款具有法律效力,所有参与谈判的人员都要恪守商业机密,以保证即使并购不成功,并购方的意图也不会过早地被外界知道,目标公司的利益也能得到维护。

资料链接

并购意向书的意义和内容

由并购方向被并购方发出并购意向书是一个有用但不是法律要求的必需的步骤。发出并购意向书的意义第一在于将并购意图通知给被并购方,以了解被并购方对并购的态度。一般公司并购的完成都是善意并购,也就是经过谈判、磋商、并购双方都同意后才会有并购发生。如果被并购方不同意并购或坚决抵抗,即出现敌意收购时,并购不会发生。先发出并购意向书,投石问路,若被并购方同意并购,就会继续向下发展,若被并购方不同意并购,就需做工作或就此止步,停止并购。这样,经由意向书的形式,一开始就明确下来,免走弯路、浪费金钱与时间。第二意义在于意向书中将并购的主要条件已做出说明,使对方一目了然,知道该接受还是不该接受,不接受之处该如何修改,为了下一步的进展做出正式铺垫。第三意义在于因为有了意向书,被并购方可以直接将其提交董事会或股东会讨论,做出决议。第四意义在于被并购方能够使他自己透露给并购方的机密不至于被外人所知。因为意向书都含有保密条款,要求无论并购成功与否,并购双方都不能将其所知的有关情况透露或公布出去。有此四点意义,并购方一般都愿意在并购之初先发出意向书,从而形成一种惯例。

意向书的内容要简明扼要，可以比备忘录长，也可以内容广泛。意向书一般都不具备法律约束力，但其中涉及保密或禁止寻求与第三方再进行并购交易（排他性交易）方面的规定，有时被写明具有法律效力。意向书一般包含以下条款。

1. 意向书的买卖标的

(1) 被购买或出卖的股份或资产。

(2) 注明任何除外项目（资产或负债）。

(3) 不受任何担保物权的约束。

2. 对价

(1) 价格，或可能的价格范围，或价格基础。

(2) 价格的形式，如现金、股票、债券等。

(3) 付款期限（包括留存基金的支付期限）。

3. 时间表

(1) 交换时间。

(2) 收购完成。

(3)（必要时）合同交换与收购完成之间的安排。

4. 先决条件

(1) 适当谨慎程序。

(2) 董事会批准文件。

(3) 股东批准文件。

(4) 法律要求的审批（国内与海外）。

(5) 税款清结。

(6) 特别合同和许可。

5. 担保和补偿

将要采用的一般方法。

6. 限制性的保证

(1) 未完成（收购）。

(2) 不起诉。

(3) 保密。

7. 雇员问题和退休金

(1) 与主要行政人员的服务合同。

(2) 转让价格的计算基础。

(3) 继续雇用。

8. 排他性交易

涉及的时限。

9. 公告与保密

未经相互同意不得做出公告。

10. 费用支出

各方费用自负。

11. 没有法律约束力

排他性交易与保密的规定有时具有法律约束力。

实践中也有很多企业在进行并购时,不发出并购意向书,而只是与目标公司直接接触,口头商谈,真可谓删繁就简,一步到位。

目标公司如果属于国有企业,其产权或财产被兼并,都必须首先取得负责管理其国有财产的国有资产管理局或国有资产管理办公室的书面批准同意。否则,并购不可以进行。

三、尽职调查,核查资料

尽职调查是从财务、市场、经营、环保、法律、IT(信息技术)、税务和人力资源等方面对目标公司进行调查。通过直接查阅目标企业的文件,听取经营者的陈述,提问对话等形式,了解被收购公司历年经营、赢利情况,有无对外债务、潜在诉讼,财务制度是否完善,对外合同的条件和执行情况。了解市场份额、行业、前景和竞争形势,确定目标公司现在和将来的市场战略地位。分析目标公司经营现状,提出改善措施和预测收购后的费用。分析出售价格和构成是否合理,公司人力资源配制和福利情况,管理人员的能力及员工对收购的态度。尽职调查组成部分如图 3-1 所示。

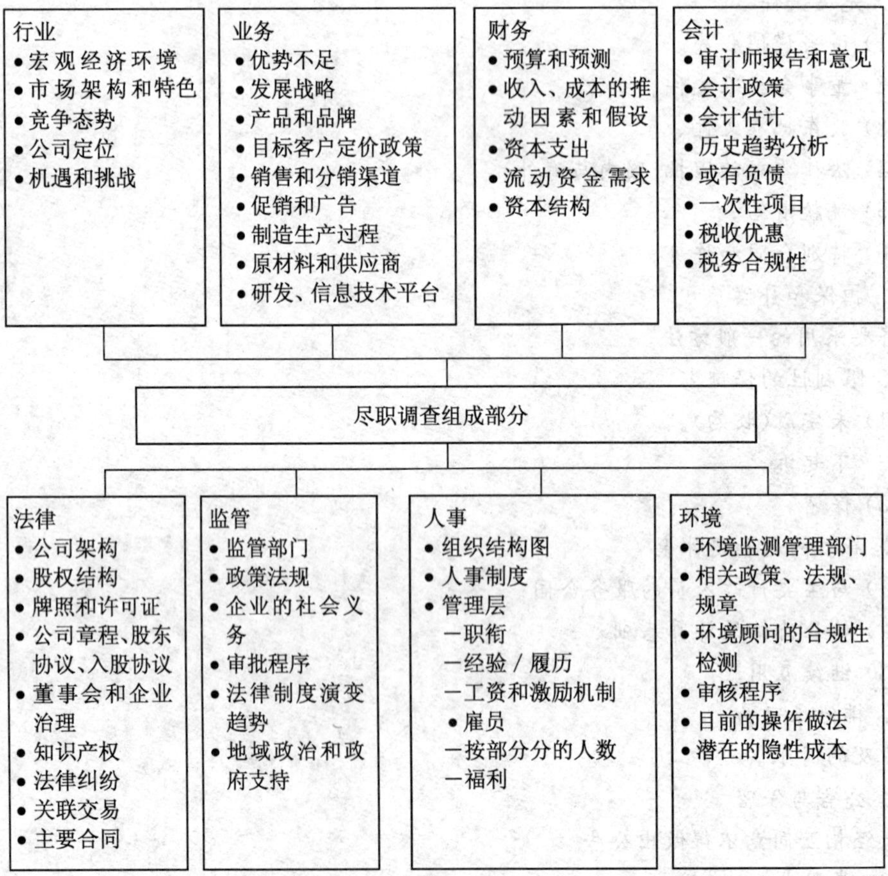

图 3-1 尽职调查组成部分

具体来说有以下工作内容。

（一）聘请中介机构

企业并购的复杂性和专业性，使中介机构成为其中不可或缺的角色，尤其是投资银行的积极参与为并购提供了高质量的专业服务。除投资银行外，并购的中介机构还包括专业并购咨询公司、注册会计师事务所、律师事务所等。

（二）目标公司调查

收购方根据发展战略和中介机构的意见初步确定目标公司后，可以由企业管理人员、财务顾问、律师、会计师等组成的审批队伍，对选定的目标公司做进一步细致的审查和评价，这个过程称为"尽职调查"。尽职调查的目的是发现和分析可能影响收购成功的所有因素，主要内容包括以下几方面。

1. 目标公司基本情况

目标公司基本情况包括公司的名称、法定住址、公司章程、经营范围、上市时间、股权结构、信用等级、主要股东及董事、出售目的以及所在产业的最新发展变化趋势；主要的生产线及使用情况、主要产品、产品定价、营销组织、竞争对手、广告费用、公共关系等主营业务及营销情况；主要项目、研究开发计划与预算、开发能力、拥有专利等研究开发情况。

2. 产业战略分析

产业战略分析主要是为了了解目标公司运营的市场特征和趋势，把握目标公司在市场上的地位、市场的发展趋势，以及目标公司未来在市场上的地位。产业战略的分析内容主要包括产业结构、产业增长、同行业竞争对手及有关情况、主要客户及供应商、劳动力及有关情况、政府管理制度、专利、商标及版权等。

3. 财务资料分析

财务资料分析包括对财务报表、资产、负债、或有负债、股东权益、会计政策、财务预算及执行结果、通货膨胀或紧缩对公司经营和财务状况的影响、财务比率等方面的分析。收购公司通过进一步的财务资料分析，了解目标公司在过去的财务运营情况，并且和行业基准比较，以便评价公司在未来改变业绩的前景。

4. 法律调查

法律调查的关键领域包括公司的资格、反垄断、员工、保险和环境问题等。

5. 目标公司的组织、人力资源和劳资关系

组织、人力资源和劳资关系具体包括组织系统图、组织结构及其与公司业务发展是否一致；管理团队对并购的态度，是否会留在公司；劳资合同和劳资关系，养老、医疗等社会保险金的缴纳。

（三）制订初步收购方案

通过对目标公司的审查和评价，在中介机构的指导和参与下，收购方就可以根据自身的优势和特点，针对目标公司的实际情况制订初步收购方案。初步收购方案主要包括以下内容：收购方的基本经验情况和收购战略；目标公司的基本情况；收购方式、价格、支付方式及时间；收购后对目标公司的整合计划；公司管理架构的调整及员工的安排；目标公司未来的发展战略及前景分析。

资料链接

尽职调查的意义和提纲

一、尽职调查的意义

如果要保证公司的兼并与收购业务有较大的成功机会，在准备兼并一家公司之前，必须对目标公司进行必要的审查，以便确定该项兼并业务是否恰当，从而减少兼并所可能带来的风险，并为协商交易条件和确定价格提供参考。兼并与收购的调查是由一系列持续的活动组成的，涉及对目标公司资料的收集、检查、分析和核实等。

在收购与兼并中，对目标公司的调查之所以重要，其原因是，如果不进行调查，收购中所固有的风险就会迅速增加，在缺少充分信息的情况下购买一个公司可能会在财务上导致重大的损失。尽管这些基本的道理听起来似乎非常简单，但是在实际中却常常会发生违背这些原则的事例。

我们可能会遇到，在一些案例中，兼并与收购的调查似乎是无效的，它不能为正确地评价潜在的目标公司和做出正确的决策提供必要的信息。导致这一结果的原因可能是多方面的，诸如缺少信息沟通、对信息产生误解、缺少认真细致的计划、责任不明或相互之间缺乏协调等多种原因，然而最重要的原因可能是由于调查中经常只注意取得信息的数量，而忽视了信息的质量。

例如，有关市场营销信息，收购方不应该仅仅注意市场占有率或市场增长的统计，还应该重视那些有助于它们评估为什么潜在的目标公司在其市场上能够取得成功，它的竞争战略是否将继续可行等方面的信息。又如，对有关财务信息，收购方应该注意财务报告中揭示的主要问题、变化趋势和非正常财务特征，而不仅仅是注意财务报表中的每一个项目。

收购与兼并中的调查既可以由公司内部的有关人员来执行，也可以在外部顾问人员(如会计师、投资银行家、律师、行业顾问、评估师等)的帮助下完成。但是，一般来说，收购方的经理人员参与调查是非常重要的，因为经理人员对出售方及目标公司的"感觉"和一些定性考虑，对做出收购决策来说都是非常必要的，如果经理人员不参与调查或在调查中不发挥主要作用的话，就会失去这些"感觉"。

二、尽职调查的提纲

(一) 公司简介

1. 公司成立背景及情况介绍。
2. 公司历史沿革。
3. 公司成立以来股权结构的变化及增资和资产重组情况。
4. 公司成立以来主要发展阶段及每一阶段变化发展的原因。
5. 公司成立以来业务发展、生产能力、赢利能力、销售数量、产品结构的主要变化情况。
6. 公司对外投资情况，包括投资金额、投资比例、投资性质、投资收益等情况和被投资主要单位情况介绍。

7. 公司员工状况，包括年龄结构、受教育程度结构、岗位分布结构和技术职称分布结构。

8. 董事、监事及高级管理人员的简历。

9. 公司历年股利发放情况和公司现在的股利分配政策。

10. 公司实施高级管理人员和职工持股计划情况。

（二）公司组织结构

1. 公司现在建立的组织管理结构。

2. 公司章程。

3. 公司董事会的构成，董事、高级管理人员和监事会成员在外兼职情况。

4. 公司股东结构，主要股东情况介绍，包括背景情况、股权比例、主要业务、注册资本、资产状况、赢利状况、经营范围和法定代表人等。

5. 公司和上述主要股东业务往来情况（如原材料供应、合作研究开发产品、专利技术和知识产权共同使用、销售代理等）、资金往来情况，有无关联交易合同规范上述业务和资金往来及交易。

6. 公司主要股东对公司业务发展有哪些支持，包括资金、市场开拓、研究开发、技术投入等。

7. 公司附属公司（厂）的有关资料，包括名称、业务、资产状况、财务状况及收入和赢利状况、对外业务往来情况。

8. 控股子公司的有关资料，包括名称、业务、资产状况、财务状况及收入和赢利状况、对外业务往来情况、内资金河谷业务往来情况。

9. 公司与上述全资附属公司（厂）、控股子公司在行政、销售、材料供应、人事方面如何统一进行管理。

10. 主要参股公司情况介绍。

（三）原材料供应

1. 公司在业务中所需的原材料种类及其他辅料，包括用途及在原材料需求中的比重。

2. 上述原材料主要供应商的情况，公司有无与有关供应商签订长期供货合同，若有，说明合同的主要条款。

3. 各供应商所提供的原材料在公司总采购中所占的比例。

4. 公司主要外协厂商名单及基本情况，外协部件明细，外协模具明细及分布情况，各外协件价格及供货周期，外协厂商资质认证情况。

5. 公司有无进口原材料，若有，说明该进口原材料的比重，国家对进口该原材料有无政策上的限制。

6. 公司与原材料供应商交易的结算方式、有无信用交易。

7. 公司对主要能源的消耗情况。

（四）业务和产品

1. 公司目前所从事的主要业务及业务描述，各业务在整个业务收入中的重要性。

2. 主要业务所处行业的背景资料。

3. 该业务的发展前景。

4. 主要业务近年来增长情况,包括销量、收入、市场份额、销售价格走势,各类产品在公司销售收入及利润中各自的比重。

5. 公司产品系列,产品零部件构成细分及明细。

6. 公司产品结构,分类介绍公司目前所生产的主要产品情况和近年来销售情况;产品需求状况。

7. 上述产品的产品质量、技术含量、功能和用途、应用的主要技术、技术性能指标、产品的竞争力等情况;针对的特定消费群体。

8. 公司是否有专利产品,若有,公司有哪些保护措施。

9. 公司产品使用何种商标进行销售,上述商标是否为公司注册独家使用。

10. 上述产品所获得的主要奖励和荣誉称号。

11. 公司对提高产品质量、提升产品档次、增强产品竞争力等方面将采取哪些措施。

12. 公司新产品开发情况。

(五) 销售情况

1. 简述公司产品国内外销售市场开拓及销售网络的建立历程。

2. 公司主要客户有哪些,并介绍主要客户的有关情况,主要客户在公司销售总额中的比重;公司主要客户的地域分布状况。

3. 公司产品在国内主要销售地域、销售管理及销售网络分布情况。

4. 公司产品国内外销售比例、外销主要国家和地区分布结构及比例。

5. 公司是否有长期固定价格销售合同。

6. 公司扩大销售的主要措施和营销手段。

7. 销售人员的结构情况,包括人数、学历、工作经验、分工等。

8. 公司对销售人员的主要激励措施。

9. 公司的广告策略如何,广告的主要媒体及在每一媒体上广告费用支出比例,公司每年广告费用总支出数额及增长情况,广告费用总支出占公司费用总支出的比例。

10. 公司在国内外市场上主要竞争对手名单及主要竞争对手主要资料,公司和主要竞争对手在国内外市场上各自所占的市场比例。

11. 公司为消费者提供哪些售后服务,具体怎样安排。

12. 公司的赊销期限一般为多长,赊销部分占销售总额的比例多大;历史上是否发生过坏账,每年实际坏账金额占应收账款的比例如何;主要赊销客户的情况及信誉。

13. 公司是否拥有进出口权,若无,公司主要委托哪家外贸公司代理,该外贸公司主要情况介绍。

14. 我国加入WTO后,对公司产品有哪些影响。

(六) 研究与开发

1. 详细介绍公司研究所的情况,包括成立的时间、研究开发实力、已经取得的研究开发成果,主要研究设备、研究开发手段、研究开发程序、研究开发组织管理结构等情况。

2. 公司技术开发人员的结构,工程师和主要技术开发人员的简历。

3. 与公司合作的主要研究开发机构名单及合作开发情况，合作单位主要情况介绍。

4. 公司目前自主拥有的主要专利技术、自主知识产权、专利情况，包括名称、用途、应用情况、获奖情况。

5. 公司每年投入的研究开发费用及占公司营业收入比例。

6. 公司目前正在研究开发的新技术及新产品有哪些。

7. 公司新产品的开发周期。

8. 未来计划研究开发的新技术和新产品。

（七）公司主要固定资产和经营设施

1. 公司主要固定资产的构成情况，包括主要设备名称、原值、净值、数量、使用及折旧情况、技术先进程度。

2. 按生产经营用途、辅助生产经营用途、非生产经营用途、办公用途、运输用途和其他用途分类，固定资产分布情况。

3. 公司所拥有的房屋建筑物等物业设施情况，包括建筑面积、占地面积、原值、净值、折旧情况以及取得方式。

4. 公司目前主要在建工程情况，包括名称、投资计划、建设周期、开工日期、竣工日期、进展情况和是否得到政府部门的许可。

5. 公司目前所拥有的土地的性质、面积、市场价格、取得方式和当时购买价格（租赁价格）。

（八）公司财务

1. 公司收入、利润来源及构成。

2. 公司主营业务成本构成情况，公司管理费用构成情况。

3. 公司销售费用构成情况。

4. 主营业务收入占总收入的比例。

5. 公司主要支出的构成情况。

6. 公司前三年应收账款周转率、存货周转率、流动比率、速动比率、净资产收益率、毛利率、资产负债比率等财务指标。

7. 公司前三年资产负债表、利润及利润分配表。

8. 对公司未来主要收入和支出有重大影响的因素有哪些。

9. 公司目前执行的各种税率情况。

（九）主要债权和债务

1. 公司目前主要有哪些债权，该债权形成的原因。

2. 公司目前主要的银行贷款，该贷款的金额、利率、期限、到期日及是否有逾期贷款。

3. 公司对关联人（股东、员工、控股子公司）的借款情况。

4. 公司对主要股东和其他公司及企业的借款进行担保及抵押情况。

（十）投资项目

1. 本次募集资金投资项目的主要情况介绍，包括项目可行性、立项情况、用途、投资总额、计划开工日期、项目背景资料、投资回收器、财务收益率，达产后每年销售收入和赢利情况。

2. 投资项目的技术含量、技术先进程度、未来市场发展前景和对整个公司发展的影响。

3. 公司目前已经完成的主要投资项目有哪些,完成的主要投向项目情况介绍。

(十一) 其他

1. 公司现在所使用的技术和生产工艺的先进程度、成熟程度、特点、性能和优势。

2. 与同行业竞争对手相比,公司目前主要的经营优势、管理优势、竞争优势、市场优势和技术优势。

3. 公司主要股东和公司董事、高级管理人员目前有无涉及法律诉讼,如有,对公司影响如何。

(十二) 行业背景资料

1. 请介绍近年来行业发展的情况。

2. 国家对该行业的有关产业政策、管理措施,及未来可能发生的政策变化。

3. 该行业的市场竞争程度,同行业主要竞争对手的情况,包括年生产能力、年实际产量、年销售数量、销售收入、市场份额、在国内市场的地位。

4. 国外该行业的发展情况。

5. 国家现行相关政策对该行业的影响。

6. 目前全国市场情况介绍,包括年需求量、年供给量、地域需求分布、地域供给分布、生产企业数量,是否受同类进口产品的竞争。

四、实施阶段

初步收购方案拟订之后,并购就可以进入实质性的实施阶段。实施阶段是公司并购程序中的核心阶段,是并购能否成功的关键所在。

(一) 与目标公司谈判

准备工作完成后,并购双方就要走到一起进行谈判。通过谈判,主要确定交易的方式、支付方式和成交金额,并明确买方能够提供的特许条款和税收抵免的范围。如果收购方和目标公司就股权转让的基本条件和原则达成一致意见,即可签订收购意向协议书,将目标公司锁住,防止其寻找其他买家。

并购意向书通常只能表明并购双方的合作意向,而没有法律约束力,但可以表达双方的诚意,并在以后的谈判中互相信任,节约时间和金钱。并购意向书一般包括以下几方面内容:①确定并购双方就出售和购买并购企业资产或股权事宜达成合作意向;②商定买卖形式和价格以及价格的计算方式;③确定今后日程安排;④目标公司的主要管理层和职工在企业被并购后的安排;⑤约定在一定期间内不与其他企业进行并购的交涉和洽谈;⑥约定保守双方情报资料的秘密。

(二) 确定支付价格和支付方式

并购双方都同意并购,且被并购方的情况已核查清楚后,接下来就要进行比较复杂的谈判。谈判主要涉及并购的形式(是收购股权、资产,还是整个公司)、交易价格、支付方式与期限、交接时间与方式、人员的处理、有关手续的办理与配合、整个并购活动进程的安排、各方应做的工作与义务等重大问题,是对这些问题的具体细则化,也是对意向书内容的进一步具体化。具体后的问题要落实在合同条款中,形成待批准签订的合同文本。

交易价格除国有企业外,均由并购双方以市场价格协商确定,以双方同意为准。国有企业的交易价格则必须基于评估价,以达到增值或保值的要求。

支付方式一般有现金支付、以股票(股份)换股票(股份)或以股票(股份)换资产,或不付一分现金而全盘承担并购方的债权债务等方式。

支付期限有一次性付清而后接管被并购方,也有先接管被并购方而后分批支付并购款。

(三) 签订转让协议

当并购双方在中介机构的协助下,就收购价格、支付方式、生效的条件和时间、双方的权利和义务、风险控制、违约责任等完全达成一致意见后,就可以签订并购转让协议。协议内容一般包括以下两个方面。

1. 收购的主要条款或条件

包括转让标的;拟转让资产或股权的数量;收购价款;价款支付方式和时间;双方的义务;违约责任;争议的解决对策。

此外,签订转让协议时,还要注意明确以下几个问题:交易完成的条件、中止交易的条件、限制条件、索赔条件及承诺保障条款。

2. 收购完成后章程等有关事项的变更

收购的条款只是在收购的过程中发生作用,收购完成后一些规定或有关章程的变更也应事先约定。如公司名称的重新确定、董事会成员的变更、管理人员的更替、现有业务的保留和更新等。

(四) 报批和信息披露

在我国企业并购中,股权转让涉及国有股,要由目标公司向国有资产管理部门和省级人民政府提出转让股份申请,获批后再向国资委提交报告。获批准后,双方根据批复文件的要求,对协议相关条款进行修改,正式签订股权转让协议。

(五) 办理股权交割等相关法律手续

签订企业兼并协议之后,并购双方就要依据协议中的约定履行兼并协议,办理各种交接手续,主要包括产权交接、财务交接、管理权的移交、变更登记、按约定条款进行注资或偿债、发布并购公告等事宜。

1. 产权交接

并购双方的资产移交需要在国有资产管理局、银行等有关部门的监督下,按照协议办理移交手续,经过验收、造册,双方签证后会计据此入账。目标企业未了的债券、债务按协议进行清理,并据此调整账户,办理更换合同债据等手续。

2. 财务交接

财务交接工作主要在于,并购后双方财务会计报表应当依据并购后产生的不同的法律后果做出相应的调整。例如,如果并购后一方的主体资格消灭,则应当对被收购企业财务账册做妥善的保管,而收购方企业的财务账册也应当做出相应的调整。

3. 管理权的移交

管理权的移交工作是每一个并购案例必需的交接事宜,完全有赖于并购双方签订兼并协议时就管理权的约定。如果并购后,被并购企业还照常运作,继续由原有的管理班子管理,管理权的移交工作就很简单,只要对外宣示即可,但是如果并购后要改组被并购企业原有的管理班子,管理权的移交工作则较为复杂。这涉及原来管理人员的去留、新的管理成员的驻入,以及管理权的分配等诸多问题。

4. 变更登记

这项工作主要存在于并购导致一方主体资格变更的情况:续存公司应当进行变更登记,新设公司应进行注册登记,被解散的公司应进行解散登记。如合并后公司名称发生变化,新名称要重新注册并且公司法人在工商、税务部门进行变更登记备案。只有在政府有关部门进行这些登记之后,兼并才正式有效。兼并一经登记,因兼并合同而解散的公司的一切资产和债务,都由续存公司或新设公司承担。

5. 按约定条款进行注资或偿债

根据双方的协议和并购条件,需要注资的公司应立即将资金划转到位,或者需要偿债的公司应立即与债权人取得联系,偿还应有的债务。

6. 发布并购公告

并购双方应当将兼并与收购的事实公布社会,可以在公开报刊上刊登,也可由有关机关发布,使社会各方面知道并购事实,并调整与之相关的业务。

股权交割及相关法律手续完成后,公司收购的法定程序即告结束。

五、整合阶段

并购往往会带来多方面变革,可能涉及企业结构、企业文化、企业组织系统或者企业发展战略。变革必然会在双方的雇员尤其是留任的目标企业原有雇员中产生大的震动,相关人员将急于了解并购的内幕。因此,并购交易结束后,收购方应尽快开始就并购后的企业进行整合,安抚为此焦虑不安的各方人士。有关组织结构、关键职位、报告关系、下岗、重组及影响职业的其他方面的决定应该在交易签署后尽快制定、宣布并执行。持续几个月的拖延变化、不确定性会增加目标公司管理层和员工的忧虑感,可能会影响目标企业的业务经营。

并购完成后,即进入整合阶段。收购方需向目标公司的全体高级管理人员解释并购后的发展计划,界定各自的职权范围。其会计人员还要解释收购方对财务报告的要求等。这些程序完成之后,就可以开始按事先确定的目标进行整合,包括公司资产、组织结构、企业文化等各个方面。美国学者拉杰克斯通过对企业并购失败原因的研究结果进行归纳分析,得出如下结论:在并购失败的已知原因中,整合不利占50%,估计不当占27.78%,战略失误占16.66%,其他原因占5.56%。由此可见,整合在整个企业并购中处于举足轻重的地位。

整合阶段的主要工作详见第八章第二节的内容。

并购一家公司是一个多步骤的过程。该过程起始于战略评估、初步的分析和可行性研究，结束于应有相关报告及圆满的协议。典型的并购过程从最初的对多个目标的战略评估到最终完成，可能需要8～10个月乃至更长的时间。详细过程如图3-2所示。

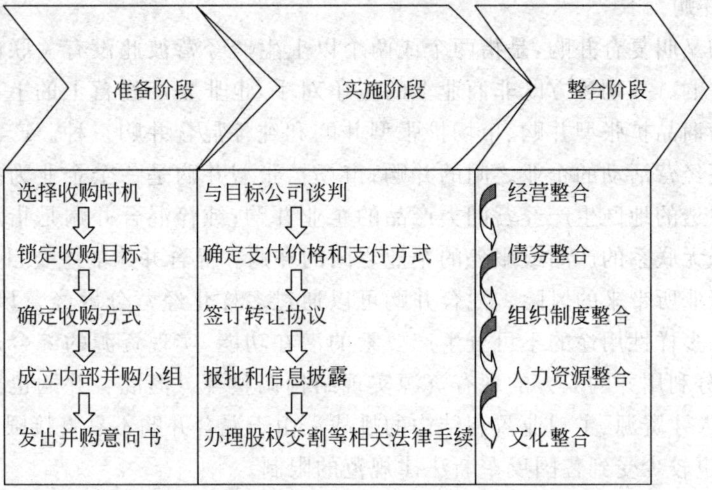

图3-2　企业并购程序

第二节　上市公司的并购程序

一、西方公司并购的种类

（一）按行业相互关系划分

按行业相互关系，企业并购可划分为横向并购、纵向并购和混合并购。

1. 横向并购

横向并购是指处在两个或两个以上生产和销售相同产品或相似产品（或服务）的企业之间的并购。横向并购使企业资本向同一生产领域、销售领域或部门内集中，不仅可以扩大并购后的市场份额，增强垄断地位，还可以扩大企业的生产经营规模，取得规模经济。横向并购除了目标企业的价值评估应符合战略规划的要求外，还应满足一些条件，如：并购后确定可以提升规模经济的水平，被并购的企业在技术、管理、销售、品牌等方面存在一定优势等，但由于横向并购会破坏现有的竞争格局，因此，各国市场监督管理部门均密切关注并严格限制此类活动。

2. 纵向并购

纵向并购是指生产经营环节密切相关的企业之间的并购，通常是处在同一产品生产经营的不同阶段且有投入产出关系的企业之间的并购。纵向并购可以分为前向并购和后向并购。前向并购，即向其产品的下游加工流程方向并购，如生产零件或原材料的企业并购加工企业或装配企业。后向并购,即向其产品的上游加工流程并购,如装配或制造企业并购零件货原材料生产企业。纵向并购所产生的纵向一体化效应主要表现在:将上下游企业置于统一控制之下,节约交易费用;分工合作,统一计划,合理布局,缩短经营周期;通过统一的利益控制和分享机制,减少资源浪费等。纵向并购的实质是扩大企业的边界,通过整合内部资源减少交易费用,降低交易风险。

3. 混合并购

混合并购又叫复合并购,是指两个或两个以上生产经营彼此没有关联的产品或服务的企业间的并购。并购各方既非商业上的竞争对手,也非生产经营上的上下游关系。混合并购又分为商品扩张型并购、市场扩张型并购和纯粹混合并购三种。产品扩张型并购是指具有相关经营活动的企业之间的并购;市场扩张型并购是一个企业为扩大竞争地盘而对它尚未渗透的地区生产经营同类产品的企业并购;纯粹混合并购是指那些生产和经营彼此之间毫无联系的产品或服务的企业之间的并购。混合并购的主要目的在于减少长期经营一个行业所带来的风险。混合并购可以通过多样化经营分散经营风险,充分挖掘企业内部具有多样性用途的不可分生产要素的潜在功能,实现资源的综合运用和一体化经济;可以充分利用并购双方的现有资源实现结构调整等。但混合并购也同时形成了企业管理能力、人才资源、主辅业盈利结构的挑战。由于混合并购不易直接限制某类产品市场竞争,因而也较少受到各国反垄断法律规范的限制。

(二)按支付方式划分

按支付方式,企业并购可划分为现金购买式并购、股份交易式并购、综合证券收购式并购、承担债务式并购。

1. 现金购买式并购

现金购买式并购是指并购企业用现金作为支付手段购买目标企业的部分或全部资产或股权的并购行为。现金购买式并购有两种:一种是并购企业使用现金购买目标企业的全部资产,使得并购企业除现金外没有持续经营的物质基础,成为有资本结构而无生产资源的空壳而被并购;另一种是并购企业使用现金通过市场、柜台或协商购买目标企业的股票或股权,直到拥有目标企业大部分或全部股份。现金购买式并购直接简单,但要求并购企业筹集大量的现金,筹资压力较大。

2. 股份交易式并购

股份交易式并购是指并购企业以企业发行的股票换取目标企业的部分或全部资产或股权而实现的并购。股份交易式并购有两种:一种是并购企业以本企业发行的股票换取目标企业大部分或全部资产,并购企业在有选择的情况下承担目标企业的部分或全部债务责任;另一种是并购企业以本企业发行的股票换取目标企业的大部分或全部股票,以达到控制目标企业、实现并购的目的。通过换取股票,目标企业或是成为并购企业的子公司或分公司,或是解散而并入并购企业。

3. 综合证券收购式并购

综合证券收购式并购又称混合证券支付式并购,是指收购公司对目标公司进行收购时,不仅可以采取现金股票作为支付方式,而且还采取认股权证、可转换债券等多种形式的证券作为支付方式。认股权证是一张由上市公司发出的证明文件，赋予持有人一种权利，即持有人在指定的时间内，按指定的价格认购由该公司发行一定数量的新股票。认股权证本身并非股票，其持有人不能视为股东，因此不能享有股东权益。对收购方来说可以延期支付股利，从而为公司提供额外的股本基础。可转换债券向持有人提供一种选择权，即在某一特定时期内，可以用一种特定价格将债券转换成股票。该方式可以使收购方以低于普通债权的利率和微宽松的条件发行证券，同时公司可根据股票市场价格确定该债券转换期，将其延迟到预期股价上升的时期，也使收购公司有效地防止控股权的转移。除此之外，综合证券收购还包括在股票市场上发行一种无表决的优先股票以及以普通的公司债券等方式进行支付。

4. 承担债务式并购

承担债务式并购是指在目标企业经营困难、债务负担较重但仍有发展前景的情况下，并购企业以承担目标企业的部分或全部债务为条件，取得目标企业的资产所有权和经营权的一种并购。并购一般会对目标企业进行重组，偿债的来源可能是并购企业的资金，也可能是被并购企业重组后产生的现金流，具体应视重组的情况而定。如果是后者，则债务承担式并购类似于杠杆收购。

（三）按是否利用目标公司自有资产来支付并购资金划分

按是否利用目标公司自有资产来支付并购资金，公司并购可划分为杠杆收购与非杠杆收购。

1. 杠杆收购

杠杆收购是一种举债支付方式。指收购公司利用目标公司资产的经营收入来支付并购资金或作为此种支付的担保。换言之，收购公司不必拥有巨额资金，只需准备少量现金加上以目标公司的资产及营运所得作为融资担保、还款来源所贷得的金额，即可并购目标公司。它一方面具有提高股权回报率、降低公司税收支出等优点；另一方面也往往使公司因债务偿付压力而面临巨大风险。因此，杠杆收购是一项复杂且难度极高的并购交易，它的成功与否很大限度上依赖于投资银行、公司经理人员以及其他相关机构和人员的密切配合。杠杆收购的主要特征表现为：①收购公司用于收购的自有资金与收购总价款相比微不足道，前后者之间的比例多在10%～15%。②大部分收购资金通过借贷而来。③偿付贷款的款项来自目标公司营运所得的资金。④债权人只能向目标公司求偿，而无法向真正的借款方——收购公司求偿。

2. 非杠杆收购

非杠杆收购指不用目标公司自有资金及营运所得来支付或担保支付并购价金的收购。换言之，收购资金的筹集只要没有将目标企业作为偿债来源或抵押担保物即可。但非杠杆收购并不意味着收购公司不用举债即可负担并购价款，实践中几乎所有的收购都是利用贷款完成的，所不同的只是借贷数额的多少而已。

（四）按并购是否取得目标公司的同意与合作划分

按并购是否取得目标公司的同意与合作，企业并购可划分为善意并购和敌意并购。

1. 善意并购

善意并购也称友好并购，通常指目标公司同意收购公司提出的收购条件并承诺给予协助，故双方高层通过协商来决定并购的具体安排，如收购方式(以现金、股票、债券或其混合来进行收购)、收购价位、人事安排、资产处置等。由于善意收购征得了目标企业的同意，有利于降低并购企业并购成本和风险，成功率较高，但协商、谈判时间长也可能降低并购行为的价值。

2. 敌意并购

敌意并购也称强迫接管并购，指收购公司在目标公司管理层对其收购意图尚不知晓或持反对态度的情况下，对目标公司强行进行收购的行为。敌意并购由于得不到目标企业的合作甚至目标企业还会采取一系列措施反并购，因而风险较大，且易导致股价不良波动，各国政府都对敌意并购予以限制。

(五) 按涉及被并购企业的范围划分

按涉及被并购企业的范围，企业并购可以划分为整体并购和部分并购。

1. 整体并购

整体并购是指目标企业的资产或产权整体转让给并购企业的并购方式。实行整体并购的目的是通过资本迅速集中，增强并购企业的实力，扩大生产经营规模，提高并购企业市场竞争能力。整体并购有利于资本迅速扩大，快速提高规模经营和实现规模效益。但是，实施整体并购需要大量资金，因而在一定程度上限制了资金并不十分充裕企业的潜在并购行为。

2. 部分并购

部分并购是指并购企业只取得目标企业的部分资产或股权的并购形式。部分并购具体包括三种形式：一是并购企业只取得目标企业的部分实物资产；二是并购企业只取得目标企业的部分产权；三是并购企业只取得目标企业的部分经营权。部分并购不仅较易解决并购资金的问题，可扩大企业的并购范围，还可以各取所需，更容易调整存量结构。

(六) 按是否受到法律规范强制划分

按是否受到法律规范强制，企业并购可以划分为强制并购和意愿并购。

1. 强制并购(mandatory offer)

强制并购是指在有强制并购规定要求的国家和地区，并购企业在法定的持股比例之上收购目标企业的股份。强制并购属于保护性条款，我国证券法对“强制公开收购”制度的规定是：当收购公司持有目标公司股份达到一定比例，可能操纵目标公司并对股东权益造成影响时，收购公司即负有对目标公司所有股东发出收购要约，以特定出价购买股东手中持有的目标公司的股票的强制性义务。

2. 意愿并购

意愿并购又称自由比例，是指证券法规定有强制并购的国家和地区，并购企业在法定持股比例下收购目标企业的股份，或在法律未规定强制并购的国家和地区，并购企业收购目标企业的股份。

（七）按并购是否经过中介机构划分

按并购是否经过中介机构，企业并购可划分为直接并购和间接并购。

1. 直接并购

直接并购是指并购企业不通过中介结构，直接向目标企业提出并购要求，双方通过一定程序磋商，共同商定达成并购的各种条件，进而在协议的条件下完成并购。直接并购中，一般并购企业采取主动攻势。被并购企业也可能出于各种原因主动提出被并购要求，如被并购企业遇到经营困难、股东对经营缺乏信心而对并购企业寄予厚望，或是在遭遇敌意并购意图寻求友好并购者等情况下，被并购企业常常主动提出被并购要求。

2. 间接并购

间接并购是指并购企业不直接向目标企业提出并购要求，而是通过中介机构，在证券市场上大量购进目标企业股票，从而达到控制目标企业的目的。由于间接并购一般都不是建立在双方自愿、协商的基础上，因而间接并购往往是敌意并购。

（八）按并购公司与目标公司是否属于同一国家划分

按并购公司与目标公司是否属于同一国家，企业并购可划分为跨国并购和国内并购。

1. 跨国并购

跨国并购是跨国收购和跨国兼并的总称，是指一国企业（并购企业）为了某种目的，通过一定的渠道和支付手段，购入另一国的企业（目标企业）的所有资产或足以行使经营控制权的股份。它是根据全球经济环境和内部组织结构的变化及时对自身的体制、结构、功能和规模等重新进行组合的一种组织变革或制度创新，是世界对外直接投资的一种主要方式。随着经济一体化进程的加快，以强化市场地位、降低成本、提高效率、优化资源配置为目的的跨国并购已经成为全球竞争激化的重要表现形式。

2. 国内并购

国内并购是指收购公司与目标公司均属于同一国家的并购行为。

（九）按并购交易是否通过证券交易所划分

按并购交易是否通过证券交易所划分，企业并购可划分为要约收购和协议收购。

1. 要约收购

要约收购是指并购公司通过证券交易所的证券交易，持有一个上市公司（目标公司）已发行的股份30%时，依法向该公司所有股东发出公开收购要约，按符合法律的价格以货币付款方式购买股票，获得目标公司股权的收购方式。要约收购分为全面要约收购和部分要约收购。2006年中国证监会颁布的《上市公司收购管理办法》对要约收购做出了许多规定，如要约收购成立的条件、要约收购报告书的内容、要约收购的支付方式、要约收购的期限、要约收购义务的豁免条件、要约收购的股票价格、要约收购期内及届满时的要求等，非常全面而具体。在全流通条件下，对要约收购进行严格规范，大大缩小全面收购义务的豁免范围，在一定程度上增加了上市公司收购的难度，这有利于维护市场秩序，保护各方投资者的利益。可以预料，今后市场中上市公司要约收购的活动将会增加。

2. 协议收购

协议收购是指并购公司不通过证券交易所,直接与目标公司取得联系,通过谈判、协商达成共同协议收购方式。协议收购易取得目标公司的理解和合作,有利于降低收购行为的风险和成本,但谈判过程中的契约成本较高。协议收购一般属于善意收购。在股权分制改革前,国有股、法人股等非流通股在我国上市公司股权结构中占主导,尽管一些公司协议转让股份的比例在30%以上,但基本上都获准全面豁免要约收购义务,由此导致协议收购的成本大大降低,协议收购成为当时我国上市公司收购的主要形式。2006年8月14日由上海证券交易所、深圳证券交易所、中国证券登记结算有限责任公司联合制定的《上市公司流通股协议转让业务办理暂行规则》第2条规定,上市公司流通股协议转让必须在证券交易所进行,由上海证券交易所、深圳证券交易所和中国证券登记结算有限责任公司集中统一办理。严禁进行场外非法股票交易和转让活动。自此,我国股改完成后的上市公司股票协议转让将不允许场外交易。对于上市公司的协议收购和要约收购的程序将在后面的内容中进行具体的阐述。

二、上市公司并购的分类

1. 整体并购

整体并购是指上市公司以资产为基础确定并购价格,受让目标公司的全部产权,并购后目标公司通常改组为上市公司的分公司。优点是目标公司变为分公司或全资子公司,上市公司可以在不受股东干预的情况下对公司进行改造,缺点在于并购后的运营资金投入量大,不能发挥低成本并购的资金效率。

2. 投资控股并购

向目标公司投资,将目标公司变为上市公司的控股子公司,获得目标公司的控制权。优点是收购成本低,且与原股东和目标公司所在地政府之间的关系比较好处理,缺点是并购后的整合运行中会有一些制约因素。

3. 股权有偿转让

根据股权协议价格受让目标公司的全部或部分股权,获得目标公司的控制权。一般是善意并购,由于国内目前股权结构的特点,这种形式的股权转让很大程度上是一种政府的行为。股权有偿转让分为并购性的和投资性的两种,后者属于资本运营范畴,本书仅指并购性的股权有偿转让。股权有偿转让的关键是股权转让价格。

4. 资产置换并购

上市公司用一定的资产并购等值优质资产的产权交易,是上市公司并购其他资产的一种特殊形式。这种方式如果运作成功,可以实现两方面的目的,一方面,可以植入优质资产;另一方面,可以将企业原有的不良资产、低赢利资产置换出去,实现企业资产的双向优化。

5. 二级市场并购

通过并购流通股实现上市公司控制权转移的目的。这种方式需要进行充分的信息披露,同时在持股比例达到目标公司发行在外的30%股份时,就存在要约收购或申请要约豁免。要约期满后,若持股比例达到目标公司的50%,则收购成功,否则失败。这种方式的收购资金、时间成本高。根据我国目前的股权结构，进行要约收购的条件还不成熟，不是目前的主流并购方式，而且要约收购通常用于敌意并购，并购方会采取反并购措施，导致成功率较低。

6. 股权无偿划拨

股权无偿划拨是我国产权重组中特殊的并购形式，是政府通过行政手段将产权无偿划拨给并购公司的行为，是一种比较纯粹的政府行为。主要是把业绩欠佳的企业转让，通过并购方的扶持改善企业经营和生存状态，或者组建大型的国有控股公司，抑或国有股的持有者是政府部门的上市公司。

三、上市公司并购的一般程序

（一）初步接触阶段

1. 收购目标的选择确定

（1）收购目标公司的有关信息资料，包括公开披露的招股说明书、上市公告书、年度报告、中期报告、重大事件临时公告以及各媒体的报道与评论等。

（2）研究分析目标公司的股本结构与主要股东构成情况，确定实施并购的可能性。

（3）研究分析目标公司的财务状况，了解其资产质量，估算公司实际价值与并购成本。

（4）研究分析目标公司的产业结构、收益构成与经营业绩，估计并购后实施资产整合与重组的可能性和难度。

（5）分析目标公司的市场定位与市场表现，结合二级市场的整体趋势，探讨目标公司二级市场维护与运作的可能性，估计维护最低成本、运作资金投入、运作风险规避、市场题材配合与目标收益实现。

（6）与并购股权的持有单位接触，了解其出让股权的意向与目的，判断在对目标公司实施并购过程中股权出让方的配合诚意。

（7）顾问公司向并购方提供关于目标公司的并购可行性建议报告。

2. 内部重组，确定收购主体

（1）初步分析收购成本。

（2）内部清产核资，制订内部重组方案。

（3）设计初步并购方案。

（4）向相关部门汇报，取得政策支持。

（二）收购协议阶段

1. 与出让方初步洽谈，草签股权转让意向书

（1）顾问公司与并购方双方代表组成并购工作小组，与股权出让方进行初步接触，表达并购诚意，并调查了解以下情况。

① 出让方的出让意向、目的、股权份额、心理价位、付款方式、配合诚意、对公司的控制力以及对资产处置的意向等。

② 根据并购的报批程序,了解出让方的主管部门、当地证券管理部门、国有资产管理部门以及当地政府等在审批股权转让事宜的倾向和意见,并寻求有关方面的支持。

③ 对目标公司进行考察,了解目标公司主要企业的经营规模、生产状况、管理水平以及并购后资产处置、整合与重组、产业结构调整的难度。

(2) 了解并购方的企业情况,必要时可派代表到并购方进行访问与实地考察。

① 综合了解并购方的股东背景、经营范围、主要产业、资产规模、赢利能力、管理与经营水平等,以判断并购方的综合实力。

② 了解并购方拟受让的股权份额、心理价位、付款方式、资产处置以及董事会改组等表明意向性意见。

③ 顾问公司与并购方可以进一步对目标公司的并购可行性进行再评估,修正、调整并购可行性报告与并购策划方案及运作策略,并对下一步工作做出安排。

股权转让意向书系非正式的法律性文件,对双方均不具有法律约束力。

2. 正式洽谈,签订股权转让协议

(1) 并购方与出让方在签署股权转让意向书后,应及时取得各自的上级主管部门或董事会、股东会准予继续开展工作的授权,双方在获得授权后可继续有关协议条款的正式谈判。

(2) 谈判期间对目标公司进行资产评估、财务审查、价值评估与法律评价,应聘请有证券执业资格的会计师事务所与律师事务所承担此项工作。

① 通过财务审查,了解目标公司的真实财务状况,如负债结构与偿还能力、赢利来源与前景等。

② 通过价值评估,估算目标公司的真实审查价值,准确掌握目标公司可能有的负债情况,充分估计并购后的风险,为转让价格的确定提供双方均能认可的依据。

③ 通过法律评价,确认在对目标公司继续并购与经营管理的法律风险,以避免对目标公司继续股权转让、资产处置、资产注入、债务重组、董事会改组、重要人事调整等重要决策受到法律限制与制约,以及因控股股东的变更可能造成地方、行业或产业优惠政策的丧失。

(3) 并购方与出让方就目标公司股权转让的有关条款达成一致,在顾问公司的协助下签订股权转让协议。股权转让协议应确定以下条款。

① 协议双方:股权受让主体、股权出让方。

② 转让标的:拟转让的国家股或国有法人股或法人股。

③ 股权转让形式:协议转让或换股或划拨。

④ 股权转让份额:拟转让股权数量。

⑤ 股权转让价格:以现金或股票支付的价格。

⑥ 付款方式与时间:如以现金方式支付股权转让金,一般采取分期付款方式。即在股权转让协议确定后5个工作日内支付总价款的5%~10%的定金,在股权转让协议得到国家审批机关批准并依照文件协议双方签订正式的股权转让合同后5个工作日内支付转让总价款的50%~70%,在完成有关股权转让的信息披露、董事会改组以及公司接管工作后10个工作日内支付股权转让总价款的余款。

- 股权交割：对付款后办理股权交割与相关费用实现做出约定与安排。
- 董事会：协议双方对股权转让后有关修改公司章程、改组董事会、转让出让方的董事席位、召开股东大会等事项做出约定与安排。
- 双方的义务：对协议双方在办理报批手续、提供有关合法文件、履行付款或股权交割义务、安排信息披露等事项做出约定与安排。
- 违约责任：对协议双方的违约责任与处罚方式做出约定。
- 争议的解决：对协议双方在执行协议中有关争议的解决做出约定。

(4) 并购方与出让方还可以就股权转让协议未予载明与约定的事项签订补充协议。

3. 转让协议的报批

股权转让协议的报批程序如下。

(1) 由股权出让方将股权转让事项报请上级主管部门批准。

(2) 股权出让方的主管部门批复后将股权转让事项转报地方证券监管部门与国有资产管理部门批准。

(3) 股权出让方的地方证券部门与国有资产管理部门批复后转报国家证券监管部门与国有资产管理部门批准。

当股权并购方或与关联方共同受让股权达到或超过目标公司总股本的30%，在办理股权转让协议报批手续时，须由股权受让方向国家证券监管部门提出申请，以获得豁免全面要约并购义务的批准。办理股权转让协议的报批手续需要提供的文件资料如下。

(1) 协议双方签订的股权转让协议(律师提供)。

(2) 目标公司的资产评估报告或经审计的最近年度财务报告(会计师提供)。

(3) 股权出让方的上级主管部门、地方各级证券监管部门与国有资产关联部门的批复文件。

(4) 股权出让方关于股权转让的可行性报告，其内容包括公司的基本情况、股权出让主体、股权受让主体、转让标的、转让价格、转让股权份额、协议总金额、转让目的、转让前后股本结构与主要股东的变化情况以及股权转让金的管理方式与使用投向计划等(财务顾问提供)。

(5) 股权受让方须提供企业法人营业执照复印件、公司章程、最近年度的财务报表和企业基本情况介绍，包括成立时间、法人代表、注册资本、股东构成、经营范围、资产与负债状况、赢利水平以及主要产业、关联公司情况等。

4. 并购方与出让方签订正式的股权转让合同

(1) 完成股权转让协议的报批工作并获得各级监管部门的批复文件后，协议双方应根据批复文件对股权转让协议的相关条款进行调整与修改，并重新签订正式的股权转让合同。

(2) 签订正式的股权转让合同后，并购方应依照合同约定条款向股权出让方支付部分转让金。

5. 股权转让的信息披露

(1) 正式的股权转让合同签订后3日内，并购人必须将股权转让合同及相关事项向国家证券监管部门及证券交易所做出书面报告，并授权股份公司依照有关上市公司的监管法规办理重大事件的临时公告。

(2) 书面报告与公告文稿一式4份,应同时分别送达国家证券监管部门、上市公司上市之交易所以及地方证券监管机构,上市公司需备一份完整的与股权转让有关的全部文件资料。

(3) 部门报告必须依照证券机构部门要求的内容与格式编制,内容包括以下几项。

① 并购方关于股权转让事项的报告书。

② 并购方与出让方签订的股权转让合同。

③ 各级审批机关关于股权转让事项的批复文件。

④ 有关股权转让的资产评估报告或经审计的最近年度财务报告。

⑤ 具有证券执业资格的律师事务所出具的有关股权转让的法律意见书。

⑥ 并购方基本资料,包括企业法人营业执照复印件、公司章程、最近年度的财务报表、企业基本情况介绍等。

⑦ 办理信息披露的公告文摘。

⑧ 并购方、出让方关于授权上市公司办理信息披露的授权委托书。

(4) 公告须依照上市公司监管规定要求的内容与格式编制,内容包括以下几项。

① 上市公司董事会公告。

② 并购方关于受让股权的公告。

③ 出让方关于出让股权的公告。

④ 并购方的基本情况介绍。

(5) 书面报告与公告文稿编制的格式规范与内容要求都具有很高的政策性,相关各方就有关事项的说明与声明须符合法律法规的规定,协议须在顾问公司的专业咨询与协助下进行。

(6) 有关股权转让的法律意见书可以由顾问公司安排具有证券执业资格的律师事务所出具。

(三) 实施重组阶段

1. 股权交割

在并购方履行完毕付款义务并依照上市公司的监管规定予以公告后,协议双方即可派授权代表到证券登记结算机构办理已转让股权的交割手续。办理股权交割手续须提供的文件资料如下。

(1) 并购方与出让方签订的股权转让合同。

(2) 有关股权转让的审批机关批复文件。

(3) 并购方与出让方分别出具的同意办理所转让股权交割手续的授权委托书。

(4) 股权出让方出具的股权转让金收款凭证与到账银行的有关凭单。

(5) 协议双方的法人代表证明文件与企业法人营业执照。

如协议双方根据股权转让合同约定,在并购方未完成对上市公司的董事会改组与公司接管前,未履行完毕全部付款义务而不能办理所转让股权的交割手续,根据有关证券法规的规定,协议双方可以临时委托证券登记结算机构保管协议转让的股票,并将股权转让金存放在双方指定的银行。待并购方完成对上市公司的董事会改组与公司接管并履行完毕全部付款义务后方可办理所转让股权的交割与股权转让金的划付手续。

股权交割后，并购方对上市公司并购的法律程序即告完成。

2. 公司接管

公司接管的目的是实现对公司的控制力，要在公司管理与决策上体现控股股东的地位和作用。公司接管主要包括实现法律保障与委派主要工作人员两个方面。

(1) 实现法律保障

① 并购方可以通过提议召开临时股东大会的方式，根据公司股权的变动情况，对公司章程有关条款进行相应修改或完善，明确并巩固并购方作为公司控股股东地位，使并购方对公司的控制合法化，排除不利于控股股东对公司实施管理与决策的法律限制。

② 由临时股东大会授权董事会对公司重大经营管理活动进行决策，以利于公司重组工作的合法化并得以顺利进行。

③ 通过临时股东大会改组公司董事会、监事会，使并购方的代表在新的董事会、监事会中占据多数席位，选举并购方的代表担任公司新的董事长、法人代表、监事长。

(2) 委派主要工作人员

新的董事会、监事会组成后，由董事长提名任命并购方选派的人员分别担任公司各关键职位，如总经理、董事会秘书、财务负责人、主要事务负责人等。

四、上市公司并购程序的特殊要求

为了规范上市公司并购及相关股份权益变动活动，保护上市公司和投资者的合法权益，我国对上市公司并购流程做出相关规定。

1. 权益披露制度

《上市公司收购管理办法》规定，并购方通过证券交易、协议转让、行政划转或其他合法途径拥有权益的股份达到一个上市公司已发行股份的5%时，应当在该事实发生之日起3日内编制权益变动报告书，向证监会、证券交易所提交书面报告，通知该上市公司，并予公告；在上述期限内，不得再行买卖该上市公司的股票。

并购方拥有权益的股份达到一个上市公司已发行股份的5%后，其拥有权益的股份占该上市公司已发行股份的比例每增加或者减少5%，也应当进行相应的报告和公告。

2. 国有股东转让上市公司股份

《国有股东转让所持上市公司股份管理暂行办法》规定，国有控股股东通过证券交易转让上市公司股份，同时符合以下两个条件的，由国有控股股东按照内部决策程序决定。不符合下述两个条件之一的，需报经国有资产监管机构批准后才能实施。

(1) 总股本不超过10亿股的上市公司，国有控股股东在连续三个会计年度内累计净转让股份的比例未达到上市公司总股本的5%；总股本超过10亿股的上市公司，国有控股股东在连续三个会计年度内累计净转让股份的数量未达到5 000万股或累计净转让股份的比例未达到上市公司总股本的3%。

(2) 国有控股股东转让股份不涉及上市公司控股权的转移。

国有参股股东通过证券交易在一个完整会计年度内累计净转让股份比例未达到上市

公司总股本 5%的,由国有参股股东按照内部决策程序决定,并报国有资产监督管理机构备案;达到或超过上市公司总股本 5%的,应将转让方案逐级报国务院国有资产监督管理机构审核批准后实施。

国有股东协议转让上市公司股份的,在内部决策后,应当按照规定程序逐级书面报告省级或省级以上国有资产监督管理机构,并将协议转让股份的信息书面告知上市公司,由上市公司依法公开披露该信息。

3. 国有企业受让上市公司股份

《国有单位受让上市公司股份管理暂行规定》要求,国有企业在一个会计年度内通过证券交易方式累计净受让上市公司的股份未达到上市公司总股本 5%的,由国有企业按内部管理程序决策,并报省级或省级以上国有资产监督管理机构备案;达到或超过上市公司总股本 5%的,国有企业应将其受让上市公司股份的方案事前报省级或省级以上国有资产监督管理机构备案后方可组织实施。

国有企业通过协议方式受让上市公司股份后不具有上市公司控股权或上市公司国有控股股东通过协议方式增持上市公司股份的,由国有单位按内部管理程序决策;国有企业通过协议方式受让上市公司股份后具有上市公司控股权的,应在与转让方签订股份转让协议后逐级报省级或省级以上国有资产监督管理机构审核批准。

4. 财务顾问制度

财务顾问在企业并购重组中扮演重要角色,对于活跃企业并购市场、提高重组效率、维护投资者权益发挥了积极作用。我国有关法律法规规定,并购方进行上市公司的收购,应当聘请在中国注册的具有从事财务顾问业务资格的专业机构担任财务顾问;上市公司国有控股股东拟采取协议转让方式转让股份并失去控股权,或国有企业通过协议转让受让上市公司股份并成为上市公司控股股东的,应当能够聘请境内注册的专业机构担任财务顾问;外国投资者以股权并购境内公司,境内公司或其股东应当聘请在中国注册登记的中介机构担任顾问。

财务顾问应当勤勉尽责,遵守行业规范和职业道德,保持独立性,保证其所制作、出具文件的真实性、准确性和完整性。

五、上市公司的协议收购和要约收购程序

上市公司并购包含上市公司资产收购、上市公司合并以及上市公司股权收购,上市公司合并和资产收购与一般公司的合并以及资产收购并无本质区别,程序也基本一致。而上市公司股权收购分为协议收购和要约收购,下面简要介绍其程序。

1. 协议收购

协议股权转让对上市公司控制权没有任何影响,不构成上市公司收购行为,如果转让的股份达到 5%以上,应该按照《证券法》和有关规定履行相应的信息披露义务。协议收购程序如下。

(1) 股权转让的前期准备工作。

(2) 股份买卖双方谈判并达成收购协议。

(3) 并购公司在协议达成次日向证监会报送上市公司收购报告书,并通知被收购上

市公司。

(4) 并购公司公告上市公司收购报告书,履行收购协议。

(5) 股权转让双方委托证券公司申请办理股份转让和过户登记手续。

2. 要约收购

(1) 进行要约收购前的准备,包括要约并购公司案获得并购公司董事会的批准;并购公司将收购意图通知其主要债权人;在符合法律规定的情况下公布收购意图;等等。

(2) 向证监会报送要约收购报告书,并将要约收购报告书抄送证券交易所和上市公司所在地的证监会派出机构,并通知被并购公司和对要约收购报告书摘要做出提示性公告。

(3) 公告要约收购文件。证监会在收到要约收购报告书后15日内未提出异议的,并购公司可以公告其收购要约文件;提出异议的,并购公司应当就有关事项做出修改或者补充。

(4) 履行与收购要约发出相关的报告、公告程序。

并购公司要公告要约收购报告书摘要;公告律师就要约收购报告书内容的真实性、准确性、完整性进行核查出具的法律意见书;公告财务顾问等专业机构对并购公司的实际履约能力出具的专业意见书。

目标公司要公告由独立的财务顾问等专业机构就收购要约条件是否公平合理、收购可能对公司产生的影响等事宜提出的专业意见。公告被并购公司董事会报告书、被并购公司的独立董事就要约收购单独发表的意见;依据证券交易所的决定,其挂牌交易股票暂停交易。

(5) 受要约人向并购公司或其代理人送交要约接纳书或交付股票或进行预受要约登记。

(6) 收购完成后的程序:履行收购要约;办理股份过户登记手续;披露有关收购情况。

第三节　中介机构在企业并购中的作用

在西方,中介机构特别是投资银行参与企业并购是一大特征。但是在我国,由于体制和法律因素的制约,中介机构在企业并购中所起的作用有待充分发挥。从金融中介的角度来看,我国的金融体制系偏于传统的信贷业务,侧重于发展商业银行,缺乏足够的产权交易中介,不利于交易成本的降低和资产流动性的增强。

中介机构不能充分参与企业并购,短期来看可能会节省一部分中介费用,但长期来看,由于企业并购中不可避免地存在信息不对称,这种无中介的并购,会给并购完成后的整合带来很大的风险。较之中介费用,这种信息不对称的成本要大得多。中介机构的参与可以大大降低企业并购中信息不对称的成本。总之,中介机构作为企业并购过程中的策划者和直接参与者,仍然在整个过程中起着举足轻重的作用。本节着重介绍投资银行、会计师事务所、律师事务所、投资顾问公司等中介机构。

一、投资银行

(一)投资银行的定义和业务范围

按照投资银行从事业务的范围有四个定义：第一，投资银行业务仅限于证券承销和交易业务；第二，投资银行业务仅限于证券承销、交易业务以及企业并购业务；第三，投资银行的业务包括资本市场的所有业务；第四，投资银行的业务包括所有金融市场的业务。目前普遍接受的是投资银行应该包括所有资本市场的业务。但这个定义是动态的，其业务是一个有机过程，经常在变化、发展、进化。

投资银行的业务范围主要有：①证券发行承销，主要指在一级市场上以承销商的身份按照协议包销或代销发行人的股票、债券等有价证券。②证券经纪交易，指投资银行在二级市场上扮演着做市商、经纪商和交易商的三重角色。③企业并购，指在并购市场上作为财务顾问，为并购双方提供服务。④项目融资，指利用有关各方的关系，在项目融资中作为中介人，进行项目评估、融资方案设计等工作。⑤资产管理，利用自己的理财经验和专业知识，接受客户的委托，代理客户理财或管理资产。⑥风险投资和私募股权，指担任基金管理人，对新兴公司在创业期和拓展期或者对成熟企业进行私募的股权投资。

(二)投资银行在企业并购中的作用

投资银行在公司并购中的作用主要体现在两方面：一方面，在公司并购中扮演产权投资者的角色；另一方面，在公司并购中扮演财务顾问的角色。但是，投资银行的主要作用还是体现在并购策划和财务顾问上。

1. 投资银行作为收购方的财务顾问

投资银行作为收购方的财务顾问，其作用主要体现在以下几个方面。

(1) 指导和参与收购方经营战略和发展规划的制定，明确收购目标，制定收购标准。

(2) 全方面评价目标公司，给出公平合理的出价建议。

(3) 设计合理的融资结构，包括支付方式和融资渠道等。

(4) 研究收购活动对收购方的影响，分析财务上可能出现的问题以及应对措施。

(5) 设计目标公司股东能够接受的收购方案。

(6) 做好相关公关和舆论宣传工作，游说目标公司的股东、管理层和职工并争取政府部门、监管机构和社会公众的支持。

(7) 提供收购后对目标公司的整合建议和方案，帮助实现收购目标。

2. 投资银行作为被收购方的财务顾问

在善意收购的情况下，投资银行的主要作用如下。

(1) 收集、分析和评估潜在收购方情况，帮助选择最合适的对象。

(2) 与注册会计师、律师一起审查收购方提出的收购方案。

(3) 向董事会提供专业意见，确保收购价格及条件对被收购公司股东的公平。

(4) 预测和分析各相关当事人与机构对收购的反应并监督交易过程的公平、合法。

在敌意收购的情况下，投资银行的主要作用如下。

(1) 帮助收集收购方的有关资料，发现幕后收购者，调查、分析其收购目的和可能采取的措施。

(2) 分析公司发展前景并寻找并购中的不合理之处，协助管理层做好股东的思想工作，争取股东的支持。

(3) 依据现行法律关于企业并购的有关规定，寻找收购方的法律漏洞及缺陷，运用法律武器实施反收购。

(4) 帮助被收购方筹措资金，用于反收购，或者直接参与竞价，提高收购方的收购成本，阻碍收购进展。

二、会计师事务所

在资本市场，会计师事务所公开对有关公司的资本到位、财务状况、资产状况、赢利状况等进行评估，主要职责就是验资、资产评估、财务审计、财务资信评价、财务顾问咨询和培训等。会计事务所出具的有关报告，会对投资者、企业乃至整个资本市场产生重要影响。

当一个项目需要同时进行财务审计和资产评估时，一家会计师事务所只能从事其中一项工作，以保证各项工作的独立开展，并通过相互制约来维持工作报告的公正性。

(一) 会计师事务所的主要业务

(1) 企业注册资本金的验收。

(2) 企业财务顾问、财务调整、财务审计。

(3) 企业发行股票、债券前的资产评估，财务资信评价和财务咨询等。

(4) 公司并购活动中的财务分析及安排等。

(二) 会计师事务所在企业并购中的作用

1. 并购初级阶段

在初级阶段，注册会计师应配合投资银行等做好对收购目标公司的尽职调查工作，对目标公司进行财务分析并对其财务状况等写出分析报告，为初步收购方案提供依据。

2. 并购过程中

参与并购双方的谈判工作，向收购方提供财务咨询；对目标公司会计报表进行审计，出具审计报告，并对目标公司的财务状况、经营成果和现金流量的真实性、合理性、正确性做出评价。对目标公司的全部资产进行评价，为确定最后的收购价格提供依据。

3. 整合阶段

并购完成后，协助投资银行为收购方拟订整合方案，并对债务重组等后续整合工作提出可行的措施和方法。

三、律师事务所

律师事务所的工作关系到投资者、公司和社会公众的利益，是企业并购重组必不可少的重要参与者。

(一) 律师事务所的主要业务

(1) 公司进行注册登记或运作过程中,协助公司制定和审核有关文件的合法性。

(2) 公司发行证券时,审定有关文件合法性,检查公司行为并出具法律意见书。

(3) 在企业并购重组过程中,协助公司进行有关活动策划。

(4) 担任企业法律顾问,提供法律咨询意见并帮助培训有关法律工作人员。

(二) 律师事务所在并购中的作用

(1) 了解委托方的收购意图,参与拟订收购计划,从法律角度对收购的可行性进行初步评估。

(2) 根据委托方的收购意图,进行相关法律调查和法律审计。

① 对目标公司进行法律调查,审查工商登记资料。

② 审查转让方是否合法持有目标公司股权,拟转让股权是否存在法律问题。

③ 审查目标公司的相关协议、合同等是否存在当目标公司控制权变化时,需提前履行相关义务的法律规定。

④ 审查目标公司的纳税情况,查明有无偷税、漏税情况以及提供合理税收规划,是否享有合理的税收优惠政策。

⑤ 审查目标公司章程、董事会及股东大会决议等,查明有无影响收购的条款和规定。

⑥ 参与收购的谈判,向收购方提供相关法律咨询。

(3) 与投资银行、会计师等协作帮助收购方达到目标。

① 配合收购方聘请的财务顾问、注册会计师等审查目标公司各项财产权利的合法性和完整性,有无时效和相关权利限制。

② 与收购方的管理层及其聘请的投资银行、注册会计师一起就收购中涉及的重大法律问题进行磋商,发现和克服其中的法律障碍。

③ 与其他中介机构一起协助收购方对目标公司从股本结构、经营、财务和管理等方面进行规范调整,消除隐患。

(4) 负责起草收购过程中的各种相关法律文件并对收购事项出具法律意见书。

(三) 律师在公司并购中的法律服务

1. 前期调查和咨询

协助并购公司拟订初步的并购方案和对并购可能涉及的政策、法律提供专业服务。根据有关并购的政策和法律、产生的法律后果、有关批准手续和程序向公司提供法律意见和并购方案,并对各种并购方案的可行性、法律障碍、利弊和风险进行法律分析。

2. 协助并购双方签署保密协议

鉴于并购涉及双方公司的商业机密,所有参与的人员要签署保密协议,以保证在并购不成功时,目标公司的利益也能够得以维护,并购者的意图不过早外泄。因此在并购实施前,律师应该协助并购双方签署有关的保密协议并约定赔偿责任条款。

3. 尽职调查

尽职调查是指就股票发行上市、收购兼并、重大资产转让等交易中的交易对象和交易事项的财务、经营、法律等事项，委托律师、注册会计师等专业机构按照其专业准则进行的审慎、适当的调查和分析。并购公司对并购交易中的隐蔽风险进行研究，对目标公司实施包括法律、财务、经营在内的一系列审查和审计，以确定其并购的公司或资产对其是否存在隐蔽的、不必要的风险。

(1) 律师尽职调查的主要内容：

① 审查目标公司主体资格。对目标公司主体资格的调查包括目标公司设立的程序、资格、条件、方式等是否符合当时法律法规和规范性文件的规定。如果涉及须经批准才能成立的公司，还需查验其是否得到有权部门的批准。同时还需查验目标公司设立过程中有关资产评估、验资等是否履行了必要程序，是否符合当时法律法规和规范性文件的规定，特别是涉及国有资产时更需特别小心。此外，还要查验目标公司是否依法存续，是否存在持续经营的法律障碍，其经营范围和经营方式是否符合有关法律法规和规范性文件的规定等。

② 调查目标公司的主要财产价值及其产权。调查目标公司拥有的土地使用权、房产及其价值；拥有的商标、专利、软件著作权、特许经营权等无形资产及其价值；拥有的主要生产经营设备和存货及其价值；目标公司对其主要财产的所有权或使用权的行使有无限制，是否存在担保或其他权利受到限制的情况；目标公司有无租赁房屋、土地使用权等情况以及租赁的合法有效性等。

③ 调查目标公司的重大债权债务。调查目标公司金额较大的应收、应付款和其他应收、应付款情况，并且应当调查其是否合法有效；调查目标公司将要履行、正在履行以及虽已履行完毕但可能存在潜在纠纷的重大合同的合法性、有效性，是否存在潜在风险；调查目标公司对外担保情况，是否有代为清偿的风险以及代为清偿后的追偿风险；调查目标公司是否有因环境保护、知识产权、产品质量、劳动安全、人身权等原因产生的侵权之债等。

④ 调查目标公司的税务、环境保护、原材料资源、产品质量、生产技术、销售网络、市场前景等因素。目标公司所适用的税收政策、环境保护政策，目标公司的原材料来源、遵循的产品质量和生产技术标准，目标公司的产品销售网络、市场前景等可能因被并购而改变，因此也是尽职调查的重要内容之一。

⑤ 调查目标公司的人力资源情况。人力资源调查包括公司管理人员与工人结构，他们的学历与知识结构，并购可能引起的下岗人数，再就业的方向和可能发生的费用。

⑥ 调查并购的外部法律环境调查。关于公司并购法律的调查，除了直接规定公司并购的法律法规以外，还应当调查反不正当竞争法、贸易政策、环境保护、安全卫生、地方行政规章等方面的规定。另外，还需调查相关税务政策。

(2) 律师尽职调查的途径：

包括目标公司为上市公司时法定公开披露的信息，其他公开出版物，登记机构，政府主管部门，目标公司的供应商、客户和协议另一方，目标公司的专业顾问等。

4. 协助并购公司参与并购谈判

在尽职调查有了初步的结论之后,并购当事人进入谈判阶段,根据调查了解到的实际情况开始进行有针对性的谈判。谈判过程中并购当事人的相互了解会进一步加深,知己知彼的境界在逐渐提升,各自的相同与不同之处会逐步显现出来,整个谈判的过程都直接关系到并购的成败。律师参与其中可以帮助双方寻求到双赢互利的解决方案,可以就谈判过程中涉及的法律问题给予解答。

律师在谈判中提供的法律服务主要有以下两个方面。

(1) 帮助并购公司拟订谈判策略。提前准备好相关法律问题概要;在谈判中回答对方有关法律方面的问题;根据谈判实际情况提出合法的建设性意见,并告知其法律后果。

(2) 制作谈判记录和谈判意向书。谈判涉及的内容多,时间长,谈判双方最好将所有的谈判内容及达成的一致做出详细的记录。从并购双方进入谈判阶段到正式订立并购合同是一个漫长的过程,为了保障各自的权益,并购双方会在并购谈判的各个阶段缔结相应的意向书。由于并购公司在并购活动中投入人力、物力、财力较大,意向书中一般会加入排他协商条款、提供资料及信息条款、不公开条款、费用分摊条款等,以避免并购的风险。同时,意向书中还会应目标公司要求加入终止条款、保密条款,以防止并购公司借并购之名获取非法利益。

5. 协助签订并购合同

并购双方经过谈判交锋达成共识,同时按照规定进行相应的审计、评估之后,就应签署集中反映尽职调查、谈判、并购公司案的并购合同。并购合同的签订是一个漫长的过程,通常是并购公司的律师在双方谈判的基础上拿出一套并购合同草案,然后双方的律师在此基础上经过多次磋商,反复修改,最后才能定稿。并购合同的条款是并购双方就并购事宜达成的一致内容。合同约定是并购双方的权利和义务,也是实际并购操作的准则和将来争议解决的根据。合同一旦生效对双方就具有如同法律一样的约束力,所以在拟订并购合同条款时必须谨慎对待。一份比较完备的并购合同一般包含以下条款。

(1) 定义条款。此条对合同条款中的术语进行定义,防范术语解释产生纠纷。

(2) 先决条件条款。该条款指只有当其成就后并购合同才能生效的特定条件。设立先决条件需要考虑哪一方当事人有责任促使该条件的成就,如何判断该条件成就,未成就时会带来何种后果,以及放弃先决条件对其他相关合同的影响等诸多因素。先决条件条款是并购合同能够实际履行的前提。

(3) 陈述和保障条款。目标公司或者并购公司保证自己不会就合同他方关心的问题进行虚假陈述,如果出现虚假陈述,应该承担责任。设立该条款的目的是避免并购双方预料不到的风险。对并购公司来说,陈述和保证条款是化解并购风险的最好办法。为了最大限度维护自己的利益,并购公司设置出陈述和保证条款,让目标公司就并购公司关心的问题陈述并保证自己所提供的资料的真实性。对目标公司来说,陈述和保证条款也能最大限度保障自己的利益。

(4) 介绍转让的国有资产和国有股权条款。该条款主要是说明并购交易的标的。如果是国有资产,则要详细说明资产的组成、数量、坐落位置、使用年限等;如果是国有股权,则要详细说明股权的基本情况。

(5) 支付条款。该条款包含价格、支付期限和股权或资产移转、支付方式等。价格涉及作价依据、价款计算方法、价款总额等。股权和资产转移主要规定转移的先决条件与期限、转移的执行等。

(6) 过渡期安排。过渡期安排指并购合同签署之日至股权或资产转移之日期间,并购成败尚处于不确定状态,并购当事人在此期间需要履行约定的义务以使并购的各项条件一一成就。在此期间,并购当事人需要就重要事项的知情权、相关资产的保护、日常运营、管理人员安排及重大事项的处置权做出明确约定。

(7) 违约责任。并购合同应该对违约责任进行具体、细致、可操作性高的约定。

(8) 法律适用及争议解决条款。法律适用包括并购合同的签署、履行及解释的法律适用。争议的解决方式、解决地点具有可选择性。解决方式、解决地点的不同对争议的解决可能产生重大影响,争议解决的方式有友好协商、第三方调解、仲裁和诉讼。

6. 出具相关的法律意见书,履行有关报批手续

(1) 律师在下列情况下应当出具法律意见书,并向有关政府部门报批:要约收购时,并购公司应当聘请律师对其要约收购报告书内容的真实性、准确性、完整性进行核查,并出具法律意见书,连同收购要约报告书一并公告;当并购公司持有目标公司 30%或以上的股份时,并购公司提出强制要约收购豁免申请的,应当由律师事务所就其所申请的具体豁免事项出具专业意见,向有关机关报批。

(2) 协助并购双方履行相应的报批、公告手续,主要包括并购公司大额持股情况及所持股份数额变化的公告、并购公司收购意图的公告、收购结果的公告。

7. 办理各项变更登记、重新登记、注销登记等手续

相关过户手续的办成与否往往是一个并购合同的先决条件,同时也直接影响到新公司的生存和发展,为此律师可从专业的角度出发协同办理有关房屋、土地使用权、专利、商标、供水、供电、保险等过户手续。其主要包括不动产变更登记、股东名册登记变更、关于公司形式的登记变更与注销。

8. 处理原目标公司签订的重大合同

包括通知缔约对方关于合同当事人变更、与缔约对方进行合同延期履行磋商、进行赔偿或者索赔。

9. 提供诉讼、仲裁等法律服务,代为清理障碍

目标公司可能是个天天有法院上门查封账号和财产的公司,即使在并购后的一段时间内,这种麻烦也少不了。因此,律师应当在并购后整理有关诉讼、仲裁、调解、谈判的资料,并通知法院、仲裁机构、对方当事人关于当事人变更的事实。如果诉讼、仲裁、调解、谈判还未开始,则应当作好应诉准备。

10. 协助新公司正常运行

协助制定新公司内部规章制度,办理公司纳税申报,进行劳动合同的签署,办理相关保险,理顺各种行政关系。

11. 协助安置目标公司原有人员

包括协助并购后的公司留住人才和依法安置目标公司富余员工。

四、投资顾问公司

(一) 投资顾问公司的主要业务

投资顾问公司是为市场投资者提供咨询服务、接受投资委托、代理投资者管理资产的中介机构。投资顾问公司的业务主要有以下几方面。

(1) 提供宏观经济和证券市场的研究报告及对策咨询建议。

(2) 接受投资者委托,提供投资分析、市场法规等方面业务咨询服务。

(3) 接受公司委托,策划公司的证券发行和上市方案。

(4) 接受有关企业委托,策划有关重组事务方案,担任财务顾问。

(二) 投资顾问公司在并购中的作用

投资顾问公司主要为各种类型的合并或收购以及参与的各方交易主体提供财务顾问服务。

1. 为收购方服务

帮助收购方搜寻目标,进行尽职调查,设计和评价收购方案并协助实施并购方案,控制目标公司。

2. 为出让方服务

寻找、选择受让方并设计交易方案,与受让方沟通,协助实施交易方案,协助出让方获得出让利益。

本章小结

本章重点介绍了企业并购程序,通常把其分为一般企业并购的程序与上市公司并购的程序。一般企业并购的程序通常由战略决策、寻找目标、尽职调查、并购、整合等几个步骤组成。但不同性质的企业在进行这几个步骤时要求都有差别。上市公司对并购程序有些特殊要求,必须按照有关规定做好信息披露,谨慎操作。最后,本章还着重介绍了投资银行、会计师事务所、律师事务所、投资顾问公司等中介机构在并购过程中所起的作用。

复习思考题

1. 企业并购在准备阶段应该做哪些工作?尽职调查的内容有哪些?

2. 在与潜在目标公司进行接触时,如何防止竞争者加入,提高收购成本?

3. 并购完成后,企业应该从哪些方面对目标公司进行整合?其目的是什么?整合成功的评判标准是什么?

4. 比较投资银行、会计师事务所、律师事务所、投资顾问公司等中介机构在企业并购中的作用各具哪些优势。

案例　上海国资打造商业航母的系列并购重组

第一百货吸收合并华联商厦——上海百联(集团)横空出世

2004年11月26日,第一百货吸收合并华联商厦的方案获得证监会核准,合并后的存续公司上海百联(集团)股份有限公司股票百联股份将于11月26日正式复牌,这意味着市场瞩目的第一百货和华联商厦合并案尘埃落定。而就在一个月前,百联集团豁免要约收购华联超市、物贸中心、友谊股份、华联商厦、第一百货5家上市公司股票义务的申请被证监会批准,至此百联集团在自己一周岁之际为自己献上了沉甸甸的生日大礼,同时也在续写流通产业造就银河战舰的传奇。

一、零售业分散经营之忧

我国的零售企业处于高度不稳定的风险中。这种风险并非来自行业总量是否能持续成长的压力,而是来自行业内的结构和竞争问题。在计划经济时代宣告终结后,我国零售产业处于重复建设无序竞争的状态,没有形成行业内的龙头。

我国零售业者众多而规模过小,没有任何一家的规模对沃尔玛、家乐福等跨国零售业巨头构成威胁。而差距不仅仅在规模上,国外零售企业利用其规模优势和全球化采购平台降低商品成本,其毛利率和净利率明显高于国内零售企业。外国零售巨头们的攻城略地让国内零售企业感到了前所未有的生存压力。

二、商业航母横空出世

为了迎接跨国商业巨头们的挑战,2003年4月,在上海市政府的参与下,原上海一百(集团)有限公司、华联(集团)有限公司、友谊(集团)有限公司和上海市经委直属的物资(集团)总公司归并整合为新的商业零售集团公司——百联集团。以2002年12月31日数据为准,百联集团拥有第一百货、华联商厦、华联超市、友谊股份、物贸中心、第一医药和联华超市7家上市公司;拥有遍布全国23个省市的近5 000家营业网点,涵盖了包括百货、标准超市、大卖场、便利店、购物中心、专业卖场和物流在内的多种业态,这是一个特大型流通产业集团。百联的产业整合大幕就此拉开。

百联首先要解决的就是如何减少同业竞争。在百联旗下,第一百货、友谊股份、华联商厦三者之间,华联超市与联华超市之间都存在同业竞争问题。就百联而言,横向产业整合的核心就是按业态进行同类项合并。然而百联集团几乎囊括了所有的商业销售业态,据统计,百联集团共拥有百货店15家、超市约2 000家、便利店1 162家、大卖场55家、专业专卖店421家、购物中心7家。进行产业整合是一项打散了、揉碎了,再重新捏合的工作,每一个业态的合并都涉及人员、资产、负债、布局等一系列问题,并且涉及各上市公司利益协调的问题,因此,百联集团的整合之路显得格外艰难。

突破首先从百货业开始。5月12日,百联集团刚挂牌仅半个月,一百集团就收购了上海实业公司所持有的东方商厦51%的股权,全资拥有东方商厦。5月28日,百联宣布组建一百集团百货连锁事业部。事业部成立后,率先对一百集团属下的东方商厦、第一八佰伴、一店东楼三家大型百货商场实行"三店联动",并实施统一营销、统一管理、统一采购、统一形象。业内人士预计,"三店联动"使一百集团的销售规模至少提高15%。

百货连锁事业部的扩张并未就此止步。按照百联的计划,它们将通过兼并重组、联营租赁、投资合作、品牌代理、管理输出等多种方式,把百联旗下的多家大中型百货企业整合纳入,从而完成百货业态的连锁整合。此后,百联将按照连锁事业部的模式,进行一系列的合并同类项,最终形成百货、连锁超市、大型专业专卖店、进出口贸易、批发、物流、房产物业、电子商务等纵向板块,凸显集约经营的优势。

百联的另一项计划——上市也在紧锣密鼓的筹划中。百联集团拥有7家上市公司,集团的商业运营模式将影响到原有企业的自主经营权、决策权和分配处置权,因此整体上市将是其解决目前尴尬境地的最为理想的方式。但要真正实现整体上市,将涉及多家上市公司,面临很多障碍。在这种背景下,百联决定将主营业务重合度高、资源交叉现象十分明显的第一百货与华联商厦合并。本次合并后,存续公司可统一采购、统一配送,发挥规模经济效应,提高行业集中度,并且通过资产置换可以将百联集团所控股的东方商厦注入存续公司,既减少了同业竞争问题,又增强了存续公司的实力。更为重要的是集团将以存续公司为平台,通过一系列资本运作不断向上市公司注入优质资产,打造具有超强战斗力的银河战舰。

三、百联上市之路

百联采取上市公司吸收合并的方式实现上市,即第一百货通过换股合并华联商厦,华联商厦的全部资产、负债及权益并入第一百货,其现有的法人资格因合并而注销,合并后存续公司将更名为上海百联(集团)股份有限公司。

此次合并的最大创举是创造性地为不同性质的股票设定不同的折价比例。众所周知,上市公司存在股权分置的情形,在于市场对不同性质的股份价值存在不同价值的判断,所以如果合并双方采用同一种换股比例无法平衡流通股和非流通股股东的利益。而在此次合并案中采用了不同性质的股票采用不同折价比例的方法,非流通股的折价以每股净资产为基础,并考虑到合并双方商用房地产价值、赢利能力和业务成长性,流通股以成本价格为基础并考虑到为分配利润加权股价均值的影响。在此基础上计算出换股比例为:华联商厦全体非流通股股东将其持有的股份按1∶1.273换成第一百货的非流通股份,华联商厦全体流通股股东将其持有的股份按照1∶1.114换成华联商厦的流通股股份。此外,为了保证中小股东的利益,合并方案还设置了现金选择权,即股东可在合并生效后将申请现金选择权的股份按相应的现金选择权价格出售给确定的战略投资者或机构投资者从而获得现金。其中华联商厦的流通股现金选择权价格为每股7.74元,非流通股现金选择权价格为每股3.572元。百联股份合并前后股东分布如图3-3所示。

这次合并完成后,将有效解决目前百联集团下第一百货和华联商厦间同业竞争与关联交易,实现资源的重新整合与充分应用。合并后存续公司将拥有14家大型百货商场与3家购物中心,股东权益将达到32亿元,成为国内名副其实的商业第一股。合并后,存续公司将对原分属第一百货和华联商厦的百货商店与购物中心等进行业态整合,实行统一管理。在两家公司原有的各业态基础上,通过制定统一的发展战略,采取集约管理、连锁经营的手段迅速构建存续公司的连锁经营平台、扩大市场占有率,形成符合国际零售业发展趋势的、连锁集约发展的经营业态体系。存续公司在对其进行业务整合的过程中,将根

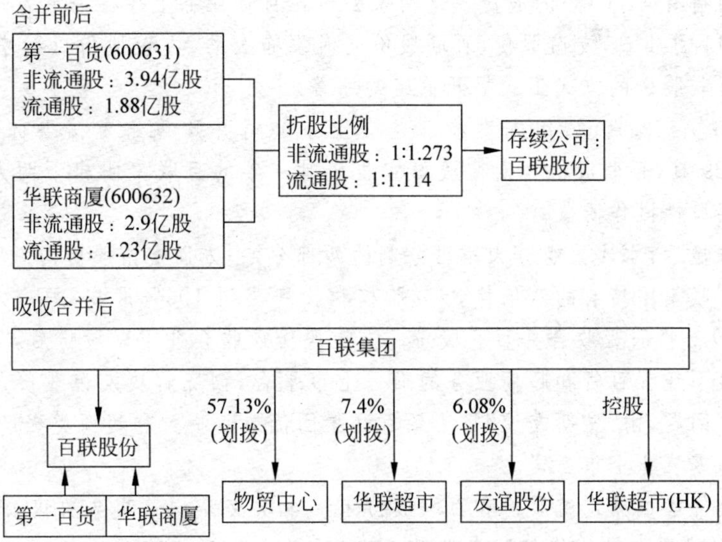

图 3-3　百联股份合并前后股东分布

据各网点所处地域分别确定目标消费群，实现错位经营，形成都市型时尚百货、历史名店和社区型时尚百货三大连锁系列。将“东方商厦”作为都市型时尚百货的统一商号，对合并双方原有主要商业区的经营网点进行更名，并将徐家汇的东方商厦作为旗舰店，拓展市外网点；重塑“上海第一百货商店”“华联商厦”“上海友谊商店”“上海时装商店”和“上海妇女用品商店”5家历史名店，恢复历史风貌并根据主题商店的经营理念分别重新定位；对其他开设在大型社区内的百货店暂不进行店名的变更和调整，仅在统一采购、统一营销、IT技术等方面进行集约整合。这次吸收合并只是为百联集团整个资本运作搭建了一个平台，后续的产业整合大幕徐徐拉开。

四、友谊股份吸收合并百联股份

2008年12月，国务院指出“通过股权置换、资产收购等方式，支持流通企业跨区域兼并重组，做大做强，尽快形成若干家有较强竞争力的大型流通企业和企业集团”。上海国资体系的重组再次步入快车道。

友谊股份过往主要以连锁超市、购物中心、特色百货和装潢建材为核心业务。其中，以联华超市为核心的连锁超市业务通过不断扩展经营网点，在过去几年实现了销售规模和赢利的持续增长；连锁百货主要集中在上海友谊百货有限公司、上海友谊南方商城有限公司、上海百联西郊购物中心有限公司3家下属公司；连锁建材业务则主要集中在好美家装潢建材有限公司。

百联股份自成立以来一直从事商业零售业务，除了拥有八佰伴、上海市第一百货商店、东方商厦有限公司、永安百货有限公司等沪上多家知名百货企业，近几年紧跟商业零售业态发展的趋势，逐步加大了在购物中心、奥特莱斯等多业态发展方面的探索，摆脱了单一的综合百货经营者形象，多业态的经营模式带来了较好的赢利增长。

友谊股份和百联股份均为上海国资委下属从事百货超商类业务的上市公司。友谊股份由友谊复星和百联集团分别持有20.95%与6.31%的股份，同时发行有B股。百联股份由百联集团持有44.01%的股份。这两家公司在百货业务上存在一定的同业竞争。

2010年11月4日,友谊股份、百联股份同时发布公告,友谊股份以新增A股股份换股吸收合并百联股份的方式正式揭开重组的序幕。

2011年6月23日,重组方案经证监会上市公司并购重组审核委员会审核通过。2011年7月29日,百联股份和友谊股份宣告历时一年的百联集团旗下两大零售巨子重组正式进入实质性操作阶段。

重组公告显示,本次重组分为不可分割的两部分,一方面友谊股份向百联集团发行A股股份购买百联集团持有的八佰伴36%股权和投资公司100%股权;另一方面友谊股份以新增A股股份换股吸收合并百联股份。友谊股份吸收合并百联股份后,"新友谊"将成为百联集团旗下经营百货和超商业务的唯一上市平台,彻底解决友谊股份与百联股份之间的同业竞争问题,由此"新友谊"将集聚百联集团优质百货类和超商类资产,成为国内综合实力最强的零售业上市公司之一。

本次换股价格根据友谊股份和百联股份审议本次交易的董事会决议公告日前20个交易日的A股股票交易均价经除息调整后确定,并由此确定换股比例。经除息调整后,本次友谊股份的换股价格为15.57元/股,百联股份的换股价格为13.41元/股。因此,百联股份与友谊股份的换股比例为1∶0.861。在发行股份购买资产交易中,拟购买资产以2010年6月30日为评估基准日的评估值合计为470 828.73万元,其中八佰伴36%股权评估值为180 594.42万元,投资公司100%股权评估值为290 234.31万元。

同时,为充分保护双方股东的利益,重组报告书中明确约定,友谊股份和百联股份一致同意赋予友谊股份异议股东以收购请求权,同时赋予百联股份异议股东以现金选择权。符合条件的友谊股份异议股东可以要求异议股东收购请求权提供方按照定价基准日前20个交易日股票交易均价经除息调整后并公告的对价,即A股15.57元人民币/股、B股1.342美元/股,受让其所持有的全部或部分友谊股份之股份的权利。符合条件的百联股份异议股东可以要求异议股东现金选择权提供方按照定价基准日前20个交易日股票交易均价经除息调整后并公告的对价,即13.41人民币元/股,收购其所持有的全部或部分百联股份之股份的权利。

为了实现整体发展战略目标,"新友谊"将在实现经营模式整合的同时,着力进行组织架构、员工队伍、管理和公司文化方面的全面整合并通过运用多业态组合策略实施、应用现代化信息技术、扩大集中采购比例、统一物流配送体系、优化业务流程等手段,加强百货类业态和超商类业态之间的联动与协同发展,实现财务资源、客户资源、供应商资源、网点资源、人力资源的共享和合理配置,使"新友谊"真正成为为消费者提供优质商品和"一站式"服务的国内一流的大型商业集团和零售行业的龙头企业。

(资料来源:陶成知,周佳敏.吸收合并打造上海商业航母[R].申银万国研究报告,2010-11-04.经改编)

【案例评析】

此次吸收合并形式的重大资产重组方案中,其定价显示出方案的合理性与公平性。

本次重组完成后,"新友谊"的资产规模将大幅上升,增长幅度达到69.19%,远远高于国内其他竞争对手。同时,公司经营的零售业态将涵盖百货店、购物中心、奥特莱斯、大型超市、标准超市、便利店、家居建材店、网上商店等，成为经营业态最为齐全、综合竞争实力最强的大型商业零售行业的上市公司之一。

此次重组不仅彻底清除两家上市公司之间的同业竞争，打通再融资渠道，还使重组后的新公司成为集百货、购物中心、超市、奥特莱斯等多种业态齐聚的统一平台，打造出一艘零售业的航母。为了获得重组的最佳效果，“新友谊”重组后的业务整合和发展思路确定为：“新友谊”全业态平台的打造，在充分受益规模优势的同时，更要在资源整合、品牌联动、集合采购、上下游议价、物流渠道管理等各方面获得最佳的协同效应，从而具备与国际零售业发展趋势相匹配的核心竞争力，打造各业态最佳的经营模式。

【案例讨论题】

1. 作为上市公司，百联股份以及友谊股份吸收合并的资产重组经过了哪些必要的程序？这些程序与非上市公司的并购有哪些不同，为什么？

2. 为什么不是通过百联股份吸收友谊股份，而是友谊股份吸收百联股份？两个方式有什么差别？分析一下上海国资委方法案选择时会重点考虑的问题。

第四章 企业上市前的并购与重组

随着我国国民经济的持续发展和产业的升级转型，众多非上市公司也在不断发展壮大，通过并购重组把企业做大、做强，最终实现上市，成为众多非上市公司努力奋斗的目标。我国企业上市前并购重组也越来越活跃，一方面有利于非上市公司扩大生产经营，发展专业化管理，进一步开拓市场，形成规模效应；另一方面也让这些企业通过并购重组，优化产业结构和股权结构，解决好主业突出、关联交易和同业竞争等问题，从而为上市创造必要的条件。

第一节 企业上市前并购与重组概述

一、企业上市前并购与重组的意义

企业上市前的并购与重组是指在拟上市股份公司设立前，通过股权重组和资产整合，将公司股权、业务、资产、人员、机构和财务进行合理并购及有效组合，解决好主业突出、关联交易和同业竞争等问题使其符合上市发行的规范要求，形成具有股权关系清晰、业务体系完整、直接面向市场独立经营和持续发展的发行主体。

《首次公开发行股票并在创业板上市管理暂行办法》第 18 条明确指出：(发行人)与控股股东、实际控制人及其控制的其他企业间不存在同业竞争，以及严重影响公司独立性或者显失公允的关联交易。可见，拟创业板上市公司完全禁止出现与其控股股东、实际控制人及其控制的其他企业之间的同业竞争；同时，虽然它们之间的关联交易并不被完全禁止，但是对于“严重影响公司独立性”和“显失公允”的关联交易是被禁止的。

《上市公司治理准则》第 27 条指出：上市公司业务应完全独立于控股股东。控股股东及其下属的其他单位不应从事与上市公司相同或相近的业务。控股股东应采取有效措施避免同业竞争。对于关联交易问题，《上市公司治理准则》第 12、13、14 条指出：①上市公司与关联人之间的关联交易应签订书面协议。协议的签订应当遵循平等、自愿、等价、有偿的原则，协议内容应明确、具体。公司应将该协议的订立、变更、终止及履行情况等事项按照有关规定予以披露。②上市公司应采取有效措施防止关联人以垄断采购和销售业务渠道等方式干预公司的经营，损害公司利益。关联交易活动应遵循商业原则，关联交易的价格原则上应不偏离市场独立第三方的价格或收费的标准。公司应对关联交易的定价依据予以充分披露。③上市公司的资产属于公司所有。上市公司应采取有效措施防止股东及其关联方以各种形式占用或转移公司的资金、资产及其他资源。上市公司不得为股东及其关联方提供担保。

根据以上法律法规内容可以看到，在创业板上市的概念范围，所谓的同业竞争包括三个关键要素：其一是主体，同业竞争的主体是发行人与控股股东、实际控制人及其控制的其他企业；其二是同业，是指从事相同、相似业务；其三是竞争，是指确实存在竞争关系。根据《中华人民共和国公司法》(以下简称《公司法》)第217条规定，所谓控股股东，是指其出资额占有限责任公司资本总额50%以上或者其持有的股份占股份有限公司股本总额50%以上的股东；出资额或者持有股份的比例虽然不足50%，但依其出资额或者持有的股份所享有的表决权已足以对股东会、股东大会的决议产生重大影响的股东。所谓实际控制人，是指虽不是公司的股东，但通过投资关系、协议或者其他安排，能够实际支配公司行为的人。

竞争是市场经济的灵魂，是促进社会发展和经济进步的原动力。但是，由于发行人和控股股东、实际控制人及其控制的其他企业之间的被控制与控制的关系，以及两者自身利益的差别，当这两者之间出现竞争关系时，控股股东、实际控制人及其控制的其他企业就可能损害上市公司利益，进而侵害广大中小投资者的利益。

因此，解决好同业竞争、关联交易和主业突出问题，是企业上市的先决条件，而通过资产重组，剥离一些非主业资产、低效率资产，卖掉一些有可能产生同业竞争和关联交易资产，是企业上市前必须进行的一项重要工作。通过资产重组，可满足法律法规对发行股票的要求。这些要求包括赢利水平、负债水平、净资产收益率、资产规模、股权结构等方面。通过资产重组，还可集中突出公司的主营业务、品牌优势和重点发展方向，精干主体，分离负担，使之既能发挥已有资产的优势，又能形成新的经营机制。

并购与重组是很多公司成为合格上市发行主体的第一步，也是这些企业上市成功的关键。通过改制与重组可将公司存在的许多历史问题和上市的隐患进行调整与规范，为日后企业上市、发行股票打下更为牢固的基础。

二、企业上市前并购与重组的方式

我国企业上市前并购与重组的方式主要有股权并购和资产重组两种。

(一) 股权并购

股权并购是指投资公司或投资自然人作为并购方，通过目标公司股东进行有关目标公司股权的交易，使投资公司成为目标公司的股东的投资行为。这种行为可以表现为股权受让、增资入股、公司合并等具体操作模式。股权并购交易的标的和内涵是股东对目标公司的收益。不仅股权受让如此，增资并购和合并并购也如此，这是股权并购的本质特征，也是股权并购区别于资产并购的核心所在。股权并购程序复杂、风险大，不仅具有投资风险，而且在并购过程中有其独有的风险。从实务中看，并购投资方式是公司对外投资的主要方式，而股权并购又是并购投资方式中的主要形式。

1. 股权并购的优点

讨论股权并购投资方式的优缺点，对于在实务中正确使用这种投资方式，趋利避害，防范投资风险具有重要意义。股权并购有如下优点。

(1) 无须履行新公司的设立程序，仅需履行对目标公司的股权变更程序即可以完成投资行为。一般来说，股权并购要求投资者继续使用目标公司这个经营平台，目标公司将存续下去。

(2) 产品销售和业务开展的起步点高。这是因为在股权并购的情况下,公司名称不变,公司主体不变,仅仅是公司股东变化,产品销售的市场主体不变,仍是目标公司。公司投资后很容易就继承了目标公司原有的产品销售渠道和市场份额以及业务关系,产品销售和业务开展无须从零开始。

(3) 技术、管理员工队伍和普通员工队伍是现成的,省去了大量的培训时间和培训经费。这是因为在股权并购的情况下,除目标公司的高管人员会有所调整外,其他员工与目标公司的劳动合同将会继续有效,除非双方协议解除,否则将继续履行下去。

(4) 对生产型企业来说,与新设投资方式相比,可以节约基本建设时间。因为在新设投资的情况下,新公司需要在完成基本建设后才能从事生产经营活动,而这需要一年以上甚至几年的时间。而股权并购无须进行基本建设即可直接从事生产经营活动,很可能获得当年投资当年见效的成果。还可以节约大量的新企业、新产品、新市场、新渠道的宣传费用和开发费用,因此一般不会出现新设公司在经营之初的亏损期。

(5) 投资的现金流相对较小。这是因为股权并购是投资公司与目标公司股东之间对目标权益的交换,而权益则相当于目标公司总资产额减去总负债额。因此,在投资公司向目标公司投资之前,目标公司已经为投资公司准备了借贷资金,因此无须投资公司再去融集大量的资金。而在新设投资的方式下,可能需要子公司融资或者需要投资公司注入大量资金。

(6) 与资产并购相比,可以节约流转税税款。在资产并购的情况下,交易的标的是目标企业的资产所有权,其中的不动产、土地使用权和无形资产因发生所有权转移,需要投资公司依法缴纳契税,目标公司依法缴纳营业税。而在股权并购的情况下,作为目标公司的不动产、土地使用权和无形资产不存在转移所有权的问题。即使因目标公司变更企业名称而需要变更产权证照上所有人名称,也不为所有权转移,均无须缴纳营业税和契税。

(7) 可以化竞争对手为战略盟友,这是股权并购与新设投资相比最大的优点。在新设投资的方式下,目标市场的竞争对手照样存在,投资公司的加入只能使竞争更加激烈。而在股权并购的情况下,竞争对手减少了,而投资公司自己的队伍却壮大了,从而改变了竞争态势,投资公司容易获得垄断利润。

2. 股权并购的缺点

从企业并购的实际操作来看,股权并购与新设投资方式相比主要存在如下缺点。

(1) 由于并购前后目标公司作为民事主体是持续存在的,因而有关民事权利义务是延续的,因此,基于出让方披露不真实、不全面,导致目标公司遭受负债,使投资公司对目标公司的权益减损的风险是普遍存在的。这是股权并购的主要风险,也是最难防范的风险。

(2) 由于目标公司的厂房、机器、设备往往是陈旧的,因此,虽然并购的现金流量相对新设投资较少,但并购后可能需要投入资金进行技术改造,否则可能难于提高目标公司产品的竞争力。

(3) 由于目标公司与员工之间的劳动继续有效，并购后往往面临目标公司冗员的处理，这不仅容易激化劳资矛盾，而且会增加目标公司的经济负担。

(4) 并购程序复杂，受让股权需要征得目标公司存续股东的同意，修改目标公司的章程需要与存续股东进行谈判，为防避或然负债需要进行大量的尽职调查工作，因此股权并购的工作成本较高。

(5) 并购后的整合难度大，投资公司对目标公司行使管理权的阻力大。在投资公司并购目标公司全部股权持有者特别是仅为相对控股的情况下，并购后的整合及投资公司对目标公司行使管理权都会遇到困难。

(6) 股权并购受国家反垄断法的规范和限制。

正确认识股权并购的优缺点，有利于在实务中扬长避短，更好地使用股权并购的投资方式。

(二) 资产重组

资产重组是指一个公司(通常称为收购公司)为了取得另一个公司(通常称为被收购公司或目标公司)的经营控制权而收购另一个公司的主要资产、重大资产、全部资产或实质性的全部资产的投资行为。被收购公司的股东对于资产重组行为有投票权并依法享有退股权，法律另有规定的除外。按支付手段不同，具体分为以现金为对价受让目标公司的资产和以股份为对价受让目标公司的资产两种资产重组形式。

1. 资产重组的优缺点

(1) 优点：债权债务由出售资产的境内企业承担。

(2) 弊端：①税收有可能多缴；②需要对每一项资产尽职调查，然后就每项资产进行所有权转移和报批。资产并购的程序相对复杂。

2. 资产重组的适用条件

综合我国现行部门规章和地方性法规中所做的涉及资产重组的相关规定，同时结合外国的立法例(主要是美国公司法)，资产重组具有如下法律特征，认识和界定资产重组可以从以下四个方面把握。

(1) 资产重组中所涉及的资产是指被收购公司的全部资产或实质性的全部资产、重大资产或主要资产。交易涉及被收购公司经营控制权的移转，因此交易应经被收购公司股东会决议通过，即被收购公司股东有投票权。

(2) 作为少数服从多数的补充，被收购公司的少数异议股东在资产并购中享有退股权或估价权。

(3) 资产重组交易完成后，被收购公司的法人资格一般还存在，收购公司受让资产后，一般不承担被收购公司的债务。除非双方另有约定且不损害被收购公司债权人的利益或法律有明确的例外情况的规定。

(4) 资产重组涉及公司经营控制权的移转和集中，因此受合同法、公司法调整影响的同时，大规模的并购重组可能影响市场竞争，因此，资产重组还受到反垄断法的调整。

三、企业上市前并购与重组的重点工作

1. 建立健全拟上市公司的主体资格

企业在上市前的并购与重组中应在最短的时间内,以较低的成本成为合法存续的股份有限公司。在上市前的并购与重组中,公司应该重点关注股份制改造后业绩是否可以连续计算,要达到业绩连续计算,有限责任公司就要按账面净资产折股整体变更为股份公司。

另外,公司的生产经营要符合法律、行政法规和公司章程的规定,符合国家产业政策;公司的股权要清晰,控股股东和受控股股东、实际控制人支配的股东持有的本公司股份不应存在重大权属纠纷。

2. 提高公司独立性

在企业上市前通过资产并购重组、业务并购重组可使发行主体具有完整的业务体系和直接面向市场独立经营的能力。提高公司独立性具体包括以下几方面。

(1) 并购主体的人员独立,高级管理人员不得在控股股东、实际控制人控制的其他企业中担任除董事、监事以外的其他职务。

(2) 公司的财务独立,公司要建立独立的财务核算体系,能够独立做出财务决策,具有规范的财务会计制度;公司的机构独立,公司建立健全的内部经营管理机构,独立行使经营管理职权。

(3) 属于生产经营企业的,应具备独立的研发、生产、销售系统,无法避免的关联交易必须遵循市场公正公平的原则。企业与控股股东及其全资或控股企业不应存在同业竞争,如果存在同业竞争问题,可以考虑以吸收合并或股权收购及资产收购等方式置入拟上市公司,也可以通过出售企业股权、清算注销等方式予以解决。

3. 加强公司规范运作

并购重组后的公司要依法建立健全股东大会、董事会、监事会、独立董事、董事会秘书制度。公司的董事和其他高级管理人员须符合法律、行政法规和规章规定的任职资格,且不存在《中华人民共和国公司法》所禁止的行为。建立健全公司的内部控制制度且有效执行,能够合理保证财务报告的可靠性、生产经营的合法性、营运的效率与效果。

第二节 非上市公司并购和重组的制度体系

作为我国实体经济中不可缺少的重要组成部分,中小企业及非上市公司将会成为推动我国并购重组事业发展的重要力量。为了支持中小企业开展并购及给非上市公司提供并购重组的法律和法规指导,国家已经出台了一系列法规性文件,搭建非上市公司并购重组的基本框架,如表4-1所示。整个框架在某些方面沿用上市公司的并购制度,但在某些方面,相比上市公司制度更加灵活,也更加鼓励非上市企业在尽可能宽松的制度环境下参与并购重组,实现做大做强的目的。在我国,相较于上市公司,非上市企业多是处于发展初级阶段的微型企业,企业数量多、资金少、情况复杂多样、监管难度高等特点决定了非上

市公司单独构建规则体系的必要性。

表 4-1 非上市公众公司并购重组的政策法规

法律法规	《证券法》
	《公司法》
规范性文件	《国务院关于全国中小企业股份转让系统有关问题的决定》
	《国务院关于进一步优化企业兼并重组市场环境的意见》
部门规章	《非上市公众公司收购管理方法》
	《非上市公司重大资产重组管理方法》
业务细则	《全国中小企业股份转让系统非上市公众公司重大资产重组业务指引(试行)》
	《全国中小企业股份转让系统重大资产重组业务指南第 1 号：非上市公众公司重大资产重组内幕信息知情人报备指南》
自律规则	《全国中小企业股份转让系统非上市公众公司重大资产重组业务指引(试行)》
	《全国中小企业股份转让系统重大资产重组业务指南第 2 号：非上市公共公司发行股份购买资产构成重大资产重组文件报送指南》

资料来源：《新三板市场运作与创新》

一、非上市公司并购和重组的监管历史

为了更好地服务非上市中小微企业的发展，全国中小企业股份转让系统应运而生。在全国中小企业股份转让系统开展并购重组将更加便于非上市的中小微企业集合优势资源、促进产业升级，利于产业资本的进入和退出，弥补交易所市场在服务中小微企业方面的空白，有力推动我国中小微企业利用资本市场做大做强。随着中小微企业在全国中小企业股份转让系统日益成长壮大，并购重组将成为中小微企业实现跨越式发展的重要手段，未来全国中小企业股份转让系统也将成为中小微企业并购重组的重要场所。因此，挂牌公司希望通过并购重组促进公司发展、提高公司竞争力、实现产业转型升级的需求越来越强烈。

2013 年 12 月 14 日，国务院发布了《关于全国中小企业股份转让系统有关问题的决定》(以下简称《国务院决定》)。为贯彻落实《国务院决定》，证监会于 2013 年 12 月 27 日发布了《关于修改〈非上市公众公司监督管理办法〉的决定》等 7 项配套规则。

2014 年 3 月，国务院发布《关于进一步优化企业兼并重组市场环境的意见》(国发〔2014〕14 号文)明确提出，“非上市公众公司兼并重组，不实施全面要约收购制度。改革上市公司兼并重组的股份定价机制，增加定价弹性。非上市公众公司兼并重组，允许实行股份协商定价”。同时该意见要求进一步优化企业兼并重组的市场环境。上述规定也为证监会制定非上市公众公司并购重组监管制度、规范并购重组的市场主体行为、依法对非上市公众公司实行监管提供有力的法律依据。

2014 年 6 月 27 日，证监会发布《非上市公众公司收购管理办法》和《非上市公众公司重大资产重组管理办法》(以下简称《收购办法》《重组办法》)，明确非上市公司收购的具体程序、信息披露要求、资产重组管理办法等，为“新三板”挂牌企业的并购与被并购提供了

明确的政策支持。

2014年11月5日，中国证券业协会发布《并购重组私募债券试点办法》，丰富了“新三板”公司并购重组融资工具。

二、非上市公众公司《收购办法》《重组办法》的制定原则

2013年以来，国务院密集推出多项支持中小微企业发展的规定，为了促进此类公司利用资本市场快速发展，证监会在非上市公众公司并购重组制度安排中适当降低行政权力介入程度，给予市场和投资者更多的决策权利，提高并购重组的效率和活跃度，发挥资本市场优化资源配置的功能，促进实体经济发展。

(1) 体现简便、透明、高效的原则，便利公司进行并购重组，提高并购效率。《重组办法》《收购办法》在制度安排上也更加简便、灵活，如收购不实施强制要约收购制度；提高持股披露比例；不限制要约收购价格和支付手段定价；不强制要求被收购公司聘请独立财务顾问。非上市公众公司重大资产重组，不设重组委；实行独立财务顾问与主办券商两者合一；实行分层次的信息披露；允许公司自主选择重组的支付手段；不对重组资产的评估进行具体要求；不要求强制提供赢利预测报告和备考财务报告等。

(2) 坚持“简政放权、放松管制”的原则，实行放松管制和加强监管的有机结合。在制定《重组办法》《收购办法》过程中，努力实现监管转型，减少事前审批，加强事中、事后监管。除重大资产重组涉及发行股份的实施核准管理外，其他的收购行为、重大资产重组行为均不设事前行政许可。极大地降低了行政权力介入程度，给予公司和投资者一定的自主权和选择空间。

(3) 坚持股东自治原则，充分发挥市场约束机制。在收购上调整自愿要约制度，不限定要约收购价格，对支付方式、履约保证能力进行适度的放宽，给予收购人多种选择，增加收购人自主性和操作灵活性；在重大资产重组中不限制支付手段定价原则，充分发挥市场主体作用，允许交易各方自主协商定价。

三、非上市公众公司《收购办法》《重组办法》的要点内容

《收购办法》《重组办法》的发布，有利于督促非上市公众公司履行相应的决策程序和信息披露义务，保护非上市公众公司和投资者的合法权益，促进产业结构升级和实现资源优化配置。

根据两个办法，除重大资产重组涉及发行股份的实施核准管理外，其他的收购行为、重大资产重组行为均不设事前行政许可；对发行股票购买资产后股东累计不超过200人的重大资产重组行为，也豁免向证监会提出核准申请，而由全国中小企业股份转让系统(全国股转系统)实施自律管理。

1. 丰富资产重组支付手段

《收购办法》进行了一系列并购重组市场发展的制度创新，不要求非上市公众公司实施强制全面要约收购制度，而是由公司章程自主约定是否实行强制全面要约收购制度；对自愿要约价格、支付方式、履约保证能力进行适度放宽，增加了收购人的自主性和操作灵活性。同时，丰富了重大资产重组支付手段，除发行股份外，还可使用优先股、可转换债券

等支付方式；并且不限制股票、优先股、可转换债券等支付手段的定价方式，允许交易各方自主协商定价，并强化相关披露。另外，非公众公司并购重组制度设计体现了简便、透明、高效，降低成本的思路。具体要点如表 4-2 所示。

表 4-2 《非上市公众公司收购管理办法》具体要点

	要 点
更加简便高效	基于公众公司股权集中、流动性差等特点，《收购办法》将披露标准的触发点提高到 10%，此外后续增减触及 5%的倍数时，要求披露权益变动报告书
更加放松管制	强调信息披露、市场监管，不设事前行政许可
不设要约收购	区别于上市公司设置的 30%强制要约收购的规定，非上市公司是否采用要约收购由收购人自愿或由公司章程自主约定
资金来源更多元化	收购人可以采用现金、证券、证券现金相结合的方法支付对价

2. 重大重组实施分层监管

按照上述办法，对非公众公司的重大资产重组行为，证监会将不设事前的行政许可。仅非公众公司重大资产重组涉及发行股份的，按照定向发行股票的要求实施核准管理，且不再设置重组委审核。

根据非公众公司规模差异极大的特点，《重组办法》调整重大资产重组行为判断标准，减少了规制范围，明确除发行股份购买资产且重组后股东累计超过 200 人的重大资产重组行为外，非公众公司并购重组均不设置或豁免行政许可，重点是以信息披露为核心，强化市场相关主体的信息披露责任，由全国股转系统实施自律管理。

为了充分保障中小投资者权益，股东人数超过 200 人的非上市公众公司进行重大资产重组，须实施中小股东单独计票机制。

第三节 企业上市前的股权并购

一、企业上市前股权并购的原因

1. 有助于企业获取上市资格

目前，我国对上市公司的审批较严格，上市资格也是一种资源。一些非上市公司的并购上市公司，不是为获得目标企业本身而是为获得目标企业上市资格。例如，非上市公司通过到国外借壳上市，企业可以在国外筹集资金进入外国市场。“借壳上市”是一种简捷的上市方法，成本低、时间快，能避免直接上市的高昂费用与上市“流产”的风险。“借壳上市”的费用一般包括“壳公司”的成本、律师费、审计费、申报费、材料费等，其费用不高，远远低于 IPO（首次公开募股）的前期费用。另外，“借壳上市”的时间周期也较短，一般 3～4 个月内就可以完成。同时，“借壳上市”的效果也不亚于 IPO。中国远洋运输集团在海外已经多次成功借壳上市，控股了香港中远太平洋和中远国际就是一个典型例子。

但对于“借壳上市”，证监会一直保持严格审慎的态度。此前也多次修改规则，将借壳上市标准提升至与 IPO 等同。2014 年 7 月 11 日，证监会发布《上市公司重大资产重组管理办法(征求意见稿)》,在规章层面明确借壳上市标准与IPO等同。不过,仍有部分企业通过"分步走""曲线借壳"等方式,利用规则漏洞规避控制权变更以及资产比重指标的红线,让"等同于IPO"的借壳规则形同虚设。因此,在通过窗口指导、案例引导等方式进行行业规范之后,证监会重拳出击,从规则上对"忽悠式重组"、炒"伪壳"等违规借壳行为进行围剿。2016年7月,证监会宣布就《上市公司重大资产重组办法》(以下简称《重组办法》)公开征求意见,重点规范"借壳"上市。规则同时提高了借壳门槛和卖壳成本,有助于强化退市制度刚性,缓解退市难的局面,有利于清理股市"僵尸企业",促进优胜劣汰。

2. 有助于企业弥补亏损

企业在股权并购重组前尚未弥补的经营亏损,可在税法规定的亏损弥补年限的剩余期限内,在股权重组后延续弥补。资产转让和受让双方在资产转让前后发生的经营亏损,应各自在税法规定的亏损弥补年限内逐年弥补。不论企业转让部分资产还是全部资产,企业经营亏损均不得因资产转让和受让在双方间相互结转。企业合并情况下,通常被合并企业应视为按公允价值转让、处置全部资产,计算资产的转让所得,依法缴纳所得税。被合并企业以前年度的亏损,不得结转到合并企业弥补。合并企业接受被合并企业的有关资产,计税时可以按经评估确认的价值确定成本。被合并企业的股东取得合并企业的股权视为清算分配。

3. 有助于改善治理结构

企业通过上市前的股权重组,可以优化股权结构,改善治理结构,改变"一股独大"的局面,提高治理水平;可以降低资产负债率,修复财务指标,为上市创造条件;可以引进资金解决企业燃眉之急,满足企业现时需求;可以引进高端人才,实现高管人员利益与股东利益、企业利益的一致性,有助于自身长远发展;可以借鉴国际知名战略投资者先进的管理和营销运作经验,并在新成立的董事会下设财务审计、投资决策等委员会,对约束和促进公司的规范运作发挥更大作用。

4. 降低进入新行业、新市场的障碍

并购是企业进入新行业、新市场的快捷方式。出于市场竞争压力,企业需要不断强化自身竞争力,开拓新业务,降低经营风险。企业可以通过并购利用被并购方的资源,包括设备、人员和目标企业享有的优惠政策快速地进入新的市场领域。

二、企业上市前股权并购的种类

(一) 股权的存量变更

股权重组是企业并购重组中的重要环节。股权重组是指公司通过股权转让与增资扩股,使股东(原股东或新股东)或股东持有的股份发生变化。股权重组的形式主要有股权转让、股本增加、股权置换、股份回购,重组将涉及公司股本总额、资本结构、股权分布的变化,所以通过股权重组可以优化股权结构、调整资产负债率与增加资本金。企业上市前股权重组运用较多的是股权转让及股本增加,即对存量的股权结构调整和对增量的股权融资。

股权的存量变更实际上就是原股东对所持股份进行转让,这种转让在上市前运用得非常普遍，企业通过股权转让可以调整股东间的持股比例，改变股权结构；引入新的股东，改善股东的背景；实施股权激励计划，调动高级管理人员的积极性，实现管理人员利益与股东利益、企业利益的统一。企业要在股权重组时力求做到规范合理，就应当从三个环节入手，即股权转让价格、股权转让程序、股权转让比例，这三个方面也是企业在上市前容易出现问题的地方。

1. 股权转让价格

股权转让价格是股权重组的一个重要内容，直接关系到转让方与受让方的利益。确定股权转让价格通常有以下几种做法。

(1) 以注册资本为定价依据转让。注册资本是指公司章程确定的、在公司登记机关登记的、公司全体股东实缴的出资或股本总额。注册资本就是公司的实收资本，在公司股权重组中，以股东实际出资作为定价的依据进行股权转让出现得比较多。它的优点是转让价格简单明了，便于计算操作。但是，随着企业生产经营规模扩大，注册资本并不能反映公司资产的价值，股东出资与股东权益或股东的实际价值会出现较大的差距，如对股东的股权未经作价以原出资额直接转让，这无疑混淆了股东权益与股东出资的概念，也没有体现公司的价值。因此，在实践中，以注册资本定价转让股权往往出现在公司成立的早期。

(2) 以审计或者评估后的净资产值为定价依据转让。净资产是公司长期经营成果的账面价值，能比较客观反映公司的实际价值。因此，许多公司在股权重组时都以公司审计或评估后的净资产值作为定价的依据，国有股权转让多以评估价值定价。净资产值虽然反映了公司一定的财务状况，但不能反映出公司的潜在赢利能力，尤其不能体现公司的现金流转情况，以及公司是否陷入流动资产危机的情况，是一种原始的企业定价模式。虽然以净资产定价有一定缺陷，它仍是公司衡量自身价值最直观、最简单的方法，尤其是非上市公司进行股权转让、兼并收购的主要定价方法。

(3) 以可比估值法为定价依据转让。可比估值法定价就是选择同行业上市公司的市盈率倍数作为参考，计算出股份公司每股的收益或者有限责任公司每元出资的收益，根据市盈率倍数确定出相应的股权转让价格。市盈率倍数反映的是投资者将为公司赢利能力支付多少资金。市盈率越高，说明投资者对该公司的发展前景看好，愿意出更高的价格购买公司的股份。采用这种方法估算企业价值的基本要求是上市公司的所有股份全流通。非上市公司在股权转让时虽然参考同行业上市公司的市盈率，但由于非上市公司的股权流通性差、公司运营不透明、监管难度大等原因，非上市公司的市盈率要比同行业上市公司的市盈率低许多。以可比估值法定价转让股权，一般都出现在公司上市前，这时公司已经具有比较稳定的赢利能力，未来的发展前景也被投资者看好，转让方与受让方可以通过协商确定转让价格。

2. 股权转让程序

按照《公司法》的规定，有限责任公司的股权转让分为内部转让和外部转让两种类型。内部转让是指现有股东之间相互转让股权，外部转让是指现有股东向股东以外的自然人或法人转让股权。股权转让程序如下。

(1) 转让方与受让方协商股权转让事项，就股权转让价格、转让方式等达成一致。

(2) 召开股东会审议通过股权转让事项。股东向股东以外的法人或自然人转让股权,应当经其他股东过半数同意。股东应就其股权转让事项书面通知其他股东征求同意,其他股东自接到书面通知之日起满30日未答复的,视为同意转让。其他股东半数以上不同意转让的,不同意的股东应当购买该转让的股权;不购买的,视为同意转让。

(3) 其他股东放弃优先购买权。为了使股权向外部顺利转让,其他股东有优先购买权,因此,其他股东如不购买应做出放弃优先购买权的声明。

(4) 转让方与受让方签署《股权转让合同》。

(5) 经有关部门批准。如果是国有股权转让需要国资部门审批,如果是外资股权转让需要商务部门批准。

(6) 修改章程,进行工商变更登记。

3. 股权转让比例

企业在上市前进行股权重组,无论是老股份的转让还是增资扩股,都要掌握一定的比例。股权重组的比例不能过高,而且转让或者增资扩股的次数也不宜太频繁。如果比例过高或者变更频繁会造成企业改制期间股权发生重大变更,可能会对企业上市产生一定影响。

(二) 股权的增量融资

1. 股权增量融资概述

股权增量融资也称增资扩股,是权益性融资的一种形式,是股份公司和有限责任公司上市前常用的融资方式。这是企业为了发展的需要,筹集更多资本金,改善公司的股本结构,用扩大企业股本增加资金进行的一种融资方式。这种融资方式一般是企业在成长期和快速发展时所使用的筹资方式。上市公司的增资扩股是通过向社会公众或者特定投资者发行股票,使新股东投资入股或原股东增加投资扩大股权,募集资金,从而增加企业的资本金。非上市公司采用增资扩股融资方式,就是通过增加股份或者增加出资,吸引直接投资者的资金,筹集企业发展中所需要的资金。

2. 股权增量融资的资金来源

按照资金来源划分,企业的增资扩股可以分为外源增资扩股和内源增资扩股。外源增资扩股是以私募方式进行,通过引入国内外战略投资者和财务投资者,增强公司资本实力。同时,引进国内外先进的现代企业管理理念和经营机制,改善公司治理结构,扩大经营规模,实现公司的发展战略和行业资源的整合。内源增资扩股是通过原有股东加大投资,使股东的股权比例保持不变或者发生一定的改变,增加企业的资本金。

对于有限责任公司来说,增资扩股一般指公司增加注册资本,原股东有权优先按照实缴的出资比例认缴出资,如果全体股东约定不按照出资比例优先认缴出资,则由新股东出资认缴,使企业的资本金增强。对于股份有限公司来说,增资扩股指企业向特定的对象发行股票募集资金,新股东投资入股或原股东增加投资扩大股权,从而增加企业的资本金。

总之,增资扩股是企业改制重组中常用的一种扩大股本和融资的有效方式。

3. 股权增量融资的作用

(1) 提高公司的信誉

股权增量融资能够扩大公司的股本规模,提高公司实力及影响力,降低资产负债率,优化资本结构,有利于提高公司的信誉度。

(2) 减少还本付息的压力与风险

增资扩股利用股权筹集资金,所筹集的资金属于自有资本。与债务资本相比,一方面它能够提高企业的信誉和借贷能力,对于扩大企业的生产规模、壮大企业实力具有重要作用;另一方面股权融资没有还本付息的风险,资本始终存在于公司,除非公司破产。

(3) 为公司引入技术与管理方面的人才

增资扩股融资时投资者可以现金投入,也可以设备投入,还可以专利技术、商标权等知识产权作价入股,同时也可以吸收技术和管理方面的人才入股,从而使企业可以获得需要的先进技术、设备与管理人才,与筹集资金模式相比,更能使企业尽快形成生产经营能力。

(4) 增加公司的现金流

通过增资扩股不仅增加公司的净资产,同时也增加公司的现金流量,有利于公司加大固定资产的投资,提高企业的产能、销售收入和净利润,加快企业的发展,为上市创造条件。

4. 增资价格的确定

增资扩股是企业重组的一项经常性的工作,而增资对价直接关系到企业与股东的利益。企业改制重组中,股权增量融资的定价通常有以下几种做法。

(1) 以原始出资价格认缴

以原始出资价格认缴是指公司增资时股东认购价格与公司设立时出资价格相同,没有溢价认缴。公司若是股份有限公司,则每个股份认缴价格为1元;若是有限责任公司,则每元注册资本认缴价格为1元。这种方式多用于对原有股东增资或者为吸引核心技术骨干和管理方面人才入股。

(2) 以公司净资产值认缴折算新增资本

以公司净资产值认缴折算新增资本是指公司增资时以净资产为定价依据,认缴价格可以是一倍净资产值,也可以是几倍净资产值。这种增资定价方式可以对原股东,也可以对外部股东。外部股东大多是机构投资者,根据不同的增资对象确定增资定价,最终折算成新增资本。

(3) 以协商定价方式认缴

以协商定价方式认缴就是根据企业目前的赢利情况、行业地位、上市可行性以及未来的发展等因素确定增资认缴价格。当然,协商定价也会采用可比估值法定价作参考,综合分析后确定一个合理的市盈率或者对价比例。这种方式在企业上市前进行私募股权融资时普遍采用,募集的对象主要是机构投资者。通过股权的增量融资可以扩大企业的资本金,相应地提高净资产,满足企业生产经营的资金需求,为改制上市做准备。

三、企业上市前股权并购的重点工作

股东大会做出股权并购决议后将实施以下重点程序。

1. 确定融资数量

企业在生产经营过程中出现资金不足时,可利用增资扩股的方式引入新的投资者筹集资金,扩大企业的生产规模。在增资扩股融资前,应根据企业发展需要确定所需资金的数量、准备出让给投资者的股份比例,以便顺利地进行股权并购融资。

2. 寻求投资者

当企业确定了筹集资金的数量及出让的股份比例后,首先应编写融资商业计划书。商业计划书是企业筹集资金的重要文件,在其中应描述企业的经营情况、财务情况以及对资金的需求状况,同时,对资金的未来使用方向和投资回报也要明确。对于资金的需求状况,要有科学的分析和预测,要有财务数据支持,不能随意设定,这也是投资者最为看重的。其次应向投资者宣传企业,使投资者更多地了解企业的情况,这类似于企业上市融资前的"路演",从而展现自己的优势,吸引投资者。

企业所寻求的投资者主要包括机构投资者和自然人投资者。机构投资者投资行为较为规范,具有较强的资金实力,可以进行组合投资、分散风险,并实行专业化管理。机构投资者主要有境内外基金公司、投资公司、上市公司以及风险投资公司等。机构投资者又分为战略投资者和财务投资者。

自然人投资者即以自然人身份从事股票买卖的个人投资者,也称为散户。

战略投资者一般是指与融资企业相同或相关行业的企业,它们进行的任何股权投资必须符合其整体发展战略,应出于对生产、成本、市场等方面的综合考虑,而不仅仅着眼于短期的财务回报。它们通常比财务投资者投资期限更长,并且比较多地介入企业管理。战略投资者进入企业,有利于提高公司的信誉度和行业的地位,同时可以获得技术、市场和管理方面的支持与互补,提高企业的竞争力。

财务投资者更注重短期的投资获利,除了定期查看公司的财务情况以及在董事会上参与企业的重大战略决策外,一般不参与企业的日常管理和经营。财务投资者更关心投资退出方式,退出方式主要有股权转让、企业回购、上市等。当然,对投资者来讲最理想的退出方式是首次公开发行股票。

3. 对企业调查评估

企业的融资方案通过初步筛选后,投资者就开始对企业进行详细的调查和评估。调查评估对象包括当前产品的订单、未来项目发展、管理层能力、财务状况、资金投向、政策法律因素等。如果企业是上市前的增资扩股,中介机构为企业提供的尽职调查报告、审计报告等都是投资者的重要参考依据。投资者会委托专业机构在对报告"相信"的基础上,对企业的财务、法律等方面内容进行复核。

4. 协商投资事宜

投资者对企业进行评估后,就要与企业协商一些投资事宜,如在投资金额、投资方式、认购价格、认购方式、股东的权利和义务等方面进行协商谈判。在这一阶段,投资者与企业作为两个独立的利益主体都希望自己利益最大化。因此,此过程是双方利益平衡、互惠互利，有时也是讨价还价的过程，经过协商谈判双方达成一致。

5. 签订投资协议

企业与投资者就投资的有关事项协商谈判完成后，便可以签订投资协议。重点是出资方式和期限，对于采用实物、知识产权、土地使用权投资的定价要公平合理，必要时可聘请资产评估机构来评定，企业上市前多为现金投资。双方签订投资协议中，还应该明确双方的权利、责任以及投资收益等。

6. 缴纳资本并验资

如果投资者以现金方式投资，按照《公司法》规定，有限责任公司增加注册资本时，股东认缴新增资本的出资，按照公司法设立有限责任公司缴纳出资的有关规定执行。股份有限公司为增加注册资本发行新股时，股东认购新股应当按照《公司法》中设立股份有限公司缴纳股款的有关规定执行。股东缴纳出资后，必须经依法设立的会计师事务所验资并出具证明。

7. 办理增资登记手续

公司增加注册资本，应当修改公司章程，依法向工商行政登记机关办理变更登记手续。

第四节　企业上市前的资产重组

企业上市前的资产重组，是指企业在改制上市过程中，为了优化资产结构、理顺业务关系、减少关联交易或避免与股东之间的同业竞争等情况，通过合并、分立、收购、出售、债务重组等形式进行的以资产为纽带的企业组织的优化和再造。企业上市前改制重组的财务整合中进行资产整合要注意两大问题：①合理整合，争取整体上市；②保证重组前后连续计算经营业绩。

一、公司上市前资产重组的原则

1. 资产重组要以增强独立性，实现企业整体上市为目标

以前，我国企业集团内的上市公司基本上都是剥离集团的一部分甚至所有优良资产而组建的，上市公司可能只拥有生产环节、生产流程中的一部分，母子公司间"藕断丝连"。在这种关系下，母公司占用上市公司资金、母子公司关联交易等现象很难避免。国务院批转的证监会《关于提高上市公司质量的意见》明确指出，地方政府要积极支持优质企业改制上市，推动国有企业依托资本市场进行改组改制，使优质资源向上市公司集中，支持具备条件的优质大型企业实现整体上市。证监会《首次公开发行股票并上市管理办法》规定，发行人应当具备完整的业务体系和直接面向市场独立经营的能力。因此，企业通过资产重组应实现拥有独立完整的生产工艺流程及相关配套设施，将产、供、销纳入统一体系，而与主营业务没有关系的业务资产应予剥离，但是企业经营所必需的后勤保障等部门不宜剥离。

2. 资产重组比例不要影响经营业绩的连续计算

公司发行上市的条件之一就是"发行人最近三年内主营业务和董事、高级管理人员没有发生重大变化,实际控制人没有发生变更”。企业资产重组要充分考虑这一因素,尽量避免发生此类变化,否则将付出高昂的时间成本。判断主营业务变化考虑的参数,一是性质,指企业主要经营活动的性质发生变化,如产品种类发生根本性改变;二是数量,指企业主要经营活动的性质虽然没有发生变化,但是数量发生了重大变化。目前对于“重大”的界定,有关法律法规均无明确的标准,只能依赖于专业判断。判断数量是否重大,应看该项资产及其带来的收入占整个企业资产和收入之比。以前惯例掌握的警戒线是30%,超过该比例的,对上市时间周期将产生一定影响。对于董事、高级管理人员变化的判断,应考虑发生变化的职务的高低,至于变化的数量可以参考《首次公开发行股票辅导工作办法》对于重新辅导的规定“辅导工作结束至主承销商推荐期间发生1/3以上董事、监事、高级管理人员变更”。但这不是判断是否为重大变化的绝对标准,只能作为专业判断时考虑的因素。

二、资产重组的方式

在实践中,资产重组主要有以下三种常见类型。

1. 收购或兼并资产

如果收购或兼并的资产确实并不构成一项业务,即使该资产占原企业资产比重很大,这项重组行为也并不是连续计算经营期限的障碍,这种行为可以相当于企业购买或出售资产的行为。如果收购或被收购的资产构成一项业务,如一个企业对另一个企业某条具有独立生产能力的生产线的合并,应视为业务数量发生了变化,超过了一定比例,则可能会对企业上市产生一定影响。

2. 收购股权或与其他企业合并

若取得的股权不足以达到控制效果(一般为50%以下),则无重大影响。如果控股合并另一家企业,构成母子关系,从母公司的角度来讲,主营业务的数量发生了变化,所以如果该子公司占整个合并主体的比重过大,可能会产生影响;两企业合并成立一新企业,原有企业均被注销不再存在,新企业只能从合并成立之日起计算经营期间。

3. 分拆上市

目前我国法规对于A股公司国内分拆上市尚无具体规定,但是上市公司的全资子公司或控股子公司再进行公开发行上市是行不通的,即使该子公司从事业务与上市母公司业务跨度很大,没有任何关联性。目前环境下,解决该问题的唯一途径是让该子公司从上市公司母体中脱离出来,在实际控制人发生变化的情况下,独立运作三个会计年度。或者作为大股东的已上市公司将其持有的拟上市公司的股权比例有效降低,形成只是参股而不是控股的状态,拟上市公司可以接受辅导待其他条件完备时再申请上市。

三、资产重组中应注意的问题

在资产重组过程中,会受到诸多因素的影响,这些因素构成相互约束的条件。应注意统筹兼顾,对出现的问题及时加以妥善解决。

1. 要处理好上市公司与原有企业的关系

在资产重组过程中,通常把赢利水平较高的资产投入上市公司,但如果只顾提高上市公司的赢利水平，不顾及原有企业的生存和发展，可能造成许多今后难以解决的问题。从长远来看，原有企业的资产，特别是非经营性资产，如果生存和发展出现了问题，也会直接或间接地对上市公司产生不利影响。

2. 要协调境内与境外的法律关系

从实践情况来看，境内、境外法律法规的要求有时是一致的，有时也不尽一致。境内设立的公司到境外上市，必须同时满足境内、境外两方面法律法规的要求，在重组过程中做到统筹兼顾。

3. 应注意发展和稳定的关系

进行资产重组，必然使各方面因素受到影响。上市公司和非上市部分今后的生存发展，特别是在重组过程中会有一部分职工下岗，这就涉及企业和社会的稳定问题。因此，在重组时应统筹兼顾，充分考虑到企业和社会的具体情况，做到既能使上市公司有一个合理的资产结构和发展前景，又要维护社会的稳定。

第五节　企业上市前资产重组中的财务整合

一、企业上市前资产重组的财务指标

企业上市前通过资产重组，提升公司的财务质量，通常会用以下几个财务指标来衡量公司的财务健康状况。

1. 每股税后利润

每股税后利润也称每股赢利，是用公司税后净利润除以公司总股份数来计算的，它能反映出公司经营业绩的好坏。如果一家公司的税后利润总额很大，但每股赢利却很小，表明它的经营业绩并不理想，每股价格通常不高；反之，每股赢利数额高，则表明公司经营业绩好，往往可以支持较高的股价。

2. 每股净资产

每股净资产是用公司的净资产除以总股份数，它能反映出每一股份所代表的公司净资产价值，是支撑股票市场价格的重要基础。每股净资产值越大，表明公司每股股份所拥有的财富越雄厚，通常创造利润的能力和抗击风险影响的能力也越强。

3. 净资产收益率

净资产收益率是公司税后净利润与净资产的比率，它能衡量公司运用自有资本的效率，反映出公司对股东投入资本的利用效率，是股东追求的目标。净资产收益率弥补了每股税后利润指标的不足。例如，在公司用资本公积金为股东按持股比例送红股后，由于股份数增加，每股赢利将会下降，从而在投资者中造成错觉，以为公司的获利能力下降了。事实上，公司的净资产没有发生变化，获利能力并没有改变，用净资产收益率来分析公司获利能力就比较适宜。

4. 资产负债率

负债是公司对债权人支付现金、转移资产、提供服务的义务。资产负债率是公司的总负债与总资产的比率，它能反映公司利用外部资金的能力以及公司的经营风险。负债率

高说明公司利用外部资金的能力强,同时也反映出公司的经营风险比较大。通常情况下,公司上市前的资产负债率控制在50%左右较为适宜。当然,有个别企业在公开发行股票前负债率是比较高的,但它们在细分行业地位中排名靠前。例如,浙江大东南包装股份有限公司(002263)于2008年6月在深圳中小企业板上市发行股票,2007年12月31日,该公司资产负债率为69.31%,2006年年底资产负债率为75%,2005年年底资产负债率为74%,而且3年的流动比率分别为0.49、0.60、0.52。由此看出,该公司近3年一直是高负债运营,公司首次发行股票募集资金的主要用途是归还银行借款,拟用于归还银行借款总额为36 858万元。但发行人是目前国内塑料包装薄膜行业的龙头企业,产销量和效益均名列前茅。

5. 流动比率

流动比率是资产负债表中的流动资产总额与流动负债总额的比率。即

流动比率=流动资产总额/流动负债总额×100%

流动比率能反映企业资产的安全性,表明企业在短期内偿还债务的能力。公司能否偿还短期债务,取决于有多少可以变现偿债的资产以及债务的多少。如果流动资产越多,短期债务越少,则偿债能力越强,反之则相反。一般认为,生产型公司合理的流动比率在1.5以上,这表示公司流动资产的变现能力是所还债务的近两倍,即使流动资产有一半在短期内不能变现,也能保证全部的流动负债得到偿还。

6. 速动比率

速动比率是指速动资产与流动负债的比率,是衡量企业流动资产中可以立即变现用于偿还流动负债的能力。速动资产是流动资产中去掉预付账款、存货、待摊费用等之后的资产。即

速动比率=(流动资产总额-存货总额)/流动负债总额×100%

速动比率的高低能直接反映企业立即偿债能力的强弱,是对流动比率的补充,并且比流动比率反映得更加直观可信。如果流动比率较高,但流动资产的流动性却很低,则企业的短期偿债能力仍然不高。在流动资产中有价证券一般可以立刻在证券市场上出售,转化为现金,应收账款、应收票据、预付账款等项目可以在短时期内变现,而存货、待摊费用等项目变现时间较长,特别是存货很可能发生积压、滞销、残次等情况,其流动性较差。因此,流动比率较高的企业,偿还短期债务的能力并不一定很强,而速动比率就避免了这种情况的发生。一般来说,速动比率与流动比率的比值在1左右较为合适。

二、整合企业财务管理目标

通常来说,财务管理目标包括利润最大化、每股收益最大化、股东财富最大化。重组前各企业的财务管理目标各有不同,但并购重组后的公司必须专注主业,财务管理目标必须整合一致。

目前来说,上市前企业资产重组主要是通过兼并、股权转让、收购资产等方式来进行的。进行资产重组以后的民营企业,往往形成母公司及数个子公司,或者总公司及分公司,其既是一个系统的整体,又是一个独立的有机整体,各个成员企业既要进行自主发展、独立经营,又要时刻围绕企业整体的发展战略,受到核心企业的影响和控制。至于资产重

组以后的企业到底要采用哪种财务运作的体制，虽然至今还没有统一的模式，但是我们仍旧应该遵循评价、监督、决策一体化的战略。对于资产重组中的财务整合工作，不同的重组企业具有不相同的做法。

一个企业优化其自身理财行为结果的理论化描述就是企业的财务管理目标，企业的财务管理目标已经成为企业未来发展的重要蓝图。企业的财务管理目标还是一个极其重要的企业财务理论问题，企业财务管理目标对企业财务理论体系的构建产生了直接的影响，也直接决定了企业的财务决策。

三、整合企业财务组织机构

企业组织结构的制定是根据企业发展战略和经营方针来进行设计的，因为不同的企业特定环境不相同，企业之间的组织结构也就不相同。进行资产重组的双方必须通过资产的重组成为母子公司或关联公司，其自身的经营战略也是必须由其核心的企业来决定的。因此，在企业进行资产重组以后，各个成员企业组织结构也必须有一定的协调性和相关性，财务组织机构及人员的配置必须既能满足各成员企业经营管理的需要，又能满足财务业务上的统一性管理。

四、整合财务制度体系

财务制度体系涵盖范围广泛，与经营业务保持横向、纵向、交叉联系，可以说凡是有成本、费用、物质或资金流向之处，均是财务管控所在，需要通过制度约束业务行为。重要的财务制度包括货币资金管理制度、销售及应收账款制度、采购及应付账款制度、工资管理制度、费用报销制度、成本核算制度、存货管理制度、利润分配制度、投资制度、融资制度、担保制度等。重组后的拟上市民营企业应按《企业内部控制应用指引》的要求建立健全统一的企业内控管理制度。对财务制度体系进行整合已经成为保证民营企业进行资产重组以后有效运行的重要手段和关键。

五、整合会计核算体系

进行会计核算体系的整合时，重组方会对被重组方的会计政策、会计估计、科目设置、凭证管理、会计账簿、会计报表及其他管理表单形式等进行一定的整合。整合会计核算体系有利于企业投资者、税务、财政等外部的人员对民营企业会计的信息进行正确使用；有利于进行统一的业绩评价；有利于重组的企业准确、及时地获取被重组的企业会计信息；有利于民营企业业务融合、管理者进行经营决策；等等。整合后的会计核算体系应当体现统一性、重要性、及时性等原则。实际工作中，往往启用集团财务软件或 ERP 软件，可以通过财务软件固化财务工作标准与流程取得良好的效果。

六、整合货币资金管控

货币资金是企业的血液，“现金为王”一直被视为企业资金管理的中心理念。企业进行重组后财务整合极其重要的要求就是重建货币资金管控体系。货币资金管控主要是确保资金安全，提高资金使用效率，降低资金成本。各成员企业资金状况不均衡，在某一时点上,有的公司资金闲置,有的公司资金紧张,通过集中管理,合理调配,可以满足生产经营所需,同时可以降低资金成本,规避资金运作风险。对于上市前的企业并购重组后,比较适用的方式有以下两种。

1. 设立结算中心

结算中心通常是由企业内部设立的办理各成员企业现金收付和往来结算业务的独立运行的专门机构。它通常设立于母公司财务部门内,集中管理各成员企业的现金收入,统一拨付各成员企业因业务需要所产生的货币资金,核定各成员企业日常留用的现金余额。

2. 设立销售公司

各成员企业将本企业的商品均销售给该销售公司,由销售公司再销售给客户,由销售公司统一收取客户货款;各成员企业与销售公司进行结算,各成员企业与销售公司结算必须考虑该商品的市场价格、毛利率、期间费用、利税等相关因素,做到既能集中有效管控货币资金,又能避免纳税风险。该方式适用于各成员企业均具有增值税一般纳税人资格。

本章小结

本章首先介绍了企业上市前改制与重组的意义、主要方式以及重点工作,接着介绍了其中主要的两种并购方式:股权并购和资产重组,其后介绍了非上市公司并购和重组的制度体系并论述了企业上市前资产重组的重要环节——财务整合,使读者对上市前的并购重组有一个宏观认识。

复习思考题

1. 企业上市前为什么要进行资产重组?
2. 企业上市前资产重组的方式有哪些?各有什么特点?
3. 企业上市前资产重组中的财务整合的重点内容有哪些?

案例一 圆通借壳上市,抢滩资本市场

中国快递行业已经进入全方位拥抱资本的阶段,资本市场的运作已经被视为维持地位或者弯道超车的必备条件,而资本的推波助澜也加剧了行业内的明争暗斗。除了在A股借壳上市的4家快递企业之外,中通、百世、德邦、全峰、天天等都在谋划上市。

一、背景介绍

成立于2000年的圆通速递,是国内领先的综合性快递物流运营商,以快递服务为核心,围绕客户需求提供代收货款、仓配一体等物流延伸服务。截至2015年年末,圆通速递快递服务网络覆盖全国31个省、自治区和直辖市,县级以上城市覆盖率达到93.9%。截

至2015年年末，圆通速递资产合计61.87亿元，所有者权益合计34.15亿元；其2013年度、2014年度和2015年度分别实现营业收入68.85亿元、82.29亿元、120.96亿元，净利润分别为6.53亿元、7.47亿元和7.17亿元。

圆通速递早在3年前就开始为上市做准备，经多轮股权变更后，完成股份制改革。据了解，目前控股股东蛟龙集团持有63.7%的股份。2015年，公司增资期间，马云旗下的阿里创投、云锋新创在2015年潜入，分别持股12%、8%。

二、圆通选择借壳上市的原因

圆通速递一直以来都是计划主板IPO，此次突然“借壳”，多少受到申通快递“借壳上市”的影响。圆通与申通不仅在业务上竞争激烈，而且在资本市场上也暗暗较劲儿。

第一，时间紧急。对于圆通来说，上市早在规划之中，而且其也为此筹备多年。但是随着行业的快速发展和时局的转变，要求圆通必须再进一步加快步伐。尤其是申通提出“借壳上市”的方案后，当前的快递市场，诸强之间的竞争，包括上市之争都已经进入白热化阶段，“借壳”就是最有效也是最快的途径之一。

第二，转型所需。圆通上市一方面是希望借助资本的力量撬动未来一系列变革。一方面加快向现代化企业转型，完善自身产业链。

三、借壳上市的流程

从首次披露借壳方案到成功登陆A股，圆通用时6个月零12天。

2016年1月16日，大杨创世对外披露其重大资产重组方案，圆通作为交易对象首次浮出水面。

2016年3月23日，大杨创世第八届监事会第十次会议审议通过了《关于本次重大资产出售及发行股份购买资产并募集配套资金方案的议案》，重组方案稳步推进。

2016年3月30日，大杨创世收到上海证券交易所（以下简称“上交所”）问询函，上交所要求圆通就其资产的业务模式及行业风险、本次交易安排和经营情况及财务信息等情况进行说明。4月9日，大杨创世对上交所问询函进行了回复。

2016年4月11日，公布重组方案后的大杨创世复牌，收获一字涨停，以27.64元收盘。

2016年4月20日，大杨创世收到《中国证监会行政许可申请受理通知书》的公告，这意味着证监会受理了圆通借壳上市的申请，圆通“借壳上市”进入最后的冲刺阶段。

2016年5月20日，大杨创世收到《中国证监会行政许可项目审查一次反馈意见通知书》，证监会要求圆通对相关问题做出书面说明和解释，并在30个工作日内回复。6月4日，圆通对反馈意见书进行了回复。这是圆通与证监会的第一轮问答。

2016年7月8日，大杨创世收到证监会出具的《中国证监会行政许可项目审查二次反馈意见通知书》，5天后，大杨创世即完成了二次反馈意见的回复。

2016年7月21日，大杨创世收到证监会通知，证监会并购重组委将于27日召开工作会议，对本次重组方案进行审核。

2016年7月28日，圆通“借壳”大杨创世方案通过，圆通成功登陆A股。

四、借壳方案

1. 借壳方式

2016年3月23日,大杨创世将全部资产与负债出售于蛟龙集团、云锋新创,后者以现金方式支付对价,交易作价为12.34亿元。同时公司拟以7.72元/股向圆通速递全体股东非公开发行合计22.67亿股,作价175亿元收购圆通速递100%股权。公司拟10.25元/股向喻会蛟、张小娟、阿里创投、光锐投资、圆鼎投资、沣恒投资和祺骁投资共计7名特定对象非公开发行股票募集配套资金不超过23亿元,将用于转运中心建设和智能设备升级项目、运能网络提升项目、智慧物流信息一体化平台建设项目建设。

2. 借壳结果

公司总股本大幅增至28.21亿股,其中蛟龙集团持股比例为51.18%,为第一大股东,公司实际控制人将变更为圆通速递的实际控制人喻会蛟、张小娟夫妇。此外,阿里创投、云锋新创将分别持有公司股份11.09%和6.43%。

3. 业绩承诺

交易实施完毕后,圆通速递在2016年度、2017年度、2018年度承诺的合并报表范围扣除非经常性损益后的归属于母公司所有者的净利润分别不低于11.0亿元、13.3亿元、15.5亿元。

【案例评析】

第一,实现上市公司股东利益最大化。通过本次交易,大杨创世将原有行业前景不明确、盈利增长乏力的服装制造业务整体出售,同时注入盈利能力较强、发展空间广阔的综合性快递物流业务,实现上市公司业务转型,改善公司资产质量和经营状况,提升公司盈利水平,增强公司可持续发展能力,实现上市公司股东利益最大化。

第二,圆通公司获得资本市场运作平台。通过本次交易,圆通速递将成为上市公司全资子公司,圆通速递将拥有A股资本市场运作平台,在与公众股东分享盈利的同时,借助资本市场的资源调配优势、多元化融资渠道优势以及市场影响力,可进一步优化提升圆通速递网络规模、运输能力和信息化水平,提升圆通速递竞争力,并将使得圆通速递具有更为广大的平台进行并购重组以及产业链的整合,促进圆通速递成为全球领先的综合性物流运营商和供应链集成商。

第三,圆通公司保障市场地位。上市可使企业在竞争中占据主动,扩大或保持自己的地位和名气;企业转型向一体化、集约化、自动化、智能化、国际化的方向发展,必须依靠大量的资金投入,这就需要资本市场的介入。

第四,圆通公司成为借壳上市的案例。圆通顺利借壳大杨创世,其意义不仅限于“快递第一股”的名头,过会的圆通可能成为监管层的标准,该案例中的做法极有可能成为监管层审视其他拟借壳快递的标准,监管方很可能要求这些标的提供类似于圆通的信息。

【案例讨论题】

1. 该案例中的借壳上市过程中,壳公司的目标定位与选择有哪些特点?壳公司选择要注意什么?

2. 结合该案例,讨论我国快递企业上市融资的意义和经验。

案例二 巨人网络将"借壳"世纪游轮回归A股上市

一、背景介绍

巨人网络在国内游戏市场曾开发出《征途》《巨人》《征途2》《仙侠世界》等畅销游戏。凭借着强劲的盈利能力，巨人网络早在2007年11月便在纽约证券交易所(以下简称"纽交所")上市，市值一度高达42亿美元，成为当时在美发行规模最大的中国民营企业之一。由于不满美国市场对游戏公司的估值，2013年11月，巨人网络宣布收到以董事长史玉柱为首财团的私有化要约，2014年7月，巨人网络以28.68亿美元价格完成私有化退市。根据披露的巨人网络财务数据，巨人网络2012年至2014年及2015年前三季度的营业收入分别为22.71亿元、24.87亿元、23.39亿元及15.48亿元，净利润分别为12.37亿元、13.12亿元、11.59亿元及2.18亿元，业绩下滑明显。

世纪游轮2011年3月2日于深圳证券交易所(以下简称"深交所")IPO上市，其主要从事内河豪华游轮休闲旅游服务的开发和运营，属于"休闲度假旅游产品"，其拥有的"长江航运IPO第一股""游轮第一股""重庆旅游企业第一股""全国旅游业民营企业第一股"四大头衔，吸引了大批投资者的眼光，发行市盈率高达81倍。截至2014年年底，公司已拥有7艘世纪系列豪华游轮。近年来，受宏观经济增速放缓、行业竞争加剧及需求不足等因素影响，加上行业内"东方之星"游船沉船事故影响，公司游客减少，营业收入及其他业务均有所下降。

二、巨人网络选择借壳上市的原因

近两年来，"互联网+"的兴起极大激活了一向低迷的A股市场。暴风科技连续34个涨停板的股市神话，其背后是国内互联网市场崛起的大环境，激发了资本市场的活跃度。而中概股公司在纳斯达克患上"水土不服"综合征，纷纷选择私有化，借道A股上市，比如盛大游戏、完美世界、360以及前不久的中手游。巨人网络2007年登陆纽交所，上市之后市值一直被严重低估，从最初上市到最终退市，公司股价跌幅23.1%。赴美上市遭遇"水土不服"，退市一年来的巨人网络一直在寻找机会借壳A股上市。

随着智能硬件的快速更新迭代，以及人们业余时间的碎片化，移动游戏市场发展非常迅速。2014年下半年以来，随着开发成本和推广成本持续上涨，手游竞争更加白热化，腾讯一家独大的局面难以撼动，巨人网络如果能够创造创新、重新焕发创业时敢抢敢拼的热情，借壳A股并转型成功才是其成败的关键。

三、借壳上市的过程

2015年9月30日，世纪游轮公司与巨人网络及其实际控制人史玉柱签订了《重大资产重组意向框架协议》，本次交易方式为拟向巨人网络全体股东非公开发行股份购买巨人网络100%股权并配套募集资金。

2015年10月30日，世纪游轮在深交所公布与巨人网络的重组预案，拟购买巨人网络100%股权。

2016年3月2日，世纪游轮公告，巨人网络借壳上市的重大资产重组事项获证监会有条件通过。

2016年4月6日,世纪游轮公告,证监会核准其重大资产重组及发行股份购买相关资产并募集配套资金的计划,巨人网络获得证监会的上市批复。

2016年4月7日,巨人网络100%股权已过户至世纪游轮,并完成了相关工商登记变更手续。本次交易,世纪游轮对巨人网络100%股权整体作价为131亿元。至此,巨人网络成为世纪游轮全资子公司。

2016年5月22日,完成非公开发行股票有关事宜,最终确定的发行价格为94元/股,发行数量约5 319.15万股,募集资金总额近50亿元,扣除发行费用后募资净额为49.1亿元。巨人网络CEO刘伟将领衔巨人管理层入职世纪游轮,原有管理层全部退出。同时,公司聘任刘伟担任公司总经理职务;聘任任广露担任公司财务总监职务;同意提名史玉柱、刘伟、屈发兵、应伟为公司非独立董事候选人,提名潘飞、胡建绩、龚焱为公司独立董事候选人并提交股东大会审议。

四、借壳方案

1. 借壳方式

巨人网络与世纪游轮的重组方案包括了重大资产出售、发行股份购买资产和募集配套资金三部分。

(1) 重大资产出售(使用现金支付,置出世纪游轮原有的业务和资产)。2015年11月11日,世纪游轮发布公告资产重组方案,世纪游轮将向其控股股东彭建虎(个人持股74.28%,传统意义上的好壳)和他控制的新设公司出售全部现有资产及负债,协定交易价格6.27亿元。

(2) 定向增发新股,购买资产(巨人网络的资产注入)。同时公告称,世纪游轮拟向巨人网络的全体股东非公开发行股份购买其持有的巨人网络100%股权,世纪游轮将向巨人网络全体股东发行约4.425亿股购买巨人网络全部资产,发行价格29.58元/股,交易对价为130.9亿元,构成借壳上市。

(3) 募集配套资金(巨人网络的现金注入)。借壳重组完成后,公司同时拟募集配套资金不超过50亿元,用于投入网页游戏的研发、在线娱乐与电子竞技社区等多个项目,发行价格29.58元/股,拟发行股份数量不超过约1.69亿股。其中,22.2亿元募集资金将用于网络游戏的研发、代理与运营发行,14.6亿元用于在线娱乐与电子竞技社区的建设,其他则用于互联网渠道平台、网络游戏的海外运营发行平台及大数据中心的建设。

2. 借壳结果

巨人网络的股东包括兰麟投资、腾澎投资、鼎晖孚远、铼钸投资、中堇翊源、弘毅创领和孚烨投资共7家位于上海的投资公司。其中,兰麟投资及腾澎投资均为巨人网络实际控制人史玉柱控制的企业,史玉柱通过兰麟投资及其一致行动人腾澎投资实际控制巨人网络47.57%的股权,为巨人网络的实际控制人。重组完成后,兰麟投资及腾澎投资将持有公司2.1亿股,占比41.44%,兰麟投资将成为公司的控股股东,史玉柱将成为上市公司的实际控制人;彭建虎及其子彭俊珩仍持有公司4 861.67万股,占比9.57%。占公司发行后总股本的41.44%。

3. 业绩承诺

交易完成后,兰麟投资成为公司控股股东,史玉柱将成为实际控制人,公司的主营业务将由内河涉外豪华游轮运营及旅行社变为一家以网络游戏为主的综合性互联网企业。由此，上市公司的经营状况得到明显改善，净利润将有大幅提升。2013 年、2014 年及 2015 年前 9 月，世纪游轮净利润分别为 311 万元、1 058 万元和－2 084 万元；重组完成后，巨人网络股东承诺 2016 年、2017 年和 2018 年扣除非经常性损益后归属于母公司股东的净利润将分别不低于 10 亿元、12 亿元及 15 亿元。

【案例评析】

第一，借壳方式与以往不同。一般的借壳走的套路是“股权转让＋资产置换”，然而这个案例的套路是“资产出售＋增发换股”。如果我们把巨人网络用资金参与增发而世纪游轮又用那些资金来反向收购巨人网络结合起来看的话，其实就是巨人网络用自身的股份折价参与了定向增发。

第二，给中概股回归 A 股提供经验。从过往的经验来看，中概股回归的路径无非是 IPO 排队、借壳上市、“新三板”上市等。而巨人网络借壳世纪游轮获证监会核准，意味着巨人网络借壳成为继分众传媒借壳七喜控股后第二个成功通过借壳登陆 A 股的中概股，这给其后排队等待回归 A 股的中概股们起到了极好的示范作用。

【案例讨论题】

1. 巨人网络为什么要在美国退市？
2. 巨人网络在 A 股借壳上市对于其自身的发展有什么积极意义？
3. 巨人网络借壳上市成功后，应对的潜在风险是什么？

第五章 企业上市后的并购与重组

并购重组是资本市场永恒的话题。在中国证券市场近 20 余年的发展历程中，上市公司并购重组始终是市场关注的热点问题，是实现我国产业结构快速调整、产业组织优化、完善资源配置、提升国家竞争力的重要途径，同时也是推动上市公司做优做强，夯实证券市场发展的微观基础、促进公司价值增长的主要渠道。因此，研究上市公司并购重组具有重要的理论和现实意义。

第一节　上市公司并购重组概述

一、上市公司并购重组目的分析

上市公司实施重大资产重组交易的目的大致表现为以下四个方面。

1. 增强企业核心竞争力

该目的下的资产重组交易旨在优化资源配置，促使优质资产得到最佳利用并适时剥离劣质资产，以始终保证企业资产的运营处于高效率的状态，具体分为以下三类情况。

(1) 收购优质资产，夯实主业。企业需要增强核心竞争力以求得长久的生存与发展，通过购买优质资产可以突出主营业务、品牌优势和重点发展方向，并使企业精干主体、分离负担，这些都是增强竞争力的重要方面。这种做法既能发挥已有资产的优势并产生协同效应，又能形成新的经营机制。

(2) 剥离不良资产，转向高赢利行业。具体包括以下两类：①当企业所在行业竞争环境发生变化时(包括市场由垄断状态进入完全竞争状态、产品生命周期从开发期进入成熟期及行业利润率呈现下降趋势等情形)，企业通过不良资产的剥离实现原有产业战略的收缩，转而投资利润更高的产业；②当企业在所投资的领域内不具备竞争优势、其资产的赢利能力低下时，为了避免浪费资源和被淘汰出局，剥离资产可以使企业掌握发展的主动权，减少或规避风险，及早实现产业的战略转型。

(3) 通过资产重组拓展新的业务。包括延伸产业链、寻求多元化发展等以保证企业未来业绩的持续增长。

2. 增强企业再融资的能力

具有融资功能是上市公司存在与发展的一个基础，实现该功能的前提之一就是上市公司要有良好的财务状况。上市公司的直接融资通常借助增资扩股等手段完成，这就要求发行企业的赢利水平、负债水平、净资产收益率、资产规模及股权结构等符合法律规定的条件。但是，大多数上市公司在生产经营中，难免会有财务质量不高的情况产生，即丧失再融资的资格。因此，借助资产重组调整资本结构、改善财务状况、恢复再融资能力是很多上市公司实施重大资产重组的重要目的。

3. 摆脱退市等财务危机

上市公司往往会遭遇以下一项或几项财务困难：因为投资失误、对外担保等原因背负巨额债务；因为经营不善导致主营业务收入下降；因为不良债权导致大量坏账计提；等等。这些都将引起企业出现亏损、导致企业净资产减少，不但严重影响了上市公司的生产经营，而且连续3年亏损时还要面临退市的风险，更有甚者还会破产，而且此类上市公司一般依靠原有资产很难扭转局面，经常需要借助资产重组处理不良资产、增加企业利润或资产净值以摆脱危机。因此，控股股东、当地政府等外部力量通过资产重组挽救上市公司的案例屡见不鲜。

4. 顺利完成资本层面(控制权转让)与产业层面(主业更迭)的对接

有的资产重组属于因控制权变更而带动的重组，新的产权所有人按照自身发展战略对新介入的上市公司进行业务重组并改善其资产结构，达到买壳上市并借助资本平台发展已有产业的目的。该种重组形式下，上市公司的资本层面(控制权)和产业层面(主营业务)先后发生改变，即控制权转移以股权转让形式、主营业务变更以资产重组形式分别完成。

二、上市公司并购重组类型分析

上市公司重大资产并购重组交易的形式包括资产的购买、出售、置换及赠予等，有的并购重组交易会同时涵盖上述三种甚至四种形式。根据重组目标侧重点的不同，将重大资产重组交易划分为战略性并购重组与财务性并购重组。

1. 战略性并购重组

战略性并购重组是以完善产业结构、培育核心竞争力和提升企业价值等作为重组目的，凭借重组注入的优质资产实现与现有资产产生协同效应，或者实现现有资产产业链的延伸，或者寻求与现有资产关联度不大的多元化发展，或者摆脱现有资产进入更有发展前景的业务领域等，使重组后的资产结构及组成更加符合企业长期发展战略的需要，保证企业未来业绩的持续增长。

总的来看，战略性并购重组交易呈现以下特征。

(1) 强调公司的长远发展而非短期的绩效改善。

(2) 业绩增长依靠实在的优质资产。

(3) 不仅注重实物资产的重组，也强调无形资产的重组。

(4) 产业结构升级，企业核心竞争力增强。

(5) 产生协同效应或产业链延伸，提高经营效率和规模效益。

(6) 从企业现实和发展的要求出发，具有明确的发展战略导向。

2. 财务性并购重组

财务性并购重组是以优化资本结构、改善财务质量、规避财务风险和增加账面利润等作为重组目的，通过资产重组剥离不良资产等使其暂时避免退市危机或达到配股、增发等再融资条件，却并不一定符合企业长远发展战略的需要。

总的来看，财务性重组交易呈现以下特征。

(1) 并购重组过程和重组目标均具有短期行为的性质。

(2) 经营业绩的改变主要来自出售资产、债务重组等所得的收益。

(3) 一般属于关联交易。

(4) 收益实现往往具有“一次性”的特点，即重组当年的账面利润可能确实不错，但未来年度却难以为继。

(5) 往往存有保住企业上市资格或者争取配股、增发资格等动机。

(6) 通常发生在由于资产负债比率过高、沉淀资产过多等资本结构性因素导致经营困难的上市公司之中。

与战略性并购相伴发生的重大资产重组一般为战略性重组，反之，战略性重组伴随的并购交易却不一定是战略性并购；与财务性并购相伴发生的重大资产重组一般为财务性重组，反之，财务性重组伴随的并购交易却并不一定是财务性并购。

三、我国上市公司并购重组的现状与特点

随着监管进一步宽松、资本寻求市场化退出、中概股回归以及二级市场大幅波动等多重因素的影响，2015 年 A 股上市公司并购重组呈现了全面爆发的态势，2015 年上市公司首次披露重大资产重组交易共 486 起，较 2014 年上升 90.59%；重大资产重组交易总金额达到 13 655.62 亿元，较 2014 年上升 87.55%，如图 5-1 所示。

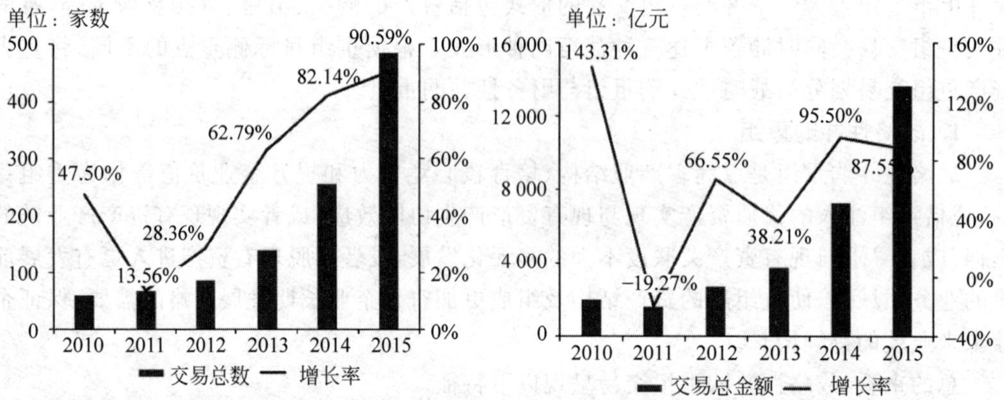

图 5-1 2010—2015 年 A 股重大资产重组交易总数、交易总金额及其增长率

资料来源：Wind 资讯

2016 年上半年国内经济继续承压，国家继续大力推进供给侧改革和国企改革，通过兼并重组促进资源整合流动，新兴产业巨头的行业布局也不断加快，共同促进了近期并购市场的“井喷”。2016 年上半年中国并购市场共完成交易 1 645 起，同比提高 25.7%，环比上升 18.9%；披露金额的并购案例总计 1 182 起，共涉及交易金额 7 836.87 亿元，同比上升 76.9%，环比上升 30.5%，平均并购金额为 6.63 亿元。2016 年上半年开始的同时尚在进行中的并购案例为 2 868 起，其中披露金额的 2 340 起案例涉及交易金额 1.48 万亿元，与 2015 年全年完成的交易规模相比还超 41.8%，其中 139 起进行中海外并购交易创出 5 428.75 亿元的历史天量，如图 5-2 所示。

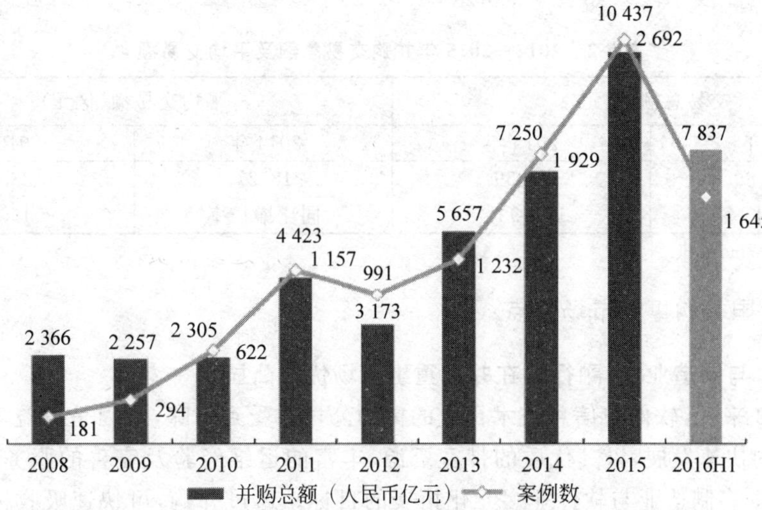

图 5-2　2016 年上半年中国企业并购案例数量及金额

资料来源：清科研究中心，《2016 年第二季度中国并购市场研究报告》

（一）我国并购重组市场发展现状

1. 并购重组委审核通过数量迅速增加

2015 年全年，国内并购重组市场延续着 2014 年的繁荣。证监会并购重组委共召开 113 次并购重组委会议，审核 339 单上市公司并购重组申请，其中 194 单无条件通过，占比 57.23%；123 单有条件通过，占比 36.28%；22 单未通过，占比 6.49%。2014 年证监会 78 次并购重组委会议审核了 194 单重组，2015 年数量迅速增加 70%。如表 5-1 所示。

表 5-1　2014 年、2015 年证监会审核结果汇总

审核结果	2014 年		2015 年	
	数量	占审核总数比	数量	占审核总数比
通过	185	95.36%	317	93.51%
未通过	9	4.64%	22	6.49%
取消审核	1	0.52%	6	1.77%

数据来源：证监会公开信息

2. 国内转型升级的背景下，并购重组市场的交易额继续扩大

与此同时，并购的规模也在快速增长，从 2014 年每单并购的平均交易额为 18.37 亿元，上升至 2015 年每单并购的平均交易额 28.39 亿元，增幅达 54.54%。50 亿元以上的大型并购案例也达到了 32 单，这其中包括了以南北车合并为代表的国企改革案例，也有上市公司寻求转型升级而产生的并购事件，更有以分众传媒为代表的中概股回归等案例。这些都预示着随着中国资本市场不断的发展成熟，以并购为资本运作的理念在不断被监管者、市场以及投资者接受和认知成为国有企业改革、资源优化配置、上市公司转型升级外延式发展的重要手段。如表 5-2 所示。

表 5-2　2014—2015 年并购交易总额及平均交易额

交易总额(亿元)		平均交易额(亿元)	
2014 年	2015 年	2014 年	2015 年
3 269.89	8 859	18.37	28.39
同比增长率	170.93%	同比增长率	54.57%

资料来源：Wind 资讯

(二）我国并购重组市场特点

1. TMT 与制造业、金融行业在并购重组市场优势凸显

从图 5-3 来看，软件与信息技术行业的标的公司最受到青睐，原因是得益于智能手机和 4G 网络的快速发展，以其优质的带宽资源、丰富的运维经验及完善的服务体系，使得此行业成为众多制造业与软件业多元化拓展的目标。通过并购，可快速吸收标的公司品牌、客户资源、带宽资源、人才队伍、核心技术等竞争优势，并快速渗透进入服务行业，与现有业务相辅相成，拓展公司的盈利增长点。另外，随着我国“互联网＋”概念的普及，各行各业都有可能将自身的传统业务和互联网相结合开展。

行业	案例数（总）	比例	案例数（金）	并购金额（人民币亿元）	比例	平均并购金额（人民币亿元）
互联网	260	15.8%	123	1,108.41	14.1%	4.26
IT	173	10.5%	133	423.20	5.4%	2.45
机械制造	155	9.4%	137	470.73	6.0%	3.04
金融	146	8.9%	97	1,623.69	20.7%	11.12
生物技术/医疗健康	143	8.7%	101	396.48	5.1%	2.77
电子及光电设备	90	5.5%	77	308.12	3.9%	3.42
娱乐传媒	72	4.4%	52	200.76	2.6%	2.79
能源及矿产	72	4.4%	60	732.38	9.3%	10.17
电信及增值业务	57	3.5%	36	167.66	2.1%	2.94
连锁及零售	55	3.3%	38	614.53	7.8%	11.17
建筑/工程	52	3.2%	43	143.12	1.8%	2.75
化工原料及加工	51	3.1%	38	115.01	1.5%	2.26
汽车	47	2.9%	37	202.70	2.6%	4.31
房地产	46	2.8%	38	397.00	5.1%	8.63
清洁技术	43	2.6%	38	177.78	2.3%	4.13
农/林/牧/渔	26	1.6%	20	26.54	0.3%	1.02
物流	23	1.4%	11	93.74	1.2%	4.08
教育与培训	16	1.0%	6	9.32	0.1%	0.58
食品&饮料	15	0.9%	13	21.10	0.3%	1.41
半导体	5	0.3%	3	17.05	0.2%	3.41
纺织及服装	5	0.3%	5	9.84	0.1%	1.97
广播电视及数字电视	2	0.1%	2	3.34	0.0%	1.67
其他	91	5.5%	74	574.37	7.3%	6.31
合计	**1 645**	**100.0%**	**1 182**	**7 836.87**	**100.0%**	**6.63**

图 5-3　2016 年上半年中国并购市场行业分布(按被并购方)

资料来源：Wind 资讯

在多元化战略下，制造业公司也积极通过并购寻求与公司在技术、产业等方面产生叠加效应的优秀企业，积极拓展产业寻求新的利润增长点，促使公司健康、快速地发展，比如制造业的中国南北车的合并和广汇汽车的整体上市。2015 年 77 起并购，涉及交易额 1 561.39 亿元；平均单笔交易额则由 13.63 亿元增长至 20.28 亿元，说明制造业的并购需求越来越大。在金融危机后，世界其他传统制造业优势国家，重新将发展制造业特别是先进制造业上升为国家战略，我国制造业在人力成本上升的情况下比较优势越来越小。与此同时，考虑到我国宏观经济正处于深度调整的时期，国内传统产业面临严重产能过剩问

题。我国政府积极调整战略，谋求差异化经营，力求通过产业整合，将传统制造业推向高、精、尖端领域制造业。并购重组之后公司或是扩大了市场份额从而通过规模效应降低了单位成本，或是通过对技术型企业的收购增加了公司产品的技术含量，提升了自身的议价能力，增厚了利润空间，逐步完成了从制造商向制造与服务结合的整体方案提供商的转变。

2. 发行股份购买资产成为主流并购方式

2015 年首次披露的 486 家重大资产重组项目中，发行股份购买资产数量为 333 家，占同期重大资产重组总数比例为 68.52%，相较于 2014 年，同比增长 53.46%；发行股份购买资产成为主流并购方式。2015 年现金交易数量为 138 家，占同期重大资产重组总数比例有所上升。如表 5-3 所示。

表 5-3　2014—2015 年上市公司重大资产重组形式统计

项目	2014 年		2015 年	
	数量	比例	数量	比例
发行股份购买资产	217	85.10%	333	68.52%
现金交易	33	12.94%	138	28.39%
吸收合并	4	1.57%	9	1.85%
资产置换	1	0.39%	6	1.23%
合计	255	100%	486	100%

资料来源：Wind 资讯.

3. 各类并购均有所发展，产业整合依然主导市场

在并购重组中，业内习惯按照并购的目的不同将并购交易的类型分为四类，即产业整合、多元化战略、借壳上市以及整体上市。近两年的并购交易中，受整体宏观经济影响以及在我国内部经济结构调整的战略部署下，产业整合一直是并购市场中的主旋律，同样也是产业升级的“发动机”。企业对产业整合和升级的需求是 2015 年并购重组爆发的根本原因，产业整合并购总额较 2014 年迅猛增长。

2015 年，上市公司披露产业整合并购高达 361 起，占比 74.28%，同比增长约 84.14%；产业整合交易总金额达 8 347.52 亿元，同比增长约 122.13%。上市公司买壳上市和业务转型交易数量分别为 48 起、24 起，占比 9.88%及 10.91%，较 2014 年同期分别提升 17.07%和 200.00%；买壳上市和业务转型交易总金额分别达到 3 523.41 亿元和 828.03 亿元，同比增长分别是 52.11%和 217.81%。如图 5-4 所示。

随着“工业 4.0”“互联网+”“大健康”“一带一路”等概念的不断深入，产业整合将为这些概念的落地提供坚实的保障。

4. 中国内地企业海外并购大额交易频现

2016 年上半年，各类型海外并购活动均有所增长，交易数量较 2015 年全年高出 29%，并创历史新高，其中 24 宗交易金额超过 10 亿美元。中国化工以 430 亿美元收购先正达 (Syngenta) 是目前为止最大的中国企业海外并购交易，而即使扣除这项金额重大的交易，海外并购交易金额仍较 2015 年下半年增长 161%。如图 5-5 所示。

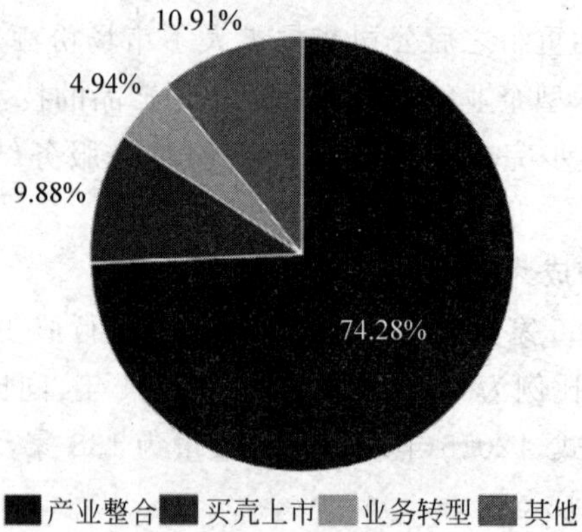

图 5-4 2015 年上市公司并购种类分布(家数)

注:"其他"包括整体上市、资产调整、战略合作和获取资质等

资料来源:Wind 资讯

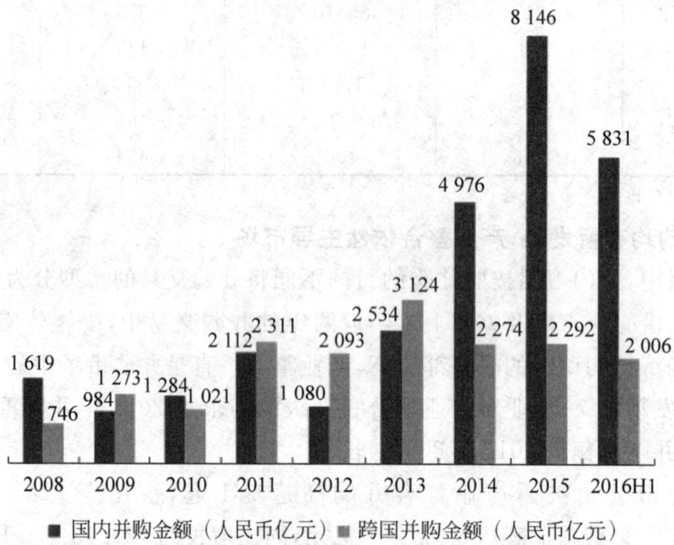

图 5-5 2008—2016 年上半年中国企业国内并购和跨国并购交易金额

数据来源:上市公司公告

5. 为国企改革保驾护航

在《关于深化国有企业改革的指导意见》《关于改革和完善国有资产管理体制的若干意见》等国企改革方针政策的推动下,2015 年被市场称为国企改革的"落地年"。通过并购重组进行国有企业改革、结构调整和转型升级成为 2015 年的新浪潮,从 2015 年年初的南北车合并到中电投和国家核电合并,再到招商局蛇口整体上市等这些大型交易涉及的上市公司或标的公司主要是有国资背景的大中型企业,行业主要集中在传统制造业、能源、金融、生物医药以及房地产等国民经济支柱行业,这也说明了我国经济的基础格局正在加速改变。在关键领域的国有企业整合造成了大中型并购的多发,推动了并购重组市

场的发展。合并、重组、整合后的大型国有企业，通过资本市场的价值发现功能，将以前很多内部资源的价值外化，同时在国际化的竞争中能够使国内的资源形成“合力”，在全球化合作的浪潮中发挥更加积极的作用，争取更大的话语权。如图 5-6 所示。

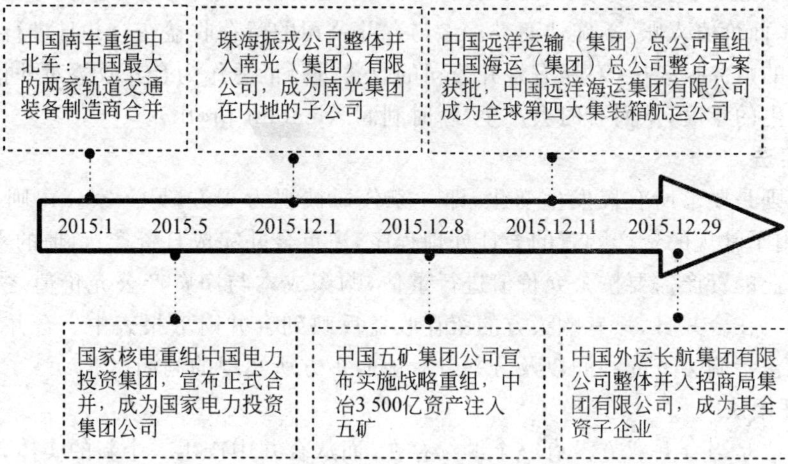

图 5-6　2015 年国企并购重组如火如荼

6. 中国境外上市企业加速回归 A 股

随着中国资本市场的不断发展，中国企业逐渐从境外上市转向境内上市成为新常态；2015 年有超过 30 家中概股公司宣布私有化要约，比过去四年的总和还多，回归 A 股的热情空前高涨。此回归热潮一是源于中国资本市场市盈率较国外更高，海外上市公司回归有利于自身估值提升，实现股东财富增值；二是部分海外上市的互联网、消费类企业，经营的主要业务均在境内市场，在境内上市有利于提升市场及品牌影响力，促进其业务的发展。如表 5-4 所示。

表 5-4　部分中概股回归案例及进程

中概股名称	私有化时间	回归方式	重组公司	实施进程
学大教育	2015.7	被并购	银润投资	已完成
奇虎 360	2015.6	借壳	波导股份	传闻
如家酒店	2015.6	被并购	首旅酒店	国资委已批复
世纪佳缘	2015.3	被并购	百合网	已完成
搜房网	2015.7	借壳	万里股份	已终止
分众传媒	2012.8	借壳	七喜控股	已完成
巨人网络	2013.12	借壳	世纪游轮	已完成

第二节　上市公司并购重组的财务整合

一、企业并购会计处理的方法

（一）上市公司并购重组会计处理方法

企业并购会计处理方法一般有权益结合法、购买法、新开始法三种。

1. 权益结合法

会计实务中最早采用的是权益结合法，即将规模大小相当的公司资产、负债和股东权益联合起来组成一个单一的、更大的经济实体，把企业并购作为各个合并方经济资源以及相关风险和收益的联合，不要求对被购买方的资产进行重新估价。因此，在计量基础的选择上，以原账面价值入账，不确认商誉。参与合并公司的留存收益在合并日进行合并反映在合并公司的财务报表中，对所有合并公司的收益进行汇总作为合并收益对外报告，并不考虑合并发生的年度，从而有时会产生"瞬时利润"(instant profit)。

2. 购买法

购买法则是要求所有权发生变化，即一家公司被视为买方，另一家公司则被视为卖方，因而采用了常规的资产购置的会计处理程序，注重合并完成日资产、负债的实际价值，对被合并企业的资产需要按公允价值进行重估，购买成本与净资产公允价值之间的差额确认为商誉。在合并日，只有购买方的留存收益反映到合并财务报表中。合并报表中的企业利润仅包括购买方的利润以及合并日后被购买方所实现的利润。

3. 新开始法

新开始法是当合并双方没有一个继续存在，而从合并中产生一个新的实体，各合并方的资产、负债都要按改组日的公允价值进行重估。由于是建立一个新主体，因而不可能在开始日出现留存收益，所以合并日不考虑合并公司的留存收益。新开始法目前仅是理论上的探讨，实务中主要运用的是权益结合法与购买法。

从以上分析可知，在其他条件不变的情况下，采用权益结合法一般比采用购买法和新开始法报告的合并当年收益及留存收益余额要高，使合并企业的财务报表比较好看，也给企业经营者进行盈余管理提供了较大空间。因此，作为主合并方管理当局一般倾向于选择权益结合法对企业并购进行会计处理。

(二) 权益结合法的优缺点

新开始法、购买法在我国实际操作中尚不具备完善的环境，从我国的现实情况来看，权益结合法在一定范围内具有其合理性，因此，一般情况下上市公司并购重组都采取权益结合法。

1. 权益结合法在我国实际运用中的优势

(1) 权益结合法操作简便，会计处理相对简单，降低了会计核算的工作量和难度，在我国会计人员整体素质较低的情况下不失为可行之法。

(2) 我国目前尚未出台确定可辨认资产公允价值的规定，购买法的应用在一定程度上受到影响。

(3) 由于现代企业制度尚不健全，审计处于发展阶段，因此目前我国存在会计信息严重失真的情况。权益结合法以历史成本为基础，增强了会计信息的可靠性，有助于缓解会计信息失真的局面。

2. 权益结合法在我国实际运用中存在的弊端

(1) 权益结合法名不符实。权益结合法的反对者认为，一般情况下，如果企业并购涉及的双(多)方之间的资产与权益之间或权益与权益之间交换，原则上不存在"权益结合"

的概念。而且合并中谈判的主体是参与企业的管理者而非股东，合并企业的股东在企业并购前后因频繁的股票交易而不断更替，“权益结合法”与事实不符，且权益结合法没有反映合并谈判中讨价还价的交易结果。

(2) 合并会计方法的选择决定合并企业的价值。从理论上讲，商誉费用(包括商誉摊销费用和商誉的减值费用)是一种非现金费用，合并企业采用权益结合法时，其合并后的会计利润通常高于购买法的会计利润，但只要所得税不受影响，二者并不导致现金流量的差异。因此在有效市场下，合并会计方法的选择不影响合并企业的价值。但是即使美国的证券市场，也没有达到强式有效。而实际表明采用权益结合法的企业比采用购买法的企业具有权益估价优势，而作为财务报告的使用者，很难辨别不同的合并会计方法所产生的会计差异，这样就使权益结合法的使用对经济资源的配置产生了负面的影响。

(3) 权益结合法减少了主并企业股东的财富。由于权益结合法能带来较高的会计利润，在证券市场没有达到强式有效的情况下，并购企业的管理者为了提高自己的经营业绩，会与被并企业的管理层合作，支付比成本法更高的购买溢价，从而减少了并购企业股东的财富。

二、上市公司并购重组的税务处理

税收是企业在并购重组的决策及实施中不可忽视的重要规划对象。有些企业甚至将获得税务优惠列为并购重组行为的直接动机之一。不论企业的并购重组行为出于何种主要动机，合理的税务筹划可以降低企业并购重组的成本，实现并购重组的最大效益。并购重组过程涉及的可以进行筹划的主要税种有消费税、营业税、增值税、所得税等。

对于企业来说，并购重组是采用股权交易还是资产交易，其税负有很大不同。在股权转让税费承担中，承担者是股权转让方和股权受让方，股权转让方须缴纳所得税、印花税；股权受让方须缴纳印花税(非上市公司股权出让)。在资产转让税费承担中，承担者是资产转让方和资产受让方。资产转让方须缴纳所得税、土地增值税、印花税、增值税；资产受让方须缴纳契税、印花税。由此可见，通过股权转让的方式实施并购重组，可以极大地减轻税负。

(一) 并购重组中出资方式的选择与税务问题

在进行现金购买资产式并购重组、现金购买股票式并购重组时，目标企业股东在收到以红利形式发放的现金时需要缴纳所得税，因而无法取得免税或递延纳税的优惠。股票换取资产式并购重组、股票换取股票式并购重组这两种方式对目标企业股东而言，在并购重组过程中，不需要立刻确认其因交换取得并购重组企业股票所获得的资本利得，即使日后出售这些股票也只需要就资本利得缴纳所得税，达到延迟纳税的效果。我国税法规定只对现金红利征收所得税，对资本利得不征所得税，目标企业股东可以完全免税。

(二) 选择并购重组所需资金融资方式环节的税务筹划

各国税法一般都规定，企业因负债(主要指金融机构的借款)而产生的利息费用可以抵减当期利润，从而减少企业应纳税所得额。因此并购重组企业在进行并购重组所需资金的融资规划时,可以结合企业本身的财务杠杆程度,通过负债融资的方式筹集并购重组所需资金,提高整体负债水平,以获得更大的利息避税效应。

(三) 选择并购重组会计处理方法环节的税务筹划

对企业并购重组行为,各国会计准则一般都规定了两种不同的会计处理方法: 权益合并法与购买法。我国会计准则对此尚未做出具体规定,因此企业可以根据自己的具体情况做出不同选择。从税收的角度来看,购买法可以起到减轻税负的作用。这是由于各国会计准则规定企业的资产负债表反映其资产的历史成本,税法也要求固定资产折旧的计提以账面价值所反映的历史成本为依据。即使资产的市场价值高于账面价值,折旧的计提依据依然不变。在发生并购重组行为后,反映购买价格的购买法会计处理使并购重组企业的资产基础增加,能按市场价值为依据计提折旧,从而可产生更大的折旧避税额,减少了所得税税负。

(四) 并购重组中重点税种的税务处理

1. 企业所得税的税务处理

根据《财政部、国家税务总局关于企业重组业务企业所得税处理若干问题的通知》(财税〔2009〕59号)和《企业重组业务企业所得税管理办法》(国家税务总局公告2010年第4号)的规定,资产收购应区分一般性税务处理和特殊性税务处理。

在一般性税务处理中,转让方应确认股权、资产转让所得或损失。收购方取得股权或资产的计税基础应以公允价值为基础确定。实践中,大多以资产评估机构出具的资产评估结果作为依据。资产收购满足以下条件的,适用特殊性税务处理规定: 第一,具有合理的商业目的且不以减少、免除或者推迟缴纳税款为主要目的;第二,资产收购中受让企业收购的资产不低于转让企业全部资产的75%;第三,企业重组后的连续12个月内不改变重组资产原来的实质性经营活动;第四,受让企业在该资产收购发生时的股权支付金额不低于其交易支付总额的85%;第五,企业重组中取得股权支付的原主要股东,在重组后连续12个月内,不得转让所取得的股权。具体政策要点如表5-4所示。

表5-5 并购重组中企业所得税处理的政策要点

政策公告	细节要点
2009年财税59号文 2014年财税109号文	特殊性税务处理; 债务重组确认的应纳税所得额占该企业当年应纳税所得额50%以上,可以在5个纳税年度均匀计入; 收购企业/受让企业购买的股权/资产不低于被收购企业/转让企业全部股权/全部资产的50%,收购企业/受让企业在该股权/资产收购发生时的股权支付金额不低于其交易支付总额的85%,将不再确认各方转让所得
2014年财税116号文	居民企业(以下简称企业)以非货币性资产对外投资确认的非货币性资产转让所得,可在不超过5年期限内,分期均匀计入相应年度的应纳税所得额,按规定计算缴纳企业所得税

续表

政策公告	细节要点
2014 年财税 109 号文 2015 年税总第 40 号公告	对 100%直接控制的居民企业之间，以及受同一或相同多家居民企业 100%直接控制的居民企业之间按账面净值划转股权或资产，凡具有合理商业目的不以减少、免除或者推迟缴纳税款为主要目的，股权或资产划转后连续 12 个月内不改变被划转股权或资产原来实质性经营活动，且划出方企业和划入方企业均未在会计上确认损益的，可以采用特殊性税务处理

做特殊性税务处理时，转让企业取得受让企业股权的计税基础以被转让资产的原有计税基础确定；受让企业取得转让企业资产的计税基础，以被转让资产的原有计税基础确定。也就是说，转让企业取得的股权支付部分暂时不确认转让所得或损失，但交易总额中的非股权支付额仍要计算转让所得或损失。

2. 增值税的税务处理[①]

对资产重组的转让方来说，《中华人民共和国增值税暂行条例》第一条规定，在中华人民共和国境内销售货物或者提供加工、修理修配劳务以及进口货物的单位和个人，为增值税的纳税义务人。《中华人民共和国增值税暂行条例实施细则》第二条规定，增值税暂行条例第一条所称货物，是指有形资产。因此，在资产收购中，转让方将存货、固定资产转让给受让方，无论换取受让方货币资产或非货币性资产，都要视同销售货物的行为，计算缴纳增值税，转让方向受让方开具增值税发票。

对资产重组的受让方来说，如果转让方转让资产，换取受让方的支付对价形式是非货币性资产，则受让方对该非货币性资产中涉及的存货、固定资产，也要视同销售货物的行为，计算缴纳增值税。

在增值税处理上也有特殊事项，按《国家税务总局关于纳税人资产重组有关增值税问题的公告》(国家税务总局公告 2011 年第 13 号)规定，将全部或部分实物资产以及相关联的债权、债务和劳动力一并转让给其他单位和个人，不属于增值税的征税范围，其中涉及的货物转让，不征收增值税。从上述规定看，如果转让方转让的资产不仅仅是资产本身，还包括与资产相关联的债权、债务和劳动力，此时企业出售的是业务组合，不是资产组合，不属于增值税的征税范围，不征增值税，转让方不开具发票，受让方按评估报告和转让协议确认资产入账价值。

（五）其他并购重组避税方略

(1) 选择同一行业内生产同类商品的企业作为目标企业即横向并购，这种并购可以消除竞争、扩大市场份额、形成规模效应。从税收角度来看，由于并购后企业经营的行业不变，横向并购一般不改变并购企业的纳税税种与纳税环节。

(2) 选择与供应商或下游企业的合并即纵向并购，可以增加或减少流转税的纳税环节。

① 资料来源：《并购重组中的资产收购双方如何纳税》，西部水泥网，2015-11-04.

并购重组行为能否成功完成,除成本因素外还受其他众多内外因素影响。而并购重组行为是否最终成功,关键在于并购重组后对目标企业的整合与战略重组。税负的减少只是理财手段之一,要与企业其他理财措施结合使用,才能发挥对企业整体的积极作用。

第三节　上市公司并购重组方式创新与风险应对

一、上市公司并购重组方式创新

1. 上市公司并购重组支付和融资方式创新

(1) 推动换股并购。由于换股收购的非公开发行以及要约收购的审批互为条件,因此对这两方面的审批需要考虑进一步协调,加快进度。

(2) 尝试定向发行权证和可转债。这样一方面降低了收购成本,另一方面也给收购方一定的退出渠道和安全边际。

(3) 积极发展私募基金。在海外的一些发达国家中,通过吸引战略投资者所持有的大量资金构建并购基金,不仅吸收了大量的闲散资金,也满足了融资者的融资需要,而且通过并购基金可以将投资者的利益捆绑在一起,分散股票投资的风险。这样降低了投资者的风险,提高了投资者的赢利。

(4) 鼓励杠杆收购,放宽贷款用来投资股权的权限。股权分置改革后,上市公司的股权全流通,流动性明显提升,银行完全可以在考虑公司基本面的风险基础上,根据市价的一定折扣来发放贷款,可以尝试针对目标公司的资产并购的杠杆收购。

(5) 可以考虑利用公司债作为并购的融资渠道。

2. 排挤式合并制度创新

我国目前没有排挤式合并制度。排挤式合并与我国《证券法》第97条第一款规定从立法目的上看二者恰好相反。我国是从保护少数股东出发,规定少数股东有权强制向控股股东出售其剩余股票,收购人不得拒绝;而排挤式合并是从效率出发,规定控股股东有权强制购买少数股东持有的股份,少数股东不得拒绝出售。显然,前一种规定有利于少数股东,他们有权选择是否出售股份,而后一种规定对控股股东和公司较为有利。

两种制度体现了不同价值目标的选择,一个选择了公平,另一个选择了效率。就我国目前的经济现状来讲,我们应该选择效率兼顾公平,少数股东利益的保护也应该有边界,这个边界就是不以牺牲效率为代价。一味追求公平和对少数股东的过分保护会加剧社会成本,这不仅会造成社会财富的浪费,也为我国股权结构调整、公司治理机制的调整设置了障碍,不利于我国目前经济的发展。所以可以考虑同时引入排挤式合并制度以与《证券法》相关条例并存形成一种利益平衡,以期使我国的公司并购更加规范有效。

3. 自愿要约收购制度创新

针对收购过程中需要经过多次举牌才能达到要约收购中30%的股权比例,使收购成本过高的问题,建议可以参照外国的"自愿要约收购制度",即投资者在达到强制要约收购的比例之前,一次性向公众股东发出收购要约,并一次性受让股份,使持有的上市公司股份达到一定比例。英国的《城市法典》就规定投资者在10日内披露的前提下,允许一次扫盘直达全部要约收购的比例。美国《威廉姆斯法案》也有类似规定。我国也有必要明确界定自愿要约收购，使收购人在未触发强制要约收购的范围内拥有较大的自由进行要约收购。

二、上市公司并购重组风险应对

1. 投资风险应对

并购重组必须以经济效益为中心，充分研究购并企业的投入产出比，准确计算初始购并成本和启动及运营成本的关系，做好经济效益的综合测算，防止只图购并成本低廉，购入后投入大产出小的情况发生。在初步确定购并目标后，重点是摸清重组企业的资产负债状况、盈亏状况和发展潜力。在选择转让对象时，要实地查看企业的实力，考察其以往信誉。通过调查摸底，编制模拟资产负债表、损益表和现金流量表，对资产总额、负债总额、净资产情况、实际盈亏状况和资金使用情况进行分析，得出对该企业的静态分析结论。结论还应经投资咨询机构的咨询、论证，最终为决策提供财务依据。此外，增加重组工作的透明度、公开化，也有利于防范投资风险。资产重组公开化包括两个方面，一是程序公开，从开始打算到初步接触，到有合作意向，再到签订协议等，各个环节都应尽量公开；二是扩大选择范围，可以将股权放到市场上公开标价出售、拍卖，特别是上市公司，公开拍卖大宗股权不但有利于防止被投机者所利用，而且更容易找到合理的价格。

2. 经营风险应对

为了有效地培育和强化企业核心竞争能力，企业在兼并中必须注意处理好两个方面的经营问题：一是多元化经营和核心能力的培育。尽管有效的多元化经营可以分散企业经营风险，提高企业现有资源的配置效率，实现企业利润增长点的能动转换，但是，如果在不适当的时机选择了与企业现有产品无关的企业或资产，甚至涉足完全陌生的行业，其结果必然是经营风险没有被分散，而原有的核心竞争能力却被降低，导致企业竞争优势的削弱。美国哈佛商学院教授迈克尔·波特认为：由于科学技术的日新月异，企业已不可能在各个领域都取得竞争优势，在来自外部的竞争越来越激烈的情况下，一个公司在一个领域内与对手相抗衡已十分困难，更谈不上全方位竞争，因而必须专注于自己最擅长的领域，集中发挥企业的积累性学识。波特的观点应当引起我们的高度重视，企业购并的大忌是不相关购并。我国企业以往的购并往往是盲目地扩大经营范围，发展一些自己并不熟悉的产业，这样不仅不能实现多元化经营，反而会将企业的传统优势丧失殆尽。韩国的现代、大宇公司也给了我们很好的警示：它们都是依靠政府扶植起来的“从芯片到轮船”都生产的“恐龙型”企业，由于跨行业购并联合过度，被关联企业拖垮，最终为市场所淘汰。二是资本经营和产品经营。产品经营是企业通过内部资源的整合，包括成本控制，提高生产力，开发新产品、新市场等，以维护和保障企业的核心能力。资本经营对核心能力的效应是通过产品经营来实现的，在兼并过程中应该对资本经营和产品经营同样重视，才能使兼并真正成为培育和增强企业核心能力的有效手段。

3. 文化整合风险应对

公司合并后的文化冲突易使新公司陷入困境。据统计，在全球范围内，资产重组的成功率只有43%左右。在那些失败的重组案例中，80%以上直接或间接起因于新企业文化整合的失败。著名管理学大师彼得·德鲁克曾指出：与所有成功的多元化经营一样，要想通过并购来成功地开展多元化经营，需要有一个共同的团结核心，即必须具有“共同的文化”或至少有“文化上的姻缘”(Drucker,1981)。最擅长使并购企业正常运转的公司，往往从一开始就以清晰的思路，从解决棘手的文化问题入手，制订出详细周密的计划，仔细地评估并购后可能给新企业带来的一切文化方面的影响以及克服这一文化冲突的胜算把握，为并购的成功铺平道路。例如海尔集团在1995年兼并原青岛红星电器厂时，对于这家曾是全国三大洗衣机厂之一但在兼并前负债率高达144%、资不抵债1.3亿元、拥有3 500名职工的大型企业，海尔只是派去了3名企业文化中心管理人员，通过输入海尔文化及管理模式，仅3个月就使红星电器厂扭亏为盈，半年赢利50多万元，显示出文化融合和“无形资产盘活有形资产”的巨大潜力。实践证明，高度重视在被兼并企业中融入兼并企业的先进文化和管理模式，才能振奋精神，激励士气，转变机制，使被兼并企业重新焕发出活力，这样才可能在不增加或少增加物质投入的情况下，改变落后企业的面貌。

4. 市场缺陷风险应对

政府必须加快建立产权交易、融资担保、会计审计、资产评估、法律咨询等全面的中介服务体系，加快推进证券市场建设，增加证券市场的开放度。证券市场的价格发现功能以及上市公司资产的流动性，有利于企业并购交易的公正性、公平性能较好地得到保证。此外，还要加强关联交易的审计，强化信息披露制度，对某些可能导致垄断经营的并购行为进行严格审查；制定防止不正当交易法相关法律，严厉禁止那些利用自己所掌握的内部消息、利用自己的权力搞内幕交易以牟取暴利的非法投机活动，约束投机者和外商的不正当并购行为。

5. 产业政策风险应对

我国的产业政策和结构调整的重点主要有两个方面：一是新兴的有前途的产业，如计算机产业、信息产业、生物工程产业等；二是我国社会经济发展中短缺而又急需的行业。企业在做兼并决策时应重点考察重组对象是否符合国家的产业政策，是否有高度的成长性，未来的发展前景如何，重组后参与市场竞争的潜力如何。通常国家产业政策重点支持的产业都是比较有前途的，企业应该重点选择符合国家产业政策导向、成长性较好、发展前景广阔但目前较为困难的企业。在跨行业兼并时，应尽可能与我国现行产业政策及产业结构调整方向相一致；同行业兼并时，兼并企业应评价其产业在国家产业政策中的地位、国家是否扶持或支持、产业竞争是否激烈、行业增长是否缓慢等问题，以确定进一步扩张该产业的业务是否有较大风险，这样可以有效地规避风险，提高企业兼并的安全性。

三、加强上市公司并购重组监管的政策建议

1. 对于新上市的公司，应尽量采取法人整体上市的方式

我国企业在境内证券交易所上市，基本上全部采用分拆上市形式。以分拆形式上市有许多优点，对于整体资产质量不高、业务结构比较复杂且各业务板块赢利状况不一的企业，可以将其中资产质量较高、赢利状况好的业务分拆出来单独设立一个子公司进行上市。特别是对于那些冗员多、历史包袱重的国有企业而言，整体上市较难，即使能够上市，

也难以提高发行价，所以大都选择分拆上市。分拆上市后保留的母公司，在战略调整、重大投资、业务扩张、并购重组等方面也具有更大的灵活性，避免受到资本市场的过多约束。但是，不可否认，选择分拆上市也往往成为企业蓄意设计的一种逃避监管、输送利益的特殊结构。许多企业，不管是国有企业还是民营企业，明明可以通过结构重组实现法人整体上市，却偏要选择分拆方式上市。一些国有企业通过分拆上市方式来提高发行价，本身就逻辑不通、居心不正，因为整体上市虽然降低了发行价，但是也将历史包袱卖给了资本市场。一些民营企业刻意选择分拆上市，也反映出民营企业家"要利用资本市场，但要留一手"的思维，给资本市场带来了监管漏洞。而且，现在资本市场上"一母多子""一人多企"的结构越来越普遍，这样的结构一方面给并购重组带来了很多空间，另一方面又给并购重组带来了很大的利益操纵空间。以后对于新上市的企业，要尽量采取法人整体上市方式，这样有利于并购重组的单纯化，有利于产业整合式并购重组的开展。

2. 择机实行市场化发行，放松对于增发的管制，推动换股方式的收购

我国股票发行制度在过去10年里发生了重大变化，审批制、额度制的发行方法早已成为历史。但是，目前的核准制仍然需要进行实质性改革，应该真正实行市场化发行，由市场自身决定发行时间、发行数量、发行价格，监管部门重点应该放在保证信息真实性、打击欺诈和误导等行为方面。过去10年，我国资本市场上的机构投资者已经有了极大的发展，交易者的结构已非10年前可比，这为市场化发行准备了很好的条件。2008年以来，监管部门核准了不少企业发行股票，但一些企业因为证券市场低迷等原因纷纷推迟或暂停发行，说明市场本身能够调节发行节奏和发行价格，实行市场化发行是可行的。至少，对于上市公司的增发应该实行市场化，这非常有利于以换股方式实行并购重组。

3. 改变《贷款通则》中贷款资金不能用于股本权益性投资的规定

我国的《贷款通则》是在1996年制定的，而这个通则已经远远脱离了市场经济发展的步伐。通则禁止将银行贷款资金用于股本权益性投资，这样的规定是极不合理、极不科学的。因为在现代市场经济中，企业发展不一定采取有机式成长方式，也可以采取并购式成长方式。而实际上，将银行贷款用于股本权益性投资的行为已经存在，监管部门也是睁一只眼闭一只眼，这种处理方法既加大了监管难度，也给并购交易带来了很大的不确定性，还容易导致风险和扯皮。我国企业在国际上进行并购重组，从银行获得贷款支持已是普遍现象，但这是依靠特批获得的，不利于企业和银行进行常规性交易。因此，我们认为应该修改有关规定，使并购重组可以得到更多的资金支持。

4. 增加对内幕交易、操纵市场价格等行为的监管

我国资本市场并购重组中的内幕交易、操纵市场等行为比较严重，而《上市公司收购管理办法》对此基本没有涉及，《上市公司重大资产重组管理办法》虽然有所提及，但内容粗糙，可操作性不够。国际上，对资本市场上并购重组的管理重点不是对交易的审批，而是对内幕交易、操纵市场等犯罪行为的界定、查处和打击。我们应该进一步完善《上市公司收购管理办法》，增加内幕交易、操纵市场等方面的内容，特别是要规定这些行为的界定标准，使其具有可操作性。

5. 对反收购加强规范

反收购是一种正常行为,在国际资本市场上,收购和反收购往往相互交织。但是,如果反收购行为得不到规范,企业内部或者一些股东就有可能滥用反收购措施阻止正当的收购,或者无法利用反收购手段阻止无益的收购,同时可能出现对企业控制权无休止的恶性争夺。我国资本市场上已经出现了收购和反收购的情况,如华建电子并购重组济南百货,以及银泰集团对鄂武商的争夺等。我们认为,应该在《上市公司收购管理办法》中详尽地对反收购措施进行规范,使反收购既能成为一种正常的市场手段,又不至于阻碍正当并购重组的进行。

第四节　上市公司并购重组新规解读

2014年10月24日,证监会正式发布了修订版的《上市公司重大资产重组管理办法》(以下简称《重组办法》)和《上市公司收购管理办法》(以下简称《收购办法》),从七个方面推进上市公司的并购重组,其中包括取消对不构成借壳上市的重大购买等行为的审批。与此同时,工信部等四部门联合发布《上市公司并购重组行政许可并联审批工作方案》。

一、上市公司重大并购重组新规概况

2016年5月27日,上交所制定发布了《上市公司筹划重大事项停复牌业务指引》,深交所制定发布了《上市公司停复牌业务备忘录》。

2016年6月17日,中国证监会发布了《关于上市公司发行股份购买资产同时募集配套资金用途等问题与解答》。

2016年7月1日,上交所、深交所先后发布《上海证券交易所上市公司重组上市媒体说明会指引》《重大资产重组媒体说明会备忘录》,规定了媒体说明会的参会人员、会议地点和方式、会议程序和信息披露等具体内容。

2016年7月25日,证监会组织保荐业务负责人和内核负责人召开《保荐机构专题培训》,会上发行部领导讲解了再融资审核政策,释放出12大类最新窗口指导。其中,新增两大窗口指导,一是公司的控股股东或持有公司股份5%以上的股东,通过非公开发行股票获取上市公司股份的,应直接认购取得,不得通过资管产品或有限合伙等形式参与认购;二是募集资金投资项目的投资构成中,募集资金不得用于支付员工工资、购买原材料等经营性支出;用于铺底流动资金、预备费、其他费用等的,视同以募集资金补充流动资金。

2016年9月9日,经过3个多月的征求意见,中国证监会正式发布《上市公司重大资产重组管理办法》的正式版本,并修订了《〈上市公司重大资产重组管理办法〉第十四条、第四十四条的适用意见——证券期货法律适用意见第12号》《关于规范上市公司重大资产重组若干问题的规定》《关于加强与上市公司重大资产重组相关股票异常交易监管的暂行规定》三个配套法规。

综上,近期证监会对重大资产重组的监管及法规调整基本确立,见表5-6所示。

表 5-6　近期证监会对重大资产重组的监管及法规调整

<table>
<tr><th>序号</th><th>法规名称</th><th>发布机构</th><th>发布时间</th><th>主 要 内 容</th></tr>
<tr><td>1</td><td>《上市公司筹划重大事项停复牌业务指引》</td><td>上交所</td><td>2016.05.27</td><td rowspan="2">筹划重大资产重组停牌时间不应超过 3 个月，停牌后连续筹划重组的，停牌不超过 5 个月；筹划非公开发行的，原则不超过 1 个月</td></tr>
<tr><td>2</td><td>《上市公司停复牌业务备忘录》</td><td>深交所</td><td>2016.05.27</td></tr>
<tr><td>3</td><td>《关于上市公司发行股份购买资产同时募集配套资金的相关问题与解答》</td><td>证监会</td><td>2016.06.17</td><td>募集配套资金不能用于补充上市公司和标的资产流动资金、偿还债务</td></tr>
<tr><td>4</td><td>《上市公司重组上市媒体说明会指引》</td><td>上交所</td><td>2016.07.01</td><td rowspan="2">重组上市、监管部门要求的以及受到重大媒体质疑的等重大资产重组行为，均须召开媒体说明会</td></tr>
<tr><td>5</td><td>《重大资产重组媒体说明会备忘录》</td><td>深交所</td><td>2016.07.01</td></tr>
<tr><td>6</td><td>2016 年 7 月 25 日《证监会保荐机构专题培训纪要》</td><td>证监会</td><td>2016.07.25</td><td>不鼓励募集配套资金用于补充流动资金、偿还债务</td></tr>
<tr><td>7</td><td>上市公司重大资产重组管理办法</td><td>证监会</td><td>2016.09.09</td><td>明确借壳上市认定、控制权变更、配套募资、延长锁定期、追责等</td></tr>
<tr><td>8</td><td>《〈上市公司重大资产重组管理办法〉第十四条、第四十四条的适用意见——证券期货法律适用意见第 12 号》</td><td>证监会</td><td>2016.09.09</td><td>对累计首次原则、配套募集资金等进一步明确</td></tr>
<tr><td>9</td><td>《关于规范上市公司重大资产重组若干问题的规定》</td><td>证监会</td><td>2016.09.09</td><td>调整对标的资产报批事项的时间要求</td></tr>
<tr><td>10</td><td>《关于加强与上市公司重大资产重组、相关股票异常交易监管的暂行规定》</td><td>证监会</td><td>2016.09.09</td><td>缩短主动终止重组冷淡期至 1 个月</td></tr>
</table>

二、重组新规对市场的影响

此次并购重组新规的正式发布，有助于证监会贯彻落实“依法监管、从严监管、全面监管”理念，促进市场估值体系的理性修复，继续支持通过并购重组提升上市公司质量，引导更多资金投向实体经济。并购重组新规的颁布在促进市场估值体系理性修复、引导更多资金投向实体经济的同时，也将给重组市场本身带来深远影响，并购重组将进入博弈更趋复杂、成交更有难度、利益更加均衡、审核更加具效率的新时代。

1. 防止监管套利

新规从完善借壳认定标准、取消借壳配套融资、延长壳公司原股东和标的公司小股东持股锁定期、加大事后处罚力度等方面压缩了各市场参与主体的监管套利空间。但从另一个角度来说，也有可能限制了市场各方参与上市公司重组的积极性。由于上市公司重组一定程度上还是解决了一些上市公司的历史遗留问题，对上市公司及其中小股东有积极意义。

2. 完善退市机制

新规提高了借壳门槛和卖壳成本，投资者风险加大，有助于投资者形成退市制度落地预期,缓解退市难的局面,促进上市公司优胜劣汰,引导市场进行理性投资和价值投资。

3. 降温壳资源炒作

近年来,市场上出现的各种规避借壳的重组案例,使得上市公司壳资源价格不断攀升,不利于股票二级市场的价值投资和上市公司的优胜劣汰,也容易滋生内幕交易。从市场实践来看,重组新规通过"打补丁"的方式,对此前市场中饱受质疑的规避借壳监管行为进行了完善。重组新规将带来"壳"市场的明显分化。其中,炒卖伪壳、垃圾壳的牟利空间或遭大幅压缩,进而有利于上市公司通过"正常"的并购重组提升质量,推动行业整合和产业升级。

4. 凸显"产业逻辑"

随着一系列并购重组新规的施行,上市公司使用募集配套资金的针对性越来越强,资本市场服务实体经济的趋势愈加显著;现金收购案例大幅增加,上市公司在付出"真金白银"的同时,并购的针对性也越来越强,并购的"产业逻辑"越发凸显。

5. 规范并购重组市场

新规的发布并非针对重组市场监管的终结,反而可以看作规范市场的开端。证监会表示,各项新规施行后,将继续完善全流程监管机制,进一步规范重组上市行为,遏制虚假重组、"忽悠式"重组,促进资本市场并购重组更好地提升上市公司质量、服务实体经济发展。

三、并购重组新规解读

1. 并购重组新规的修改要点

并购重组新规的修改要点如表 5-7 所示。

表 5-7 2016 年 9 月并购重组新规的修改要点

<table>
<tr><th>序号</th><th>修改要点概括</th><th colspan="2">修改前</th><th colspan="2">修改后</th></tr>
<tr><td rowspan="3">1</td><td rowspan="3">拓宽借壳上市认定指标</td><td colspan="2" rowspan="3">资产总额</td><td>量化指标</td><td>资产总额、资产净额、营业收入、净利润、股份</td></tr>
<tr><td>特殊指标</td><td>主营业务</td></tr>
<tr><td>兜底条款</td><td>中国证监会认定的其他情形</td></tr>
<tr><td>2</td><td>进一步明确"控制权变更"判断标准</td><td colspan="2">实际控制人发生变更</td><td colspan="2">从"股本比例""董事会构成""管理层控制"三个维度完善认定标准</td></tr>
<tr><td>3</td><td>确定"首次累计原则"的累计时限</td><td colspan="2">永久</td><td colspan="2">60 个月</td></tr>
<tr><td>4</td><td>取消借壳上市的配套融资</td><td colspan="2">借壳上市同时可以配套融资</td><td colspan="2">借壳上市同时不得配套融资</td></tr>
<tr><td rowspan="3">5</td><td rowspan="3">延长新老股东股份锁定期</td><td>原控股股东</td><td>无</td><td>原控股股东</td><td>36 个月</td></tr>
<tr><td>新控股股东</td><td>36 个月</td><td>新控股股东</td><td>36 个月</td></tr>
<tr><td>其他新股东</td><td>12 个月</td><td>其他新股东</td><td>24 个月</td></tr>
<tr><td>6</td><td>强化对违法或失信壳公司的约束</td><td colspan="2">无</td><td colspan="2">上市公司及其控股股东、实际控制人不得存在违法或失信行为</td></tr>
</table>

续表

序号	修改要点概括	修改前	修改后
7	细化对规避借壳上市审核的追责要求	无	证监会对新类型的规避手法有权视交易情况采取责令上市公司披露信息、暂停交易、警告、罚款、市场禁入、移送司法机关等追责措施
8	主动终止重组冷淡期缩短	公告之日起3个月	公告之日起1个月内

2. 相关法规解读

(1)《重组管理办法》修订对比

涉及事项及条款	新旧对比	
借壳上市认定标准(第十三条第一款)	《重组管理办法》(2016年9月9日)	上市公司自控制权发生变更之日起60个月内,向收购人及其关联人购买资产,导致上市公司发生以下根本变化情形之一的,构成重大资产重组,应当按照本办法的规定报经中国证监会核准:①购买的资产总额占上市公司控制权发生变更的前一个会计年度经审计的合并财务会计报告期末资产总额的比例达到100%以上;②购买的资产在最近一个会计年度所产生的营业收入占上市公司控制权发生变更的前一个会计年度经审计的合并财务会计报告营业收入的比例达到100%以上;③购买的资产在最近一个会计年度所产生的净利润占上市公司控制权发生变更的前一个会计年度经审计的合并财务会计报告净利润的比例达到100%以上;④购买的资产净额占上市公司控制权发生变更的前一个会计年度经审计的合并财务会计报告期末净资产额的比例达到100%以上;⑤为购买资产发行的股份占上市公司首次向收购人及其关联人购买资产的董事会决议前一个交易日的股份的比例达到100%以上;⑥上市公司向收购人及其关联人购买资产虽未达到本款第①至第⑤项标准,但可能导致上市公司主营业务发生根本变化;⑦中国证监会认定的可能导致上市公司发生根本变化的其他情形
	原《重组管理办法》(2014年10月23日)	自控制权发生变更之日起,上市公司向收购人及其关联人购买的资产总额,占上市公司控制权发生变更的前一个会计年度经审计的合并财务会计报告期末资产总额的比例达到100%以上的,除符合本办法第十一条、第四十三条规定的要求外,主板(含中小企业板)上市公司购买的资产对应的经营实体应当是股份有限公司或者有限责任公司,且符合《首次公开发行股票并上市管理办法》(证监会令第32号)规定的其他发行条件;上市公司购买的资产属于金融、创业投资等特定行业的,由中国证监会另行规定。创业板上市公司不得实施前款规定的交易行为
	修改要点	①累计首次原则更改为60个月累计首次原则:控制权发生变更日起5年后达到累计首次100%标准,不构成借壳。②完善量化指标:从原有的资产总额单项指标扩展到资产总额、资产净额、营业收入、净利润、股份五个指标,任一项达到100%,即认定为借壳。③新增定性指标:主营业务发生根本变化。④新增监管机构特殊裁量指标:中国证监会认定的其他情形。

续表

<table>
<tr><th>涉及事项及条款</th><th colspan="2">新旧对比</th></tr>
<tr><td rowspan="3">借壳上市认定标准(第十三条第二款)</td><td>《重组管理办法》(2016年9月9日)</td><td>上市公司实施前款规定的重大资产重组,应当符合下列规定:
(一)符合本办法第十一条、第四十三条规定的要求;
(二)上市公司购买的资产对应的经营实体应当是股份有限公司或者有限责任公司,且符合《首次公开发行股票并上市管理办法》规定的其他发行条件;
(三)上市公司及其最近3年内的控股股东、实际控制人不存在因涉嫌犯罪正被司法机关立案侦查或涉嫌违法违规正被中国证监会立案调查的情形,但是,涉嫌犯罪或违法违规的行为已经终止满3年,交易方案能够消除该行为可能造成的不良后果,且不影响对相关行为人追究责任的除外;
(四)上市公司及其控股股东、实际控制人最近12个月内未受到证券交易所公开谴责,不存在其他重大失信行为;
(五)本次重大资产重组不存在中国证监会认定的可能损害投资者合法权益,或者违背公开、公平、公正原则的其他情形。上市公司通过发行股份购买资产进行重大资产重组的,适用《证券法》和中国证监会的相关规定。
本条第一款所称控制权,按照《上市公司收购管理办法》第八十四条的规定进行认定。上市公司股权分散,董事、高级管理人员可以支配公司重大的财务和经营决策的,视为具有上市公司控制权。
创业板上市公司自控制权发生变更之日起,向收购人及其关联人购买资产,不得导致本条第一款规定的任一情形。上市公司自控制权发生变更之日起,向收购人及其关联人购买的资产属于金融、创业投资等特定行业的,由中国证监会另行规定</td></tr>
<tr><td>原《重组管理办法》(2014年10月23日)</td><td>同上</td></tr>
<tr><td>修改要点</td><td>① 新增被借壳上市公司及其控股股东、实际控制人不得存在被司法机关立案侦查或涉嫌违法违规被证监会立案调查的情形。
② 完善对上市公司控制权变更的认定标准:从“股权比例”“董事会构成”“管理层控制”三个维度完善控制权变更的认定标准。
③ 借壳创业板,以及标的资产属于金融、创投等特定行业的借壳仍被全面限制</td></tr>
</table>

续表

涉及事项及条款	新旧对比	
量化指标计算标准（第十四条）	《重组管理办法》（2016 年 9 月 9 日）	购买股权导致上市公司取得被投资企业控股权的，其资产总额以被投资企业的资产总额和成交金额二者中的较高者为准，营业收入以被投资企业的营业收入为准，净利润以被投资企业扣除非经常性损益前后的净利润的较高者为准，资产净额以被投资企业的净资产额和成交金额二者中的较高者为准；出售股权导致上市公司丧失被投资企业控股权的，其资产总额、营业收入以及资产净额分别以被投资企业的资产总额、营业收入以及净资产额为准。 第十四条第一款第（四）项相应修改为“上市公司在 12 个月内连续对同一或者相关资产进行购买、出售的，以其累计数分别计算相应数额。已按照本办法的规定编制并披露重大资产重组报告书的资产交易行为，无须纳入累计计算的范围。中国证监会对本办法第十三条第一款规定的重大资产重组的累计期限和范围另有规定的，从其规定”
	原《重组管理办法》（2014 年 10 月 23 日）	购买股权导致上市公司取得被投资企业控股权的，其资产总额以被投资企业的资产总额和成交金额二者中的较高者为准，营业收入以被投资企业的营业收入为准，资产净额以被投资企业的净资产额和成交金额二者中的较高者为准；出售股权导致上市公司丧失被投资企业控股权的，其资产总额、营业收入以及资产净额分别以被投资企业的资产总额、营业收入以及净资产额为准
	修改要点	① 新增净利润计算标准；②明确了相关认定指标需累计计算、是否累计计算的参考周期是 12 个月
配套募集资金（第四十四条）	《重组管理办法》（2016 年 9 月 9 日）	上市公司发行股份购买资产的，除属于本办法第十三条第一款规定的交易情形外，可以同时募集部分配套资金，其定价方式按照现行相关规定办理
	原《重组管理办法》（2014 年 10 月 23 日）	上市公司发行股份购买资产的，可以同时募集部分配套资金，其定价方式按照现行相关规定办理
	修改要点	取消借壳上市配套募集资金
借壳上市锁定期（第四十六条）	《重组管理办法》（2016 年 9 月 9 日）	第四十六条增加一款，作为第二款：“属于本办法第十三条第一款规定的交易情形的，上市公司原控股股东、原实际控制人及其控制的关联人，以及在交易过程中从该等主体直接或间接受让该上市公司股份的特定对象应当公开承诺，在本次交易完成后 36 个月内不转让其在该上市公司中拥有权益的股份；除收购人及其关联人以外的特定对象应当公开承诺，其以资产认购而取得的上市公司股份自股份发行结束之日起 24 个月内不得转让。”
	原《重组管理办法》（2014 年 10 月 23 日）	无
	修改要点	① 延长了相关股东的锁定期：新进入的股东锁定期从 12 个月延长到 24 个月； ② 明确原实际控制人及关联方转让股份锁定期：原控股股东、原实际控制人及其控制的关联人，以及在交易过程中从该等主体受让股份的特定对象，须锁定 36 个月

续表

涉及事项及条款		新旧对比
追责条款(第五十三条)	《重组管理办法》(2016年9月9日)	未经中国证监会核准擅自实施本办法第十三条第一款规定的重大资产重组,交易尚未完成的,中国证监会责令上市公司补充披露相关信息、暂停交易并按照本办法第十三条的规定报送申请文件;交易已经完成的,可以处以警告、罚款,并对有关责任人员采取市场禁入的措施;涉嫌犯罪的,依法移送司法机关追究刑事责任
	原《重组管理办法》(2014年10月23日)	无
	修改要点	上市公司私自实施规避借壳行为的,可能被监管机构实施重罚

(2)《证券期货法律适用意见第12号》修订对比

涉及事项及条款		新旧对比
累计首次原则	《证券期货法律适用意见第12号》(2016年9月9日)	(一)执行累计首次原则,即上市公司控制权发生变更之日起60个月内(含上市公司控制权发生变更的同时),向收购人及其关联人购买的资产所对应的资产总额、资产净额、营业收入或净利润,占上市公司控制权发生变更的前一个会计年度经审计的合并财务会计报告的相应指标的比例累计首次达到100%以上的,或者所对应的发行股份的数量,占上市公司首次向收购人及其关联人购买资产的董事会决议前一个交易日的股份比例累计首次达到100%以上的,合并视为一次重大资产重组,应当按规定申报核准;前述60个月内分次购买资产的,每次所购买资产对应的资产总额、资产净额、营业收入、净利润,以该购买事项首次公告日的前一个会计年度经审计的相应指标为准
	原《证券期货法律适用意见第12号》(2015年4月23日)	(一)执行累计首次原则,即按照上市公司控制权发生变更之日起,上市公司在重大资产重组中累计向收购人购买的资产总额(含上市公司控制权变更的同时,上市公司向收购人购买资产的交易行为),占控制权发生变更的前一个会计年度经审计的合并财务会计报告期末资产总额的比例累计首次达到100%以上的原则
	修改要点	① 将累计首次原则时间限定在60个月内;②将借壳认定标准扩展到资产总额、资产净额、营业收入、净利润及股权;③明确计算方法和计算期间起点
配套募集资金	《证券期货法律适用意见第12号》(2016年9月9日)	《重组办法》第四十四条第一款规定:"上市公司发行股份购买资产的,除属于本办法第十三条第一款规定的交易情形外,可以同时募集部分配套资金,其定价方式按照现行相关规定办理。"
	原《证券期货法律适用意见第12号》(2015年4月23日)	《重组办法》第四十四条规定:"上市公司发行股份购买资产的,可以同时募集部分配套资金,其定价方式按照现行相关规定办理。"
	修改要点	明确重组上市不得配套募集资金

(3)《关于规范上市公司重大资产重组若干问题的规定》修订对比

<table>
<tr><th>涉及事项及条款</th><th colspan="2">新旧对比</th></tr>
<tr><td rowspan="3">报批事项</td><td>《关于规范上市公司重大资产重组若干问题的规定》(2016年9月9日)</td><td>第四条　上市公司拟实施重大资产重组的,董事会应当就本次交易是否符合下列规定作出审慎判断,并记载于董事会决议记录中:(一)交易标的资产涉及立项、环保、行业准入、用地、规划、建设施工等有关报批事项的,应当在重大资产重组预案和报告书中披露是否已取得相应的许可证书或有关主管部门的批复文件;本次交易行为涉及有关报批事项的,应当在重大资产重组预案和报告书中详细披露已向有关主管部门报批的进展情况和尚需呈报批准的程序。重大资产重组预案和报告书中应当对报批事项可能无法获得批准的风险作出特别提示</td></tr>
<tr><td>原《关于规范上市公司重大资产重组若干问题的规定》(2008年4月16日)</td><td>第四条 上市公司拟实施重大资产重组的,董事会应当就本次交易是否符合下列规定作出审慎判断,并记载于董事会决议记录中:(一)交易标的资产涉及立项、环保、行业准入、用地、规划、建设施工等有关报批事项的,在本次交易的首次董事会决议公告前应当取得相应的许可证书或者有关主管部门的批复文件;本次交易行为涉及有关报批事项的,应当在重大资产重组预案和报告书中详细披露已向有关主管部门报批的进展情况和尚需呈报批准的程序,并对可能无法获得批准的风险作出特别提示</td></tr>
<tr><td>修改要点</td><td>放宽对交易标的资产报批事项的时间要求,与对交易行为报批事项的要求趋同</td></tr>
</table>

(4)《关于加强与上市公司重大资产重组相关股票异常交易监管的暂行规定》修订对比

<table>
<tr><th>涉及事项及条款</th><th colspan="2">新旧对比</th></tr>
<tr><td rowspan="3">冷淡期</td><td>《关于加强与上市公司重大资产重组相关股票异常交易监管的暂行规定》(2016年9月9日)</td><td>第十二条　上市公司披露重大资产重组预案或者草案后主动终止重大资产重组进程的,上市公司应当同时承诺自公告之日起至少1个月内不再筹划重大资产重组,并予以披露</td></tr>
<tr><td>原《关于加强与上市公司重大资产重组相关股票异常交易监管的暂行规定》(2012年11月6日)</td><td>第十二条　上市公司披露重大资产重组预案或者草案后主动终止重大资产重组进程的,上市公司应当同时承诺自公告之日起至少3个月内不再筹划重大资产重组,并予以披露</td></tr>
<tr><td>修改要点</td><td>主动终止重大资产重组进程的“冷淡期”由3个月缩短至1个月</td></tr>
</table>

本章小结

本章首先对我国上市公司并购重组做了概述,介绍了并购重组的目的、类型、特点、问题及发展趋势,接着从财务角度分析了企业并购的会计处理和税务处理,最后列举了上市公司并购重组方式创新与风险应对,使读者对上市公司并购重组有一个系统的认识。

复习思考题

1. 公司上市后为什么还要进行并购和资产重组?

2. 上市公司开展并购活动如何进行财务整合?

3. 上市公司开展并购活动如何规范操作,有效规避并购风险?

4. 2014年上市公司并购新规有哪些新特点?新规对未来企业并购发展有哪些影响?

案例一 南北车合并,强强携手

一、企业背景介绍

1. 南车情况

中国南车股份有限公司(中文简称"中国南车",英文简称缩写CSR)是经国务院同意,国务院国有资产监督管理委员会批准,由中国南车集团公司联合北京铁工经贸公司共同发起设立的股份有限公司。成立于2007年12月28日,2008年8月实现A+H股上市,现有20家全资及控股子公司,分布在全国11个省市,员工9万余人。总部设在北京。

中国南车主要从事铁路机车、客车、货车、动车组、城轨地铁车辆及重要零部件的研发、制造、销售、修理、租赁和轨道交通装备专有技术延伸产业,以及相关技术服务,信息咨询,实业投资与管理,进出口等业务。按照《国际标准产业分类》划分,属于机械制造业中的交通运输装备制造业。

2. 北车情况

中国北车股份有限公司是经国务院同意,国务院国资委批准,由中国北方机车车辆工业集团公司联合大同前进投资有限责任公司(现已更名为北京北车投资有限责任公司)、中国诚通控股集团有限责任公司和中国华融资产管理公司,于2008年6月26日共同发起设立的股份有限公司。经中国证监会核准,中国北车于2009年12月29日在上交所上市。总部设在北京。

中国北车是中国轨道交通装备制造行业的领军企业,也是世界轨道交通装备制造行业的重要成员。现有21家主要子公司。主要经营:铁路机车车辆(含动车组)、城市轨道车辆、工程机械、机电设备、环保设备、相关部件等产品的开发设计、制造、修理及技术服务、设备租赁等业务;北车集团主要从事股权管理和资产管理等业务;北车投资主要从事项目投资、投资管理、资产管理及管理咨询等业务。

二、合并背景

1. 合并原因

对于从事高技术铁路装备制造业的南北车来说,尽管国内只有这两家企业,但竞争却格外激烈。尤其是近年来,中国铁路装备的需求量在未来几年将达到顶峰,而南车、北车的产能则将远高于需求，必须靠拓展海外市场来满足，海外市场是未来利润的主要来源。而在海外市场的开拓上，其竞争甚至可以称得上“惨烈”。因此，中国南北车需要以合并来打造一个让中国快车全球通的“中国冠军”，进一步提升我国轨道交通装备行业的整体竞争力，使得高速动车组这样的高端制造产生辐射效应，带动我国电子、电气、材料、机械核心技术水平的整体提升。

2. 合并目的

在国内外轨道交通市场快速发展的背景下，中国南车、中国北车作为我国轨道交通装备制造业领军企业和全球重要的轨道交通装备制造商及解决方案提供商，拟通过本次合并进行重组整合，以提升合并后新公司的业务规模，增强盈利能力，打造以轨道交通装备为核心，跨国经营、全球领先的大型综合性产业集团，进而提升全体股东的利益。本次合并将主要从以下三方面推动上述战略目标的实现。

(1) 提升国际化。合并后新公司将把握全球轨道交通市场快速发展的历史机遇，扩大全球市场份额，加快国际化进程。着力统一布局海外投资，避免资源浪费，提高投资效率；整合海外销售队伍，制定统一的海外市场拓展战略，集中力量在国际竞争中获得更加有利的地位；统一品牌形象，集中双方优势参与国际竞争。

(2) 增强协同性。合并双方将在研发、生产、采购、销售等领域充分发挥协同效应，实现资源合理配置，提升公司整体实力。通过统筹研发资源，构建可持续发展的研发体系，融合双方优势技术，加速实现核心技术突破；优化产品体系，实现产品的谱系化、标准化和模块化，为客户创造更大价值；实现生产基地专业化、地域化分工，统筹规划未来投资，实现供应体系、销售体系全球整合，充分挖掘规模效应和协同效应。

(3) 拓展多元化。合并后新公司将利用轨道交通装备板块的既有资源培育新产业，实现业务多元化发展，提高公司抗风险能力。

三、合并过程

2010 年，国资委和当时的铁道部等相关部门开始酝酿并论证南车、北车的合并问题，但当时因为发改委反对而搁置。

2014 年 9 月，南北车合并的消息再次传出，但中国南车、中国北车两公司及中国南车关联方时代新材、南方汇通均集体澄清，表示控股股东目前尚未接到有关重组文件，亦未上报重组方案。但相较于通常公司用于澄清合并传闻的“本公司、公司控股股东、公司实际控制人承诺，在未来 3 个月内本公司不会筹划重大资产重组事项”这一宣言，此次澄清较为和缓。

2014 年 10 月 27 日，中国南车、中国北车以及南车旗下上市公司时代新材均发布公告称，拟筹划重大事项，公司股票停牌。此前，南车集团旗下南方汇通因确认南车集团正进行重大资产重组已经停牌。国资委主导的南车、北车合并重组事宜正式进入实质阶段。

2014 年 10 月 28 日，南北车合并事宜经确认，并宣称周末将发布重大消息。

2014 年 12 月 2 日，中国南车、中国北车合并方案第一稿完成，并上报决策层。初步方案的思路是，由中国南车增发股份吸收合并中国北车全体股东所持的股份，并按照商定的换股比例转换为中国南车的股份。换股吸收合并完成后，中国北车的资产、负债、业务和人员全部进入中国南车。此外，方案还提出，中国南车与中国北车完成合并重组后，还将申请更改名称,目前暂定名称为"中国轨道交通车辆集团股份有限公司"。但由于南车北车重组事关重大,初步方案尚存在较大变数。

2014年12月30日,中国南车股份有限公司、中国北车股份有限公司发布合并预案。

2014年12月31日,中国南车、中国北车公司股票复牌交易。

2015年1月20日,中国南车、中国北车分别召开董事会,审议通过了《关于〈中国南车股份有限公司、中国北车股份有限公司合并报告书(草案)〉及其摘要的议案》等合并相关议案。

2015年3月初,中国南车与中国北车合并(以下简称"本次合并")获得国资委原则同意,并获得了根据当地法律的规定需要在本次合并完成之前获得的所有必要的境外反垄断审查机构的批准。

2015年3月9日,中国南车、中国北车分别召开2015年第一次临时股东大会、2015年第一次A股类别股东会、2015年第一次H股类别股东会,审议通过了合并相关议案。

2015年4月3日,商务部反垄断局出具了《审查决定通知》(商反垄审查函〔2015〕第19号),本次合并已通过商务部反垄断局的经营者集中反垄断审查。

2015年4月22日,中国证监会出具了《关于核准中国南车股份有限公司增发境外上市外资股的批复》(证监许可〔2015〕695号),核准本次合并涉及的中国南车H股增发事宜。

2015年4月24日,中国证监会出具了《关于核准中国南车股份有限公司吸收合并中国北车股份有限公司的批复》(证监许可〔2015〕748号),核准本次合并。

2015年5月18日,中国南车、中国北车分别召开股东大会选举产生合并后新公司董事及监事,并审议通过合并后新公司章程(草案)、股东大会议事规则(草案)、董事会议事规则(草案)、监事会议事规则(草案)。

2015年5月20日,中国北车A股及H股股票在沪港两市终止上市;同日,中国北车股东持有的中国北车A股及H股股票按照1∶1.10的比例开始相应转换为中国南车A股及H股股票。

2015年5月26日,本次合并涉及的H股换股完成,中国南车新增发行H股股份2 347 066 040股;2015年5月28日,本次合并涉及的A股换股完成,中国南车新增发行A股股份11 138 692 293股;2015年6月1日,中国南车完成工商变更登记手续,更名为"中国中车股份有限公司";2015年6月8日,中国中车股票在沪港两市复牌上市交易。

2015年9月28日,由中国南车集团公司和中国北车集团公司重组合并而成的中国中车集团公司正式宣告成立,历时将近一年的南北车重组工程圆满竣工。崔殿国任董事长、郑昌泓任党委书记、刘化龙任总经理。

四、合并方案

1. 合并方式

中国南车与中国北车按照"坚持对等合并、着眼未来、共谋发展,坚持精心谋划、稳妥推进、规范操作"的合并原则,技术上采取中国南车吸收合并中国北车的方式进行合并,即中国南车向中国北车全体A股换股股东发行中国南车A股股票、向中国北车全体H股换股股东发行中国南车H股股票,并且拟发行的A股股票将申请在上交所上市流通,拟发行的H股股票将申请在香港联合交易所上市流通，中国北车的A股股票和H股股票相应予以注销。合并后新公司同时承继和承接中国南车与中国北车的全部资产、负债、业务、人员、合同、资质及其他一切权利与义务。合并后新公司将采用新的公司名称和组织机构代码、股票简称与代码、法人治理结构、战略定位、组织架构、管理体系、公司品牌等，从而实现双方的对等合并。为加快推进本次合并，就前述方案的具体实施，合并双方决定不就合并后新公司申请新的股票代码。本次合并应具有《公司法》规定的效力并应当符合香港上市规则和香港收购合并守则的规定。

其中，就合并后新公司的名称，合并双方初步拟定中文名称：中国中车股份有限公司；中文简称：中国中车；英文名称：CRRC corporation limited；英文简称：CRRC。合并后新公司的名称最终以国家工商行政管理总局及香港公司注册处核准登记的名称为准。

2. 换股对象

本次合并中，换股对象为换股实施股权登记日收市后登记在册的中国北车的全体股东。

3. 换股价格和比例

本次合并中，中国南车和中国北车的A股与H股拟采用同一换股比例进行换股，以使同一公司的所有A股股东和H股股东获得公平对待，从而同一公司的不同类别股东持有股比的相对比例在合并前后保持不变。本次合并的具体换股比例为1∶1.10，即每1股中国北车A股股票可以换取1.10股中国南车将发行的中国南车A股股票，每1股中国北车H股股票可以换取1.10股中国南车将发行的中国南车H股股票。

上述换股比例系由合并双方在以相关股票于首次董事会决议公告日前20个交易日的交易均价作为市场参考价的基础上，综合考虑历史股价、经营业绩、市值规模等因素，经公平协商而定。具体而言，中国南车A股和H股的市场参考价分别为5.63元/股、7.32港元/股；中国北车A股和H股的市场参考价分别为5.92元/股、7.21港元/股；根据该等参考价并结合前述换股比例，中国南车的A股股票换股价格和H股股票换股价格分别确定为5.63元/股、7.32港元/股，中国北车的A股股票换股价格和H股股票换股价格分别确定为6.19元/股、8.05港元/股。

中国北车换股股东取得的中国南车A股股票或H股股票应当为整数，如其所持有的中国北车A股股票按换股比例可获得的中国南车A股股票的数额不是整数，则按照其小数点后尾数大小排序，每一位A股换股股东依次送一股，直至实际换股数与计划发行股数一致。如遇尾数相同者多于余股时则采取计算机系统随机发放的方式，直至实际换股数与计划发行股数一致。

【案例评析】

中国南北车合并属于典型的横向合并，南车与北车在业务与市场方面存在巨大的重合，属于竞争者间并购，合并后有如下影响。

(1) 获得规模效应。南车与北车在合并前，凭借中国巨大的市场，在铁路设备领域已经属于“领头羊”的企业，合并后，更会诞生一个“巨无霸”，使中国高铁可以以一个拳头打进国际市场，配合国家的“一带一路”战略，可以同西门子、日本新干线等国际巨头相较高下，推动中国高铁走出去，同时在国内将会处于垄断地位，独家垄断国内的客车、机车、货车与动车组市场，采购议价能力提高，零部件采购成本降低，提升企业利润。

(2) 提高资源配置效率。合并后中国中车将会着力统一布局海外市场，避免资源浪费，提高投资效率。同时双方将在研发、生产、采购、销售等领域充分发挥协同效应，统筹研发资源，融合双方技术优势，加速实现核心技术突破。

(3) 提高行业的进入障碍。合并后的中车在国内市场将垄断大部分的轨道交通装备销售，进入壁垒高，在轨交产业链的议价能力提高，将可能提高国内轨交装备价格，最终影响到铁路的票价。同时由于国内缺乏竞争者，企业会降低对技术的研发投入，不利于我国铁路技术的长期发展。

【案例讨论题】

1. 南北车合并是两大国有上市央企在国家"一带一路"战略、国企深化改革的大背景下的一次上市"A+H"股公司间的并购，具有典型性和示范效应，带给人们很多启示和思考。结合本案例中的南北车合并事件，重点思考如下问题：本案例的合并方式是吸收合并还是新设合并？现实中应如何判断？

2. 此次合并对行业的影响是什么？

案例二 宏达高科收购佰金

一、案例简介

宏达高科为更快发展公司的医疗器械产业，进一步延伸公司的产业链，从而增强公司持续赢利能力和竞争能力，更有利于公司的长远发展和中小股东的利益，于2011年10月27日与上海开兴医疗器械有限公司自然人金玉祥签署了《股权转让协议》。公司以自有资金人民币9 800万元的价格收购上海佰金医疗器械有限公司股东所持有的佰金公司100%股权。其中以人民币9 702万元收购上海开兴医疗器械有限公司所持有的佰金公司99%股权；以人民币98万元收购金玉祥所持有的佰金公司1%股权。本次收购完成后，公司将持有佰金公司100%股权，佰金公司将成为公司的全资子公司。

二、收购方简介

(一) 收购前的财务表现

宏达高科(曾用名"宏达经编")于2007年8月上市。上市之初，公司以生产汽车内饰面料为主。然而，面对纺织行业人工成本、材料成本不断提高以及出口赢利不断降低的困境，2008年和2009年的公司主营业务收入持续下滑。这迫使公司不得不走上业务转型之路，2009年宏达经编推出定向增发购买资产的重组预案，2010年获得证监会有条件核准通过。通过此次增发，宏达经编向深圳威尔德主要股东合计发行4 400万股购买相关资产的100%股权，交易价格总计3.59亿元。同年，宏达经编更名为宏达高科。在收购完成后，宏达高科2010年主营业务收入增长37%，净利润增长256.75%。

2011年上半年，公司营业收入较上年同期增长70.58%，利润总额同比增长

100.56%，归属于上市公司股东的净利润同比增长 87.00%，威尔德医疗电子有限公司报告期内其B超产品业务占公司主营业务收入的比重为 19.86%。

（二）融资状况

近年来，银行借款成为公司重要的融资渠道。银行借款以短期银行借款为主的财务结构将会影响公司经营的安全性，适时、适当地调整财务结构有利于公司稳健经营和实现可持续发展。公司拟利用本次发行的契机，适当调整流动资金的融资结构，以进一步控制财务风险，提高经营的安全性。

通过本次非公开发行募集资金中的 6 500 万元用于补充公司流动资金，以满足公司日常经营资金需求，优化财务结构，减少财务费用，提高公司赢利水平和抗风险能力。

（三）目标企业选择

1. 行业分析

我国医疗器械行业发展迅速，尤其是进入 21 世纪以来，产业整体步入高速增长阶段，2000 年至 2009 年 10 年间，中国医疗器械产业整体规模翻了近 6 倍，工业增加值在全国 GDP（国内生产总值）中所占比重稳步上升。

同时医疗器械行业两极分化趋势明显，一方面 90%的企业是年收入不足 1 000 万元的以生产技术含量较低产品为主的中小型企业，该领域准入门槛较低，与国外企业竞争力弱，国内竞争较激烈；另一方面，生产电子监护设备、超声诊断设备、心电生理设备、X 射线断层扫描设备、CT 等拥有自主品牌的高技术含量产品且收入规模过亿的企业仅几十家。

虽然我国医疗器械产业整体发展势头迅猛，但仍无法充分满足国内市场需求，大型高端医疗设备主要依赖进口，与世界医疗器械工业强国仍存在很大差距。

2. 公司分析

宏达高科在 2010 年完成对医疗器械类公司深圳威尔德的收购后，净利润持续高速增长。为扩大竞争力和企业持续发展，该公司将目标锁定在比较有前景的上海佰金医疗器械有限公司，完成横向并购，借此完成对医疗器械产业的升级。

三、被收购方简介

上海佰金医疗器械有限公司成立于 2009 年 8 月 3 日，由上海市工商行政管理局崇明分局批准设立。经营期限为 20 年，注册资本为 100 万元。2011 年增资后注册资本为 200 万元。公司具有专业的经营团队和一流的服务理念，并且拥有多家国外知名医疗器械的国内代理权。公司于 2011 年进行资产重组后正式成为宏达高科控股股份有限公司（002144）的全资子公司。

公司主要代理的品牌如下。

（1）Philips 医疗部的全线产品，如 CT、核磁、DSA、DR、超声、监护等。

（2）美国史帝瑞的清洗、消毒、灭菌、无影灯、手术床、吊塔。

（3）波兰 EMED 的电外科工作站。

（4）德国 STEPHAN 的成人、儿童呼吸机等国际主流品牌。

四、并购动因分析

1. 核心能力分析

根据企业生命周期理论,每一个企业的产品都有一个开发、试制、成形、衰退的过程。对于生产某一主导产品的企业,它一方面可以不断地开发新品种以适应企业的产品生命周期;另一方面则可以制订较长远的发展计划,有意识地通过企业并购的方式达到进行产品转移的目的。

近年来,纺织业景气逐步走低,宏达高科出现了利润下滑现象,为了走出所处行业衰退阶段的窘境,宏达高科选择进入新兴的行业来改变企业的未来赢利点。

上海佰金虽然成立时间不长,但具备较为优质的客户资源,与国际、国内多家医疗设备厂商、经销商保持良好的合作关系,并初步形成了遍布周边的营销网络,其人力资源、营销网络和客户关系等无形资产的价值不容小觑。

佰金公司2010年全年营业收入达591.9万元,净利润达24.4万元,而2011年前三个季度却完成了4 015.9万元的营业额,净利润则高达1 317.4万元。根据中京民信给出的评估报告,佰金公司的公允市场价值为10 033.52万元,评估增值为8 817.46万元,增值率高达725.08%。由此可以看出佰金正处于高速发展期。公司规模还未成形,但其增长性强。

上海佰金所处行业以及公司成长性成为吸引宏达高科的一个重要因素,宏达高科可以通过对上海佰金的收购,涉足朝阳行业,进一步提高其核心能力。

2. 协同效应分析

对于上海佰金来说,宏达高科是中国经编行业首家上市公司,各项经济指标名列国内同行前茅,是"中国纺织行业竞争力500强企业"。与此同时,佰金受资金"瓶颈"的限制,现有进口医疗设备的代理与销售规模受到制约,如果与上市公司进行整合,则该块业务的规模将得到有力拓展并稳步增长。对宏达高科来说进军医疗器械行业的目标明确,威尔德的收购使宏达高科控股公司赢利能力提升的同时,又使其管理层熟悉了新行业的运作模式。

而宏达高科在决定进军医疗器械行业后,在收购威尔德之后其在医疗器械行业产业链中营销的短板逐渐显现出来。

此时收购上海佰金公司正是宏达高科管理层的高瞻远瞩,其先通过纵向并购威尔德进军医疗器械行业,然后通过横向并购上海佰金快速实现规模效应,是管理层谋求并购经营的协同效应的一种体现。那么,借助上海佰金和威尔德获得规模经济及范围经济,实现经营的协同,一是使其在行业中存在规模经济;二是使其并购后形成的子公司存在范围经济,资源互补。

3. 企业发展动机

任何一种并购都可以以自建的方式来实现,除了并购上海佰金,宏达高科还可以通过自建的方式实现其在医疗器械行业的发展。不过对于宏达高科而言,通过并购显然要比通过自建的方式更容易实现其在医疗器械行业的发展。这主要因为,对于宏达高科来说其主营业务并非医疗器械行业,行业经验几乎没有,其要面对的是开拓一个全新的市场,面对着营销网络、市场占有率、转换成本、时间成本进入新行业的壁垒。虽然通过自建的方式可以实现定制化的发展,但其已经不符合成本效益的原则。

并购可以大幅度降低企业发展的风险和成本。投资新建的方法并不仅仅涉及增加新的生产力，企业还要花费大量的时间和财力获取稳定的原料来源，寻找合适的销售渠道，开拓和争取市场。因此，这种方法涉及更多的风险。在并购的情况下，企业可以利用原有企业的原料来源、销售渠道和已占有的市场，大幅度减少发展过程中的不确定性，降低风险和成本。

并购可充分利用经验——成本曲线效应。运用并购发展的另一巨大优势是取得经验——曲线效应。由于经验固有的特点，企业无法通过复制、聘请对方企业的雇员、购置新技术等手段来获取经验，这就使拥有经验的企业拥有了成本上的优势。采用投资新建的方式进入某一新领域时，新企业由于不具备经验优势，其成本必然高于原有企业。

五、并购整合分析

1. 战略整合

在现有医疗设备代理业务拓展的基础上，向前端拓展，做进口医疗设备的中国总物流商或总代理商。

佰金公司的经营团队具有较丰富的行业从业经验，与多家国外知名医疗设备企业建立了深入的合作关系，随着现有医疗设备代理业务突破资金“瓶颈”后的拓展，与这些知名医疗设备企业的合作深度及影响力必将进一步扩大。在此基础上，借助上市公司平台所构建的资金实力及品牌优势，未来公司可以从现有的进口医疗器械国内分销代理商上升为中国总物流商或总代理商，从产业链现有位置向前端推移，有助于进一步扩大公司规模、提升话语权、构筑核心竞争优势，对佰金公司发展具有深远意义。

2. 组织的管理制度整合

由于企业管理理念和管理制度的差异可能给收购后的公司带来一定的管理风险，因此公司将进一步建立和完善各项管理制度，加强内部控制，及时发现经营管理中的问题，并及时采取必要措施进行整改。

3. 人力资源整合

此次收购后，公司将派驻管理人员进行管理，可能不能快速有效融合，从而有影响管理效率、营销创新、市场开发的风险。公司将加大双方沟通和交流力度，实现优势互补，促进双方在经营发展方面实现全面的整合。

4. 业务整合

收购上海佰金医疗器械公司，实施产品结构调整，在继续做强汽车内饰面料的同时，大力开拓市场前景广阔的专用面料产品。做大医疗器械业务，公司看好医疗器械行业的前景及高赢利，将其作为未来几年的发展重心。上海佰金销售渠道优势强大，将借助上市公司资金优势开发多项新业务。宏达高科在2010年下半年完成威尔德吸收合并后，赢利能力已大幅提升，上海佰金的加入将进一步加速公司的整体发展。

（资料来源：“宏达高科收购佰金”案例分析. http://wenku.baidu.com/view/5dd397c189eb172dec63b705.html.）

【案例评析】

并购有效地降低了进入新行业的壁垒。企业在进入一个新领域时，面临着现有企业的激烈反应，并且有很高的转换成本，使企业很难占领市场；此外，还有诸如筹资方面的困难、销售渠道、地理位置、政府的政策等因素的影响。如果用并购的办法,进入壁垒可以大幅度降低。

通过并购,进入新的业务领域,实现公司业务转型,不失为一个可行的途径,本次收购上海佰金,可增强医疗器械的营销渠道,与此前并购的深圳威尔德医疗电子有限公司形成业务协同,弥补威尔德的营销短板。借助佰金公司的渠道优势,威尔德的销售增长将更有保障,促使宏达转型加速前进,有利于提升整体业绩和估值水平。

事实上,对于未来可能产生的风险,宏达高科对于佰金上了"双保险":开兴公司的实际控制人金向阳承诺,开兴公司将收到的股权转让款减去应缴所得税后的80%用于二级市场购买宏达高科的股票,而该部分股票在次年的1月1日前不得转让,在2013年1月1日至2018年12月31日内将按照每年一定的比例转让;而金向阳本人将继续持有开兴公司所有股权不低于9年。

对于2011年至2016年的业绩,金向阳也分别给出了1 000万元、1 800万元、2 000万元、2 500万元、2 600万元、2 800万元的业绩承诺。如果佰金公司当年完成了业绩承诺,将业绩承诺净利润扣除依法提取的公积金后,全部用于现金分红上缴上市公司,而如若未能完成承诺,将由金向阳用现金补偿差额,如果未能做到,则由宏达高科股价折合相应股份后从开兴公司所持宏达高科中扣除,并由上市公司以总价1元回购并予以注销。

也就是说,金向阳虽然表面上拿到了近亿元巨款但未能落袋为安,其中的80%将用于购买宏达高科的股票,且一旦未能完成承诺业绩,其中的差额仍要真金白银地拿出来填坑。这等于说是锁定了佰金公司的风险,而佰金成了宏达高科的子公司,利益和上市公司绑定在一起。宏达高科这种带有附加条件的交易结构设计值得借鉴。

【案例讨论题】

1. 讨论混合并购对上市公司发展有哪些意义。
2. 跨行业并购后新公司应如何做好企业整合?

第六章 跨国并购

跨国并购是企业国内并购的延伸，是跨越国界的兼并与收购活动。20 世纪 50 年代以来，跨国公司迅猛发展，成为国际贸易和国际投资的主要承担者与微观载体。跨国公司通过对外直接投资控制着许多国家的经济活动，通过内部的经营活动，将不同国家和地区的生产资源进行调拨，实现低成本的优化配置。通常，跨国公司打开他国市场或控制他国企业的主要方式有绿地投资和褐地投资两种。所谓绿地投资就是直接投资创建独资或合资企业；褐地投资则是直接投资并购企业，即跨国并购。本章将重点介绍跨国并购的相关理论知识和中国企业跨国并购的实践。

第一节 跨国并购理论与发展

一、跨国并购的定义和分类

对兼并和收购最权威的定义当属联合国贸易和发展会议有关文献的界定："在跨国兼并中，原来分属两个不同国家的两家企业的资产与经营被结合成一个新的法人实体。在跨国收购中，资产和经营控制权从当地企业转移到外国公司，前者成为后者的子公司。"

1. 跨国并购的定义

通常，跨国并购是跨国兼并和跨国收购的总称，是指一国企业（又称并购企业）为了达到某种目标，通过一定的渠道和支付手段，将另一国企业（又称被并购企业）的所有资产或足以行使运营活动的股份收买下来，从而对另一国企业的经营管理实施实际的或完全的控制行为。跨国公司的国际并购一般涉及两个或两个以上国家的企业、两个或两个以上国家的市场和两个以上政府控制下的法律制度，其中"一国跨国性企业"是并购发出企业或并购企业，"另一国企业"是他国被并购企业，也称目标企业。而所谓的"渠道"，包括并购的跨国性企业直接向目标企业投资，或通过目标国所在地的子公司进行并购两种形式，这里的"支付手段"包括支付现金、从金融机构贷款、以股换股和发行债券等形式。而跨国公司的国内并购是指某一跨国性企业在其国内以某种形式并购本国企业。

20 世纪 90 年代以来，发达国家企业的并购规模日益增大，并购金额连创新高，诞生了许多超大型跨国公司。如 1998 年德国的戴姆勒-奔驰公司和美国的克莱斯勒公司合并，成立了戴姆勒-克莱斯勒汽车公司。新公司的市场资本额在世界汽车业中名列第二。又如 1999 年 1 月 15 日，英国沃达丰移动电话公司宣布与美国空中火炬公司合并，成立沃达丰空中火炬公司，新公司成为世界最大的移动电话公司。21 世纪以来，跨国并购已经成为企业扩大经营规模、迅速打开他国市场或控制他国企业所采用的主要手段。据统计，过去 10 年中，跨国并购交易约占全球外商直接投资流入的 75%，在发达国家，这一比例甚至更高。根据联合国贸易和发展会议发布的2002年《世界投资报告》对10亿美元以上的大宗跨国并购案的统计,世界跨国并购活动以英国、法国、美国、德国、瑞士、荷兰和加拿大7个国家为主。特别是排在前四位国家的大宗并购额超过2 000亿美元,其流出量共计12 612亿美元,约占总额的73.8%。其中,尤为突出的是英国,其大宗并购额约占总流出量的36.2%。如果加上西欧各国的并购额,那么在2002年,并购额共计8 267亿美元,占大宗并购总额的95.4%。从上述这些国家和地区流出的金额为8 381亿美元,占世界流出总额的96.8%。其中,流入美国的并购交易额高达2 554亿美元,德国为2 339亿美元,英国为1 400亿美元。

根据联合国贸易和发展会议的定义,跨国并购具体包括两种形式:一是跨国收购,即外国企业收购当地企业或外国子公司10%以上的股权,将其控制权转移到自己手中;二是跨国兼并,当地企业与外国企业的资产和业务合并后建立一家新实体或现有的企业。这种合并可分为法定合并和平等合并,在前种情况下,只有一家公司继续存在,成为新成立的公司,承担起不再是法人实体的另一家公司的全部债务。跨国并购的结构如图6-1所示。

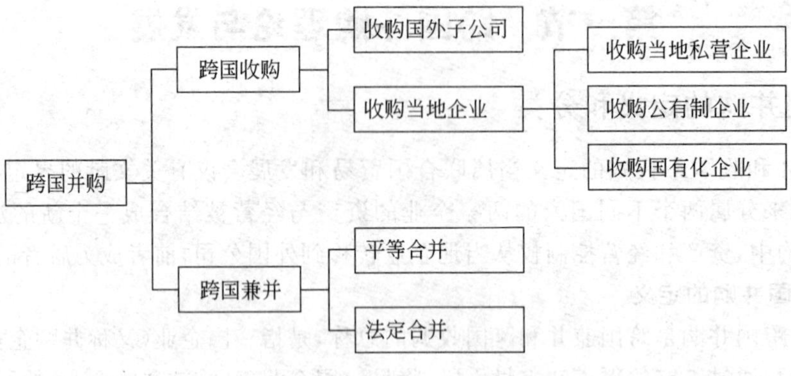

图6-1 跨国并购的结构

资料来源:UNCTAD投资报告(2000)

需要注意的是,由于跨国并购发生在两个及两个以上不同主权国家之间,为了保护本国利益或出自产业安全、经济安全和国家安全考虑,各国对外国投资并购境内企业在并购领域、比例及程序上加以种种规定。

从中国现有的规定来看,当并购目标是外商投资企业时,无须通过审批程序,但并购资产若享受过进口设备减免税收优惠待遇并仍在海关监管年限内的机器设备,则应根据相关规定,首先获得海关的许可且补缴关税后才能进行资产转移。当并购目标是境内国有企业时,资产收购价格一般需经过审计和政府批准。当目标公司为上市公司时,这一重大资产变动应按照《关于上市公司重大购买、出售、置换资产若干问题的通知》的规定上报证监会批准。

在并购控股方面,我国政府相关条例规定,凡不允许外商独资经营的产业,并购不得导致外国投资者持有全部股权;须由中方控股或相对控股的企业,并购后仍由中方占据股权控制优势;禁止外国投资者经营的产业,外国投资者不得并购该产业内的企业。

在反垄断审查方面，规定当外国投资者并购境内企业出现并购一方当事人当年在中国市场营业额超过15亿元人民币或一年内并购国内关联行业的企业超过10个，或在中国的市场占有率已经达到20%，或并购导致其在中国的市场占有率达到25%时，该投资者就应向商务部和国家工商行政管理总局报告。在虽未达到上述条件，但应国内相关部门和行业协会的请求，商务部或国家工商行政管理总局认为外国投资者并购涉及市场份额巨大，或者存在其他严重影响市场竞争等重要因素的，也可以要求外国投资者做出报告。

2. 跨国并购的分类

企业的跨国并购一般有跨国兼并和跨国收购两种方式。但就并购形式而言，从不同角度有不同的分类。从方式上可分为直接并购和间接并购，从并购动机上可分为调整型跨国并购和战略型跨国并购。

按跨国并购双方的行业关系，跨国并购可以分为横向跨国并购、纵向跨国并购和混合跨国并购。横向跨国并购是指两个以上国家生产或销售相同或相似产品的企业之间的并购。其目的是扩大世界市场的份额，增加企业的国际竞争力，直至获得世界垄断地位，以攫取高额垄断利润。在横向跨国并购中，由于并购双方有相同的行业背景和经历，所以比较容易实现并购整合。横向跨国并购是跨国并购中经常采用的形式。纵向跨国并购是指两个以上国家处于生产同一或相似产品但又处于不同生产阶段的企业之间的并购。其目的通常是稳定和扩大原材料的供应来源或产品的销售渠道，从而减少竞争对手的原材料供应或产品的销售。并购双方一般是原材料供应者或产品购买者，所以对彼此的生产状况比较熟悉，并购后容易整合。混合跨国并购是指两个以上国家处于不同行业的企业之间的并购。其目的是实现全球发展战略和多元化经营战略，减少单一行业经营的风险，增强企业在世界市场上的整体竞争实力。

从并购企业和目标企业是否接触来看，跨国并购可分为直接并购和间接并购。直接并购指并购企业根据自己的战略规划直接向目标企业提出所有权要求，或者目标企业因经营不善以及遇到难以克服的困难而向并购企业主动提出转让所有权，并经双方磋商达成协议，完成所有权的转移。间接并购是指并购企业在没有向目标企业发出并购请求的情况下，通过在证券市场收购目标企业的股票取得对目标企业的控制权。与直接并购相比，间接并购受法律规定的制约较大，成功的概率也相对小一些。

自20世纪90年代以来，跨国并购形式变得越来越复杂，跨国并购后的企业国籍变得难以识别。通常，跨国并购可分为七种类型：①X国国内企业并购X国外国子公司；②X国国内企业并购Y国国内企业；③X国国内企业并购Y国外国企业；④X国的外国子公司并购X国的国内企业；⑤X国的外国子公司并购X国的另一家外国子公司；⑥X国的外国子公司并购Y国国内企业；⑦X国的外国子公司并购Y国的外国子公司。

二、跨国并购相关理论

跨国并购理论是国际贸易理论、经济学以及企业国际商务理论中最重要的课题之一，随着组织经济理论、福利经济学、企业行为理论、信息经济学、博弈论的发展而得到很大进步。20世纪七八十年代以来跨国并购理论发展迅速，成为经济学界最活跃的领域之一。

跨国并购随着全球经济一体化而产生,众多学者自20世纪80年代以来从各个不同的角度对跨国并购的动机、效应和整合等方面进行了探索,形成了多种理论。本节重点阐述在跨国并购方面形成的交易费用、产业组织、企业成长以及效率规模等理论。

1. 交易费用论

交易费用理论是整个现代产权理论大厦的基础。1937年,著名经济学家罗纳德·科斯在"企业的性质"一文中首次提出交易费用理论,该理论认为,企业和市场是两种可以相互替代的资源配置机制,由于存在有限理性、机会主义、不确定性与小数目条件使市场交易费用高昂,为节约交易费用,企业作为代替市场的新型交易形式应运而生。交易费用决定了企业的存在,企业采取不同的组织方式最终目的也是节约交易费用。他指出:市场和企业都是两种不同的组织劳动分工的方式(两种不同的"交易"方式),企业产生的原因是企业组织劳动分工的交易费用低于市场组织劳动分工的费用。一方面,企业作为一种交易形式,可以把若干个生产要素的所有者和产品的所有者组成一个单位参加市场交易,从而减少了交易者的数目和交易中的摩擦,因而降低了交易成本;另一方面,在企业之内,市场交易被取消,随着市场交易的复杂结构被企业家所替代,企业家指挥生产,因此,企业替代了市场。由此可见,无论是企业内部交易,还是市场交易,都存在不同的交易费用;而企业替代市场,是因为通过企业交易而形成的交易费用比通过市场交易而形成的交易费用低。所谓交易费用,是指企业用于寻找交易对象、订立合同、执行交易、洽谈交易、监督交易等方面的费用与支出,主要由搜索成本、谈判成本、签约成本与监督成本构成。企业运用收购、兼并、重组等资本运营方式,可以将市场内部化,消除由于市场的不确定性所带来的风险,从而降低交易费用。

Hennart和Park最早运用交易费用理论来分析跨国公司并购选择。他们指出,当跨国公司具有技术优势、管理优势时,并购投资会增加交易成本,从而不利于并购进入;但是如果跨国公司的扩张是在非相关行业,并购可以减少投资风险,降低交易费用。Horn和Persson则从贸易成本的角度分析跨国并购的进入方式。当贸易成本较低时,跨国公司的出口贸易使东道国市场竞争激烈,国内企业在购买并购资产竞价中的竞争力被削弱,外国企业购买国内资产可能实现;当高关税使得贸易成本较高时,国内并购使国内企业获得垄断租金,从而愿意支付较高的价格,使外国企业购买国内资产的成本提高,抑制外资并购的发生。

2. 产业组织论

产业组织出现在20世纪初现代制造业企业兴起后,早期学者将"产业"和"制造业"等同,把产业视为生产同一或相似产品的企业集合。马歇尔最早提出了产业组织概念。在他看来,产业和生物组织体一样,是一个随着组织体中各部分的机能分化(企业内的分工和社会分工)和组织各部分之间紧密联系和联合(企业的兼并和准兼并)的社会组织体。他以分工和协作作为产业组织理论的基础讨论了产业组织中的内部经济与外部经济,工厂规模和经济规模。产业组织理论认为,企业的最低有效生产规模、核心技术和政府对产业进入的限制,都可能对企业的行业进入形成产业壁垒。而企业通过对行业内的并购,获得其生产能力和技术,可以降低或消除其行业壁垒,规避政策限制,从而有效降低或消除规模、技术壁垒,实现有效进入。

在国际市场上，跨国公司面临更高的产业壁垒，这是因为跨国公司不熟悉东道国市场，以及国际市场竞争更加激烈。从政策上讲，东道国的产业政策对外资进入有更多的限制，构成了更高的产业进入政策壁垒。由此，在国际市场上，产业壁垒对跨国并购的影响更大。如电信、石油等行业，即使是实力雄厚的大型跨国公司也难以通过新建方式进入东道国市场，而只能采取并购投资。可见，产业组织理论已经从产业层次上提出了产业壁垒对跨国并购产生影响的观点。

3. 企业成长论

Penrose 基于能源这一生产要素提出企业成长理论，认为企业成长不仅要依靠劳动分工，而且企业内部能源的整合和协调对企业的成长至关重要。这集中体现在企业的人力能源中，因为依靠企业经理人员的能力、知识和管理经验，就可以更有效地利用企业内部资源，产生更高的组织效率。企业成长理论将人力资源看作影响跨国公司并购扩张的最重要因素，并认为当企业扩张不再具有人力资源优势时，就只能通过并购获得目标公司的人力资源来实现成长。收购一家现有的企业而不是选择内部成长的动机可能是从外部寻求战略性资产，这样更有利于企业的成长。所谓战略性资产，是指企业通过在规模经济、范围经济、设施和系统效率及品牌资产方面投资积累起来的能源，这些所有权资产或多或少地带有东道国的某些本土化特征，如当地的供应链和分销网络。企业为达到实现国际成长的目标，就必须在这些资产的获取上占有时间优势，所以跨国并购是最佳的战略选择。跨国并购可以增加收购方在相关行业资产的控制能力，提高企业的生产能力，促进企业的成长。

4. 效率规模论

效率规模论认为企业并购后经济效益随着资产经营规模的扩大而得到提高。该理论假说在行业中存在规模经济和范围经济，在公司合并之前，公司的经营活动达不到实现规模经济的潜在要求，但是通过并购可以实现这一规模。就微观而言，跨国并购的动机是多元化的，体现在投机型动机、经济型动机和战略型动机上。跨国并购的目的是规模经济。跨国并购将具有不同最佳有效规模的中间产品或生产过程分布到不同区域生产，就会带来生产节约以使交易效率提高。当各个不同的跨国公司都将某种不同产品和工序集中于某一特定区域时，产业集聚形成，而产业集聚又使产业内贸易规模扩大，由此产业内贸易和跨国公司并购是并存的经济现象。因此，跨国公司的全球战略、对技术能源和市场的寻求、对规模和效率的追求以及经济全球化、金融自由国际化以及东道国经济发展，众多因素一起促成了跨国并购的发生。

三、全球并购浪潮的划分与特点

回顾世界并购的历史，从 19 世纪至今，全球经历了 7 次大的并购浪潮。前三次的并购活动主要发生在国内，从第三次开始出现跨国并购。随着跨国公司的发展，新兴市场的出现，跨国并购活动日益频繁。

1. 第一次并购浪潮

第一次企业并购浪潮以横向并购为特点，发生在 19 世纪末至 20 世纪初，其高峰时期为 1898—1903 年，结束于 1904 年，部分数据如表 6-1 所示。这一阶段的并购浪潮被认为是历次并购浪潮中非常重要的一次,不仅是由于企业垄断现象在这个阶段首次出现,而且这次并购浪潮使西方国家的工业逐渐形成了自己的现代工业结构,对整个世界经济的发展产生了十分重要的影响。

表6-1 美国1897—1904年发生的并购数量

年份	1897	1898	1899	1900	1901	1902	1903	1904
并购次数	69	303	1 208	340	423	379	142	79

19世纪下半叶,随着工业化在欧美国家的相继发展,以及第二次科技革命的到来,企业的并购活动日益加剧,一些实力相对雄厚的企业通过并购同类企业组成规模更大、实力更强的企业,以实现对本行业或部门的垄断。这一期间在煤炭、冶金、化工、制造业、铁路、航运业等部门都出现了大型垄断企业,资本主义世界开始由自由竞争走向垄断竞争。

该次并购浪潮的特点表现为以下几方面。

(1) 大量中小企业合并为一个或少数几个大型企业,因此"小并小"是这次并购浪潮的特点。1895年到1904年,"小并小"占并购总数的83.5%,而此前仅为16.5%。

(2) 并购形式以横向并购为主是这次并购浪潮的显著特点,占全部并购形式的78.3%。其次是垂直性并购占12%,因而此次并购运动导致空前的市场垄断。据Nelson(1959)估计,被并购掉的企业达3 000多家,300家最大的并购案控制了全美40%的产业资本。

(3) 并购主要集中在8个行业,即钢铁、食品、石油产品、化学、交通工具、合金、机器、焦炭行业,并购数量占整个时期全部并购数量的2/3以上。

(4) 促进了现代企业制度的建立。大企业规模日趋扩大,促使企业组织由传统结构向现代结构转变,使企业最终所有权与法人所有权分离,公司从此进入一个委托代理、职业经营者逐渐占据公司重要地位的阶段。

2. 第二次并购浪潮

第二次并购浪潮以纵向并购为特点,发生于20世纪20年代中后期。这一时期正是第一次世界大战结束后西方国家重建时期。资本市场也逐渐恢复起来,并为战后重建筹集资本,同时也促进企业并购蓬勃发展。到1929年股票市场大崩溃之后,企业并购也随之降温。据统计,美国在1926—1930年,共有4 600件并购案例发生,从1919年到1930年,被并购掉的企业大约有12 000家。这些并购涉及多个领域,但主要集中在公用事业、制造业、钢铁、石油产品、食品、化工、交通工具等几个行业。

英国在第二次并购浪潮出现了由战前四大垄断组织(布化纳·景德公司、不列颠染料公司、诺贝尔公司和联合碱制品公司)联合组成的化学工业康采恩"帝国化学公司"(ICI),该公司基本上控制了英国化学生产的95%、合成氮的全部生产和染料生产的40%。电机制造业的三大企业——英国电器、通用电器公司和电器行业联合体也是在这个时期通过并购形成的。

这次发生在20世纪20年代的并购浪潮,到1929年达到高峰,原本已实现本行业垄断的大型企业将与本企业相关的或在同一生产环节上的其他企业合并,从而在部门内形成各个生产环节统一在一个企业联合体内的寡头垄断。

这次并购浪潮无论在数量上还是规模上，都要大大超过前一次。1919—1930 年，大约有 12 000 家公司被并购。其主要原因在于一些国家通过了反垄断法，有效地干预了以垄断为目的的大公司的横向并购活动。

该次并购浪潮的特点表现为以下几方面。

(1) 对于第一次并购浪潮时的规模而言，"大并小"是第二次并购浪潮的特点。第二次企业并购浪潮主要是一些垄断公司并购大量中小企业，以达到加强自身经济实力，扩展势力范围的目的。例如，在第一次并购浪潮时数家公司合并为一家公司的比例高达 83.5%，而在第二次并购浪潮中这一比例仅为 1/3 左右。相反大公司并购小企业的比例由第一次的 16.5%上升到近 2/3。

(2) 第二次并购浪潮的最大特点就是并购方式以纵向并购为主。在 20 世纪并购高潮中，有 85%的企业并购属于企业由生产到流通和分销等各个再生产环节的结合。在美国最大的 278 家公司中有 236 家公司都是把原料、生产、运输和销售等生产工序组成统一的整体进行运转。

(3) 在第二次并购浪潮中，工业资本与银行资本的相互结合和渗透形成金融资本和金融寡头。例如，继洛克菲勒公司控制了美国花旗银行，摩根银行创办了美国钢铁公司之后，又迅速形成了地方性财团，如中西部财团(主要包括克利夫财团和芝加哥财团)、西部财团(主要有美洲银行财团)和南部财团(以得克萨斯财团为主)等。

(4) 德国政府强力干预以及德国垄断势力剧增成为第二次并购浪潮的特点之一。德国政府为了一定的目的，由国家出面并购一些关系国计民生和经济命脉的企业或投资控制、参控一些企业，形成国家垄断资本，提高国家对经济的直接干预和调控能力。到了 20 世纪 20 年代后期，德国国家出资控股的国有垄断资本已占全国股份资本的 13.2%，而到 30 年代末，各垄断组织控制了全国资本总额的 85%。

3. 第三次并购浪潮

第三次并购浪潮从 20 世纪 50 年代中期至 60 年代，以混合并购为特点。第二次世界大战结束后，各国大力振兴经济，到 20 世纪 50 年代中期已经逐步恢复。军事科学技术在民用工业中的使用，以及政府在教育、科研方面经费投入的增加，促使第三次科技革命兴起，一系列新的科技成就得到广泛应用，推动了社会生产力迅猛发展。在追逐高额利润和分散投资风险双重动机驱使下，垄断企业将资金投入新兴产业或增长较快的部门，由此出现以混合并购为特征的第三次并购浪潮的到来。

在这个阶段，欧洲也掀起了企业并购浪潮。英国在 1972 年并购次数达 1 210 起，并购资产额达 25.3 亿英镑，并且很多并购事件都发生在大企业之间。这一时期，英国制造业各部门受到日益激烈的国际竞争的强烈影响，并购日益加剧。1957—1969 年制造业最大的 100 家公司中有 22 家公司被并购。法国由于历史原因，长期以来，企业规模都比较小，所以在前两次的并购浪潮中没有太大的行动。到 1963 年，由于政府修正反垄断法以放宽并购限制，1965 年又用降低税收的办法鼓励并购，因此在 1960—1970 年，法国的并购企业数也高达 1 850 起，年平均数比第二次世界大战前高出 10 倍。日本的经济从 20 世纪 60 年代起进入迅猛发展时期，企业的并购高潮也发生在这一阶段。1969 年，并购企业数达1 163起,同其他国家一样,大型企业的并购起着重要作用。例如,日本两家最大的钢铁公司——八幡公司和富士公司,在1970年进行了并购,组成新日本制铁公司,公司的钢铁产量占日本钢铁总产量的42.8%,成为当时世界上钢铁产量最大的公司。在汽车工业方面,日本两家最大的汽车公司——丰田公司和日产汽车公司在20世纪60年代的并购高潮中也分别进行了为数可观的并购,企业规模都有了很大程度的增长。在1971年,这两家汽车公司的汽车总产量占日本汽车总产量的62.3%。

此次并购的特点表现为以下几方面。

(1)"大并大"是第三次并购浪潮的一个显著特点。在20世纪60年代的10年中,资产在1亿美元以上的大公司被并购的有117家,资产达310亿美元。1951—1968年美国最大的1 000家公司有近1/3被并购,其中一半以上是被最大的200家公司所并购。在英、德等国家也有同样的情况。

(2)混合并购成为第三次并购浪潮的另一个显著特点。在第二次并购浪潮中混合并购只占27.6%,而在并购高潮的1968年,横向并购与纵向并购两项只占17.3%,混合并购则占了82.6%。通过这一时期的企业并购,美国出现了一大批混合企业。如原本只经营电话业务的美国电报电话公司(AT&T),在1945年以后并购了270多个公司,成为一家大型的混合公司,不仅仅经营电话业务,还经营金融业、保险业、食品业和药品专卖业。这种生产经营的多样化,有效地降低了企业的经营风险。

(3)跨国并购出现并呈扩大趋势。第二次世界大战后随着旧的经济秩序被打破,国际间的资本流动逐渐发展起来,使得跨国公司客观上有向外发展的要求。美国的可口可乐公司在此期间先后买进各国多家装瓶厂,德国的爱克发公司与比利时的一家公司合并,飞利浦和西门子则在唱片市场上进行合并,等等。

(4)银行并购加剧,使银行在整个国民经济中的作用更加重要。1970年,资产超过10亿美元的银行已超过80家,其中有7家资产超过100亿美元。美国商业银行到1977年,数量由4 100家增加到33 000家。

4. 第四次并购浪潮

第四次并购浪潮发生在20世纪80年代,以战略并购为特点。几乎整个20世纪70年代,并购活动都处于相对低潮,这与整个美国宏观经济的总体走势是一致的。到1981年后这种局面才有所改观,1985年进入高峰期,并一直持续到1990年。从并购规模上看,此次并购有些异乎寻常,表现为:各年并购案的支付总额大幅提高;支付金额在10亿美元以上大型并购的数量大幅增加。

该次并购中,企业一改前次混合并购中毫无战略意图仅从利润出发并购与本企业产品无关企业的做法,从战略目标出发,并购相关产品企业并以融资为主进行并购,从而使此次并购交易规模巨大、数量繁多。此外,这次并购浪潮中出现了小企业并购大企业的现象,由于小企业采用了杠杆并购形式,出现了弱者打败强者的成功并购案例。

除此之外,这次并购浪潮的特点还表现在以下几方面。

(1)并购数量多、规模大,创历次并购之最。从并购数量上看,1975年并购总数为2 297起,1985年达到3 000起,1980—1987年并购总数已突破2万起。不仅并购的数量大,交易的金额也相当巨大。1983—1985年的3年间,10亿美元以上的大型并购一共发生了61起，这在以往几次并购浪潮中都是非常罕见的。1981年7月，美国最大的化学公司杜邦公司出资87亿美元收购了在美国石油开采中名列第六的石油垄断企业大陆石油公司；1984年2月，德士古公司以101亿美元购进第十五大石油公司格带石油公司；1984年3月，谢夫隆石油公司以133亿美元购进美国第五大石油公司海湾石油公司。不仅石油行业，其他行业的并购活动也同样非常巨大。1985年年底，通用电气公司(GE)以60亿美元买下美国无线电公司。

(2) 并购手段不断创新，杠杆收购盛行。除了换股并购以外，在第四次并购浪潮中出现了新的并购手段，如杠杆收购(LBO)、管理层收购(MBO)、员工持股计划(ESOP)等。杠杆收购在这次并购浪潮中起了巨大的作用。据估计，20世纪80年代以杠杆融资方式并购的公司总价值达到2 350亿美元，涉及的公司达2 800家。出现“小鱼吃大鱼”的现象，典型案例首推潘特里公司收购露华浓公司。1985年，资产仅为1.5亿美元的潘特里公司以58亿美元的价格收购了净资产10亿美元的露华浓公司。

(3) 跨国并购增长迅速。跨国并购在第四次并购浪潮中得到了快速发展，为跨国公司赢得国际竞争实力奠定了基础。1987年美国并购外国公司共183起，交易额达7.1亿美元，1988年达240起，交易额达11.6亿美元，1989年达382起，交易额达27.8亿美元。与美国跨国公司频频出击相应，国外跨国公司也进入美国进行并购。1983年，外国公司以并购形式在美国投资占总投资额的56%，1988年高达92.3%。

5. 第五次并购浪潮

第五次并购浪潮发生在20世纪90年代，以强强联合为主要特点。随着美国第五次并购浪潮的发生、发展与整个90年代美国经济开始逐渐恢复，之后连续走强，美国企业并购活动在1999年达到顶峰。之后，受2000年下半年美国经济增长放缓，尤其是“9·11”事件之后，下滑态势已无可挽回。

与前几次并购浪潮相比，此次并购浪潮的规模无疑是最大的。仅1998年、1999年、2000年累计的并购次数达2.9万次，支付金额累计达3.9万亿美元。此次并购浪潮主要发生在信息产业、民航铁路、军工和金融等行业。无论是并购企业还是目标企业的规模都很大。“大鱼吃大鱼”、强强联手、跨国联手的特点使本次并购对整个世界都有着重要的影响。法国市场并购也达到高潮，尤其是1999年，其规模之大，速度之高，在法国近百年来企业并购史上是少有的。这一年，法国企业并购交易额达2 851亿欧元，比上年增长124.4%，为1990年的6倍。其中，法国企业间的并购交易额达1 365亿欧元，法国企业并购外国企业的交易额达1 171亿欧元，外国企业并购法国企业的交易额达316亿欧元。

据美国《产业日报》援引毕马威国际会计公司的统计报道：1995年跨国并购、联合投资和少数股权投资记录5 952宗，总额达到2 290亿美元，比上一年上升了12%。美国公司作为最大买家，在澳大利亚、英国、法国、加拿大花费640亿美元收购公用事业、化学能源等项目。与此同时，加拿大、德国公司耗资600亿美元，在美收购了诸如生物制药、食品、化学能源等项目。2000年第一季度，全球企业并购总额达到11 400亿美元，与去年同期相比猛增68%，再次刷新历史纪录。欧洲公司活跃的交易和高技术领域飞速变幻的重组，成为全球并购最强劲的推动力量。1999年欧洲企业的并购额接近万亿美元，2000年第一季度，欧洲公司并购交易总额达到3 414.2亿美元，同比增长45%。全球化的压力也使跨国并购交易成为近来企业并购的主战场之一,而欧洲公司在这一领域表现得异常活跃。在所有跨国交易中,有60%左右涉及来自欧洲的收购者。作为国际买主,英国公司超过了美国公司,德国、法国和荷兰公司的收购加在一起,又超过了英、美两国公司的收购。

20世纪90年代以来,随着北美自由贸易区和欧洲大市场的相继建立,亚太经济合作组织从谈判转向一体化的实际行动及世界贸易组织的建立,使经济一体化发展日益深入,全球化趋势不断加强。1987年全球贸易并购额仅有745亿美元,1990年就达到1 510亿美元,1995年仅美国企业就有4 500亿美元。2000年全球跨国并购额达到1.143 8万亿美元。此次并购浪潮规模巨大、金额惊人,科技含量高,都与以往历次并购浪潮截然不同。具体而言,其特征有以下几方面。

(1) 并购企业规模巨大,成交金额屡创新高。

(2) 善意收购占据主导地位,实现战略目标成为并购出发点。与第四次并购浪潮中的恶意收购不同,此次并购行动以自愿合作的友好方式进行,由于大多数并购企业多是优秀大公司,双方站在战略的高度,通过合并调整资源配置。

(3) 并购行业相对集中,银行业兼并尤为活跃。此次并购浪潮大约2/3以上的并购发生在6个行业:金融服务业、医疗保险业、电信业、大众传媒业、化学工业和国防航空业,其中银行业的兼并尤为引人注目。

(4) 以横向并购为主,但也出现纵向并购。

(5) 从国内并购走向国际,跨国界并购成为热点。

(6) 兼并行为主要发生在高新技术领域,由此提升技术优势。与以往并购多发生在传统产业不同,此次企业并购多发生在高新技术领域或与高新技术有密切关系的领域,如信息技术、电子工程、计算机技术、生物工程、通信工程等,体现了知识经济时代的特色。

6. 第六次并购浪潮

第六次并购浪潮从2005年到2008年上半年,以服务业横向并购为特点。

自2001年开始,受美、欧、日经济增长速度停滞和下降以及"9·11"事件的影响,全球跨国并购浪潮出现减缓的迹象。阿富汗、伊拉克战争后,世界经济随美国经济的复苏逐步好转,外商直接投资规模逐渐增大。据统计,2007年全球FDI(外商直接投资)流入达到2.1万亿美元。其中绿色投资的项目和金额在2008年第二季度达到顶峰。在此次并购浪潮中,发达经济体的跨国公司仍是主力军,其中以欧盟最为显著,2007年在全球并购案中占39%。

据全球金融数据供应商Dealogic公布,2005年全球并购总额达到2.9万亿美元,较2004年增长40%,成为2000年以来并购交易额最高的一年。华尔街规模最大的四家投资银行2005年并购业务收入总计46亿美元,其中高盛的全球并购收入最高,为14亿美元。前五次并购浪潮中,中国企业只是在第五次并购浪潮中,以联想、海尔为主力的机构稍有参与。

并购浪潮往往兴起于经济复苏期,并在经济增长到达顶峰之前就进入高潮,而当经济繁荣尚在维持之时,并购活动就开始降温,在达到冰点之后,经济衰退才接踵而至。并购浪潮的兴起肯定了2005年世界经济复苏的真实性和有效性。从并购发生额的激增不难看出，2005 年的经济复苏确实给微观个体带来了较为可观的经济利益。

然而，2007 年跨国并购在达到高峰后开始下降，其原因在于金融危机逐渐深化的影响。随着 2008 年金融危机的深化，商业、金融、贸易等部门遭到重创，跨国并购活动总量开始减少。在金融危机的冲击下，全球跨国并购的数量有所减少，发展经济体跨国并购案相对比重开始上升。

7. 第七次并购浪潮

第七次并购浪潮始于 2008 年美国金融危机以后，以银行业的倒闭、并购为特点。以雷曼兄弟破产为发端的次贷危机对美国银行业造成重创。美国银行业在金融危机期间遭遇了行业的重新洗牌，一些中小银行纷纷倒闭，美国银行数量从 2007 年年底的 8 542 家减少至 2010 年年底的 7 666 家。而部分大银行则抓住时机，增强实力。在一轮并购潮后，美国大银行实力进一步增强，在全行业的地位进一步提升。统计显示，美国总资产在 500 亿美元以上的银行占全行业资产的比例由 2007 年年底的 64.5%上升至 68%。还有一些大的制造类公司纷纷变卖资产，以求自保，如通用、沃尔沃等汽车巨头纷纷变卖资产和股权，日本一些家电巨头也纷纷甩掉亏损资产。欧债危机的持续恶化，也使欧元区国家政府和企业纷纷变卖资产与股权还债，掀起了新一轮资产出售和并购浪潮。

到 2012 年 7 月为止，美国经济持续低迷，评级机构穆迪公司下调了 15 家全球性大型银行的评级，欧洲债务危机从希腊蔓延到西班牙，中国继续实行负利率政策，人民币在 2012 年上半年累计贬值 0.95%，汇丰银行（中国）有限公司 2012 年 6 月公布中国制造业“采购经理人指数（purchase management index，PMI）初值”创 7 个月新低，新出口订单更是坠入逾 3 年低谷。

2008 年，美洲银行（Bank of America）以 444 亿美元收购了美林证券（Merrill Lynch），摩根大通以 12 亿美元收购了濒临破产的贝尔斯登公司（Bear Stearm Cos.），英国劳埃德银行（Lloyds TSB Group）以 219 亿美元收购哈利法克斯－苏格兰银行（HBOS），英国政府收购了苏格兰皇家银行 70%的股权，结束了该银行跻身全球最强大机构行列的梦想。2008 年以来的并购活动，伴随着政府对金融业救赎计划，这一次的并购以金融业的整合为主，并且引发了各国对于“大而不倒”现象的关注和对金融监管缺陷的深入反思。

第二节　跨国并购动机与效应分析

一、跨国并购动机分析

从国家战略角度来看，并购动机是出于维持经济增长速度所需的能源供应、转换经济增长方式以及应对新形势下产业竞争的需要。

国际金融危机导致部分国外企业经营困难，为中国企业的跨国并购提供了机遇。由于美国的次贷危机，海外众多经营不善的企业资产价值大幅缩水，降低了跨国并购的成本，促使中国国内各行业中运营健康、资金充裕的企业为扩大国际市场地位，纷纷将视野投向国际市场。

首先,跨国并购是经济结构转换的客观需要。随着中国经济持续快速发展,经济社会发展水平有了很大的提高,但是,粗放型的经济增长模式主要依靠消耗大量能源来维持,经济增长中93%的能源来自矿产资源。国内有限的能源难以满足经济快速发展的需要。加之越来越多的国家将初级形态的能源出口采取限制政策,促使国内能源企业需要通过对外能源行业的并购,进而推动经济发展。

其次,适应企业提升技术水平的需要。随着金融危机向实体经济的蔓延,造成具有核心制造技术的部分国外企业遭受重创,市值大幅缩水,给中国制造业参与国际产业结构调整、提升自身技术水平,提供了难得的机遇。虽说中国的制造业经过30多年改革开放的锐意进取,已经具备部分产品的设计、制造能力,但与国外大型制造业相比,仍存在一定差距。为此,中国制造企业希望通过投资、收购海外企业获得高端技术,建立有一定研发能力的制造基地,拓展海外市场,增强企业核心竞争力。

我国企业跨国并购起步较晚,始于20世纪80年代,迄今大致经历了探索期、培育期、发展期三个阶段。在现阶段,中国企业跨国并购大致呈现出以下特点。

(1) 跨国并购总额不断扩大。据商务部最新统计,2010年我国境内投资者共对全球129个国家和地区的3 125家境外企业进行了直接投资,累计实现非金融类对外直接投资590亿美元,同比增长36.3%。联合国贸发会议公布的《世界投资报告》显示,2002年到2009年间,中国企业跨国并购总额从10.47亿美元增长到335亿美元,跨国并购的年增长率高达64%。而《联合国世界投资报告2015》显示,2012年、2013年、2014年中国企业跨国并购的总额为3 280亿美元、3 130亿美元、3 990亿美元,虽然2014年的年增长率只有27.5%,但是跨国并购的总额在不断上升,总量也维持在较大的水平上。

(2) 跨国并购方式以横向并购为主。通过对近8年来中国企业跨国并购案例的研究发现,几乎所有并购的收购方与被收购方所从事的行业都是一致或高度相关的,纵向并购和混合并购较少。

(3) 跨国并购主体呈现多元化发展趋势。目前,我国实施跨国并购的企业仍集中在大型国有企业,但一些具有实力的国有企业也积极加入跨国并购浪潮中来,无论是数量上还是金额上均有所突破。

中国企业跨国并购动因如下。

(1) 获取战略性自然资源。我国是资源消费大国,人均占有自然资源相对匮乏,再加上未来的经济增长需要大量资源支持,每年对石油、铁、铝等重要资源和能源的需求量高达数亿吨且逐年攀升。而目前国际能源价格上涨现象普遍存在,发展中国家从国际市场获得发展能源成本较高。近年来,中国企业跨国并购很大一部分用于对跨国稀缺资源的收购。在2009年中国并购市场完成的十大并购交易中,资源类的并购事件就占到了8例,其中中国石化以75.02亿美元收购瑞士Addax石油公司,成为当年完成的最大规模的并购交易。

(2) 获取先进研发技术。科学技术是生产力的重要支撑因素。尽管我国企业为许多国际品牌进行代工并每年出口大量的产品,然而许多产品的核心技术都掌控在外方手中，我国出口的产品一般而言也是劳动密集型产品，技术含量不高，经济附加值较低，从整体上来说，我国的技术水平离发达国家有较大的差距。目前，我国政府鼓励吸引外资，不仅是出于对资金的需求，也存在“以市场换技术”的考虑。但是外国政府和跨国企业对技术转让十分谨慎，对知识产权的保护也很严密，核心技术很难通过招商引资引进中国。通过跨国并购，中国企业可以将国外拥有先进技术的企业作为收购目标而获得专利技术，这具有明显的速度效益和经济效益，也有利于我国的技术创新和产业升级。

(3) 获取优质资产和品牌。中国企业通常采取贸易的方式进入国际市场，但是对于欧美高度发达和成熟的市场，新品牌的进入是非常困难的，进入成本高昂，需要投入巨额广告费用、营销费用。目前，很多外国企业为了提高利润，开始调整公司战略，实施“回归主业，强化核心业务”的战略，将非核心业务和亏损业务剥离出去，以较低的价格卖出这些资产，这为中国企业提供了获取优质资产、迅速扩大企业规模的机会。

(4) 拓展海外市场。跨国并购是中国企业抢占国际市场的一条捷径。对于增长已进入“瓶颈”时期的中国制造业企业来说，通过跨国并购，既可以依靠目标企业的效应优势增强在国内市场的竞争力，还可以利用目标企业原有的稳定的、系统的销售渠道为本企业产品开辟跨国市场，迅速在当地市场占有一席之地，提高在国际市场上的占有率。因此，中国企业通过跨国并购尽快建立起自己的国际品牌并形成稳定的营销网络，不仅能够满足企业发展的需要，而且可以迅速开拓国际市场。

(5) 规避贸易壁垒。自我国 2001 年加入 WTO 以来，随着国内企业对外业务的增加，加之各国关税的普遍降低，贸易保护主义有所抬头，寻求合法而隐秘的保护工具的国家越来越多。价格优势一直是我国产品在国际贸易中的一大优势，可越来越多的中国企业遭受着反倾销和非关税壁垒，涉及纺织、彩电等各个行业，这些都严重制约着我国产品的出口量。因此，越来越多的中国企业通过对外直接投资，或是并购，或是绿地投资，来扩大国外市场，打破贸易壁垒，缓解贸易摩擦。我国企业通过并购国外当地企业，利用原产地规则，在当地生产、当地销售，就可以有效规避贸易壁垒，直接进入国际市场，从而达到开辟新市场的目的。

二、跨国并购效应分析

一般而言，跨国并购可以为企业带来效应，这一效应不仅仅是企业总产出或总收益大于并购前两企业之和，而且还包括：企业未来的发展潜力；企业因获得先进技术，竞争力的增强；所在国家就业状况的好转和国家福利效应的提高。人们在分析跨国并购带来的效应时，主要提出了以下几个效应。

1. 财富效应

跨国公司的并购能够为东道国的企业的市场价值带来显著的提升作用，这是因为跨国并购带来了规模经济效应、战略协同效应和市场势力效应，从而提高了企业的经营绩效，造成公司财富效益的提升。

2. 协同效应

这一效应最早由韦斯顿提出，他认为跨国并购可以为企业的经营活动带来效率上的提高,从而产生规模经济的效应。简而言之,就是“1+1>2”的效应。跨国并购是一条快速和低成本扩张的方式,不同国家的企业在生产、科研、市场营销等方面的优势能够互补,这有利于各生产要素充分发挥协同作用。这主要体现在以下两方面。

第一,跨国并购能够提高并购者的管理业绩,有利于公司实施全球化战略。跨国并购的成功实施,管理能力较弱的企业将会得到管理能力较强的公司的管理经验,计划、组织和控制等一般管理职能能够实现管理能力的最佳配比,优化资源配置,提高新企业的劳动生产率,产生管理协同效应。

第二,根据并购双方产业模式的不同,又可分为横向、纵向、混合并购后产生的效应:进行横向并购可以减少竞争对手的成本,使竞争对手的谈判干扰力量相对减弱,提高并购公司在竞争中的强势地位而减少竞争成本;纵向并购的公司可以降低收购公司的搜寻成本,讨价还价成本和履约成本,从整体上降低收购公司的交易成本,获得经营协同效益;混合并购可以强化多元化的经营战略,降低企业风险,使得企业经营业务范围扩大,实现范围经济。

3. 就业效应

一方面,跨国并购会增加企业的产出数量,提高企业员工的工资水平,改善员工的就业环境,扩大生产规模。同时向新兴市场的拓展也需要增加劳动力,导致并购企业所在国和东道国就业率的提高。但另一方面,跨国并购也可能导致并购行业的劳动力失业人数增加,因为并购提高了跨国公司的市场的实际控制力,让并购企业得到新的技术和专利,实现规模经济,批量生产的出现导致了工人失业人数的增加。可见,跨国并购对劳动力市场就业的影响是不确定的,其状况取决于并购前行业劳动力就业状况。Gugler 认为,跨国公司并购对劳动力市场的影响取决于东道国劳动力市场的实际状况。如果东道国的劳动力雇用成本较高,那么跨国公司倾向于减少劳动力的雇用;如果东道国的劳动力市场会迅速调整,就会导致跨国公司的雇用劳动力数量不断增加。如1975—1996年英国公司跨国并购共442起,并购后跨国公司减少了19%的雇佣劳动力,同样,通过对瑞士制造业公司的跨国并购发现,由于大量跨国并购而导致的雇佣劳动力大幅度减少约10%,而没有并购的公司却很少出现劳动力雇佣数量减少的情况。

4. 福利效应

跨国公司并购后,会对跨国公司所在国家和并购的东道国产生福利影响。一般认为,并购导致的垄断给社会带来的收益可以抵消因垄断而带来的社会成本,而且跨国公司会将利润带回国内,这会影响东道国的社会福利。生产要素方面,跨国公司拥有生产、资金和技术等方面的独特优势,并购将会挤占东道国本土企业的市场份额,提高东道国市场集中度,减弱竞争,加剧垄断,导致东道国社会福利的损失。Neary 提出了在古诺竞争情况下的国内低成本公司购买国外高成本公司的模型,认为尽管公司的利润因跨国并购发生变化,但给跨国公司所在国带来的福利是不确定的。当国内企业在数量和市场份额上占有绝对优势,低效率的企业市场份额较小时,小幅度提高国家的贸易成本可以增加跨国并购公司所在国的社会福利。

第三节 中国企业跨国并购概况

20世纪90年代，随着国内市场经济的深化，企业之间的并购活动日益频繁，但其最显著的特点是外资企业利用中国的优惠政策对中国企业的兼并和收购。一部分优秀民族企业、民族品牌在吸引外资的浪潮中消失。20世纪90年代末，国内出现了新一轮的并购浪潮，不过这次并购的主角是中国企业，并购使资本积聚和集中程度加剧，出现了通过股份化、并购其他企业而规模变得越来越大的公司。进入21世纪后，中国加入了国际贸易组织，一方面国内市场更加开放，另一方面市场竞争也变得更加激烈。政府鼓励国内企业"走出去"的政策以及国外贸易保护主义的抬头，都促使越来越多实力强劲的中国企业开始跨国经营，通过跨国并购等方式进入他国市场。

一、中国企业跨国并购概述

中国企业真正意义上的境外投资始于1979年。当年的8月13日，国务院发布了《关于经济改革的15项措施》，其中第十三项明确提出，"要出国办企业"。这是新中国成立后第一次把对外投资作为政策正式确定下来。这项政策的确立，为我国跨国公司的发展开辟了道路。回顾中国对外并购概况，经历了以下三个发展时期。

第一阶段，从1979年到1997年。1979年中国实行对外开放，在这一政策的引导下，1979—1996年年底，经外经贸部批准或备案的境外企业达5 045家，中方投资金额达57.2亿美元，当时主要采取直接投资设厂的绿地投资形式。随着中国对外投资的增长，中国企业的跨国并购活动缓慢起步，其间一大批国内企业开始走出国门与外资合作办厂或是直接并购外资企业。如1986年9月，中信加拿大公司和加拿大鲍尔公司合作收购加拿大塞尔加纸浆厂；1988年，中国石油化工进出口总公司陆续进行一系列的对外收购活动，该公司首先收购了美国海岸太平洋炼油公司50%的股份，之后又在美国购买了磷矿和工厂等；在此期间，中国内地企业还积极并购香港地区的企业，其中从20世纪80年代后期至1997年7月，通过收购香港公司的方式进入香港市场的中国内地大型企业多达几十家，如中国石油天然气总公司、华润集团、保利集团等通过收购香港几十家上市公司，并在重新包装后上市融资，其总市值达数百亿港元。同时，除了国家级大型企业进行跨国并购外，地方性企业也积极参与到跨国并购行动中。

这一时期跨国并购的主要特点是：以国有企业为主；投资项目虽多，但是金额相对较少；投资中并购数目少、规模小。1979—1991年中国企业对外投资额累计不足14亿美元，年均额为1亿多美元。1981—1997年上海海外投资企业发展到400多家，分布在70多个国家和地区，涉及家电、轻工、纺织、医药等制造业以及工程承包、贸易等领域，但是投资总额仅为2.8亿美元，其中以收购方式进行对外投资的仅为一成左右。

第二阶段，1997—2003年，为初步试探阶段。1997年中央领导提倡"走出去"战略，2000年中国共产党在第十五届五中全会上明确提出包括"走出去"在内的"四大新战略"，中国对外并购进入一个新阶段。2000年，青岛啤酒集团收购嘉士柏公司，乐华公司收购法国一家彩电生产企业。2001年6月，海尔集团斥资700万美元收购意大利麦呢盖蒂冰箱厂等。根据当时的对外经济与贸易部统计,2001年中国企业实施的跨国并购的累计投资约12亿美元,对外并购地区包括发达国家和发展中国家,而且目光也不再局限于当地小企业。

这一时期的基本特点是:大部分企业并购规模都不大,并购行动也不太多。2003年中国企业海外并购的金额仅为28.5亿美元。不过,以国有企业为主力的大动作海外出击标志着中国企业开始成为真正的国际级投资者。

第三阶段,从2004年至今。2001年中国加入世界贸易组织,随着中国对外出口贸易的增大,以及世界经济不确定因素的增多,国际贸易保护主义日益抬头,针对中国出口产品的反倾销、反补贴调查增多,如何以投资替代产品输出,避开贸易保护主义,成为国内企业界、学术界关注的问题。这一时期中国外汇储备随着贸易顺差的增多而迅速增加,截至2009年年底中国外汇储备额已达2.4万亿美元,从而为中国企业进行跨国并购经营提供了资金支持。中国政府开始大力支持中国企业的跨国并购活动,并为此进行了一系列制度改革。

2004年中国先后出台了多项政策,鼓励企业境外投资。2008年世界金融危机爆发,为中国企业跨国并购提供了良好机会。同时,政府迅速出台了一系列的法律文件,以保障中国企业在从事跨国并购过程中的合法利益,降低跨国并购的海外风险,从制度上引导、鼓励和支持有条件的中国各类所有制企业"走出去",对外投资和跨国经营,积极参与经济全球化。2009年3月16日,商务部出台了《境外投资管理办法》,宣布核准权益下放,商务部仅保留对少数重大的境外投资的核准权限,并简化了核准程序。同年6月,国家外汇管理局发布了《关于境内企业境外放款外汇管理有关问题的通知》,就扩大企业境外放款主体、扩大放款资金来源和简化手续等做出相应调整,宣布扩大境外放款主体,从只允许符合条件的中外资跨国公司对外放款,扩大到符合条件的各类所有制企业,同时对放款资金的来源进行了调整,在只能使用自有外汇资金的基础上,增加了人民币购汇资金及经外汇局审核的外币资金池资金。与此同时,中央及地方政府还相继出台了一系列财政政策,为企业"走出去"创造了有利条件。这些措施为包括民营企业在内的中国企业进行跨国并购活动起到了积极作用。仅在2009年上半年,大连市就涌现出26个民营企业参与设立的境外投资项目,其中有3家企业进行跨国并购活动,并购项目的投资额达到了3 520万美元。

2015年是"十二五"规划的收官之年,2015年的中国经济既有改革提速的兴奋,也有经济减速的忐忑。面对错综复杂的国内外形势,中国主动适应经济发展新常态,牢牢把握主动权,完成了主要经济社会发展目标。2015年12月14日的中央政治局会议指出,中国经济运行总体平稳,稳中有进、稳中有好,同时提出了去产能、去库存、去杠杆、降成本和补短板五大任务,并同时重点部署了国企、财税、金融、社保四大领域改革要旨。2016年随着经济转型和供给侧改革的推进,存量资产将出现大量并购重组需求,改革红利的释放将推动并购市场迎来黄金发展期。

在国家经济转型的背景下,银监会印发《商业银行并购贷款风险管理指引》,证监会、财政部、国资委、银监会四部委联合发布《关于鼓励上市公司兼并重组、现金分红及回购股份的通知》,进一步优化了并购市场环境,加之国企改革的进一步深化,中国企业兼并重组步伐不断加快，从而实现优化资产配置、扩大企业规模、实现战略转型、产能结构调整等目的。得益于改革的红利和兼并重组政策的支撑，中国并购市场 2015 年再次呈现爆发性增长，交易数量与金额双双冲破历史纪录。2015 年中国并购市场共完成交易 2 692 起，较 2014 年的 1 929 起大增 39.6%；披露金额的并购案例总计 2 317 起，涉及交易金额共 1.04 万亿元，同比增长 44.0%，平均并购金额为 4.50 亿元(见图 6-2)。

图 6-2　2008—2015 年中国并购市场发展状况

资料来源：清科数据库 2015

其中国内并购表现最为抢眼，完成并购案例 2 409 起，同比增长 38.7%，共涉及交易金额 8 145.72 亿元，同比增长 63.7%。不比国内并购的火热，海外延续了 2014 年“量增价减”的态势，全年完成并购交易 222 起，同比增长 46.1%，涉及交易金额 1 936.99 亿元，同比微降 2.4%。外资并购保持增长态势，全年完成并购案例 61 起，较 2014 年同期增长 52.5%，涉及交易金额 354.54 亿元(见表 6-2)，同比增长 22.0%。

表 6-2　2015 年国内并购、海外并购与外资并购分布

并购类型	案例数	比例	披露金额案例数	并购金额（人民币亿元）	比例	平均并购金额（人民币亿元）
国内并购	2 409	89.50%	2 090	8 145.72	78.00%	3.90
海外并购	222	8.20%	184	1 936.99	18.60%	10.53
外资并购	61	2.30%	44	354.54	3.40%	8.06
合计	2 692	100.00%	2 318	10 437.25	100.00%	4.50

资料来源：清科数据库 2015

二、中国企业跨国并购的动因分析及跨国并购的具体方式

进入 21 世纪，中国企业跨国并购的数量和资金规模呈现上升的趋势。企业自身实力增强，能够很好地参与国际竞争，而政府政策的鼓励也给了企业的海外投资一个较为宽松的环境，法律、法规以及管理制度的完善为企业的跨国并购提供了有力保证。随着经济全球化和一体化的发展，中国将会有越来越多的企业走向国际舞台。接下来将分析中国企业跨国并购的动因和并购的具体方式。

(一) 跨国并购的动因

对于中国企业跨国并购的动因分析主要从两个角度来分析,一个是宏观层面,另一个是微观层面。具体分析如下。

1. 中国企业跨国并购的宏观动因

(1) 边际产业扩张的需要。小岛清的边际产业扩张理论认为:对外直接投资应该从本国已经处于或即将处于比较劣势的产业,即边际产业开始,并依次进行。这样不仅可以使国内的产业结构更加合理、促进本国对外贸易的发展,而且有利于东道国产业的调整和升级,对双方都产生有利的影响。

我国作为一个发展迅速的发展中国家,对外直接投资正处于起步和高速发展阶段,边际产业扩张理论正好在一定程度上符合了我国现阶段的国情。中国的家电、手机、纺织、服装、食品和自行车等行业,已经发展得比较或相当成熟,国内竞争激烈,处于比较劣势地位,而在广大的东南亚发展中国家、拉美、非洲甚至东欧部分国家却具有相对优势,这些国家和地区是最佳的海外并购区域。

(2) 与中国企业投资的发展周期有关。邓宁教授在投资发展周期理论中将一国人均GNP(国民生产总值)与其直接投资流量的关系分为四个阶段:第一阶段,人均GNP在400美元以下。国家经济发展水平非常低,既无对外直接投资,也无外国对本国的投资。第二阶段,人均GNP在400~2 000美元。外国直接投资流入迅速增加,吸引外资的环境得以改善。第三阶段,人均GNP在2 000~4 750美元。对外直接投资增长迅速,外资的流入速度开始放缓。第四阶段,人均GNP达到4 750美元以上。对外直接投资净流出阶段,外资流入明显少于对外直接投资。这说明,一国的对外投资状况与人均GNP数额呈正比例关系,即随着人均GNP的增加,该国的对外投资数量将出现逐步增加的趋势。

改革开放30多年来,中国经济一直保持高速发展,并且每年还在以8%~9%的速度增长着。2006年,我国国内生产总值为209 407亿元人民币,年末全国总人口为131 448万人,人均GDP约为15 931元人民币,按2006年12月29日人民币汇率中间价7.808 7计算,折合成美元约为人均GDP为2 040美元(因人均GNP与人均GDP差不多,本文将两者等同看待)。由此看来,我国总体上处于邓宁教授所分析的第三阶段初期,即对外直接投资加速发展的阶段。特别需要注意的是,中国经济发展是不平衡的,中国沿海地区一些省市区已进入邓宁教授所分析的第三阶段末期,其中,北京、上海、天津三个直辖市已进入第四阶段。因此,可以说中国的对外直接投资已进入新的发展阶段。

(3) 国家的政策支持。企业进行跨国并购存在着许多风险因素,且我国的对外直接投资总体上还处于探索阶段,没有多少经验,因此,多数企业缺乏“走出去”的力量和勇气。这个时期,国家的政策支持就显得尤为重要。国家支持企业对外投资往往是出于产业发展或结构调整的需要,支持的途径可以从税收优惠、资金支持到对外投资指导等。

自改革开放以来,为了吸引外资,防止资本外流,我国政府一直坚持“引进来”的政策,对企业涉外投资审批和用汇管理非常严格。党的十六大以后,这种情况发生了根本性转变,“坚持‘引进来’与‘走出去’相结合”的论述频繁见于报纸杂志及我国政府的文件中,激励企业进行对外投资的措施也纷纷出台。2004年先后出台了《境外投资项目核准暂行管理办法》《关于境外投资开办企业核准事项的规定》和《关于对国家鼓励的境外投资重点项目给与信贷支持政策的通知》，构建了全新的对外直接投资政策体系。政府改变原来政策主要有以下三个方面的原因：一是我国的外汇储备连年攀升，截至2007年3月底已达12 020.31亿美元。巨额的外汇储备一方面有利于维持我国货币体系的稳定，另一方面又带给我们内外交替的压力。对外是人民币升值的压力，对内是存款加息的内在要求。鉴于此，我国政府有意松动了对企业用汇的管制，并有限制地逐渐转变为鼓励企业适当用汇。二是入世的影响。加入WTO后，国内市场与世界市场逐渐接轨。而中国入世所带来的机遇主要体现在国外，如享受东道国的税收优惠政策、收费优惠政策等。在大量外资涌入，冲击中国市场的情况下，政府意识到必须给企业一个更宽松的环境，鼓励企业"走出去"，其中最重要的一个决定就是，简化国内公司境外投资的审批手续。三是减少贸易摩擦。随着中国经济的持续增长，出口数额的增大，中国的贸易摩擦也进入高发期。2005年，我国遭受的贸易摩擦数量连续11年位居全球之首，全年国外对我国发起贸易救济调查91起，其中反倾销立案调查51起，保障措施立案调查5起，纺织品特保35起。在这种情况下，通过收购、兼并他国企业，在国外直接进行生产，可以有效地降低贸易顺差，减少贸易摩擦。

2. 中国企业跨国并购的微观动因

(1) 延伸价值链获取更多附加值。通过跨国并购，整合上游资源，延伸行业价值链，如中海油对印尼气田的收购就是掌握上游资源确保稳定原材料供给。我国自然资源总量虽然丰富，但人均贫乏。以石油为例，无论按储存总量还是人均计算，中国都不属于富油国。中国虽已成为世界第五大产油国，但同时又是世界上仅次于美国和日本的第三大石油进口国。据权威部门估算，到2050年，中国将成为世界第一能耗大国。要维持国内经济稳定持续的增长，中国就必须通过参与国际生产分工，尽可能多地利用世界性资源，于是，中石化、中海油、中石油这三家中国石化行业巨头频频参与海外并购。除石油外，矿石也是我国企业跨国并购的另一主要自然资源。五矿、宝钢、首钢频繁的海外并购就表明了这一点。这种跨国并购都是以自然资源的寻求为目标，将上游价值链整合，或者整合下游资源，获取价值链更具附加值的部分，如京东方对冠捷科技的并购，就是为了掌握下游分销网络，保证海外销售。

(2) 寻求技术。寻求技术是指力图获得与本公司核心业务相关的上、下游技术、新技术以及与核心业务无关的非相关技术。通过获取相应的技术，获得相应的研发资源，获得技术上的协同效应，增强技术核心能力，以提高企业的技术创新能力和核心竞争力。这与20世纪七八十年代日本企业、90年代韩国企业的海外扩张动机不谋而合。略有不同的是，日韩企业是在关税壁垒保护下成长起来的，它们在国内市场增长空间不足的情况下，才把触角伸向海外；而中国企业是在中国加入世贸组织之后，为应对国内市场的激烈竞争，被迫去海外寻求技术。2002年1月28日，上海电气集团成功收购了日本秋山机械公司。这是国有资本第一次进入日本主流制造业企业实施兼并与收购，中方在收购中不仅取得了该公司在日本的营业权，同时吸收了其属下50名熟练的技术人员，接收了该公司的印刷机发明技术。通过收购，上海电气集团一举确立了其在国内单张纸胶印机领域的领先地位。2003年2月，京东方科技以3.8亿美元的价格收购韩国现代集团显示器株式会社 TFT-LCD 业务的资产，成为当时我国最大的一宗高科技海外并购。

(3) 谋求品牌和国际市场。品牌是企业最宝贵的无形资产，具有极高的共享价值，通过并购和使用知名度较高的品牌，可提高企业的品牌知名度，增强企业核心竞争力，如TCL 对法国汤姆逊的收购。国内竞争的加剧使一些行业的增长速度减缓，生产能力过剩，赢利机会减少，但这些行业的一些本土企业已经在低成本制造、产品市场定位、市场销售和服务等方面形成了独特的竞争优势，并在产品的出口过程中，发现了富有吸引力的市场机会，开始实施海外并购，以寻求更广阔的市场。我国企业的市场寻求型跨国并购主要集中在传统制造业，如家电业、机械制造业等，并购对象主要是国际上具有一定知名度的企业。2002 年 9 月，TCL 集团控股的 TCL 国际控股有限公司收购了德国施奈德电气集团主要资产，金额约 820 万欧元。通过此次收购，TCL 集团绕过了欧洲对中国彩电的贸易壁垒，并可以利用施耐德的品牌效应、遍布世界的销售渠道和强大的技术力量，有助于TCL 进一步开拓欧洲乃至世界市场的业务。2003 年 11 月 3 日，TCL 国际控股公司与电子产品巨头汤姆逊公司共同宣布，双方将合并电视机生产及数码影像光盘(DVD)播放机制造业务，共同组建 TCL-汤姆逊公司。缺乏知名品牌和营销网络是困扰中国彩电企业海外扩张的障碍之一，而汤姆逊在品牌和营销方面拥有强大实力，在美国家喻户晓。根据协议，TCL 与汤姆逊组建的合资公司将在亚洲及新兴市场主推“TCL”品牌，在欧洲市场主打“Thomson”品牌，在北美市场则以推广“RCA”牌产品为主，并视不同的市场需求推广双方拥有的其他品牌。

(4) 获得战略资产。虽然我国企业目前的海外并购规模无法与国际大公司的并购行为相提并论，但也不难发现不少企业的海外并购带有战略资产寻求的动机。2004 年 12 月 8 日，柳传志代表联想对全世界宣布：联想以 17.5 亿美元的价格并购了 IBM 的全球个人电脑业务，包括 PC 机和笔记本电脑，以及与个人电脑业务相关的研发中心、制造工厂、全球的经销网络和服务中心。根据双方达成的协议，联想还可在五年内使用 IBM 的品牌。并购完成之后，联想就成为世界上仅次于戴尔、惠普之后的第三大 PC 厂商。联想支付的 17.5 亿美元有很大一部分是用于对无形资产的支付，联想认为，自我发展所需要的投资比并购还要高许多倍，而且在时间上花 20 年也未必能建立起一个国际知名品牌。而此次并购买到了“能解决自己问题的业务”，即国际化需要的大量人才、品牌、研发能力、完整的渠道和供应链。此外，中国企业的并购案例中还有一些不是以获取技术和品牌等资源为目的的，而是获取海外上市公司的“壳资源”，比如收购在美国上市的业绩不良的公司，然后以该公司名义进行二次发股筹资。中国企业这样做的目的是获取海外资本，根本上也是战略发展需要驱动的。

(二) 中国企业跨国并购的主要特点

随着经济的发展，中国企业跨国并购的现象也越来越频繁，呈现一些特点，主要如下。

1. 交易规模持续上升

步入 21 世纪后，中国企业的跨国并购也进入新的发展时期，并购金额屡创新高。2000 年至 2006 年间，已公布的对外收购总额从 18 亿美元攀升至 82.5 亿美元，复合增长率接近 30%。如表 6-3 所示。

表 6-3　2000—2006 年中国企业跨国并购交易金额　　亿美元

2000 年	2001 年	2002 年	2003 年	2004 年	2005 年	2006 年
17.76	30.89	41.17	23.43	47.71	65	82.5

与此同时，中国企业单起跨国并购的规模也不断扩大。2000—2003 年，还没有一宗中国企业海外并购项目的交易额超过 10 亿美元。而 2004 年以来，中国海外并购标的越来越大，成功并购涉及金额 10 亿美元以上的就有 9 宗。另外，中海油拟出巨资 185 亿美元竞购美国的石油公司尤尼科，海尔拟出资 12.8 亿美元竞购美国家电公司美泰，只是由于种种原因，这两起大型竞购均未成功。

2. 并购主体呈多元化趋势，但国有企业仍占主导地位

20 世纪八九十年代，走出国门实行跨国经营的主要是国有企业。进入 21 世纪，随着自身实力的增强和全球竞争的加剧，私营企业也开始了国际化经营之路。例如万向集团公司并购美国 UAI 公司和舍勒公司；华立集团收购美国 PFSY、PACT 公司和飞利浦 CDMA 移动通信部门；京东方整体收购韩国现代 TFT-LCD 业务，等等。现在我国跨国并购企业既有国有控股企业，也有集体企业和私营企业，并购主体呈现多元化。私营企业以其明晰的产权、灵活的经营激励机制和内生的国际化需求将会成为我国企业跨国并购的主流。但在可预见的一段时期内，由于受自身规模和资金约束，私营企业跨国并购额与国有企业相比，将只占次要地位。除了京东方收购韩国现代 TFT-LCD 业务金额较大外（3.8 亿美元），其余私营企业的跨国并购额均较小，如万向并购美国舍勒公司交易额只有 42 万美元，并购 UAI 公司交易额仅为 280 万美元。

3. 投资地区进一步分散

除向发展中国家和地区投资外，中国企业开始到欧美等发达国家和地区寻找并购目标。西方国家的并购史表明，以往的跨国并购都是以发达国家的企业并购发展中国家的企业为主，而在这一阶段，中国企业的海外并购除资源型并购案例外，其他技术密集型企业的海外并购都指向了美国、欧洲、日本、韩国和加拿大等主要发达国家和地区。

4. 并购的目标公司多为经营业绩不佳甚至倒闭亏损的企业

由于自身实力、信息渠道、经验不足等原因，我国企业在跨国并购中缺少主动性，往往是等目标公司业绩下滑或濒临破产时主动找上门来才与对方谈判，因此并购对象多为处于困境中的企业。并购后由于整合不足或整合过程缓慢，不仅使预期的协同效应难以发挥，而且还可能使原先经营正常的企业陷入财务危机或经营危机。如 2004 年 8 月 TCL 与阿尔卡特成立手机公司，2005 年第一季度净亏损就达 4 570 万美元。IBM 个人电脑业务在被联想收购之前的 3 年时间里持续亏损，累积亏损总额达 9.73 亿美元。

5. 跨国并购的行业领域广泛

跨国并购涉及的行业由开始的石油化工、航空等少数垄断性领域延伸到电气、计算机、网络、饮用水、医药、乳液、动物添加剂等领域。如 2005 年，中国化工集团旗下的中国蓝星（集团）公司以 4 亿欧元的价格实现对全球最大的专业动物营养添加剂企业——法国安迪苏集团的全资收购。

6. 交易结构日趋复杂

在以12.8亿美元竞标美国家电巨头美泰的收购行动中,海尔联手私人股权投资公司贝恩资本和黑岩集团共同竞标,以提高管理技术,减少初始投资使整体交易更具吸引力。在联想收购IBM的个人电脑业务后,私人股权投资公司得克萨斯太平洋集团、泛大西洋集团及美国新桥投资集团共同参股联想,并出资3.5亿美元。这两个案例充分表明,中国公司已具有全新的并购意识,愿意制定完善的交易结构,采纳必要的专家建议以分散交易风险。此外,尽管现金在跨国收购活动中仍是主要的支付方式,但近期的交易显示,股票和其他证券的使用亦见增长。联想收购IBM个人计算机业务的总代价是17.5亿美元,其中包括约6.5亿美元现金,约5亿美元来自IBM的净负债,另外6亿美元是以股份形式支付的,即交易完成后,IBM拥有联想18.9%的股权。

(三) 中国企业跨国并购的并购类型

企业跨国并购的动机是非常复杂的,它们往往采取很多不同的并购类型和方式,因此跨国并购的分类标准也是多样的。最常见且最权威的分类标准来自联合国贸易和发展会议:根据跨国并购是否发生在相同的经济活动水平上对其进行归类(经济活动包括开发、生产或制造、批发或面向最终消费者的零售)分为三类:跨国横向并购、跨国纵向并购和跨国混合并购。即

(1) 跨国横向并购(cross-border horizontal M&A)又称跨国水平并购,是指两个或两个以上国家或地区从事同类业务活动、彼此互相竞争的企业之间发生的并购。通常这类活动会产生规模经济效益。进行并购的企业通过整合资源,希望获得协同效应并加强市场力量。

(2) 跨国纵向并购(cross-border vertical M&A)指两个或两个以上国家或地区处于同一生产链但又处在不同生产阶段的企业之间发生的并购。进行此类跨国并购原因很多,其中很重要的一个原因是它能够消除市场交易的不确定性和降低交易成本。

(3) 跨国混合并购(cross-border conglomerate M&A)指在经营活动无关联的两个或两个以上国家或地区企业间的并购行为。企业进行此类并购通常是为了寻求业务多元化、全球化,以降低业务过于单一、业务过于集中在单一国家或地区的风险以及潜在的资本收益。混合并购又包括产品扩张型并购、地域扩张型并购和纯混合并购三种类型。

从交易笔数看(见图6-3),中国企业跨国并购的类型主要还是集中在横向并购类型,占总体的58.4%。一般来说,通过横向并购,可以有效地提高企业财务实力和市场竞争力,从而实现专业互补等优势,但也是并购活动的低级形式,如联想收购IBM,TCL与阿尔卡特组建合资企业,新浪收购朗玛UC,都属于典型的横向并购方式。其次为纵向并购,占26.7%,如林德集团10亿元人民币买下德国帕希姆国际机场。混合并购仅占14.9%。从交易金额看,横向并购依然占绝对的优势,占66.4%。但与交易笔数所示结果不同的是,混合并购的金额要多于纵向并购,混合并购的金额占到总体的26.5%,而纵向并购仅占7.1%。

从近些年的并购趋势来看,横向并购一直占最多的比例,而近几年混合并购的数量也有所增加,尤其从交易金额中可以看出,2005年和2006年是发生混合并购的大年。例如

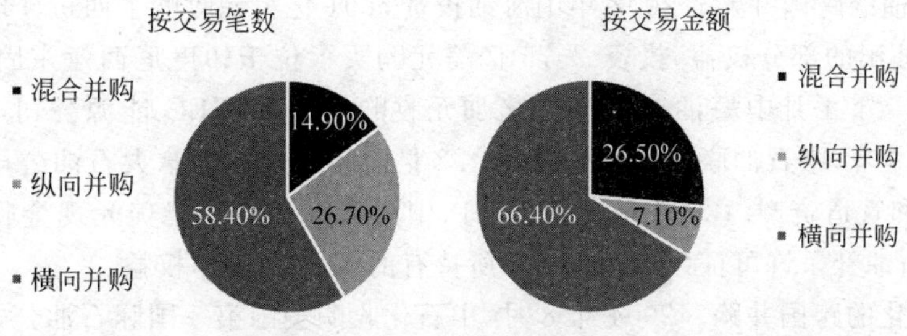

图 6-3　2000—2009 年中国企业跨国并购的并购类型分布

在 2006 年，中国中信集团公司 19.1 亿美元收购哈萨克斯坦国有石油公司，中国银行 9.65 亿美元收购亚洲领先的飞机租赁公司——新加坡飞机租赁有限责任公司，不仅并购涉及金额大，而且行业跨度也十分大，是中国企业跨国并购在多元化领域上的典型案例。

三、近年中国企业跨国并购的基本情况及特点

我国企业对外直接投资自 2004 年以后开始快速增长，2003 年非金融类对外直接投资流量仅 29 亿美元，2006 年对外直接投资流量已达 212 亿美元。但总体来说，我国对外直接投资尚处于起步阶段，2006 年中国对外直接投资流出量和存量仅占全球对外直接投资流出量和存量的 2.72%、0.85%。

跨国并购在我国对外直接投资中一直占有较高比重。从 2004 年开始，中国企业的跨国并购开始引起全球注意，2005 年中国企业通过收购兼并方式实现的直接投资为 65 亿美元，占当年对外直接投资流量的 53%；2006 年为 82.5 亿美元，占当年对外直接投资流量的 39%。从行业分布来看，企业跨国并购高度集中在能源矿产领域，其次是银行业、IT 业和制造业。

（一）我国企业跨国并购的基本情况

1. 能源矿产领域

2000 年以来，随着经济的快速发展，中国能源矿产的供求形势日益严峻。为了提高企业竞争力，保障资源和能源的供给，越来越多的能矿资源企业开始“走出去”进行海外投资，能矿资源领域成为我国对外直接投资的重点领域，而通过兼并收购国外企业提高资源保障能力成为很多企业的选择。

2004 年，中国对外直接投资流向采矿业 18 亿美元，占当年流量的 32.7%；2005 年流向采矿业 16.8 亿美元，占当年流量的 13.7%；2006 年流向采矿业 85.4 亿美元，占当年流量的 40.4%。截至 2006 年年底，流向采矿业的对外直接投资存量为 179 亿美元，占中国对外直接投资存量的 19.8%，主要分布在石油和天然气开采业，黑色金属、有色金属矿采选业。

从具体并购交易来看，比较有代表性的案例主要包括以下领域。

（1）石油天然气领域。该领域的并购交易主要是由中海油、中石油和中石化完成的，具体情况如下。

① 中海油的跨国并购。2002年中海油投资5.91亿美元收购了西班牙瑞普索公司在印尼的五大油田的部分权益,投资2.75亿美元购买了位于印度尼西亚东固项目12.5%的权益。2005年4月中海油支付1.5亿加元收购加拿大MEG能源公司16.69%的权益。2005年9月,中石油联手中石化,以14.2亿美元收购了加拿大石油公司在厄瓜多尔的石油资产和管道资产。2006年1月10日,中海油以22.68亿美元现金收购尼日利亚130号海上石油开采许可证("OML130")所持有的45%的工作权益。

② 中石化的跨国并购。2004年8月,中石化收购美国第一国际石油公司(FIOC),收购价格为1.53亿美元。2006年8月中旬,中石化联手印度国家石油天然气公司海外分公司共同收购了哥伦比亚石油公司Omimex de Colombia位于哥伦比亚的海滨油田50%的股份。在本次交易中,双方各出资4亿美元,分别持有其25%的股份。2006年11月,中石化以35亿美元收购俄罗斯乌德穆尔特石油公司96.86%的股权。

③ 其他企业的跨国并购。2005年8月,中国航油(新加坡)股份有限公司通过支付现金2.27亿新元及发售2.08亿股中国航油股票凭单的方式收购了新加坡国家石油公司20.6%的股权。2005年10月26日,中国石油天然气集团公司(中石油)以41.8亿美元100%成功收购在加拿大注册、在5个国家上市的哈萨克斯坦石油公司(以下简称PK公司)。2006年11月,中信集团以9 740万美元收购了印尼Seram Non-Bula区油田开采承包权51%的权益,本次收购的成功,使中信集团成为除国有石油巨头之外成功介入能源领域并购的一支新力量。

(2) 矿产领域。矿产领域具有代表性的并购交易主要有以下几起。

① 2006年11月,宝钢集团、金川集团以及国家开发银行斥资10亿美元全资收购菲律宾棉兰老岛的一家镍矿。

② 2007年4月,厦门紫金铜冠投资发展有限公司以9 400万英镑(约为14亿元人民币)现金收购英国蒙特瑞科公司50.17%的股份,英国蒙特瑞科公司是一伦敦股票交易所AIM上市公司,主营业务为矿产资源勘探、开发。

③ 2008年2月,中国铝业公司联合美国铝业公司,获得了力拓英国上市公司12%的现有股份,交易总价约140.5亿美元。本次交易是中国企业历史上规模最大的一次海外投资,也是全球交易金额最大的股票交易项目。

2. 银行业

2006年年底,中国工商银行收购了印尼Halim银行90%的股份,2007年10月以54.6亿美元收购南非最大银行——标准银行20%的股份,成为迄今中国银行业海外收购的最大一宗交易。除工商银行外,2008年3月民生银行以巨额现金收购美国联合银行4.9%的股份。

3. 其他领域

在IT业和制造业的跨国并购中,比较引人注目的并购交易主要有TCL集团、京东方集团和联想集团的跨国并购,具体情况如下。

(1) 2002年9月,TCL集团投资820万欧元全资收购了德国施耐德公司。2004年1月,TCL集团的另一香港特区上市子公司TCL多媒体完成对法国汤姆逊公司的彩电业务的并购,双方合资成立TCL-汤姆逊合资公司(TTE)。其中,TCL国际持67%的股份,汤姆逊公司持33%的股份。2004年9月，TCL通信以5 500万欧元现金并购阿尔卡特集团手机业务，双方合资成立T&A，TCL通信与阿尔卡特分享55%和45%的股权。

(2) 2003年，京东方科技集团公司(000725.SZ)斥资3.8亿美元吞并韩国现代TFR液晶面板业务有关的资产，这个收购完全以现金支付。

(3) 2005年5月，联想收购IBM全球PC业务，实际交易价格为17.5亿美元，其中含6.5亿美元现金、6亿股票以及5亿美元的债务。

(二) 中国企业跨国并购的特点

2004年以来，中国企业跨国并购发展的主要特点如下。

1. 并购规模越来越大

2004年中国非金融类对外直接投资流量达54.98亿美元，2009年上升到478亿美元，增长近7.8倍；这一期间累计非金融类对外直接投资存量由447.7亿美元增加到1 997.6亿美元，增长近3.5倍。2006年中国在全球对外直接投资流量、存量中只占2.72%和0.85%，2009年比重提高到5.1%和1.3%。中国对外直接投资流量也由2006年全球排名的第十三位提升到第五位。

这一时期较大规模的跨国并购事件主要有：2004年12月，联想集团收购IBM个人电脑事业部，交易金额为12.5亿美元；2005年10月，中国石油天然气集团公司收购哈萨克斯坦PK石油公司所有上市股份，收购金额为41.8亿美元；2007年3月，中国特钢以27.3亿港元的价格收购南洋矿业资源有限公司的全部股权；同年9月，华为公司以22亿美元的收购报价控制美国3Com公司20%以下的股权，并有权根据该企业的业绩再度选择增持5%的股份；2008年1月，中国矿业公司联合美国矿业公司耗资140.5亿美元在伦敦市场上收购力拓英国上市公司12%的股权，成为力拓的第一大股东，这是中国企业在海外的最大一次并购投资行动；2009年6月，中国石油化工集团公司下属全资子公司中国石化集团宣布将总部设在瑞士的Addax石油公司达成现金收购协议，以每股52.80加元的价格收购该公司的全部股份，收购总价为82.7亿加元；等等。

2. 并购多发生在资源、能源性行业

自然资源和能源的并购是这一时期中国企业跨国并购的重点，无论是在数量方面还是金额方面，都远远超过其他领域或行业的并购。其中在2002年和2004年完成的对外并购总交易额中，自然资源行业所占的比例分别是91%和64%。2008年在能源及矿产领域内发生的海外并购案例无论是在数量上还是涉及的总金额上都占据该年度中国企业海外并购的半数左右。截至2009年4月底，经国家发改委核准的3亿美元以上的能源资源类海外并购项目有26个，中方投资额458亿美元，约占1 000万美元以上非金融类海外并购项目总额的78%。

在资源领域，石油资源的跨国并购活动最为活跃，中国企业的并购金额由几亿美元到数十亿美元不等，并购的目标企业遍布世界四大产油地。2006年Dealogic公布的前25大中国跨境并购交易中，有9项属于中国大型石油石化公司的海外收购。目前中国石油在哈萨克斯坦通过并购已具有很强的优势；南美地区已成为中石油、中石化的工作重点，其中中国和委内瑞拉国家石油公司的合作如火如荼；在联合收购加拿大石油公司在厄瓜

多尔的石油资产后,玻利维亚政府已明确表示希望中国能源公司去当地投资;在中东地区,中国石油和印度石油天然气公司联合收购了加拿大石油公司在叙利亚一处油气田的权益,下一步将在伊朗和伊拉克有所突破;同样,在非洲地区,中国三大石油公司在当地都有项目。

在矿产资源领域,2005年有1/3的案例发生在澳大利亚铁矿石的并购上。长期以来国际铁矿资源及价格都是由力拓和必和必拓等几家矿业公司所控制,中国钢铁企业手里拥有的海外铁矿石权益资源每年不过七八千万吨,仅占中国铁矿石总进口量的20%左右。在国际铁矿石价格逐年上涨背景下,中国钢铁企业处于十分被动的地位。从2006年到2008年,中国进口铁矿石价格分别上涨约19%、9.5%、65%。为了稳定铁矿石价格,中国公司抓住全球金融危机爆发后欧美尤其是澳大利亚资源能源类公司股价大跌,货币同期不断贬值的机遇,收购国外铁矿公司。例如,2007年5月,中钢集团以10.5亿美元和现金支付的方式宣布竞购澳大利亚的Midwest Corp铁矿石开采企业的全部股份,该行为直接造成该公司股价飙升15%;2008年2月,中国铝业公司宣布联合美国铝业公司以约140.5亿美元的收购价格,获得力拓的伦敦上市公司12%的股权;等等。

3. 并购范围分布扩大,并购产业结构多样化

随着中国对海外自然资源需求的剧增,跨国并购开始向非洲、亚洲、拉丁美洲等发展中国家和地区倾斜,在该地区的并购金额逐步增多。2007年中国对外直接投资流量地区分布中有25.7%流向拉丁美洲、非洲、大洋洲等自然资源丰富的地区,其中不少以跨国并购形式进行投资。比如,2005年中石油以41.84亿美元收购哈萨克斯坦PK石油公司;2007年中铝公司以约8.6亿美元并购秘鲁铜业91%的股份;等等。同时,中国企业跨国并购的行业结构也趋于合理,即并购行业不仅包括自然资源,还包括制造业、服务业等多个领域,制造业、服务业成为并购第二、第三多的行业。如在制造业领域,2005年联想完成对IBM全球个人计算机业务的收购;2007年雅戈尔集团宣称出资1.2亿美元收购美国Kell Wood Company持有的新马服饰100%股权及其全资子公司Kell Wood Asia Limited持有的Smart公司100%股权;2008年,中联宣布出资1.6亿欧元和高盛等公司合作共同收购世界排名第三的混凝土机械制造商——意大利CIFA100%的股份。在服务业中,2006年8月,中国建设银行并购美国银行在我国香港的子公司——美国银行股份有限公司100%的股权;2007年2月,中国移动通信集团耗资2.84亿美元收购巴基斯坦米雷康姆所持有的巴科泰尔88.6%的股份,同年10月,工商银行以54.8亿美元的价格收购南非标准银行20%的股权,同年平安公司参股富通集团;等等。

4. 民营企业开始成为中国跨国并购的重要力量

随着国内市场的逐步饱和与民营经济实力的逐步壮大,中国大、中、小型民营企业开始积极参与对外并购活动,并购范围和金额都出现了不断扩大的趋势。例如,浙江万向集团对福特旗下ACH公司门罗工厂的收购,使其在境外的控股子公司增至19家,华为公司对美国3Com公司20%股权的收购,等等。2009年上半年,大连市新设的27个境外投资项目中有26个项目的投资主体是民营企业,其中大连远东工具有限公司出资1 950万美元收购德国维克高速钢切削刀具厂;大连源盛精细化工有限公司出资600万美元并购美国三融实业有限公司。近年来,民营企业在跨国并购案中的活跃与政府对其跨国并购的鼓励是分不开的，由于政府控股企业在国外并购活动中多次遭遇东道国“中国威胁论”“国家安全论”等政治因素的干扰，因此鼓励民营企业跨国并购，相对遭遇这方面的干扰要小些。

5. 并购出资方式多样化

中国企业在进行跨国并购支付时，支付方式日益多样化。大型国企财力雄厚，在跨国并购行动中具有较强的竞争优势，尤其是在自然资源及金融行业的跨国并购中，为增加竞争力，常以现金支付的方式竞标。2007 年 11 月，中钢集团提出收购澳大利亚铁矿石开采企业 Midwest Corp 公司的全部股权时，采用现金收购方式；同月，中国五矿公司和江西铜业联合并购加拿大矿业北部秘鲁矿业公司时，同样也是采用现金收购方式。但在非自然资源领域的并购中，中国企业根据不同的情况采取现金并购、股票互换并购和并购重组等多种支付方式。2007 年 10 月，中信证券以资本和股权互换的方式，以自身 2%的股份换取美国投资银行贝尔斯登 6%的股份。中国小企业并购规模较小，很难通过股票互换的形式进行并购，为此它们并购时常常用现金支付方式。

6. 并购过程中开始重视与外国企业的合作

以往中国企业在进行跨国并购时极少和外国企业合作，这在一定程度上加深了外国政府对中国企业并购动机的怀疑，加上“中国威胁论”的渲染，在不少国家政府内形成了中国企业并购的目的就是控制本土经济及资源的印象，这给中国企业的并购活动造成了十分消极的影响。随着中国企业国际化程度的加深及其对外国市场的进一步了解，中国企业开始携手外国企业进行联合并购，这种方式一定程度上打消了外国政府对中国企业的疑虑，取得了显著的成效。例如，2008 年 1 月中国铝业公司联合美国铝业耗资 140.5 亿美元在伦敦市场上收购力拓英国上市公司 12%的股份，成为力拓单一最大股东，在这一并购中中美两家企业联手是收购得以成功的关键。当然，世界经济的低迷，使各国政府及其职能部门对待外资进入相关政策的放宽，也是中国企业跨国并购成功的原因之一。

7. 跨国并购类型主要是水平并购

由于中国企业实力有限，不足以进行跨国多元化经营，导致中国企业跨国并购以水平并购为主，垂直并购为辅，混合并购极少。比如，中国电信、联想、中国银行等国内大型企业进行的跨国并购活动完全是水平并购。虽然 TCL 在 2004 年前后进行的跨国并购领域涉及手机、彩电行业两个领域，其也曾试图进行跨国多元化经营，但并不成功。

四、中国企业跨国并购中存在的问题及对策

进入 21 世纪后，越来越多的中国企业尝试走出国门开始跨国经营，通过绿地投资、跨国并购和跨国战略联盟的方式进入他国市场。这一方面表明我国企业整体实力尤其是资金实力明显增强，开拓国际市场的信心也显著提升；另一方面也表明，我国企业普遍把跨国并购作为获取战略性资源、实现企业经营规模快速扩张的捷径。从我国的经济发展阶段来看，未来我国企业“走出去”扩大对外投资是一个长期趋势，跨国并购仍将是企业对外直接投资的重要组成部分。然而事实表明，跨国并购对于中国企业而言并非坦途。从近几年企业跨国并购的实践来看，暴露出很多问题，需要给予高度关注。

(一) 中国企业跨国并购中存在的问题分析

1. 并购成本较高

在资源能源并购领域,企业对外并购的主要目的是满足国内日益增长的资源渴求,政府在这方面也有鼓励政策,因此并购动因带上了很强的政策性和战略性;同时,国内企业在与国际上大公司竞争中,受到的不确定因素更多,如对并购动机的质疑、在招标中的歧视待遇等。因此,中国企业的竞争优势主要集中在高报价上。例如,2005年6月,中国海洋石油总公司在收购美国尤尼科石油公司时,报价比竞争对手高15亿美元,并且承诺接受其所有债务并保证收购后不裁员,尽管此项并购最终被美国政府阻止,但是其并购成本依然很高昂。同年8月,中石油宣布以每股55美元现金、总价41.8亿美元的形式收购哈萨克斯坦石油公司,比纽约收市价高出21.1%,同时竞争对手印度石油天然气公司及其盟友的出资只有36亿美元。2006年6月,中石化集团与俄罗斯国有石油公司合作收购俄罗斯Udmurtneft石油公司,标准普尔国际评定机构评估认为其市场价值是30亿美元,主要竞争者印度石油天然气公司及其盟友出资30.1亿美元,最终结果是中石化集团和俄罗斯国有石油天然气公司共同出资35亿美元获得该公司96.86%的股权。其中,中石化占49%,俄罗斯占据其中的51%,并且收购资金由中石化筹集,俄罗斯石油公司出资用该公司所购资产的未来利润偿还,此外,中石化还不能对俄罗斯石油公司的财产拥有追索权。

在制造业领域,由于中国企业并购的目的往往是品牌和技术,因此并购费用也较高。例如,联想在并购IBM的PC业务时,IBM的PC业务一直处于亏损状态,联想付出了高达17.5亿美元的价格获得的是在5年内有权使用IBM的品牌,IBM的大和实验室与罗利研发中心,IBM深圳合资公司等资产。2003年10月,上海汽车集团收购韩国双龙集团时,原定价格为3 000亿～5 000亿韩元的高价,在收购前,双龙汽车在韩国的股票价格为每股7 000韩元左右,而并购中双方谈判结果是每股1万韩元。2009年四川腾中重工机械有限公司对美国通用汽车公司悍马汽车品牌进行收购,开始收购的目标只是该公司的品牌,不涉及其他知识产权、有形资产、公司股份、产能转移等事宜,并且悍马的大排量和高耗油性能根本不符合世界汽车市场发展方向,但是并购出价竟然高达1.5亿美元。2010年吉利汽车以15亿美元收购了美国福特旗下沃尔沃轿车公司的全部股权,其目的就是沃尔沃品牌。可见,虽然不同类型的企业并购目的存在很大差异,但都强调长期战略利益。

2. 跨国并购竞争力不强,并购失败现象严重

尽管中国企业对外跨国并购规模很大,范围很广,但是对外并购竞争力并不强,这主要在于中国企业在技术、品牌、理念等方面和国际知名企业存在很大差距。在这种情况下,中国企业跨国并购时能够拿出手的只有资金实力和进入国内庞大市场的通道,这就直接导致跨国并购成本长期偏高,并购的目的往往就是获取技术、品牌而不是利润。

3. 对外部融资的依赖度加大

虽然中国企业的实力在逐步提高,但是世界市场上跨国并购的金额也在大幅度上升,在这种情况下,中国企业一方面依靠证券市场进行融资,另一方面依靠银行的各自形势借贷，提高企业的融资能力。例如，京东方收购现代 TFT 项目时总共耗资 3.8 亿美元，京东方自有资金购汇 6 000 万美元，向国内银行借款 9 000 万美元，同时通过 BOE-HYDIS 以资产抵押方式向韩国产业银行、韩国外汇银行等机构借款 1.882 亿美元，并通过来自 HYNIX 提供的卖方信贷筹集 3 963 万美元，实现蛇吞象跨国并购的壮举。

4. 并购完成后的整合能力较差

这种现象尤其在制造业反映突出，2005 年前后联想、TCL、上汽集团等国内大企业的跨国并购结局都不理想。在服务业领域，2007 年中投公司投资黑石集团，2007 年平安保险参股欧洲富通集团的行为先后失败，企业损失惨重。

（二）中国企业借助并购"走出去"的主要障碍

面对一浪高过一浪的跨国并购浪潮，虽然中国企业也在跃跃欲试，但客观地来分析，中国企业在借助外向并购"走出去"方面，尚有一些障碍需要克服。在所有障碍中，与以下几类因素联系在一起的障碍最为明显。

1. 经济发展到一定阶段出现的障碍

虽然我国经过了 30 多年的快速发展，但目前仍然属于发展中国家，工业化虽获突破但尚未完成。由此决定了中国经济与当代跨国并购主体经济即发达的工业化经济存在诸多差异，其中直接限制中国企业跨国并购能力的差异至少有以下四点。

其一是经济实力差异，这决定了中国企业无法成为跨国并购的主宰力量。前已论及，当代跨国并购主体经济为发达的工业化经济，其中美国与欧盟两大经济实体实际上主宰着全球并购资本流动。统计数据显示，第五次并购浪潮中，以欧盟企业为目标的并购资本流动最多，仅 1995—2000 年 6 年，欧盟 15 国吸引的并购资本就达 1.4 万亿美元，占全球的 50%以上；美国其次，吸引并购资本 9 800 多亿美元，占全球近 35%。两大经济实体加在一起占全球的 85%以上。加上日本，三大经济体占全球份额的 86%。

其二是产业结构差异，这决定了中国企业跨国并购的主体产业与国际流行产业相悖。当代国际并购的主体产业为第三产业，这与发达国家产业结构的 3-2-1 特征相一致。我们知道，一国工业化进程中产业结构往往经历两个变化阶段：第一个阶段是"非农化"或"二产化"，第二个阶段是"三产化"。在前一个阶段，产业结构完成由 1-2-3 向 2-3-1 转换，在后一阶段则发生由 2-3-1 向 3-2-1 的转换。后者是发达工业化经济的重要特征之一。从历史来看，自 20 世纪中叶以来，以金融、保险、信息、商品零售为主体的第三产业成了发达国家最重要且最大的产业。与产业结构的上述演进相适应，早期并购发生的主要行业，大多位于"二产"，越是到了近期，"三产"并购越是重要，全球第五次跨国并购则以第三产业企业并购为主。中国则不然，由于工业化尚未完成，产业结构刚刚完成"非农化"演进阶段，呈现强烈的 2-3-1 结构特征，即"二产"产出最大，"三产"其次，"一产"最小。即使在那些有一定条件实施"走出去"战略的沿海发达省市（如上海与浙江），产业结构也未完成上述转换。与此种产业结构特征相一致，加上制度改革滞后等因素，中国的"三产"国际竞争力当最弱，这决定了我国企业参与并购充其量只能在"二产"有所作为，而难以加入国际并购主流产业。

其三是并购经历差异，这意味着中国企业总体上缺乏整合并购企业的经验。企业并购在西方工业化国家已有一个半世纪的历史。事实上,西方工业化国家的企业并购浪潮,最初在国内涌起,只是到后来才突破国界,成为跨国并购。迄今为止的全球7次并购浪潮中,前三次属于国内并购,只是最近几次,才带有跨国并购的强烈特征。这个演进过程意味着西方大部分企业是在经历了频繁的国内并购之后才涉足跨国并购的。相比较而言,目前中国尚未掀起国内企业并购浪潮,企业普遍缺乏整合并购企业的经验,因此不可能进行大规模的成功的跨国并购。中国企业缺乏海外整合与运营能力是多起跨国并购失败的主要原因。

其四是中国企业缺乏海外运营经验,尤其对并购交易成功后的整合难度缺乏充分准备,大大提高了跨国并购的成本和风险,导致多起并购失败。以TCL为例,2004年TCL并购阿尔卡特和汤姆逊集团后,成立的T&A和TTE像个"无底洞",在不到一年的时间内亏损高达3.78亿元和0.77亿元,完成跨国并购后的TCL集团直到2006年第三季度方扭亏为盈。事实上,并购中最大的成本是整合成本,目前中国企业在海外并购时,对交易成本和整合成本的估计不充分,企业还不能在收购前对自身的现金流能否支撑和消化成本进行正确测算,对并购后企业整合与运营的风险缺乏控制和应对能力。

2. 与作为转型经济的背景及企业制度转型进程联系在一起的障碍

作为转型经济,由于企业制度转型尚未完成,我国主体企业与当代跨国并购主体企业之间存在许多差异,其中以下两个差异最为明显。

其一,中国的跨国并购以国有企业为主,这与全球私有化浪潮背道而驰,由此限制了中国企业的国际化空间。我们知道,国际并购主流企业为清一色的私营企业,国有企业极其鲜见,"冷战"结束以来的全球私有化浪潮加强了私有企业国际化趋向。然而在中国,由于制度转型尚未完成,企业产权制度改革滞后,不管实施国家"走出去"战略,还是企业自发地"走出去",均以国有企业为主。近年虽然有一批民营企业借助跨国并购实现了国际化,但与国有大中型企业的海外投资相比,依然不可同日而语。客观来说,中国外向并购以国企为主,这与全球私有化主流浪潮背道而驰,由此限制了中国企业国际化空间。在这方面,中石油收购俄罗斯一石油公司遭拒就是最明显的例子,部分国家的"恐中"心态加大了中国企业尤其是国有企业的并购障碍。2005年中海油竞购优尼科失败,其国有企业背景引发诸多政治问题,导致美国政府出面阻止这一收购。2008年2月华为公司并购3Com公司受阻,反映国外对中国企业的高度防范心态。目前,一些国家已开始针对主权基金收购考虑防范措施,如德国政府正在考虑设立一个机构,可能按照美国的模式,建立一个跨部门的委员会,对由国家控制的外国基金进行的收购进行审核。虽然针对的是主权基金,但是这种对国内市场的保护趋势无疑加大了中国企业海外并购的障碍,特别是国有企业在一些战略领域的并购将会受到更为严格的审查。

其二,中国企业竞争力与规模相悖,由此限制着中国企业的并购规模。如前所述,当代跨国并购主流企业是巨型跨国公司,带有强强联手的特征。但反观中国企业,则不得不承认,具有竞争力的企业,主要为民营企业,规模普遍偏小,而大型企业几乎全为国有,竞争力则普遍较弱,这决定了中国企业不可能挤进跨国并购主流企业之列,同时也决定了中国企业不大可能发起强强联合的并购。

3. 与政府管理体制联系在一起的障碍

这方面的障碍不少于以下三方面。

(1) 审批制度僵化,缺乏有效监管。跨国并购作为对外投资的一种形式,如果由政府主管部门的"逐级审批,限额管理",企业就无法迅速捕捉跨国并购的良好机遇。按现行规定,凡海外投资超过一定规模的项目,都要上报国家有关部门审查批准,涉及不同行业的还要进行会审,既费时又误事,增加了企业开展跨国并购的难度。另外,不健全的跨国并购监管体制使得跨国并购后的监管低效与不力,也是导致跨国并购最终失败的一个原因。

(2) 金融改革滞后,企业缺乏金融支持。具体而言,体现在以下几方面。

① 单一的支付和融资手段是中国企业跨国并购的最大障碍。我国企业主要在A股市场上市,A股市场非国际化使企业进行跨国并购时不可能通过换股方式进行。目前我国企业并购资金主要来自自有资金、国内银行贷款、国际银团贷款,少数企业通过到国际市场发行债券融资。国外并购常用的方式包括定向发股、换股合并、股票支付等方式,国内企业都无法利用。单一的融资手段加重了企业的债务负担。另外,企业完成跨国并购交易后,还有大量的后续资金需要投入。巨额资金的拨付容易抽空企业自有的流动现金,形成高负债率。由于债务负担加重,企业再融资成本加大,再加上还本付息,使企业面临较大的现金流压力。对企业来说,"现金流就是生命"。生命线一旦出现问题,不但并购成果前功尽弃,而且会将企业拖入破产的泥潭中。

如 TCL 集团香港公司去年以来为筹集合资公司的运营资金已先后向国外金融机构借款,资产负债率趋近 70%。联想集团比较幸运,以私募的方式获得总计 3.5 亿美元的战略投资用以并购后的企业运营,但其出让了新联想 12.4%的股份。再如,跨国并购最为活跃的中海油,为应付庞大的收购资金,主要借助发行债券进行融资,2002 年1月收购 Repsol 印尼油气田的资金很大程度上借助于 2001 年 IPO 所募集资金和 2002 年 3 月发行的 5 亿美元债券。随后的 2003 年 5 月,公司再次发行 5 亿美元的长期债券,这种方式导致了资产负债率的上升,破坏了中海油原本非常稳健的财务结构。可见,由于融资渠道单一,使从事并购交易的企业面临沉重的财务压力。

② 金融支持不足是企业海外投资的主要障碍之一。首先,企业海外投资必然面临汇率风险,目前国内金融市场以及金融机构为企业提供汇率风险管理的工具和服务比较有限;其次,国内银行还不能提供成熟的离岸金融业务,银行本身在国际上缺乏分支机构,对本国企业的海外投资和再融资难以提供支持,加大了企业海外投资的资金约束,增加了企业投资的成本和风险。

(3) 缺乏有效的中介组织,加大了并购企业风险。中介机构包括金融、保险、法律、理财、审计、教育与培训以及商会等机构。从国外企业参与跨国并购的经验来看,投资银行的作用不可或缺。但中国投资银行无论从实力还是从经验来看都存在明显的不足。尽管中国不少券商近年来不断进行增资扩股和业内重组,但仍有不少券商自有资本严重短缺,远未达到规模经营的标准。中国虽有一些投资公司,但大多数对企业并购业务不感兴趣,投入并购业务方面的资金规模有限。

(三) 中国企业跨国并购的可行性分析

客观地说,由于经济发展阶段与制度的双重因素,中国企业目前还难以成为当代跨国并购主流,但这并非意味着我国企业不可尝试借助跨国并购"走出去"。实际上经过 30 多年持续快速经济发展与市场化体制转型,中国也具备了促使企业外向并购的一些条件。在所有条件中,以下三方面条件最为明显。

其一,国内资本供给度过了短缺期,具有一定外向投资能力。具体来说,中国已经度过了发展经济学家们所说的储蓄缺口和外汇缺口阶段,国内资本供应能力强,参与跨国并购有一定资本保障。

其二,国内企业并购浪潮开始涌动,为企业尝试跨国并购提供了演练与积累经验的机会。研究显示,2001年以来,中国企业国内并购呈现加速增长势头。从2001年第四季度到2003年年底的两年多时间里,仅涉及上市公司的国内企业并购就有1 854起,涉及企业资产1 580亿元人民币。其中,2003年一年发生的此类并购就达近千起,总交易额突破800亿元人民币。这仅仅是容易统计的规范的上市公司类企业并购,如若考虑到难以进行完整统计的非上市类公司间的并购,则国内并购规模当更大。虽然中国企业国内并购规模尚不能与一般市场经济国家的国内并购规模同日而语,但毕竟已经有了一定规模。这无疑使国内企业有了借助并购扩张的演练机会,使之在尝试借助跨国并购"走出去"之前,先行通过国内并购,积累实施并购以及整合并购企业的经验。

其三,中国企业已经进行了跨国并购的有益尝试。近几年来,随着国家"走出去"战略的实施,已经有一批企业参与了跨国并购,其中不乏成功者。而像中石油等三大石油集团,海尔、TCL等混合型企业,万向等私营企业,则在跨国并购方面都有不俗的表现。

除此之外,当今国际环境有利于企业跨国并购,其中主要有以下三个方面值得注意。

(1) 多数国家政府出于本国就业的考虑,支持外国企业参与并购本国企业,尤其是对经营不善、面临破产企业的并购,如TCL跨国并购德国施耐德公司就得到了该国当地政府的大力支持。

(2) 跨国并购目标企业多,特别是金融危机以后西方国家经济持续低迷,加上欧债危机,使西方国家企业生存困难,倒闭破产企业数以万计。如在德国,2008年上半年就有1.92万家企业(主要是中小企业)申请破产,同期法国破产企业达到2.48万家,而德国与法国政府欢迎外国企业参与本国破产企业的并购。

(3) 国际竞争政策协调,这主要是WTO等国际组织新出台了一系列协调对外直接投资与跨国并购的法律法规。

综合考虑以上诸方面因素,可以认为,中国企业借助跨国并购推进国际化战略是有一些较为系统的有利条件的。但从目前我国企业跨国并购的实践来看,中国企业的跨国并购还带有很强的探索性特征。

(四) 中国企业跨国并购的对策及建议

第一,制定切实可行的并购战略,减少随意性和盲目性。在实施海外投资战略时,不要过于依赖于跨国并购这种方式,而要考虑多种方式,如与当地企业合资经营,或以自身优势业务为核心进行独资等,通过多种途径进入国际市场,降低海外经营的风险。按照国际历史数据分析,并购后几年内的成功率只有30%,以小博大的并购成功率更是在10%以下。可见,并购风险是相当高的,必须在充分跟踪调研基础上,在做好各项战略规划前提下,包括充分的资金、人才、整合、应急等各方面的准备,寻求适当时机。企业并购不能操之过急，20 世纪 80 年代日本企业购买美国企业时犯了很多错误，损失非常严重，急于国际化的中国企业应该避免犯下同样的错误。

第二，考虑选择合作伙伴的方式。注重发挥私人资本机构的作用，考虑与私人资本机构组成收购团队。注重发挥企业的合力，通过与国内企业或与国外企业联合收购，降低跨国并购的成本和风险。

第三，坚持效益原则。赢利是最终的目标取向。目前国内企业的海外并购中，常常把完成并购交易看作胜利果实，对于海外投资效益鲜少涉及。很多并购似乎在“抢购”，企业对于收购时机和赢利能力以及未来的财务承受能力缺乏科学的评估，忽略了并购的商业利益。专家研究发现，在中海油的 6 次海外收购中，只有收购 Repsol 印尼油气田取得了控股地位，并已产生收益。企业的跨国并购必须有利润追求，否则必败无疑。

第四，协调企业的海外收购活动。目前，已出现多次国内企业之间对交易的竞争，特别是在银行业和石油业。例如，3 家中资银行——中国建设银行、中国工商银行和中国银行分别与新加坡的淡马锡进行了接洽，探讨收购淡马锡所持渣打银行股份的事宜。中石油和中石化为苏丹的一条输油管道展开了竞争。因此，应由行业协会或政府相关管理部门出面协调企业的海外并购行为，避免中资企业就石油资产等展开更多竞购战，以防两败俱伤，渔翁得利。

第五，国家要给予适当的资金支持。鉴于目前企业融资渠道单一，企业“融资难”问题难以在短期内得到根本解决，在我国外汇储备极其充裕的情况下，政府外汇资金可以成为缓解企业“融资难”、降低企业境外并购风险的有效手段。对企业支持应不限于国有企业，对民营企业海外并购的支持应一视同仁。具体支持手段可以考虑通过政策性银行和中国投资公司进行。

本章小结

跨国并购是经济全球化的一种表现，是对外直接投资的一种具体形式。跨国并购根据并购企业和目标企业的不同可以分为不同类型。本章从交易费用、产业组织、企业成长以及效率规模等方面对跨国并购的动机、效应和整合进行了相关探索，并形成了多种理论。同时，分别从三个方面阐述了中国企业跨国并购概况：中国企业跨国并购的发展与现状、中国企业跨国并购的特点、中国企业现阶段跨国并购存在的问题及其对策，并提出了未来我国企业实施“走出去”战略应注意的影响因素。

复习思考题

1. 跨国公司对外直接投资主要有哪两种方式？这两种方式各有什么优缺点？

2. 结合西方主要的 7 次并购浪潮，说明当前第七次跨国并购浪潮的背景和特点以及中国企业在其中扮演的角色。

3. 当前在西方金融危机的背景下，我国企业实施“走出去”战略进行海外并购主要有哪些特征？

4. 如何迅速提高中国企业的跨国并购能力?

案例一 光明收购Synlait Milk

光明乳业于2010年10月26日发布公告称,上海市商委已经同意其旗下全资子公司光明乳业国际投资有限公司增资5 290万美元收购新西兰Synlait Milk Limited 51%股权。增资完成之后,光明乳业国际投资有限公司注册资本和投资总额增至6 250万美元,可通过其设在英属开曼群岛的全资子公司光明乳业控股有限公司收购新西兰Synlait Milk Limited 51%的新增股份。

一、背景介绍

(一)乳制品行业背景

近十几年来,我国乳制品工业快速发展,取得了巨大成就。在经历了一系列乳品安全问题的洗礼后,中国乳业面临着重整产业结构、重拾行业信心的关键转折。在大规模行业洗牌之后,乳品行业逐步走向回暖。瑞银证券报告显示,由于政府采取更加严厉的措施来确保乳品业的食品安全且原奶供应短缺状况日益缓解,预计乳制品消费量将维持强劲增势。城镇化和消费升级是支撑乳制品消费市场前景的两大动力。

1. 供给总量及速率分析

近年来我国乳制品行业产量保持了稳定的增长,其中2007年全行业产量增速达到22.46%的高点,其后在2008年、2009年经历了回落。2009年全国乳制品产量已达到1 935.12万吨,增速恢复到6.88%,迅速走出了2008年的行业增速低点。2010年全国乳制品产量达到2 159.40万吨,增速进一步提高到11.59%。这一方面是因为国内各大乳制品公司的新生产线竣工投产,产能迅速扩大;另一方面,广大城镇和农村居民生活水平不断提高,带动乳制品消费不断提升。

2. 供给结构变化分析

第一,乳制品消费仍以液态奶为主。《2011年中国奶业统计资料》中的相关数据表明,2010年乳制品消费中,液态奶约占67.21%,酸奶约占15.14%。而干酪等产品在国外都属大宗产品,在国内基本没有生产,尤其是深加工、高科技和高附加值的产品更少,不能满足市场需求。乳制品消费仍以液态奶为主。

第二,酸奶供给将大幅度增加。酸奶的发展是从改善风味和有益于健康开始的,以新鲜的牛奶为原料,各种符合卫生要求的功能性添加物(如水果、谷物、蔬菜、维生素、矿物质)的适当采用和不同组合,使酸奶品种丰富多样。"美味与健康同行"今后仍然是酸奶发展的基础,市场对营养强化型酸奶的需求也将会明显增加。发达国家和乳制品行业发展较早的国家,酸奶市场均经历从小到大的逐步发展过程,预计未来中国酸奶市场将得到快速发展。

第三,高端牛奶乳制品不断推出。随着人们生活水平的提高,乳制品已经成为人们生活中的重要食品,在低端普通液态奶趋向饱和的同时,高档牛奶乳制品的推出迎合了人们消费习惯的变化。从2006年起,国内各大乳业品牌相继推出高端牛奶乳制品。高档牛奶乳制品的推出,满足了不同层次的消费需求。随着乳制品行业竞争的加剧和人民生活水平的提高,乳制品将向着多元化、差异化的方向发展,以适应不同消费水平、口味爱好、营养需求的消费者。这样既可以摆脱愈演愈烈的乳制品同质化竞争,也可以提高市场竞争力。

(二) 企业背景

1. 并购前的光明乳业股份有限公司

光明乳业股份有限公司于 2000 年 11 月 17 日改制设立,并于 2002 年 8 月 28 日在上交所上市交易。光明乳业的发起人有六家:对光明乳业控股 10%以上的公司有两家,分别是上海牛奶(集团)有限公司和光明食品有限公司。其中光明食品(集团)有限公司成立于 2006 年 8 月 8 日,是一家国有企业,以食品产业链为核心的现代都市产业集团。上海牛奶(集团)有限公司是光明食品(集团)有限公司控股子公司,是一家以牧业为核心的国有控股公司,其他光明乳业的前十大股东也都是国有企业。可以说,国有控股占绝对优势。正是这重国有企业的身份给光明的海外并购既带来了融资容易的便利,也带来了容易引起目标公司所在国疑虑的麻烦。

截至 2009 年,全国液态奶市场中常温奶占据 86%的市场份额,其中光明乳业占 11%。光明乳业意识到必须跟进做常温奶,然而,这时已经失去了先机。此外,生产基地处在华东地区的光明,相对于生产基地处在内蒙古大草原的蒙牛、伊利,其奶源的数量和质量也是一大劣势。

正是基于光明乳制品的市场份额远远不及蒙牛、伊利,国内市场还未完全打开,奶源品质得不到保障等发展状况,2010 年,光明乳业提出了新的发展战略——支持光明乳业继续深化“聚焦乳业、领先新鲜、做强常温、突破奶粉”的战略,强化质量安全管理,巩固技术领先优势,加强基础奶源控制,完善通路渠道布局,巩固行业龙头地位。而要实现光明提出的发展战略,获得优质的奶源和生产常温奶、奶粉的先进工艺,“走出去”进行海外并购成为光明乳业的最佳选择。光明近两年也在并购市场中表现得非常活跃。

2. 并购前的 Synlait Milk

Synlait Milk 公司是新西兰五家独立牛奶加工厂商之一,主要从事奶粉生产加工,目前的主要产品是大包装高端优质奶粉。Synlait Milk 公司拥有十余家自营牧场,存栏牛头数约 12 000 头,拥有充足优质的原料奶资源,并且拥有高端婴幼儿优质奶粉的生产技术及高科技配方,这也是光明最为看中的地方。

Synlait Milk 刚刚独立发展,就遇到 2008 年经济危机,因为经济危机,世界范围内原料奶价格下跌和高端奶粉价格下跌,导致其连续两年亏损。2010 年前 9 个月 Synlait Milk 共实现销售收入 1.65 亿新西兰元,但并未赢利,净亏损为−511 万新西兰元。

并且该公司 1 号工厂生产容量已经饱和,迫切需要建设 2 号工厂以扩大生产容量和生产规模,满足日益增长的市场需求,经初步估算,2 号工厂的整体建造成本大约为 9 500 万新西兰元,这对已亏损两年的 Synlait Milk 来说,自有资金无法满足,又由于其糟糕的财务状况,向当地市场寻求融资也非常困难,因此需要寻求海外融资。

二、并购动因分析

1. 获取供应稳定、质量优良、价格低廉的原料奶资源由于环境适合牧草生长,且污染不严重,新西兰的奶源非常好,原料奶和奶粉质量是世界最高的,除此之外,新西兰的原料奶成本还是世界上最低的。比如,目前新西兰原料奶的收购价格是2.15元/千克,而我国原料奶的收购价平均超过3元/千克,远远高于同期的新西兰原奶均价。光明通过并购Synlait Milk,可以拥有供应稳定、质量优良、价格低廉的海外原料奶供应基地。同时,由于新西兰乳制品在全球范围内其成本都是最低的,拥有成本优势,降低原料成本,进而降低销售成本,增加利润。另外,据2008年签订的中国新加坡贸易协定,到2019年,中国进口新加坡奶粉可以免关税,用Synlait Milk的产品替代光明现在使用的进口工业奶粉,也可以降低成本。

2. 获取技术优势,开拓新市场

光明乳业一直以鲜奶生产作为企业的支柱产业,光明乳业在鲜奶市场的占有率为29%一直居行业第一。但截至2009年,全国液态奶市场中常温奶占据86%的市场份额,鲜奶仅占14%,而光明在常温奶市场仅有11%的占有率。此外,近年来中国奶粉市场尤其是婴幼儿配方奶粉的需求增长迅速,其中高档婴幼儿奶粉的销量更是每年以两位数的速度增长。因此光明提出"聚焦乳业、领先新鲜、做强常温、突破奶粉"的发展战略。光明乳业此次并购Synlait Milk,可以获取其高端婴幼儿奶粉的生产技术及高科技配方,进而可以借其获得的优势资源进入利润丰厚、需求旺盛的婴幼儿奶粉市场,获取更多利润,提升公司业绩。

3. 提升企业品牌形象,重获消费者信任

三聚氰胺事件影响恶劣,消费者丧失了对中国乳品企业的信任,追捧国外的洋品牌。要扭转消费者对国产品牌奶粉的不信任,必须获取优质、健康的奶源,光明收购新西兰的优质乳品供应商,有利于消除消费者的不信任。新西兰乳制品良好的声誉和消费者认可度也可以帮助光明提升品牌形象。另外,良好、稳定的海外产业投资和运作,可以坚定现有投资者的信心并吸引潜在投资者,帮助光明在资本市场上顺利运行,以扩大公司在行业内的竞争优势。

三、并购过程

2010年5月,光明开始同Synlait Milk接洽,并派考察小组赴新西兰对Synlait Milk的地理位置、厂房设施、生产基地进行考察,并同当地政府、相关组织、Synlait Milk股东、管理层进行沟通。

1. 恰当的并购目标

在介绍光明时,指出光明是乳制品生产加工企业,其主要业务是乳制品的生产加工,在寻求并购时,锁定乳制品制造企业,一方面会给自己带来资源、技术等的直接利益;另一方面,因为自身本来就有生产加工乳制品的经验、专利技术、销售渠道等,会让目标企业认为并购企业是可信的,进行此次并购对自己也是有利的,会增大并购的成功率。

光明此次并购,基于自身发展的动机需求,选取新西兰Synlait Milk作为并购目标,是因为Synlait Milk优质、充足、成本低的奶源、高端奶粉的生产加工技术及良好的国际市场信誉、消费者的高认可度都是光明所需要的。而对于Synlait Milk,当时的财务状况不好,急需建厂提高生产能力,却融资不顺利,而接受光明的要约,这些问题都可以得到解决,不仅可以获得光明的资金支持,还可以通过中国国内银行等金融机构的融资渠道,在中国发行债券，最重要的是可以获得中国广大的婴幼儿乳品消费市场。

此外，光明一直专注于鲜奶市场，走中低端品牌路线，而 Synlait Milk 专注于奶粉市场，走高端品牌路线，并且双方的销售网路几乎不重合。总之，光明和 Synlait Milk 的并购需求是高度契合的。在采购成本上，相互大规模、集中采购可以大大降低成本；在品牌上，高中低端品牌满足不同消费者群体需要；在销售网络上，光明以国内为主，Synlait Milk 以国外为主；在产品技术上，光明拥有生鲜牛奶的处理技术，Synlait Milk 拥有婴幼儿奶粉的生产技术；在产品制造上，规模较大的光明所拥有的巨大产能将促进 Synlait Milk 的规模和利润的强势增长。因此，当并购双方能够很好地满足对方需求，契合度很高时，并购的成功率也就会提高。

2. 专业的团队

此次光明并购 Synlait Milk，其管理层考虑到国际收购项目的复杂性，组建了国际化、专业化的顾问团队，其主要成员包括：财务顾问——荷兰合作银行（RABOBANKNEDERLANDS）；法律顾问——英国欧华律师事务所（DLAPiper）；会计师——普华永道会计师事务所（PwC）。他们都与光明有着长期的伙伴关系，非常了解光明的财务状况、发展需求、治理结构等，可以为光明提出具有针对性的专业意见。

其中，荷兰合作银行在环球金融机构中名列第二，一直以服务标准的可信度和高质量而著称。值得注意的是，荷兰合作银行仅从事农业、农业机械和食品工业等行业的金融交易，其客户也基本都属于食品行业和农业行业及其相关领域。这样，光明可以通过荷兰合作银行获取更多关于 Synlait Milk 的深层次的经济信息，同时具有强大的融资能力。欧华律师事务所是全球第二大律师事务所，也是最早在中国大陆发展的律师事务所之一，拥有丰富的涉外诉讼经验，可以为光明提供海外并购的法律框架、谈判战略等的咨询。普华永道会计师事务所是世界上最大的专业服务公司，机构遍布全球，可以为光明提供新西兰会计政策、目标股价等支持。正是因为有这样专业的团队，才使光明很顺利又很快地完成此次并购。

3. 合理的价值评估

2010 年 7 月，光明乳业与新西兰 Synlait Milk 乳业有限公司及新西兰 Synlait Milk 集团有限公司签订协议，公司以现金出资 8 200 万新西兰元（折合人民币 421 134 182 元）认购新西兰 Synlait Milk 乳业有限公司新增的 51% 股份。

并购前，Synlait Milk 的财务状况非常糟糕，债务庞大。但是根据荷兰合作银行的估测（根据现金流量法）：Synlait Milk 的 1 号工厂的估测价值为 1.67 亿新西兰元，2 号工厂估测的市场价值为 1.17 亿新西兰元，减去债务，股东权益为 1.87 亿新西兰元，其中光明乳业拥有 51% 的股东权益（扣除少数股东权益），约 8 200 万新西兰元，合人民币约 3.8 亿元，再加上中介机构的咨询费用及汇率变动，最后支付 4.2 亿元人民币。这个估价还是合理的，因为光明乳业投资 Synlait Milk 是基于战略意义的考虑并将长期持有 Synlait Milk 的股份。

此外，新西兰 Synlait Milk 所拥有的适合乳业发展的优良环境、低成本的原料奶加工基地、一体化且先进的生产设备、良好的国际声誉及消费者认可度、增加高端产品的市场亮点、优秀的管理团队等，都给光明带来潜在的利益。再者，按照光明的规划，Synlait

Milk的上市计划成功实施,成为光明的海外融资平台,又给光明乳业的投资带来丰厚的回报。由此,Synlait Milk是极具战略投资价值的,光明乳业用比较合理的价格获取了Synlait Milk51%的股份,这个价格在光明的可承受范围内,不必背上沉重的债务包袱,使得并购谈判得以顺利进行,也给以后进行整合减小了资金压力,使并购顺利完成。

2010年7月,双方确定并购意向,光明向社会发布公告,光明将以8 200万新西兰元(约3.82亿元人民币),认购新西兰Synlait Milk的新增股份,为2 602 658股新增普通股,每股合3.15新西兰元。并将此次投资定位长期投资,预期收益率为18%,初步资金使用自有资金,后期准备向银行借款,并等待国家相关部门批准。

4. 有效规避政治文化壁垒

此次光明乳业收购Synlait Milk公司的股权认购公告中还包含牧场资产,意味着光明乳业对新西兰Synlait Milk的奶源没有绝对的掌握权。这是光明为了规避政治文化壁垒而做出的让步。

众所周知,新西兰的支柱产业是畜牧业,因此一旦有海外投资涉及畜牧业,就会引起社会公众和政府的高度关注。鉴于光明是中国国企,如果再涉及牧场,那么民众更是敏感,抵制情绪高涨。并且根据新西兰海外投资办公室的规定,当一项境外投资涉及的农用土地超过5公顷时,这块被并购所涉及的土地就被认为是"敏感土地",那么这项投资计划就需要经过新西兰海外投资办公室审批,有时甚至需要将审批报告意见提交给财政部部长和土地信息部部长,由他们亲自批准签字。如果光明此次并购涉及土地,等待新西兰海外投资办公室的批准,会花费大量的时间,成本过高。光明为了顺利获得新西兰海外投资办公室的批准,快速高效地完成这起对Synlait Milk的并购,决定此次收购不涉及土地,减少敏感度和关注度。

5. 恰当的整合措施

(1) 战略目标整合

光明乳业在收购Synlait Milk时为Synlait Milk确立了新的发展战略目标,并制订了一套详细的战略规划,通过沟通协商,得到了新西兰Synlait Milk的认同。首先,把Synlait Milk发展成为光明乳业的基础原料海外供应基地,为光明提供优质、稳定低价的奶源。其次,将认购股份的资金3亿多元人民币用于建设2号工厂,一旦2号工厂竣工并投入使用,将会增大光明乳业高端婴幼儿奶粉的产量,并作为高端品牌销往我国,原有的1号工厂会继续生产原料奶,并作为光明乳业生产所需的工业奶粉原料。最后,推动Synlait Milk上市,使之成为在新西兰乃至全球范围内的高端原料和高端成品的供应基地,以协助光明乳业完成定位的转变,特别是帮助光明进入利润相对丰厚的中高端婴幼儿奶粉市场,将奶粉纳入光明发展的三大支柱产业之列。

(2) 财务整合

光明乳业并购新西兰Synlait Milk后,对Synlait Milk进行了一系列的财务整合,以使光明同Synlait Milk的财务管理达到与光明同步,方便以后管理。

财务管理目标方面,为了使光明和Synlait Milk最大限度地获得可持续发展的能力,光明把财务管理目标确定为企业价值最大化。光明分析了Synlait Milk的财务状况,为了长远的利益,光明给Synlait Milk预留了两年的亏损期,并拿出资金筹建2号工厂。财务管理制度体系方面，光明与 Synlait Milk 配合采取各种措施，如合理配置和使用人力资本、物质资本，利用自身持有资金和银行贷款相结合方式支付给 Synlait Milk，帮助 Synlait Milk 偿还银行罚息等，规避投资、融资和财务风险。会计核算体系方面，由于光明乳业遵循的是中国企业会计准则，因此 Synlait Milk 的会计核算也应调整至中国企业会计准则，以为光明编制合并报表提供准确及时的依据。这些都是在双方的沟通交流下完成的。比如，光明乳业是上市公司，需要按规定及时披露财务情况，但新西兰 Synlait Milk 这边的财务周期是 6 月至次年 6 月，与光明不匹配。这些问题最终都通过坦诚的沟通一一化解，也给光明带来了良好的发展前景。

以上为并购的分析，具体的并购过程是：2010 年 5 月，光明开始同 Synlait Milk 接洽，并派考察小组赴新西兰对 Synlait Milk 的地理位置、厂房设施、生产基地进行考察，并同当地政府、相关组织、Synlait Milk 股东、管理层进行沟通。

2010 年 7 月，光明乳业与新西兰 Synlait Milk 乳业有限公司及新西兰 Synlait Milk 集团有限公司签订协议，公司以现金出资 8 200 万新西兰元（折合人民币 421 134 182 元）认购新西兰 Synlait Milk 乳业有限公司新增的 51%股份。

2010 年 7 月，双方确定并购意向，光明向社会发布公告，光明将以 8 200 万新西兰元（约 3.82 亿元人民币），认购新西兰 Synlait Milk 的新增股份，为 2 602 658 股新增普通股，每股合 3.15 新西兰元。并将此次投资定位为长期投资，预期收益率为 18%，初步资金使用自有资金，后期准备向银行借款，并等待国家相关部门批准。

四、并购效果评价

并购交易顺利完成，通过并购前后两家公司的财务状况及发展情况来看，基本上实现了“1+1>2”的协同效应，满足了光明乳业的动机需求，也达到了光明乳业的规划设想，可以说此次并购是成功的。

1. Synlait Milk 的发展情况

双方根据指定的发展战略迅速融合发展，并购的第二年（2012 年），新西兰 Synlait Milk 就扭亏为盈。到 2011 年 11 月，按计划投资兴建的 2 号工厂竣工，并投入使用，Synlait Milk 的产量迅猛增长，几年后 2 号工厂可以达到其最大产值，大约 10 万吨工业奶粉（约 90 万吨原料奶），这相当于目前光明乳业一年的原奶收购量，这是一个很大的产量，对光明来说，优势是不言而喻的。

2013 年 7 月，Synlait Milk 在新西兰证券交易所主板挂牌上市，股票代码为“SML”。初次发行股数 3 409.091 万股，每股价格 2.2 新西兰元，募集资金 7 500 万新西兰元。光明乳业通过增持股份至 39.12%，仍维持第一大股东地位。光明乳业成为国内乳制品行业内首家境外收购优质奶源企业并成功促成其上市的企业，搭建起海外融资平台，完成资本运作，这对光明、Synlait Milk 以后的发展都有着重大影响。

2. 光明乳业的发展情况

光明在并购 Synlait Milk 后，利润稳中有升，特别是光明投资建设的 2 号工厂竣工并投入使用后，利润猛增，说明光明对 Synlait Milk 进行海外并购是正确的选择，帮助其进行 2 号工厂的建设对于光明的原料奶来源、高端奶粉的销售，即成本的降低和收入的增加都是大有裨益的，并且光明在并购新西兰 Synlait Milk 时选取了较好的时机和合适的价格,对于光明以后的发展潜力的影响是非常大的。

而且光明乳业的资产报酬率在2011年到2012年不断升高,说明其赢利能力在提高,其综合利用资产的效果也很好,光明对Synlait Milk的并购达到了预期目标,取得了很好的效果。光明的净资产回报率也在2009年到2012年间不断提高,说明光明的净资产使用效率越来越高,光明投资者的利益保障程度越来越好。其净资产报酬率在近两年始终稳定在一个较高的水平,且近两年有逐年增长的趋势,说明光明对Synlait Milk的并购效果非常好。

光明的营业收入增长率自2009年以来,平稳有升,说明光明乳业的营业收入增长幅度比较稳定,也可以说明光明在并购Synlait Milk后在市场销售方面表现良好,市场份额处于较稳定的占据状态。

五、结束语

虽然我国乳品企业依然存在整体竞争力差、国际运营经验不足等问题,但是以蒙牛、伊利、光明为代表的乳业翘楚已经具备了进行海外并购的技术和资金能力。其中蒙牛和伊利已进入2010年发布的"全球乳业20强"榜单中,现在是"走出去"的好时机。蒙牛、伊利、光明等乳品企业可以通过跨国并购,充分利用国内国外的资源及市场,从而成长为世界级企业,并且国家鼓励乳品企业内整合。在此背景下,国产乳业加速洗牌后将呈现新格局。企业通过兼并收购,以拓展销售渠道,巩固已有市场,开拓新产品,完善产业链,使生产结构更加多元化。经过行业内的并购,形成蒙牛、伊利、光明等系列大型乳品企业,这些企业已具备了"走出去"进行海外并购的实力。

中国乳业已经发展成为比较成熟的产业,不再是当年存在大片空白的新兴产业,因而暴利不再。屡经安全问题冲击,乳业行业亟须从加快产业重组、提升竞争层次中找出路。多年来的激烈竞争,已经在中国乳业中锤打出一批大企业,可以作为全行业资产重组的核心。因此,光明乳业收购Synlait Milk也是在一定程度上顺应了行业发展的大趋势,并购可以实现企业的快速扩张,但生产、质量控制、销售的基本功才是企业立身之本。

【案例评析】

1. 该案例中光明乳业股份有限公司并购手法是什么?有什么启发和借鉴意义?

并购手法:平等合并。

启发:海外并购是企业发展壮大的一条捷径。通过跨国兼并,企业能够在很短的时间内获取全球范围内的优质资源,掌握先进的技术,抑或开拓新的市场。虽然这是一条近路,但是这一路上可谓荆棘丛生,从宏观的政治、文化、法律和财税体系到微观的并购对象的企业人力资源架构及市场运营,每一个环节都有失败的风险。中国企业海外并购成功的比例并不高,有49%的跨国并购交易未能达成。并购对象若是包含所在国的核心资产,会因牵涉多个利益相关方而使交易风险大增。找到买卖双方的利益契合点,并且在此基础上寻求一种能够照顾多方利益的合作方式,是跨国并购成功达成、双方实现协同效应的核心。获取自身所需的资源不一定必须占有核心资源,若能够通过合作的方法既获得所需又绕开核心资源的占有,将有助于降低并购风险。如果需要占有核心资源,寻求本国企业的合作,以此来实现并购的双赢,也会有效降低并购风险。全球经济在步履蹒跚中复苏，这给了渴望参与国际竞争的中国企业一个千载难逢的机会。中国市场旺盛的需求，成为中国企业海外并购的重要筹码。要成功达成跨国并购，企业实力还是硬道理。专注于实力的提升仍然是中国企业迈向国际化的重要基础。

2. 光明乳业股份有限公司进行了多次并购，为何这次并购能够成功？分析此次并购的特点，探讨其指导性意义。

此次并购能够成功的主要原因是：并购双方各取所需，有效降低并购阻力。

光明企业收购 Synlait Milk 的动因主要是获取供应稳定、质量优良、价格低廉的原料奶资源，获取技术优势，开拓新市场。另一个主要原因是提升企业品牌形象，重获消费者的信任。

乳制品安全问题频发，原因是多方面的，除了生产者和销售者利欲熏心，为获取利益不择手段外，还有其自身行业的特殊性。奶业产业链长，从饲料的生产、奶牛的育种和喂养，到挤奶、收奶，仅仅是原奶生产中就有颇多影响质量的因素，后续还有加工、仓储、运输、销售会对产品质量产生影响。加上中国目前以散户养殖为主的奶牛饲养方式，令原奶生产过程难以标准化，除了导致原奶品质差异大以外，生产过程也必须由多个经营者完成，更增加了质量控制的难度。同时，中国乳制品行业竞争激烈，企业为生存争抢奶源从而放松原奶质量的监管，政府对食品安全违法行为监管和打击力度不够，也是促成原奶质量普遍下降的重要原因。

相较中国原奶价格不断上涨且质量参差不齐，一些欧美乳业发达国家的原奶价格低廉且品质好，这种现状吸引中国乳制品企业借道海外获取乳业资源，依靠国外优质的奶源和生产中严格的质量监控，挽救国内乳制品的信誉危机。作为畜牧业大国的新西兰，成为中国乳制品企业最先瞄准的目标。同时，中国政府大幅下调婴幼儿奶粉的进口关税，从原有的20%降至5%，对中国乳企在海外生产产品再转内销也相当有吸引力。因此，光明乳业成为最早迈出海外生产脚步的中国乳企。

反观并购对手方，Synlait Milk 在达成收购之前，Synlait Milk 已有的 1 号工厂由于大量订单而满负荷生产，急需投建 2 号工厂以满足旺盛的市场需求，但是经历了金融危机的新西兰，在融资方面十分困难。因此，2010 年 5 月末，光明乳业参与 Synlait Milk 的竞购。光明乳业用了不到 6 个月的时间就完成了对新莱特收购的所有事项，收购速度之快可谓少有。除新莱特本身运营良好及其与光明乳业间良好的协同作用以外，牧场这一乳业核心资源独立于收购之外也是一个重要的原因。光明乳业对新莱特的控股，其实仅仅意味着控制了对方的生产线。为新莱特提供奶源的牧场仍然由原股东100%控股。光明乳业虽然可以得到优质原奶发展高端婴幼儿奶粉，但是无法插手供应链的最上游。

光明食品收购 Synlait Milk 成功的关键在于找到买卖双方的利益契合点，并且在此基础上寻求一种能够照顾多方利益的合作方式，是跨国并购成功达成的核心。更重要的，专注于实力的提升仍然是中国企业迈向国际化的基础。

【案例讨论题】

1. 该案例中光明乳业股份有限公司并购手法是什么？有什么启发和借鉴意义？

2. 光明乳业股份有限公司进行了多次并购，为何这次并购能够成功？分析此次并购的特点,探讨其指导性意义。

案例二 吉利并购沃尔沃

近年来,中国企业迅速在全球范围展开一系列大规模并购活动。2010年8月2日,吉利收购沃尔沃汽车资产交割仪式顺利举行,这场历时一年多,花费15.5亿美元的汽车并购案完美收官。付出这么多亿美元拿下亏损60亿美元的沃尔沃,吉利得到了什么?

从当事双方签署的协议来看,吉利不仅收购了沃尔沃的全部股权,买到了沃尔沃的核心技术、专利等知识产权和制造设施,还获得了沃尔沃在全球的经销渠道。本土汽车企业通过跨国并购,可以提升中国汽车产业在本土市场的竞争力,为自主创新提供原始技术依据,实现技术跨越,并为中国汽车产业"走出去"提供现成的通道,迅速提升中国汽车及零部件在欧美日市场的比例,解决中国汽车产业自主创新所面临的知识产权问题,实现在发达国家汽车市场中的突破,从根本上改变中国汽车产业的国际形象。

一、并购主体

1. 主并方中国吉利集团

浙江吉利控股集团有限公司(以下简称"吉利")成立于1997年,前身是一家小型摩托车民营企业,2001年获准生产轿车后涉足汽车行业。经过十余年的发展,并购前拥有40万辆整车、40万台发动机、40万台变速器的生产能力以及10余个系列、30多款整车产品。2009年销量达32.54万辆,同比增长59%,连续8年居全国前10位。

2. 目标方瑞典沃尔沃汽车集团

瑞典沃尔沃汽车公司(以下简称"沃尔沃")是北欧最大的汽车企业,也是瑞典最大的工业企业集团,世界20大汽车公司之一,成立于1927年,1999年被美国福特汽车公司(以下简称"福特")收购。沃尔沃在瑞典、比利时、中国和马来西亚都设立了生产厂与组装线,2009年总产量为311 413辆,销量为334 808辆,在全世界100多个国家和地区设立了销售和服务网络,拥有2 400多家销售网点。沃尔沃拥有多个研发中心和世界一流的研发队伍,其中尤以汽车安全中心享誉全球,自2000年落成启用之后已完成超过2 000次的车辆撞击测试,除了进行沃尔沃旗下车款的测试工作外,还负责福特集团车辆安全的测试。

二、并购背景

1. 金融危机带来的目标估值变化推动了车企海外并购

福特自1987年以来陆续收购了阿斯顿马丁、捷豹、沃尔沃和路虎,旗下的数款欧洲顶级汽车品牌大大增加了研发支出,同时也造成了高相似度产品的内部竞争。而2008年开始的金融危机加剧了市场萎缩,使福特的经营举步维艰,不得已大量出售资产以缩小规模,导致资产价格下跌,并购成本大幅降低。如在2007年全球资产普遍被高估时,沃尔沃的并购成本至少要70亿美元,而金融危机后,沃尔沃的市场估值则降至20亿美元左右。

此外,金融危机的到来也使得为筹集资金而疲于奔命的国外企业和当地相关政府部门在一定程度上放松了对中国企业并购的监管和审查,减少了跨境并购的政治障碍和隐性成本，为中国企业海外并购创造了有利的政治环境。

2. 双方企业发展的资源“瓶颈”产生了并购需求

作为一家民营汽车制造商，吉利在中国中低端汽车市场占有一席之地，销量与利润逐年攀升，但由于品牌认同度的限制，一直难以跻身高端车市场。此时，收购一个国际化的品牌是吉利开辟新市场的最好选择。同时，由于受研发能力的限制，仅依靠吉利自身的研发，短期内难以达到欧美严苛的安全、技术、环保标准，海外业务无法取得突破性进展。为了解决品牌与技术的“瓶颈”效应，收购沃尔沃不失为一条捷径。

与此同时，沃尔沃被福特收购后，其全球豪华车的市场份额一路下滑，自2005年起更是连续5年亏损，金融危机后亏损加剧，2008年亏损达14.65亿美元，2009年亏损为6.53亿美元，销量也逐年下滑，经营状况恶化令其不得不在全球范围内大规模裁员，市场“瓶颈”严重制约着沃尔沃的发展。沃尔沃2009年全球销量同比下降10.6%的同时，其中国销量却同比增长了88%，中国市场的权重明显上升，拓展中国市场成为沃尔沃突破发展“瓶颈”的优先选择。

3. 相关产业政策助推了并购进程

政府政策在中国汽车行业发展进程中起了主要的引导作用。1985年提出汽车产业振兴规划后，开始允许跨国汽车公司以与国有汽车公司合资的方式进入中国，由此出现了2000年以前市场由国有汽车公司与跨国汽车公司的合资产品主导的局面。2000年加入WTO的努力使中国政府允许民营资本进入汽车行业。2004年6月，政府出台了新的《汽车工业产业政策》，倡导企业积极开发具有自主知识产权的产品，实施品牌经营战略，并调整了相关财税政策，奇瑞、吉利、比亚迪等民营车企因此得以快速发展，综合实力得以提升。2008年金融危机后，为鼓励和支持有实力的企业“走出去”，政府连续出台多项政策。在应对金融危机的形势下，一系列鼓励性政策的出台，有助于国内车企向国外市场进军，实施海外并购，获取战略性资源。

三、并购过程

2008年12月，由于陷入破产危机，福特宣布出售沃尔沃轿车业务。2009年3月，国家发改委相继批准奇瑞、吉利参与收购沃尔沃。2009年10月28日，福特宣布吉利成为沃尔沃的优先竞购方。同年12月23日，吉利宣布与福特就收购沃尔沃轿车公司的所有重要商业条款达成一致。2010年3月28日，吉利与福特签署最终股权收购协议，以18亿美元获得沃尔沃100%的股权及相关资产(包括知识产权)。沃尔沃、吉利和福特还就知识产权、供应及研发达成了一致意见。其中，福特承诺向吉利提供工程支持、信息技术、常规部件模具和一些其他服务，并暂时给沃尔沃提供发动机和动力系统等，以帮助吉利顺利度过过渡期。2010年6—7月，吉利收购沃尔沃相继通过了欧盟委员会、美国政府、中国发改委和商务部的审批。8月2日，吉利完成了对沃尔沃全部股份的收购，并成立了新董事会，至此，吉利收购沃尔沃尘埃落定。

四、并购担忧：吉利如何消化与整合巨亏的沃尔沃

1. 如何消化沃尔沃的巨额亏损，实现快速赢利

2009年，沃尔沃出现了147亿瑞典克朗的亏损。目前，沃尔沃需要补充约15亿美元左右的流动资金，考虑到2009年吉利的全部收入仅为42.89亿元人民币，无法不令外界

担忧并购后流动资金如何补充。对于沃尔沃而言,与其说其选择了吉利,不如说其选择的是中国汽车市场的巨大潜力——唯有中国市场才可以救沃尔沃。而如何尽快使沃尔沃国产化,是其扭亏为盈的关键。

2. 如何维护和提升沃尔沃品牌形象

沃尔沃是一个瑞典的本土品牌,具有较高端的品牌形象。在被福特收购之后,福特生产廉价车的特点似乎降低了沃尔沃神秘高贵的品牌形象。这一次,沃尔沃又卖给了中国一家生产中低端品牌汽车的公司,它的品牌形象又一次被低端化了。面对沃尔沃不断走低的品牌形象曲线,吉利如何解决好沃尔沃品牌形象维护和提升?

目前,吉利为了维护沃尔沃品牌形象所做的努力是不遗余力的。不仅保留了工厂、全部员工队伍、全部高管团队,还保留了总部和经销渠道。即便吉利的现金流能维持沃尔沃继续行驶下去,这些"保留"也是十分奢侈的行为。对于一个长期只生产10万元以下车型的企业来说,沃尔沃与吉利及其品牌之间有很大的品牌鸿沟。虽然维持独立性是保持"品牌特性"的唯一途径,但成本巨大。

3. 国际与国内的市场整合问题

在此次并购中,彼此的市场渠道是让大家一拍即合的重要因素,沃尔沃看中中国广阔的市场,吉利看中沃尔沃成熟的国际市场渠道。为什么沃尔沃选择中国市场?而吉利又该如何在收购之后规划它的市场版图?这其中存在一个先后的矛盾,若是急切地将重心放在扩张国际市场上,一方面使本来就不充裕的资金无法发挥其最大效用,另一方面也可能削弱其在中国市场上的竞争力。双方如何才能利用所有资源最大化地挖掘市场潜力?这些都是并购之后吉利和沃尔沃将面临的问题。

4. 文化、管理及员工的整合问题

跨国并购之中最为艰难的就是文化融合,中国企业跨国并购失败的案例多在于文化的融合失败,其中包括诸如国际化的运营团队如何流畅运转。吉利收购完成后,在组建国际化的董事会之后,保留了原有的运营团队,这是确保沃尔沃高端和贵族血统的必要选择,但如何运作等难题有很多。如何处理好棘手的劳工关系问题?上汽收购双龙汽车艰难的案例横亘在前,劳工关系是绕不开的问题。而且,瑞典官方和沃尔沃汽车工会的人士曾公开在瑞典报章撰文表示反对福特把沃尔沃汽车出售给中国汽车公司。北欧国家的劳工关系问题更加值得关注,工会和政党的关系密切,搞不好,会上升到所在国的议会和政治层面上的斗争,劳工关系问题或许会演变成为敏感棘手的政治问题。

[资料来源:石建勋.吉利收购沃尔沃之喜与忧[J].西部论丛,2010(9).]

【案例评析】

作为中国汽车行业迄今为止最重大的海外收购之一,吉利收购沃尔沃,不仅仅是吉利控股集团向前迈出的重要的历史意义的一步,也标志着中国和世界汽车工业从此迈入了一个新的历史阶段。如果并购后运作成功,可以大大提升中国汽车产业的技术定位,改变中国汽车产业的低端形象。

吉利收购沃尔沃或许代表了我国汽车业未来的一种趋势。中国汽车业发展到如今这个阶段,需要国际品牌,需要利用品牌来扩大自己世界市场的份额。而打造品牌过程中有很多方法，其中直接购买品牌是通行的国际做法。吉利作为中国自主制造品牌，能够收购沃尔沃，说明中国企业在国际化进程中敢于发挥自己优势，具有敢于“走出去”的一种底气，值得中国本土汽车企业学习借鉴。

并购是个漫长“婚约”，重在并购后的消化、融合与整合。签署交割协议只是“万里长征中的第一步”，现在沃尔沃只是在法律上和商业上属于中国，并不等于买到了其思想、眼光、智慧和员工的认同。吉利收购沃尔沃是否成功，关键看今后的核心技术消化能力、消化沃尔沃背上的巨大负利包袱、两种文化的融合、管理融合及员工的认同以及一家中国民营企业对一个国际品牌的整合能力，这些问题都是潜在的风险。

【案例讨论题】

1. 吉利并购沃尔沃这个“大象”为什么能够成功？

2. 吉利并购沃尔沃后如何才能整合资源，实现优势互补，迅速扭转沃尔沃亏损而不是被拖死？

3. 吉利并购沃尔沃给中国企业跨国并购带来哪些经验教训和启示？

第七章 企业并购中的定价与融资

企业并购进入实质性操作阶段后，首先要解决的是并购资产的价值评估、并购价格的确定、并购资金的筹集和支付等问题。这也是并购双方最关心、最敏感的问题。能否确定双方满意的交易价格，并购方能否筹集到所需要的资金，直接决定着并购的成功与否。如果并购价格过高，将给并购方带来更大的成本和融资压力，给并购后企业的发展留下隐患。反之，如果并购价格过低，被并购方可能会因得到的补偿太少而放弃交易。

第一节　企业并购中的资产评估和定价

企业并购中的资产评估和定价既是一门科学，又是一门艺术。其科学性在于，资产评估和并购价格需要根据有关财务理论、资产评估方法和模型来确定；其艺术性则在于，定价过程还涉及参与者的经验、判断和个人风格等不确定性因素。其中，对目标企业资产价值的评估又是确定并购价格的基础。只有对目标企业资产的价值有透彻的了解，才能确定交易价格的合理区间，并为最终确定交易价格提供依据。

一、企业并购中的资产评估

（一）影响资产评估的主要因素

企业并购中资产价值的评估是一种对企业资产综合体进行的整体的动态价值评估。与一般局部的、静态的资产评估不同，企业并购中资产的价值评估不能简单地通过各单项经公允评估后的资产价值之和减去负债来计算。因为企业并购中获得的资产价值在于它能够给并购方带来未来的报酬，是企业所处经营环境中各种主客观因素共同作用的结果。

在市场经济中，企业的价值则是由市场来评价的，市值(公司每股价格乘以股票总数)的大小反映了企业价值的大小。又由于决定企业市场价值的最主要因素是该公司的赢利水平，根据经济学理论，某资产的价值应是该资产的预期收益的净现值，或预期收益的资本化。所谓资产的资本化，就是从未来预期收益或利润水平倒推资产的现在价值。例如，假定某资产或某企业每年能给其所有者带来 1 000 万元的收益，如果用银行一年期的存款利率作为参照系来衡量这一资产或企业值多少，在年利率为 5%的情况下，由于每年获得 1 000 万元的无风险收益需要存入银行 2 亿元，决定了这一资产或企业的价值应是 2 亿元。否则，如果高于 2 亿元，人们就不愿购买这一资产或企业，因为其收益低于银行利息。或者用一年期的国库券利率作为参照系来衡量这一资产或企业值多少，在年利率为 10%的情况下，每年获得 1 000 万元的无风险收益需要购买入 1 亿元国库券，决定了这一资产或企业的价值应是 1 亿元。否则，如果高于 1 亿元，人们就不愿购买这一资产而去买国库券。这当然只是一个理论价格。在现实经济中，资产或企业的价值并不是严格地按照这一公式决定的。因为除银行存款和国库券之外，各种资产都有较高的风险，投资者要把风险计算进来。同时，既然购买资产或企业是为了获得“预期收益”，预期收益与现实收益就会有差距。在实际操作中，人们常常简单地用市盈率（每股股票价格与其收益的比率）来对企业资产价值进行评估，因此，预期收益的资本化可以转换为市盈率评估法。当市盈率较高时，说明投资者对该公司有着乐观的预期，当市盈率较低时，表明预期较悲观。

在企业并购活动中，目标企业资产的评估价值应等于并购前该企业的独立价值与并购后预计带来的收益之和。目标企业价值的增加来源于目标企业经营的改善、对并购企业的整合效果和对目标企业资产的处置收益。这样，目标企业资产的价值取决于三个因素：一是目标企业资产的现时重置成本；二是资产的效用，即满足收购者某种需要的使用价值；三是资产的预期获利能力和在市场上的稀缺程度。资产的成本越高，需求效用越大，获利能力越强，企业价值越高；反之，企业价值越低。

（二）资产价值评估的方法

资产价值评估的方法一般有两种依据：一种是根据企业资产的价值来评估；另一种是根据企业的赢利进行评价。根据企业资产的价值来评估的具体方法有账面价值法、清算价值法、市场价值法和重置成本法等；而根据企业的赢利水平进行评价的方法有现金流量贴现法和以收益为基础的市盈率法。以企业资产的价值来评估往往忽视了企业管理水平、职工素质、经营效率、资本市场运作等重要的无形因素对企业价值的影响；根据企业的赢利进行评价以投资为出发点，着眼于未来收益，并在测算方面形成了一套较为完整有效的科学方法，满足了资产重组中的“资产整体效应最优化”的要求，所以成为国际上普遍采用的方法。

企业资产价值评估最常用的方法有三种，即成本法、市场法和收益法。不同的方法在操作上有重叠与相似的地方。

1. 成本法

成本法是指以目标企业资产的现时重置成本扣减各项损耗价值来确定企业价值的方法。在实际应用中，数据主要来自企业提供的资产负债表。通过对企业的账面价值进行调整得到企业价值，基本的思想是重建或重置评估的对象。

在使用成本法进行估值时，需要对企业资产负债表记录的资产进行调整。因为账面价值是根据历史成本记录的，虽然账面价值会因折旧进行调整，但它没有考虑其他重要因素的影响，如通货膨胀等。

成本法的基本计算公式可以表示如下：

$$目标企业价值 = 重置成本 - 实体性贬值 - 功能性贬值 - 经济性贬值$$

或

$$目标企业价值 = 重置成本 \times 成新率$$

成本法的优点是充分考虑了资产的损耗，有利于企业资产的保值，在不易计算资产未来收益或难以取得市场参照物条件下可以广泛使用。缺点是工作量较大；而且当资产的获取成本与其价值的关系难以确定时，成本法的偏差就会比较大；成本法也难以反映企业组织资本的价值，因为企业的价值要超过单项资产价值之和。在持续经营的情况下，成本法无法体现组织资本的价值。

2. 市场法

市场法也称市场价格比较法或者现行市价法，是指在市场上找出一个或几个与被评估的目标企业相似的参照企业，分析比较被评估企业及合适的价值乘数，在此基础上，通过修正调整企业的市场价值，最后确定目标企业价值的方法。

市场法的基本原理就是市场替代原则，即投资者对相同用途的替代企业应该支付相同的价格，所以类似的企业应该具有类似的价格。市场法的使用条件是需要一个活跃的公开市场，需要在这个市场上有可比的企业进行交易，而且可比的企业的交易数据和比较指标等可以被收集到。

在选择可比企业时，需要坚持两个基本的标准。一个是行业标准，即处于同一个行业的企业存在某种可比性；另一个是财务标准，即相同赢利能力的企业具有相似的财务结构。在运用市场法时，可比性的重要依据是可比企业的历史绩效和当前结构，而对未来运营的环境考虑得比较少。

市场法的思路可以用如下公式表示：

$$V_1/X_1 = V_2/X_2$$

即

$$V_1 = X_1 \times (V_2/X_2)$$

式中：V_1 为被评估企业价值；V_2 为可比企业价值；X_1 为被评估企业与企业价值相关的可比指标；X_2 为可比企业与企业价值相关的可比指标。

V/X 通常又被称为价值乘数。其比较常见的选取值为价格/收益倍数比率(市盈率)、价格/账面值比率(市净率)和价格/销售收入比率。

由于价值乘数中涉及一些财务数据，所以在使用可比企业的财务数据时，可以采用统计方法调整和直接调整，用调整后的财务数据进行计算可以减少价值乘数的波动。

市场法的优点是其评估的参数与指标来自市场，容易被各方接受；它克服了现金流折现法存在的对输入参数的过度依赖；从投资的角度来看，它提供了整个市场目前对公司价值的评估信息，包括整体市场、行业和行业内单个公司的估值信息；此外，该方法和理论都相对简单，特别适合于对新兴不成熟市场的企业进行价值评估。

市场法的缺点是，它虽然提供了目前市场对价值的评估信息，但并没有提供目前价值评估的合理程度，即目前市场的估值是否合理。如果市场本身高估，得出的价值是否合理就无法判断。由于价值判断标准本身存在差异，再加上其他一些特殊的原因，这种合理的估值就更难判断。由于公司与公司之间肯定存在差异，要找到在行业、规模、风险等方面具有类似特点的公司是一个棘手的问题。此外，市场法要求以公开活跃的市场为基础，如果市场不够公开活跃，可比公司的数据会较难获得。

3. 收益法

收益法是指通过计算企业未来预期的收益并折算成现值来评估被并购企业资产价值的方法。收益法的理论基础在于：企业的价值是其资产所能获得的未来收益的现值，其折现率体现了投资企业获得收益的风险回报率。可见，运用该方法需要明确三个重要的问题：一是企业收益的界定；二是对企业收益进行合理预测；三是选择合适的折现率。

企业的收益可以用利润或现金流量来表示，理论上两者的最终价值应该是一致的。

但由于会计上处理的特点,短期内两者可能不一致。当现金流量与利润不一致时,企业价值与现金流量更一致,而与利润变化关联性不大。此外,由于现金流量是企业实际收支的差额,不容易被修改,而会计信息容易被管理者更改,所以人们更多地采用现金流量折现的方法来估算企业的价值。这就是常说的折现现金流量法,有时也被称为折现现金流量模型(discounted cash flow model,DCFM)。实际上,收益法就是前面提到的资产的资本化,即预期收益净现值法,所以这里不再阐述。

收益法通常被认为更适合于企业并购中的资产评估。因为并购方之所以对目标企业进行并购,正是预期能获得收益,而且这种收益带有不确定性,蕴含风险。收益法为量化企业的未来收益提供了很好的途径。但是,采用收益法进行预测的主观性太强,不同的人进行预测,可能得出差距很大的结果。估计公司未来相当长时间内的经营成本额是一件很困难的事情;另外,现金流量模型对目标公司的期末残值很敏感,对期末公司的残值进行准确预测是不大可能的;而且,采用收益法进行定价必须保证企业具有持续的赢利能力,对于一些亏损企业,收益法就不再适用了。

与市场法必须选择具有可比性的公司相比,由于现金流量折现模型的预测效果取决于现今流量的预测结果和折现率选择的准确度,因此,其最大的优点是适用面广,既可以用来评估上市公司,也可以用来评估非上市公司,而不必选择可比公司。

现金流量折现法的最大缺点是,它对现金流的增长率(包括增长率和增长期两方面内容)和现金流的预期折现率两大因素的依赖过大,两大指标的微小变化都会导致评估值的巨大变化。特别是折现率的估值具有很大的不确定性。由于必须对许多有关市场、产品、定价、竞争、管理、经济状况、利率的情况做假定,而且所得出的数值有一个可信度的问题,因此,对模型中主要变量的确定应采取定量与定性分析相结合的方法,减少模型变量的主观性和不确定性,由此可提高现金流量模型应用的可操作性。

由于存在不同的资产评估方法,在并购谈判时,就会出现不同方法的冲突,以及对不同方法的选择。例如,香港恒胜国际集团在与内地某公司的谈判中,内地坚持用重置成本法评估资产,而恒胜集团坚持用预期收益净现值法。正是由于对采用什么方法存在分歧,最终导致谈判受阻。又如,珠海恒通公司收购上海棱光公司的国有股时,用的是净资产评估法,而上海棱光回购恒通公司时,用的是市盈率法。由于分别采用了不同的资产评估方法,恒通公司大为受益。

一般而言,当收购方针对的是一个继续运营的企业的产权时,应采用预期收益净现值法;当收购方针对的是一个破产的企业或企业的部分资产时,应采用以重置成本计算的账面净现值法。用预期收益净现值法评估实际上是一把"双刃剑"。它可以"放大"一个赢利企业的价值,也可以使一个不赢利甚至亏损的企业的市场价值为零甚至是负数。在这个时候,企业的整体价值还不如它的各种资产分别出售的总和多,所以在这时的一个选择是破产,将资产分别出售,同时终止法人身份和清理与债权人和股东之间的财务关系。在恒胜国际集团与内地某公司的分歧中,如果前者收购的是后者的产权,则应采用预期收益净现值法;如果只是购买其部分资产,则应采用重置成本法,只不过在这个时候,恒胜不应继承被收购公司包括债务在内的各种权利与义务。在恒通的例子中,棱光和恒通都是赢利的企业,棱光公司还是一家上市公司,当时其股票的价格是 13 元,本可以对两次并购的资产评估均采用市盈率法，但实际上恒通收购棱光时采用了净资产法，在棱光收购恒通时采用了市盈率法。这种对两种方法的选择显然有利于恒通集团公司，因为用净资产法评估棱光的资产价值明显低于用市盈率法，不能不说这是恒通的有意安排。

(三) 资产评估中无形资产的处置

对于无形资产的界定，不同国家因立法不同而存在差异。国际会计准则(IASC)列举了各种可辨认的无形资产，其中包括专利、著作权、证照、品牌、客户名单、进口配额、商标、计算机软件、租赁改良权、销售权、特殊的关键技术及其他不用移交实体资产的特定权利。美国评值公司所涉及的无形资产有23项。它们是：专利、特许权、配方、版权、商标、专营权、交易合同、电脑软件、雇佣合同、租赁权益、优惠融资、商誉、商业秘密、技术秘诀、职工队伍、分销、包销、核心储户基础、失业评价、生产和销售系统、缩微胶片、权利、广告材料。中国财政部《资产评估准则——无形资产》(财会〔2001〕1051号)指出，无形资产是指特定主体所控制的，不具有实物形态，对生产经营长期发挥作用且能带来经济利益的资源。该准则把无形资产分为可辨认无形资产和不可辨认无形资产。可辨认无形资产包括专利权、专有技术、商标权、著作权、土地使用权、特许权等；不可辨认无形资产是指商誉。

相对于有形资产，无形资产具有无实体性、独占性、时间性、不确定性等特点，加上有些企业的无形资产占总资产的比重大，使得无形资产的评估和处置尤为重要与困难。

在无形资产评估中实践中，应根据其法律属性和具体种类来科学确定评估方法。一般来说，对公司无形资产中仅取得使用权和已做抵押的部分等要剥离出来，做相应调整，防止价值不实导致交易的不平等。对特殊的无形资产，如职工队伍、各类特许经营权、资质等级、许可证等，要充分考虑合同或政府授权的期限，考虑职工队伍稳定的状况及并购中职工的流动情况，进行合理折算，避免“一刀切”。总之，无形资产价值评估工作是处置无形资产的关键，专门评估机构并非纯粹做价值的评定，还要依据无形资产的投资情况界定产权，避免评估工作出现反复，增加双方的费用。评估工作完成后，应当根据《公司法》规定和国家有关资产评估的法规、规章，对无形资产的总体价格适当调整，对漏评的无形资产进行补充评估。

中国对于无形资产的评估沿用了传统的有形资产的评估方法，而忽略了无形资产不同于有形资产的一些特征，结果是评估价不能很好反映无形资产的实际价值。目前关于无形资产的评估方法主要有现值收益法、重置成本法、现行市价法、清算价格法等。但由于无形资产不同于有形资产，在评估时不能机械套用实体资产的评估方法，或者不分类别地选择单一的方法，如现值收益法，而应根据无形资产的法律属性和具体种类，科学确定评估方法。如有的学者提出可以采取“割差法”或者“超额收入计算法”进行评估。“割差法”就是用“收益现值法”先评估出企业整体资产的价值，然后用“重置成本法”评估出企业有形资产的价值，然后以前一种方法评估出的总额，减去以后一种方法评估的有形资产额所得到的差额就是无形资产的价值。“超额收入计算法”是指同一企业在产销同一种产品时，使用某一无形资产如商标与不使用该商标而使用其他标识时在收入上的差额，就是该无形资产的价值。

尽管企业并购能神奇地改变一个公司的价值，但并购活动却充满了风险，其中对无形资产的处置也存在着很多风险。一是法律风险，如发明专利的保护时间；二是产品风险，如使用该无形资产的产品存在的经营风险；三是产业风险，如使用该无形资产的公司所处的产业环境；四是财务风险，如有法律保护期限且不能续展的无形资产会随着时间的推移而下降，核算的方式、计算的价值是否准确等；五是信息风险，如非专利技术已经换代等。

总之，企业并购中的无形资产处置涉及法学、会计学、财务管理学、工程技术学、市场学、经济学、人力资源管理学多等方面的知识，要求明确无形资产与无形财产的关系，对无形资产的权属进行科学界定，并采取科学的评估方法，以切实保护公司和股东的利益。

二、企业并购中的定价

（一）影响并购价格的因素

在企业并购活动中，对企业资产价值的评估是确定企业并购价格的基础，但上述资产评估方法并不是决定价格的因素，而只是为价格谈判提供了参考。而且，无论是并购方还是被并购方，都不可能单方面确定交易价格。任何价格的形成都是买卖双方讨价还价的结果。在这一过程中，双方各自对于目标企业价值的判断对整个定价过程乃至整个并购过程都至关重要。

无论是成本法还是收益法，都是根据历史数据对企业的现状进行评判，而对企业产权的交易是依赖于买卖双方对企业未来的不同预期。对于企业的现状，买卖双方的评价不会有太大的差距，真正的差距来自不同的预期。并购方对被并购企业有更好的预期才会有收购的动机，被并购方一般不看好自己才愿意出售。这就形成了对企业价值判断的差距。正是由于这个差距的存在，才会有企业的产权交易。价格应该定在最好预期和最差预期中间的某一点，到底是哪一点，取决于双方讨价还价的能力。只要存在一个产权交易的竞争性市场，只要产权交易得到双方产权所有者的同意，通过谈判达成的价格就是一个最好的价格。

并购活动中的并购决策包括被并购方的决策和并购方的决策两个方面。对被并购方来说，在决定是否出售企业、以何种价格出售之前，需要判断企业几种不同的价值。一是重置价值。即被并购方将资产按照现有的市场价值重新进行评估所得到的各项资产的现有市场价格之和。这个价格应该是被并购方可以接受的底线。如果低于这个底线，被并购方还不如对公司资产进行破产清算，得到重置价值。二是继续经营价值。即被并购方继续经营所带来的未来现金流收入的折现值。一般来说，继续经营价值肯定要比重置价值高，否则，被并购企业不如破产清算。三是投资价值。即被并购方得到并购收益后投资到其他领域所能获得的预期收益的现值。这相当于机会成本的概念。

对于并购方来说，在决定是否购买企业、以何种价格购买之前，也需要明确以下几种不同的价值。

(1) 新建价值。即如果并购方不是购买，而是通过投资新建一个与目标企业相似的公司，那么所支出的新建成本就称为新建价值。新建价值是并购资金的一种机会成本的体现方式，不仅包括新建一个能够生产产品或提供服务的企业，还包括相关的营销渠道建设、无形资产（如商标、知识产权、知名度等）的形成，以及其他所需要的各种投入。新建价值应该是并购方购买目标企业的出价上限。

(2) 并购后的经营价值。即并购成功后,持续经营目标企业为并购方多带来的未来现金流收入的折现值。

(3) 整合价值。即目标企业被并购后,需要进行整合,以融入并购方企业。目标企业与并购方企业整合后的实际价值得以增加,最终的收益比原来两方各收益之和要多,多出来的部分就是整合价值。

(4) 机会投资价值。即将用于并购支付的资金投资于其他项目领域所得到的收益现值。这也是机会成本的一种体现。

并购价格的形成还受以下其他因素的影响。正是由于这些因素的存在,并购价格也有可能低于目标企业价格。

(1) 并购双方在并购中所处的地位。如果并购方处于经营优势,被并购方处于经营劣势,甚至只有被并购才能走出困境,这对并购方压低并购价格有利。反之,如果被并购企业具有先进技术和管理水平,或拥有稀缺资源,就会抬高并购价格。

(2) 并购双方对同一投资的机会成本的比较。并购方购买被并购方的资产,等于放弃了这笔投资用于其他领域的机会;被并购方因放弃现有资产而获得产权转让费用,则得到了从事其他领域投资的机会。如果并购方有更好的投资机会,除非并购价格非常低,否则它会转向别的投资。而被并购方如果有好的投资机会,它就希望得到这笔转让费,从而接受较低的并购价格。反之,并购价格就会被抬高。

(3) 产权市场的供求状况。产权市场的供求状况指产权转让的供给方和需求方在产权市场上的表现与竞争。如果被并购方资产有众多的购买者,并购价格就会被抬高;反之,并购价格必然会下降。

(4) 资产的专用性。资产的专用性决定了企业资产从理论上只有一种最佳用途。这意味着从一种用途向另一种用途转化时,要考虑"专用性"必须付出的"转化成本"。经济主体的不同特征,加上资产的专用性,使资产针对特定经济主体有不同的价值。也就是说,同一资产对买方和卖方的价值是不一样的。买方的出价取决于其预期收益率的大小。如果买方要改变资产的用途,必须付出高昂的"转化成本",因而预期收益扣除成本之后的净值减少,对资产的估价也就降低,并购价格必然被压低。

(5) 信息的对称性。并购双方做出决策前,必须深入了解对方的相关信息。这些信息大部分来自中介机构。但中介机构可能在卖方的授意和操纵下,往往会粉饰卖方企业经营和资产状况的真相,甚至高估资产价值,以期得到高估价。因此,买方不但要了解企业的实情,同时又要对中介机构提供的"二次信息"进行鉴别、评价和利用。如果获得信息成本高,买方还会压低并购价格。

(6) 其他附加条件。并购过程中,通常会涉及被并购企业的职工去留问题及职工的福利问题等。这些附加条件也会对并购价格产生影响。

(二) 并购价格的达成方法

不同的定价方法将决定不同的最终并购成交价格,所以对不同的定价方法进行选择,也是并购双方需要考虑的重要问题。需要强调的是,定价方法的选择是针对并购双方而言的，并购的参与者通过特定的定价方法进行双边或者多边的博弈，最终确定并购价格。

并购活动是针对企业这一特殊商品进行的交易，所以一般商品的定价方法也适用于并购价格的达成。具体来说，并购价格的达成方法主要有三种，即要约收购定价、讨价还价定价和拍卖定价。

1. 要约收购定价

要约收购(tender offer)，或称发盘收购、标购，指收购者直接向目标公司董事会发出收购要约，向目标公司股东进行招标的收购行为。收购要约是收购人向目标公司的股东发出购买其所持该公司股份的书面意见表示。收购方一旦发出收购要约，就应当按照事先规定的收购条件、价格、期限以及其他规定事项，对目标公司进行收购。《证券法》规定，投资者持有一家上市公司已发行的股份30%时，继续进行收购的，应当依法向该上市公司所有股东发出收购要约。

要约收购包含部分自愿要约收购和全面强制要约收购两种类型。部分自愿要约收购是指收购者依据目标公司总股本确定预计收购的股份比例，在该比例范围内向目标公司所有股东发出收购要约，预受要约的数量超过收购人要约收购的数量时，收购人应当按照同等比例收购预受要约的股份。

要约收购适应于对上市公司的收购行为，其报价一般高于目标公司的股票市价。其最大特点是，在所有股东平等获取信息的基础上，由股东自主做出选择，因此被视为完全市场化的规范的收购模式，有利于防止各种内幕交易，保障全体股东尤其是中小股东的利益。

2. 讨价还价定价

讨价还价定价(bargaining)，又称为协议定价或议价，指的是在并购过程中，并购双方轮流出价，就价格进行协商谈判，最后达成双方都能接受的均衡价格。讨价还价是现实生活中十分常见的经济行为，小到集贸市场上的农产品买卖，大到国家间加入WTO的谈判，都是一种讨价还价的过程。讨价还价的本质是交易双方对利益分配进行的谈判。将这一方法引入并购定价中，就是并购双方对各自利益进行谈判的过程。

美国金融学家马克·鲁宾斯坦把讨价还价过程视为合作博弈的过程。他以两个参与人分割一块蛋糕为例，使这一过程模型化。这个模型已经被运用于并购价格的谈判活动中。

讨价还价的实质是对标价理由进行谈判。在这个过程中，双方所有的行为都是让对方理解和接受自己的标价理由，从而接受自己的标价。

根据并购双方掌握的信息，讨价还价定价机制可以分为完全信息下的讨价还价和不完全信息下的讨价还价两种。前者指的是并购双方对于对方的报价以及议价能力等信息都有所了解，并据此做出自己的最优策略；后者指的是并购双方中至少有一方不了解对方的报价或议价能力，只知道对方对部分公布的信息。

讨价还价机制是中国并购实践中应用最为广泛的一种定价机制。迄今为止，中国国内大部分并购都是采用这种方法确定最终交易价格的。

3. 拍卖定价

市场出现多个并购者，就会出现并购者相互之间的竞争。对于被并购方来说，它只要选择出价最高的并购方的报价即可。此时,并购方的竞争性出价就转换成一个拍卖的过程。拍卖是一种市场机制,这种市场机制在市场参与者标价的基础上,具有决定资源配置和资源价格的明确规则。

拍卖定价(auction-type pricing)可以分为英国式拍卖、荷兰式拍卖、第一密封价格拍卖和第二密封价格拍卖四种。其中前两种属于公开拍卖的范畴。英国式拍卖是增价拍卖,价格逐渐上升,直到没有更高的出价为止,出价最高者获得标的物;荷兰式拍卖是减价拍卖,价格逐渐下降,直到有人愿意接受为止,仍是出价最高者获得标的物。后两种是密封拍卖,竞标者同时递交自己的出价,第一密封价格拍卖由出价最高者获得标的物,并按其报价支付;第二密封价格拍卖也是由出价最高者获得标的物,但按第二高报价成交。

拍卖最大的特点是价格由竞争的方式来决定,既不是由卖方说了算,也不是由双方讨价还价来确定。竞争决定价格的优越性源于信息的非对称性,其过程就是帮助卖方寻找最适合的买方,不仅可以有效地配置资源,还为卖方带来了很好的收益。

定价方法的选择要依据不同情况来确定。当只有一个并购方时,并购双方可以选择要约定价或者讨价还价的方式;当有多个并购方时,并购双方可以采用讨价还价或拍卖方式。在现实应用中,要约定价方法大多是在目标企业管理层拒绝并购方并购请求的情况下,直接发动并购行为而采取的方式,是在讨价还价无望的前提下迫不得已实施的。这些方法不具有可比性。当有多个并购方时,讨价还价和拍卖方法都是可以接受的,但在现实中,讨价还价方式要比拍卖多得多。

总之,企业并购中的资产定价,应当按照《合同法》等相关法律规定,在相互平等的基础上,由双方通过友好协商确定。

第二节　如何避免资产并购中的定价错误

一般来说,在一项资产并购项目中,吃亏的往往就是定价错误的一方:买不到被你低估的资产(错失良机!)、买到了被你高估的资产(物非所值!)、卖出了被你低估的资产(贱卖资产!),或者卖不掉被你高估的资产(没法脱手!)。如何避免这四种情况的发生呢?

在金融理论中,资产估值方法可分为相对估值方法和绝对估值方法。绝对估值法主要根据投资对象现金流情况,考虑货币的时间价值以及风险因素,以测算资产的价值。这种方法又称为现金流贴现估值法,其原则是以一个合适的贴现率计算出投资对象各期现金流的现值并相加,以得到该资产的合理价格。

现金流贴现估值法在理论上被认为是在金融资产估值中最客观和最科学的方法。不过在实践中,这种估值方法的运用较为复杂和困难。首先,分析者需要对评估资产未来的自由现金流进行预测和估算。这种预测存在很多分析者个人主观的判断,往往在不同分析者之间难以得到统一。其次,分析者需要估算出合适的贴现率。在对上市公司的贴现率估算时,使用资本资产估值模型(CAPM)可较精确地确定企业价值,但对于非上市公司来说,却是一件很困难的事情。因为没办法通过市场数据来确定,往往只能借助相似上市公司的指标来估算。加上非上市公司的股权流动性较低,导致其与上市公司的股权相比在估值上可比性降低。尽管在很多大型的企业并购案中,绝对估值法也经常被用于估值分析，但通常只是作为一种辅助和参考。

资产的相对估值法指通过参考“可比”公司价值或其他某一变量，如收益、现金流和账面价值等比率来对目标资产的价值做估算。相对估价法包括市盈率、价格/账面值比率、价格/销售额比率、PEG 估值法、EV/EBITDA 估值法等。其中以市盈率的使用最为广泛和普遍，以下重点对这种方法做详细介绍。①

一、市盈率估值法

（一）市盈率指标的经济意义

市盈率作为资产定价方法，是投资领域里一个重要概念。由于其使用的方便性，在投资者中使用极其普遍。事实上，在资产并购活动中，市盈率估值方法也常被作为资产定价的依据。鉴于很多人对于市盈率有片面的认识，有必要先对市盈率指标做一个论述。

市盈率是公司股票的市价与每股赢利的比率。其计算公式中包括三个变量，只要知道其中两个指标，就可以计算出第三个指标。若其中任何一个指标出现变化，我们都可以预测到其影响。

在运用市盈率进行分析的时候，我们经常用到静态市盈率和动态市盈率的概念。静态市盈率是以现价与某一时点的每股赢利所计算出来的市盈率。动态市盈率则以股票现价除以预期股票每股赢利所计算的市盈率。人们在对资产定价的时候，关注的重点是动态市盈率。显然，动态市盈率水平涉及股息增长比率。而动态市盈率的高低与以下几个重要因素有很大的关系。

其一，市盈率在运用中需要考虑成长性。赢利增长率为正数的情况下，动态市盈率就较静态市盈率低。显然，具有较高成长性的企业，其资产或股票对于投资者具有更高的吸引力，其价格也倾向于上升。

其二，市盈率与利率存在密切的比较关系。市盈率的倒数可以理解为投资收益率：每股赢利/每股价格。例如，某公司股票的市盈率为 10 倍，代表该公司的投资收益率为 10%。从投资者的角度来说，投资收益率当然与市场利率水平很有关系。在市场利率较高的情况下，投资者要求的投资收益率也较高，因此，投资者接受较低的市盈率水平，反之亦然。很多人都很奇怪，为什么日本的股市平均市盈率长期都维持在数十倍的水平，即使在 1989 年日本经济泡沫破灭以后，日经指数大幅下跌的情况下，日本上市公司的赢利也大幅下跌，日本的市盈率水平仍然长期维持在约 50 倍的水平。有学者经过数据研究发现，日本国内的市场利率水平长期偏低，与日本股市市盈率长期居高不下的现象之间存在较高的相关性。日元在近 20 年来长期处于接近零利率的低息时代。设想一个上市公司的股票市盈率为 50 倍，即每股盈率为股票现价的 2%，如果该公司每年都把一半的赢利用于分红，投资者可获得股利收益率 1%。显然，相对于把钱存银行，购买 50 倍市盈率的股票还是有其吸引力的。

其三，市盈率与派息率之间存在重要的关系。金融学的一个重要财务概念是可持续

---

① 蓝裕平. 如何避免资产并购中的定价错误[J]. 国际融资，2011(04)：53-55.

增长率。简化的可持续增长率等于股本收益率乘以留存利润率。显然,可持续增长率与留存利润率之间成正比关系,留存利润率越高,可持续增长率就越高,反之亦然。成长性较高的公司通常对于资金的需求也较大,倾向于不派股息或者派较少的股息;成长性较低的公司通常缺少进一步发展的好项目,手上的现金没有更好的投资用途,倾向于分配给投资者,以降低公司的资本规模。因此,我们经常发现一个对于外行人来说似乎奇怪的现象:股息收益率较低的公司股票,市盈率反而比那些股息收益率高的股票更高。

其四,资产流动性与市盈率存在密切关系。流动性在金融学里是一个含有多重意义的概念。当我们讨论宏观经济形势或者整个金融市场状况的时候,流动性常被用于说明货币供应量。当我们讨论资产估值问题的时候,流动性指的是资产变现的容易程度和所需的时间。一种资产变现越容易、所需时间越短,其流动性就越高。在金融市场里,一种资产的价值不仅取决于其带来的现金流,还取决于其流动性。流动性越高,资产的价值越高,其市盈率也越高。

(二) 市盈率在企业并购中的估值运用

当我们对市盈率计算公式中的分子和分母同时乘以公司股份总数时,分子变为公司总市值,分母则变为总利润,但市盈率大小保持不变。这样,在估算企业价值的时候,以该企业的赢利水平作为议价的基础,在双方商定了市盈率后就可以确定公司的估值。如目标公司的年净利润为 1 亿元,双方谈判确定市盈率水平为 10 倍,那么该公司的市值就是 10 亿元。因此,在企业并购活动中,交易双方可以根据交易标的赢利情况来估算和讨论定价水平。由于企业并购活动在金融市场中越来越多,资产交易也形成了一个比较活跃的市场,资产拍卖以及股权交易所的行情为资产交易的市场定价提供了参考依据。资产价格水平通常都以市盈率的多少倍来表达,而且其水平也是随行就市,市场的参与者需要关注市场的行情变化。而且考虑到市盈率指标与很多因素有相关关系,在使用市盈率指标时也必须考虑那些因素的状况。在实践中,运用市盈率对企业资产估值,应注意以下几个原则。

1. 重视动态市盈率

尽管定价的参考指标是过去的业绩记录,但是作为收购方,要更加重视未来的赢利能力。如果认为未来的赢利能力有别于过往的业绩记录,则需要按照对未来的预期赢利水平来定价。在实际或研究过的案例中,鲜少是完全按照过去的赢利记录来作价的。较多的是按照当年末完成年度的预期利润来定价的,也有把未来一段时间的预期利润作为参考指标的。

例如,无锡尚德 2005 年年中在为上市做准备的公司重组中,引进以高盛为首的海外风险投资商 8 000 万美元的股本投资。该笔资金进入以后,将占公司股本多大比例?交易双方经过谈判,最后借助市盈率定价方法解决了这一难题。

无锡尚德在 2003 年的赢利只有 92.5 万美元,2004 年的赢利只有 1 975 万美元,而据管理层的估计,2005 年可以完成 4 500 万美元的净利润。最终,以高盛为首的风险投资机构与该公司达成了协议,按照 6.393 倍的市盈率来计算,公司的总市值为 2.876 9 亿美元。而风险投资机构投入的 8 000 万美元占公司的 27.81%。如果用同样的市盈率水平,并以2004年度的赢利来计算，无锡尚德公司的总市值只有 1.282 6 亿美元。相应地，风险投资机构的股权比例将达到62.37%！由此可见，静态市盈率与动态市盈率的使用存在巨大的差别。

2. 重视资产经营和赢利的稳定性

使用市盈率定价，是假定未来该资产为投资者带来的现金流保持一个不变的水平。但事实上，资产经营环境未来的变化可能很大，赢利也不可能保持不变。因此交易双方对于未来赢利的稳定性要有估计。如果企业的行业竞争性强，经营风险较高，赢利的稳定性就比较差，通常市盈率相对低一些，反之亦然。事实上，考虑了风险因素以后，资产收购一方通常会要求出售资产一方做出承诺，如保证当年或者更长时间内的公司赢利水平至少达到一个什么水平。如果达不到的话，资产价值需要按照实际赢利水平进行重估，而出让方必须对受让方做出补偿，即交易双方在资产转让协议中需要有所谓"对赌"条款。上述无锡尚德引进风险投资的交易中规定，如果2005年结束以后，经认可的会计师事务所审计确定的公司净利润达不到公司管理层承诺的4 500美元，则公司价值将按照6倍市盈率（稍低于原定的水平）进行重估，而风险投资机构的持股比例将相应提高。一般来说，对于当年赢利承诺设定"对赌"条款是比较普遍的做法，但是对于超出本年以后的赢利水平做出承诺的要求，则通常会被出让方拒绝，理由是资产在出让以后原所有人对于经营过程没有控制力。

3. 重视资产质量和财务状况

通常一个公司未来持续稳定经营需要有一个良好的资产质量和财务状况。因此，交易双方除了要看公司的赢利能力，还要关注公司的资产和财务状况。对于卖家来说，资产质量较好和财务状况稳健是其价格谈判的强有力优势。而如果公司内部的现金金额超出正常经营所需，则应该考虑把它以分红方式剥离出拟出售的公司，或者在价格上予以补偿。有些交易的收购方为了不牵涉公司原来的商业债权和债务关系，要求交易内容不包括公司的应收账款和应付账款，而由原所有人负责清理。这些具体的内容通常都需要交易双方来协商。

二、其他相对估值方法

在财务分析中，人们还经常使用其他相对估值方法。常用的方法包括市净率估值法、企业价值倍数估值法等。

1. 市净率估值法

市净率为股价与每股净资产之比。公司净资产是总资产减去负债后留给股东们的价值。而市净率就是衡量投资者愿意以净资产值的多少倍价格来购买其净资产。由于净资产值是以账面值来计算的，该指标通常不能真实地反映出公司的实际市场价值。不过，在投资者无法获得公司实际市值的情况下，账面值仍然是人们判断公司价值的重要参考指标。运用公司股票市场价格计算的市净率越高，说明其账面值的溢价倍数越高，表明投资者愿意出更高的溢价来购买这笔净资产；而市净率倍数越低，说明其账面值的溢价倍数越低，表明公司净资产对于投资者的吸引力较差。

市净率估值法一般以行业平均市盈率或者同行业企业平均市盈率作为比较的参照，来判断评估对象的相对价值。市净率估值法比较适用于那些周期性较强的行业、资产值较大且账面价值相对稳定的行业和企业、银行、保险及其他流动资产比例高的公司等。对于那些账面价值的重置成本变动较快的公司、固定资产较少的公司以及商誉较多的服务行业适用性则不是很强。

2. 企业价值倍数估值法

企业价值倍数也是一种被广泛使用的公司估值指标。其计算方法如下：

$$企业价值倍数 = EV/EBITDA$$

式中：EV为企业价值;EBITDA为未扣除利息、所得税、折旧与摊销前的盈余。

企业价值指的是企业总资产的市场价值,不仅包括公司股本的市场价值,还包括公司债务的市场价值。未扣除利息、所得税、折旧与摊销前的盈余等于售货收入扣除售货成本和管理费用后的盈余部分。

这个指标的意义与市盈率类似,就是通过衡量投资成本与年投资收益的倍数来估算投资对象的价值。与市盈率不同的是,该指标的分子部分不仅考虑股本投资人权益的市场价值,还加上了公司债权人权益的市场价值,而分母部分除了净利润外还加上已支付的利息、所得税、折旧与摊销费。市盈率表示的是股票市值和净利润之间的倍数,而企业价值倍数表示的是企业资本的市场价值与一年的企业收益间的比例关系。需要指出的是,由于其对应于企业价值包括债务资本的价值,因此在考虑收益因素的时候不仅要包括利息,还要包括折旧费和摊销费用。因为折旧费和摊销费用是非现金项目,提取后仍然是留在企业,可以用于还本付息。

需要指出的是,在资产并购交易中,交易双方在使用某种指标(如市盈率)用于定价的标准外,往往各自以其他指标作为抬价或者压价的理由。因此,操作者需要熟悉各种分析方法,以方便与对方进行沟通,并寻求达成有利于己方方案的目的。

三、避免并购定价错误的基本原则

衡量收购标的的内在价值对企业并购来说格外重要,避免并购定价错误必须高度重视盈利质量、债务、营运资金和关联方交易的影响,以防止并购标的被抬高价格以及各种财务“陷阱”。为此要遵循以下基本原则。[①]

1. 盈余质量调整要着眼于未来

以上市公司为例,并购常用的估值定价公式如图7-1所示。

从估值公式看,股权价值加上付息债务及类债务项目,等于目标企业价值(含净债务);再经过运营资金调整和其他价格调整,从而得到最终交易价格。这些对应的关键环节分别是盈利质量分析、付息债务及类债务分析、营运资金分析和价格调整因素分析。

盈利质量分析是对目标企业估值的基础。当下常用的两种并购估值方法——利润倍数法和未来现金流折现法本质上是一致的。从图7-2可以看出,利润和现金流从不同的角度反映同一经济实质,它们是相关联的。无论使用哪种评估方法,“可持续利润”都是核心,典型衡量指标为息税折旧摊销前利润(EBITDA)。因此,任何对可持续利润的调整都会影响到企业价值的评估结果。

---

① 李超.中企跨境并购财务尽调的“四项基本原则”.晨哨网(www.morningwhistle.com).

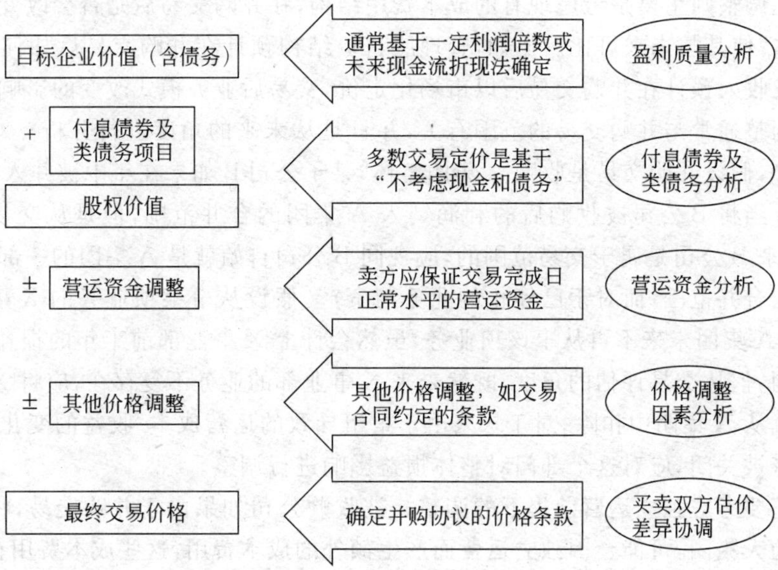

图 7-1　并购常用的估值定价公式

资料来源：普华永道

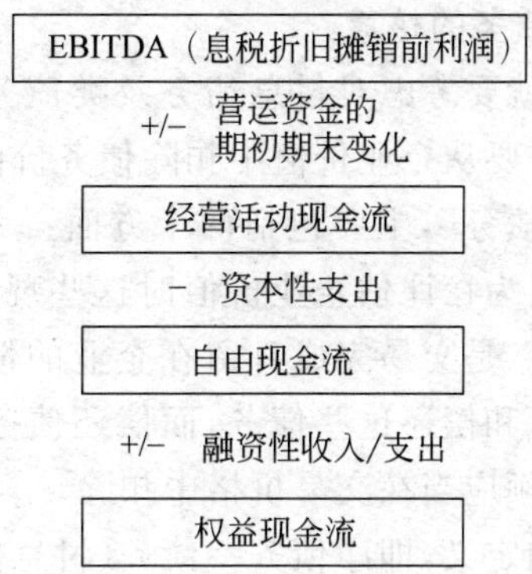

图 7-2　利润和现金流关系

资料来源：普华永道

但是，目标公司提供的财务报表往往并不反映其真正的盈利质量，需通过尽职调查分析调整，从而得出对交易而言更有意义的数据。盈利质量分析和调整包括以下几类：非经常项目、正常化调整、模拟调整和独立运营前提下的调整。

非经常项目包括对收益的一次性影响(盈利或亏损)，是日常经营活动中的非经常性行为，因此应当将其扣除。如目标公司的非核心业务签订的具有较高利润的一次性合同、裁员成本、固定资产清理产生的较大损益、非经常性的专业服务费、搬迁成本和补贴收入。但值得注意的是，必须准确区分这些影响是否真的是一次性的，比如对经常进行重组的公司要谨慎，裁员成本也许不能全部作为一次性的影响，而应该用某些方法预估“经常性”裁员成本，考虑为经常性项目。

正常化调整则主要是考虑现有的成本费用结构,在并购交易后是否会改变,对历史数据进行调整,使其与未来可比。比如,管理层薪资结构预计在并购交易后如何改变,关联交易支出或收入预计在并购交易后以市场化定价,交易后业务模式改变的影响,等等。

模拟调整通常与并购交易的范围有关,并且是从未来的角度进行分析。对于新购入业务与资产,假设并购交易是收购A集团整体,某子公司B如果在年中被并入A集团,虽然会计上应当将B公司被收购后的利润纳入A集团的合并范围,但是从交易评估的角度,既然未来B公司是属于交易范围的,应视同B公司自始就是A集团的一部分,将其全年利润纳入合并范围;而对于已停止的业务与资产,假设从事某项业务的X事业部在年中停业,且A集团未来不再从事该项业务,虽然会计上X事业部前半年的损益纳入A集团合并范围,但从交易评估的角度,既然未来X事业部的业务不复存在,应将X事业部的利润自始就从A集团中扣除;对于未来由于重组导致的运营成本/收益的变化,假设一个亏损部门将被关闭,应对这个部门对整体损益影响进行调整。

最后还要考虑独立运营前提下的调整。被收购公司如果由于并购交易,将要独立于其原隶属的大集团,可能会因独立运营而产生额外的成本费用,这些成本费用在过去可能是集团承担的。比如,由于集中采购及其他共享服务的终止导致的损失,由于关联方交易终止产生的损失或收益和由于停止支付管理费而产生的收益。在此情况下建议进行专项独立运营尽职调查。

2. 债务分析中应重视类债务的核算

在完成盈利质量分析后,就要考虑对付息债务及类债务进行分析。因为在并购交易中,要进一步得到股权价值,需要从企业价值中扣除债务价值。

这里的债务价值是指“净债务”,主要包括两个方面:一是交易完成日留在企业的现金,买方应向卖方支付对价,因为在评估企业价值时这些现金并未计入,所以相应的现金金额应当在交易价格中加计;二是交易完成日留在企业的债务,应从交易对价中扣减,因为并购交易完成后买方将继承和偿还这些债务,而偿还债务的支出在评估“企业价值”时并未计入,所以相应的债务金额应当在交易价格中扣除。

如果要对净债务进行详细定义,即净债务=债务(付息债务&类债务)-现金。这里的债务不仅仅限于传统意义上的银行借款,还包括“类债务”,也就是在并购交易前的事项形成的债务,需要在交易后偿还,但该债务的偿还并不能在交易后给企业带来经济利益。这里的现金,包括可以自由支配的现金和便于转换为现金的现金等价物,但需扣除“受限现金”。

这里尤其要注意类债务,因为常常容易被忽视,其一般包括股东往来款、拖欠或少缴的员工社保、欠缴税款、长期拖欠供应商的货款、累积未使用的带薪休假、应付融资租赁款、尚未付清的收购价款(指目标公司以前对其他企业的收购)和未决诉讼等。这些项目可能在账内,也可能在账外。虽然并不冠以“借款”的名义,但本质上是企业某种形式的债务。从商业实质上考虑,如果某项债务的偿还不能在并购交易后给企业带来新的经济利益,那么就是一个额外的现金流出,即对买方不利,这个额外的现金流出就应当在交易定价时考虑扣除。

比如,如果收购方在尽调中未关注到“累积未使用的带薪休假”一项,在收购后,标的公司的员工或管理层长时间休假，可能对企业运营造成损失，而这在收购估值时又没有被考虑进模型中，会对收购方造成损失。

可见站在买方的角度，识别出“债务”尤其是类债务，对于最终评估交易价格有重要影响。具体来说，债务分析值得注意的问题包括：①分辨到底是不是“债务”？没有绝对的是与否，而是买卖双方谈判的立场。②买方希望识别出的“债务”越多越好，从而增加谈判的筹码；卖方则反之。③要考虑账外的因素，不是所有的问题都会显示在账面上。④定义净债务时要和营运资金的定义协同考虑，避免遗漏或重复包含。⑤评估和定价模型中要考虑各因素之间的相互关系。

3. 借助营运资金分析了解企业的现金流

为了计算企业最终交易的价格，还要在目标企业价值的基础上，进行运营资金的调整和其他价格的调整。并购交易中分析营运资金时，将营运资金定义为流动资产减流动负债，其中不含溢余现金、借款等“净债务”项目。如果某项流动负债的性质是融资性质而非经营性质，则将其归为净债务的一部分，从营运资金范畴中剔除，比如记在其他应付款下的股东借款，营运资金水平代表着企业正常运转下的流动性。营运资金流转的循环如图 7-3 所示。

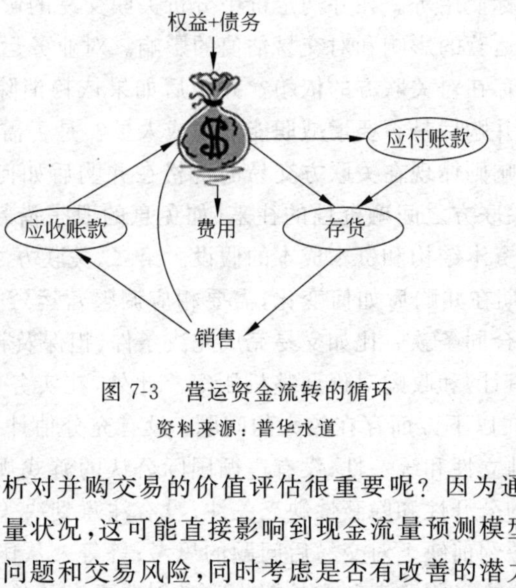

图 7-3　营运资金流转的循环

资料来源：普华永道

为什么营运资金分析对并购交易的价值评估很重要呢？因为通过营运资金分析，能更好地理解企业现金流量状况，这可能直接影响到现金流量预测模型的合理性；同时还能发现资金流转中存在的问题和交易风险，同时考虑是否有改善的潜力。

营运资金分析中的关键分析包括：营运资金是正数好还是负数好？根据目标企业的行业和经营特性，其营运资金的正常水平是什么？营运资金主要受哪些因素推动，变化趋势如何？营运资金的上下变动幅度以及季节性变化？营运资金占销售收入的比例是多少？对现金流量模型的影响是怎样的？有没有潜力改善营运资金流转？

在对营运资金做关键分析时，也要对营运资金进行调整，在各期末看到的营运资金水平可能不反映营运资金的平均水平，原因可能是：企业通常在年末催收应收账款，营运资金随收入具有季节性等；另外在交易完成日也需要进行营运资金的调整，买卖双方预先约定一个交易完成日正常营运资金的目标水平，到了交易完成日，再根据营运资金的实际水平与目标水平之间的差异对交易价格做调整。

中国买家在做营运资金调整时应该注意以下六个问题：①没有绝对的是与否，而是买卖双方谈判的立场；②对买方而言，目标水平定得越高越好还是越低越好，需要买家有自己的判断；③如果某项目从营运资金中扣除，就应当归入别的类别，如债务；④用过去12个月的平均值来确定目标水平是否合适；⑤营运资金的分析很关键，要理解各资产负债表项目的性质、内容、驱动因素以及季节性波动情况；⑥要对会计口径上的营运资金进行调整，以反映并购交易的需要，如剥离与交易无关的项目，扣除债务性质的项目，扣除非经常性的/异常的项目。

4. 考虑并购后关联交易的变化并量化其影响

买家并购定价中，还有一个容易被忽略的项目，就是关联交易。并购交易可能使原来的关联方关系不复存在，或关联方之间的利益发生变化，因此必须考虑到并购后关联方关系可能发生的变化并量化其影响。关联方关系往往为企业提供了特有的资源，在一些企业的发展成长中，关键关联方甚至起决定性的作用。具体而言，关联交易包括销售（包括销售货物以及提供销售渠道）、采购（包括采购货物以及提供采购渠道）、资金支持或融资安排、互相提供担保或抵押、共享设施或服务（如应用系统）、租借场地、上缴管理费、关键管理人员的薪酬和商标使用等。在并购定价中分析关联交易的影响，主要考虑并购后，关联交易的变化对业务运营的影响和对交易估值的影响。对业务运营的影响主要集中在运营的哪个方面？是否存在对关联方的依赖？并购后如果依赖消除，是否有可行的方案使业务不受负面影响？并购后是否要增减职能部门或人员？是否需要商议过渡性协议？

对交易估值的影响则体现在关联方交易的价格在并购后如何发生变化，并相应做盈利质量调整。第一，关联方之间融资性的往来（如免息的股东借款）在并购后如何安排，需要相应调整模型中资本结构和资本成本的假设。第二，关联方之间经营性的往来（如采购材料应付款）其账期在并购后如何变化，需要相应调整营运资金周转速度的假设。这些将影响相关的交易合同条款。比如交易完成先决条件、担保及补偿条款、并购交割机制（如交割日审阅或者审计）和收购对价调整机制等。此外，在实务中发现，中国企业“走出去”在交易执行阶段在以下方面存在较大的问题：没有充分估计工作的复杂性和不确定性；各团队工作缺乏独立性和统一性；没有遵循国际公认的游戏规则；对对手的文化和期望缺乏了解；对信息的公开性和隐蔽性缺乏关注；没有注意到决策的及时性；对不利因素缺少充分的了解；在签约前缺乏对交易后问题的思考；等等。从国际经验看，常年收购者能比低价收购者、机会主义收购者和成长期收购者创造更大的价值。因此要想在国际并购中胜出，“唯手熟耳”是关键。

第三节 企业并购中的融资

一般来说，企业并购所需要的资金都比较大。并购方除自有资金外，往往还需要进行融资。因此，能否筹集到并购所需要的资金并采取合适的支付方式，对顺利完成企业并购具有举足轻重的作用。

一、企业并购所需资金的构成

企业并购融资是指并购方筹集并购目标企业所需资金的经济行为。确定融资需求是企业并购融资决策的重要前提。企业并购所需资金大致包括三个部分：一是并购交易价款，二是并购整合资金，三是并购维持资金。

1. 并购交易价款

企业并购交易价款主要由三个部分构成，即并购成交价格、中介专业服务费用和并购溢价。并购成交价格需要通过专业机构对目标企业评估，并经过双方讨价还价来确定。中介专业服务费用主要包括支付给会计师、评估师、律师、财务顾问或投资银行等方面的费用。并购溢价实际上是对目标企业股东放弃未来获利可能性的一种补偿。并购溢价由于弹性较大，因而成为减少企业并购交易价款的主要项目。

在企业并购过程中，实现并购交易价款支付最小化的方法有以下几个方面：一是提供支付方便。即以任选支付方式、缩短支付时间、尽快结束交易等非现金刺激作为交换，来降低目标企业并购溢价的要求。二是诱导目标企业管理层。可以考虑对目标企业管理层采取低价出售被并购企业股份、签订优惠工作合同，以及提高生活福利待遇等措施，来减少目标企业管理层的并购阻力，以降低并购交易费用。三是进行有针对性的收购。一般来说，进行整体性企业并购所需的资金较多。如果仅仅购买为我所需、物有所值的资产，则既能实现并购目的，又能减少并购价款。

2. 并购整合资金

并购整合资金是指并购完成后对目标企业进行业务、组织机构、人员和文化整合所需要的资金，主要包括将目标企业经营业务纳入并购方营销系统的业务改造资金，以及提高目标企业经营效率所需要的资本项目投资与技术改造资金等。

企业并购后的组织机构整合一般不需要投入大量资金，因为这种整合只会导致原有管理与营销机构的减少，不会增加管理或营销机构总量。但如果涉及调整或改造目标企业原有的营销系统，则需要投入一定的资金。

业务与组织机构的整合必然会导致人员调整，既包括解聘目标企业原有管理者与员工，也包括聘用业务素质更高的企业员工。其中辞退老员工通常需要支付一定的补偿金，而聘用新人员同样需要增加一定的资金投入。

企业并购文化整合所需资金主要包括对目标企业员工进行教育与培训投资、减少并购双方企业文化差异或冲突所需资金等。

企业并购整合资金投入数量在很大程度上取决于企业并购的动机。如果企业并购是为了实现经营规模的扩张或长期经营目标企业，那么并购方就会加大整合力度和资金投入；倘若企业购并的目的是转手倒卖、谋取差价收益，那么并购方的并购整合投入就不会很多。

3. 并购维持资金

并购维持资金是指并购后维持目标企业正常运营、偿还债务所需的资金，主要由企业合理的现金持有量、存货占用资金，以及企业流动负债组成。测算购并维持资金，既可以采用加总法，也可以采取历史平均法、间接可比法以及回归分析等方法。

需要指出的是,测算维持资金需要量,必须考虑并购后目标企业的增长或效率改进问题。如果并购后目标企业的经营效率与增长能够达到主并企业水平,那么则可以采取销售百分比法和希克斯模型法相结合的方法,测算并购维持资金需要量。具体来说,可以先用希克斯模型测算主并企业的可持续增长率,然后用销售百分比法测算单位销售额所需的运营资本,最后,用目标企业的年均销售额乘以销售百分比和主并企业可持续增长率,就可以大致测算出企业购并所需的维持资金量。

二、企业并购融资的方式及其工具

企业并购现行的融资方式主要有内源性融资和外源性融资。不同的融资方式具有不同的特点和融资工具。随着企业并购活动越来越多,并购竞争越来越大,并购融资方式的创新也显得越来越重要。

(一)内源性融资

内源性融资就是公司自有资金,包括生产经营过程暂时闲置的流动资金、通过计提折旧而形成的资金、利润留存形成的资金等。内源性融资所占比重越大,表明企业单位资本获利能力越强,经营状况越好。内源性融资不需要对外支付利息或股息,不会减少公司的现金流量,但要考虑机会成本。

(二)外源性融资

外源性融资是指企业自身以外的所有融资方式,主要包括债务融资、权益融资和混合融资。它们具体又可以分为银行信贷融资、股票融资、债券融资、租赁融资、并购基金融资等。以下分别介绍融资及工具、权益融资及工具、混合融资及工具和并购基金融资。

1. 债务融资及工具

债务融资是指借用其他经济主体资金的行为,即通过对外举债方式获得资金。债务融资包括向商业银行贷款、发行公司债券、商业票据和以资产为基础的融资等。债务融资主要有以下特点:第一,面向社会公众募集资金,对象广泛,债权人分散,易于获得较大规模的资金。通过债券募集的资金,一般可自由使用,不受债权人的具体限制。第二,相对于权益性融资来说,债务融资不会稀释股权,不会威胁控股股东的控制权,还具有财务杠杆效应。第三,债务融资资金稳定性较强,使用期限可短可长。但债务融资具有还本付息的刚性约束,具有很高的财务风险。第四,债务融资方式有时限制条款较多,具有一定风险。

在债务融资方式中,商业银行贷款是中国企业并购时获取资金的主要方式。它作为并购融资的工具是最容易被想到的,也是比较常见的融资工具。另外,并购活动往往是政府“引导”下的市场行为,比较容易获取国有商业银行的贷款。国务院2014年5月发布的《关于进一步优化企业兼并重组市场环境的意见》中,就提出了将推动商业银行对兼并重组企业实行综合授信,引导商业银行在风险可控的前提下积极稳妥开展并购贷款业务。

商业票据是指由一些信誉优良的大公司发行的一系列短期票据,其主要目的是融通短期资金。商业票据对安全性要求很高,一般只有信誉极好的大公司才能发行。商业票据可以在二级市场上背书转让。

债券是发行者发行的、承诺按照一定利率和本息支付方式到期偿还的书面债务证明。同出售票据可以获得资金一样，发行者可通过发行债券融资。发行债券融资有如下优点：可以较长时间地使用资金；债券利息可以税前支付；发行债券不会稀释股权；发行债券融资的资金成本一般也较低，特别是信誉好的大公司。发行债券也会遇到一些问题，如发行债券要受到公司自身财务杠杆的限制，当公司负债率较高时，发行债券融资会加大企业财务风险，甚至引发企业破产。另外，发行债券要受到有关监管当局发行条件的限制，特别是在中国，企业债券的发行受到严格的限制，中小企业通过这种渠道进行融资比较困难。

以资产为基础的融资工具主要包括资产出售拍卖、资产证券化和售后回租等。资产出售拍卖分为两种情况，一种是并购方在并购前通过出售拍卖自己的资产来筹集资金，用于支付并购价款；另一种是在并购完成后，通过出售拍卖目标公司的有关资产，实现对目标公司的战略重组、为目标公司正常运作和发展筹集资金或者偿还并购所借资金等目的。售后回租又称回租租赁，指由资产的所有者将自己原来拥有的部分财产卖给出租人以获得融资便利，然后再以支付租金为代价，以租赁的方式，再从该公司租回已售出财产的一种租赁交易。资产出售方是承租方，资产收购方是出租方，承租方出售资产的目的是融资(非营利目的)。售后回租是当企业现金周转困难时对企业改善财务状况非常有利的一种做法。这种方式也非常适合于杠杆收购，收购方只需拿出一小部分现金，其余部分可以通过本企业资产的售后回租进行融资。

资产证券化是指将具有共同特征的、流动性较差的赢利资产集中起来，以资产所产生的预期现金流为支撑，在资本市场发行证券进行融资的行为。资产证券化将资产的风险和收益进行分割与重组，使参与证券化的各方均可获益。

2. 权益融资及工具

企业并购中的权益融资是指企业通过发行股票筹集企业并购资金的行为。权益融资工具主要有公募或私募发行普通股票。具体分为两种形式，一种是首次公开发行(IPO)；另一种是向原股东配售股票或者增发新股。其他还有换股并购和以权益为基础的融资，如反向回购、股权划出、员工持股计划(ESOP)等。

企业权益融资通常具有以下优点：一是权益性融资资金可供长期使用，没有还本付息负担，并且资金使用、报酬支付具有较大的自由度。即使企业经营效益好、盈余多也可以不支付股息。二是财务风险较小。由于使用权益融资既不需要还本，也不必固定付息，所以不会出现到期不能还本付息的财务风险。三是可以提高企业负债融资能力。由于权益融资可以增加企业股本，能够为债权人提供更多的损失保障，所以能够提高公司信誉和负债融资能力。

权益融资的主要缺点在于：一是容易造成股权与企业控制权稀释。大量发行新股，不仅会使企业的每股股利摊薄，而且会分散企业控制权。二是融资的交易成本高于债券融资。这不仅是因为新股发行费用高于债券，同时还由于股利必须从税后利润中支付，从而无法享受税收优惠，而且还要支付较高的信息披露成本。

3. 混合融资及工具

混合融资是指通过发行混合证券筹集所需资金的行为。所谓混合证券,是指既有权益又有负债特征的证券,如可转换债券、可转换优先股以及认股权证等。

可转换债券是指可以根据持有者意愿按照约定价格、数量和期限转换为股权的债券。可转换债券具有转换为约定股份的选择权。如果市场股价高于行权价格,持有者可以通过将债券转换为股份获取股票市价与行权价的差价收益。倘若行权期满后股票市价低于行权价,持有者可以选择放弃行权。可转换债券持有者放弃行权,虽然无法获得差价收益,但也不会造成经济损失。由于附着在债券上的选择权只会给持有者带来收益,不会造成经济损失,所以可转换债券具有期权性质与内在价值。从理论上说,可转换债券价值由两部分组成,一是债券本身的价值,二是转换期权的价值。可转换债券融资具有融资成本低、加快融资速度、风险免疫等优势。其缺陷在于转股失败容易产生财务风险或再融资困难。

优先股指具有赢利分配和剩余资产求偿优先权的企业股份。与普通股相比,优先股具有以下主要特征:①股利分配优先,即优先股的股利必须在普通股股利支付以前支付;②是股息率固定,不受企业经营状况波动的影响;③是当企业破产清算时,优先股的资产求偿权优于普通股;④是优先股没有参与管理权,只有在讨论与优先股有关问题时才具有表决权。优先股融资的优点主要有以下几点:首先,优先股融资没有偿还本金的负担,使用没有时间限制;其次,没有固定支付股利的法定义务,虽然优先股股息率是固定的,但是当企业经营状况不佳时,可以推迟支付,不会形成企业的破产压力;再次,不会造成企业控制权分散;最后,可以增强企业的再融资能力。当然,优先股融资也有以下缺陷,一是融资成本高于负债融资,股利不得在税前支付,无法享受税收优惠;二是会对企业生产经营活动形成一定的限制。为了确保优先股的优先权,优先股的发行通常附带一定的限制条件,如限制普通股股利支付与负债融资等。

认股权证是企业发行的、可在特定时间内按约定价格与数量购买普通股票的选择权。可转换债券通常附随债券或优先股一起发行,但是认股权证具有独立价值,可以单独销售。认股权证融资与可转换证券的区别在于:当可转换证券转换为普通股时,企业的现金流量不会增加。因为这种转换只是将一种证券转换为另一种证券,并未发生新的融资行为。而认股权证的行权则会增加企业现金流量,因为认股权证的行权要求投资者必须用现金按约定价格和数量去购买企业股票。

认股权证融资的主要优点在于:一是有利于企业债券或优先股的发售。因为认股权证通常与债券或优先股一起发售,投资者购买债券或优先股时可获认股权证。同时由于认股权证具有独立价值、可以单独交易,所以附有认股权证的债券或优先股更易发行和销售。二是有助于降低债券或优先股的融资成本。由于认股权证本身具有价值,所以附有认股权证的债券与优先股的利率较低。认股权证融资的主要缺陷在于,认股权证的行权可能会摊薄股利并降低股票市价。

国务院2014年5月发布的《关于进一步优化企业兼并重组市场环境的意见》指出,要发挥资本市场作用,符合条件的企业可以通过发行股票、企业债券、非金融企业债务融资工具、可转换债券等方式融资;允许符合条件的企业发行优先股、定向发行可转换债券作为兼并重组支付方式;并研究推进定向权证等作为支付方式。

4. 并购基金融资及工具

并购基金属于私募股权基金(PE)的一种,一般由公司(主要是上市公司)参与发起设立,采用向特定机构或个人非公开募集的方式筹集资金,投资于与公司业务或未来发展相关的行业。这种基金通过发挥杠杆作用撬动社会资金,收购特定产业链上或是新的业务领域中具有核心能力和发展潜力的企业,经过一段时间的培育后,由公司按照事先约定的条件收购或采取其他方式退出。

并购基金主要优点是:第一,具有产业+资本双重能力。专业基金管理公司作为合作的一方,不但拥有募资优势、丰富的基金管理经验、专业的投资知识和风险控制能力,还拥有对并购基金所投资行业深入的了解和充足的项目储备。公司作为合作的另一方,通常具有进入新的投资领域的某些优势,同时公司拥有一定的品牌和社会公信力,比较成熟的管理和运营团队,以及较强的融资能力。所以,二者结合能形成优势互补。第二,充分发挥杠杆作用。基金通过相应的结构设计可以使公司在产业整合的过程中实现"以小博大"。在并购基金中,公司的出资金额一般仅占基金总募集金额的10%~30%。当基金规模较大时,比例还要低。采取并购基金的方式可以使公司用少量资金收购、控制更多公司。第三,对于上市公司来说,可以推动市值增长。上市公司通过不断收购经基金培育并产生稳定收益的项目,不但可以大幅提升企业利润,还同时增加了资本市场的预期,进而推动市值持续增长。此外,如果基金业绩良好,在上市公司参与基金管理公司的情况下,上市公司还可以通过其在基金中的投资和基金的杠杆效应获得较高的投资收益。

专业基金管理公司与公司共同发起设立并购基金的方式主要有两种。一是公司与专业基金管理公司联合成立专门的基金管理公司,共同对该并购基金进行管理,同时,公司作为有限合伙(LP)投资该并购基金;二是公司不参与基金管理公司的设立,由专业基金管理公司设立一个专门的基金管理公司对该并购基金进行管理。上市公司仅作为LP投资该并购基金。只是由于该并购基金的成立是为公司的战略服务的,在公司承诺收购所投项目的情况下,公司通常具有投资决策权,甚至一票否决权。

并购基金由于能够与上市公司形成有效的配合和互补,已经成为目前资本市场的热点。中国目前的并购基金发展刚刚起步,较之美国还有很大的差距。2010年中国并购交易金额中,并购基金占比只有5.3%,而美国达到22%。为此,证监会2014年10月重新修订的《上市公司重大资产重组管理办法》《上市公司收购管理办法》提出:"鼓励依法设立的并购基金、股权投资基金、创业投资基金、产业投资基金等投资机构参与上市公司并购重组。"这就为进一步推动上市公司借助并购基金进行并购重组提供了政策依据。2014年,中国共有超过86家上市公司参与发起设立产业并购基金,基金总规模超过700亿元人民币。2016年1—3月,共有超过80家上市公司参与发起设立产业并购基金,其中30家基金规模超10亿元,基金总规模超过400亿元。

(三)企业并购再融资

企业并购融资不是一劳永逸的事。现代企业并购涉及金额大,对公司财务状况的影响复杂,因此通过再融资来解决资金问题是一个通行的做法。这里讲的再融资内容相当丰富,不仅包括狭义上所指的公司通过再次发行股票或其他金融工具获得新的资金,还包括由于并购的需要或影响对原有融资安排的重新调整。换句话说,广义上的并购再融资可以被定义为,公司为了满足并购及相关的重整活动的资金需求和资金结构调整所采取的各种外部融资行为,也可称为系列融资。

并购再融资的重要性体现在以下两个方面:首先,公司因并购而引起的财务状况的变化,有可能导致对债务进行调整。银行贷款和债券协议通常包含一些条款,允许协议一方或双方在特定条件下更改或终止协议中的某些约定。当这种变化和更改发生时,就会发生再融资,如调整或取消某些限制性条款,延长还款期限,调整还款利率,减少偿还金额,通过原始债权人或其他债权人追加贷款资金数额、免除部分恶化贷款,等等。债务人往往对单项贷款协议过于乐观,但各种不可预见因素和意外事件的影响有可能给企业带来麻烦。企业有必要对此做好准备和预先安排。其次,公司并购后通常会有变化和成长,需要有后续资金的支持,从而面临再融资这个重要问题。

三、企业并购融资的原则

企业并购融资原则主要包括融资成本最小化、融资风险最小化、灵活性损失和股权稀释最小化。

1. 融资成本最小化

融资成本最小化是指尽可能减少融资的代价与费用。企业并购融资之所以要坚持成本最小化准则,是因为企业并购从本质上来说是一种投资,作为投资总是要追求利润最大化或者成本最小化。例如,在股权、负债与混合等融资方式中,混合融资的成本最低,其次是负债融资,再次是股权融资。从融资成本最小化考虑,如果条件具备,企业并购融资就应该选择混合融资或负债融资。

遵循融资成本最小化原则并不意味着融资方式单一化。一般认为,权益融资的成本高于负债,但企业不可能完全采取负债方式筹措资金。企业的负债能力通常取决于企业的信用状况、可抵押与可变现资产的多少,以及预期收益的高低等因素,其负债融资能力不可能是无限的。而且负债融资还会产生财务风险。如果企业过度负债,就可能无法偿还到期本息,甚至可能破产。所以,从风险控制的角度来看,企业负债融资也应该限制在合理的范围内。同时,企业资产负债率会直接影响企业的价值,最优负债率应该是能使企业价值最大化的负债规模,超额负债必然会造成企业价值损失。

遵循融资成本最小化准则,一方面要求确定成本最小化的融资结构,如确定企业合理负债的临界点。只有当合理负债规模不能满足企业并购融资需要时,才应考虑混合融资和权益融资。另一方面要求选择成本最小的负债融资方式和权益融资方式。从负债融资来说,应该在发行债券、长期借款、买方信用(应付票据或账款)等负债融资中选择一种成本最小化方式及其组合。就权益融资而言,应该在利用企业留存收益、直接吸收股权投资以及公开发行股票等权益融资方式中进行成本最小化选择。

2. 融资风险最小化

企业并购融资风险主要包括两个方面,即融资能力风险和融资财务风险。所谓融资能力风险,是指由于企业无法筹集到足够资金导致企业并购价款支付困难的可能性。所谓融资财务风险，是指由于企业过度负债导致无法偿还到期债务本息的可能性。其中，前者可能造成企业收购无法完成，后者有可能直接导致企业破产清算。

造成企业融资能力风险的原因主要包括两个方面：一是由于企业信誉不高、偿债能力不强以及预期收益等因素的影响，企业负债融资、吸收直接投资和股票发行能力薄弱；二是并购规模过大，超过企业的融资能力。企业融资财务风险的形成主要是因为过度负债融资。确切地说，是由于负债融资规模超过了企业偿债能力。

根据融资风险最小化准则进行企业并购融资决策时，首先应充分估计企业可能采取的融资方式、每种方式可能筹集的资金数量，以及企业在并购价款支付期限内可能筹集到的资金总量。其次要测算企业负债融资的风险临界值，将企业负债融资规模控制在企业偿债能力限度之内。

3. 灵活性损失和股权稀释最小化

企业并购融资的灵活性损失是指企业并购负债融资给企业投资、收入分配以及再融资活动所带来的限制。这种限制不仅会使企业丧失许多赢利机会，而且有可能会影响企业的正常运转。所谓股权稀释主要包括两层含义：一是每股股利摊薄；二是企业控制权分散。其中，每股股利摊薄有可能导致股票内在价值或企业整体价值的缩水（因为股权或企业价值是其预期收益的折现值）；而企业控制权分散则会改变企业的治理格局，导致企业管理层变动，造成企业经营活动的波动。

企业融资所造成的灵活性损失主要是由负债融资造成的；而股权稀释主要是由权益融资造成的。根据灵活性损失与股权稀释最小化原则进行融资决策，首先要求企业根据偿债能力合理选择负债融资结构与负债融资规模。不仅需要把负债规模严格控制在企业偿债能力范围内，而且应当在负债融资规模既定情况下，尽可能选择那些债权人对企业灵活性限制较少的融资方式。其次要合理确定权益融资规模。如果并购后企业预期收益较高，则可以适当扩大权益融资；反之，则应尽可能缩小权益融资规模。

实际上，上述企业并购融资三大原则之间存在一定的矛盾，实现融资成本最小化与融资风险和灵活性损失最小化似乎是鱼与熊掌不可兼得。例如，根据成本最小化原则，企业并购融资应当尽可能负债。但根据融资风险与灵活性损失最小化原则要求，企业并购融资应尽可能使用权益融资。解决上述矛盾的根本方法是将融资成本最小化、融资风险最小化、灵活性损失与股权稀释最小化原则综合起来考虑，进行择优融资决策。从企业并购融资准则择优来看，应当把风险控制原则放在首要位置，然后再考虑融资成本最小化，最后才是尽可能避免灵活性损失和股权稀释。

本章小结

本章主要分析了企业并购中资产的价值评估、并购价格的确定、并购资金的筹集和支付等问题，使读者在了解影响企业并购中资产评估和定价的因素的基础上，掌握确定合理的资产评估、定价和融资的方法与工具。这些问题的解决既需要一定的理论基础，更需要在实践中进行不断创新。

复习思考题

1. 举例分析企业并购价格的形成过程。
2. 请用一种方法对某企业资产的价值进行评估。
3. 如何避免股权价值被低估?
4. 并购融资有哪些方式,如何进行低成本并购融资?

案例一 "宝能系"以杠杆式并购控股万科

2015年以来,宝能集团意图通过杠杆并购控股万科地产的"万宝之争"备受关注,引起了各方的注意和思考。在影子银行遭遇"资产荒"和并购重组迎来黄金时代的双重背景下,这次"蛇吞象"的收购行为很可能成为中国金融市场上一次里程碑级别的大事件,其示范意义以及由此带来的连锁反应,很可能在中国市场掀起一轮杠杆并购浪潮。

一、"宝能系"并购万科的过程

作为收购方的"宝能系"在深圳起家,由潮汕商人姚振华掌舵。这家在业界籍籍无名的企业,主要是通过旗下的钜盛华、前海人寿等"一致行动人",从2015年开始持续收购万科A股股票的。由于收购方分成多个账户进行,因此其成功规避了监管方面披露信息的义务。

中国证券法规定,投资者在二级市场收购一家上市公司的流通股份超过股票总股本5%或者5%整倍数时,要通知该上市公司、证券交易所和证券监督管理机构,并进行公告。这种行为被称为"举牌"。

第一次举牌。2015年7月10日,万科发布公告,称前海人寿通过二级市场竞价交易买入万科总股本的5%。其实这样的收购从2015年1月就开始了。股灾发生的时候,因为万科公布了回购计划,号称100亿。有了这个托底,当前海人寿和钜盛华联手从二级市场购买万科的股票时,也就没有引起注意,大家都以为"宝能系"只不过是趁机投资而已。

第二次举牌。通过二级市场的竞价交易和收益互换方式,钜盛华买入万科总股本4%左右的股票,前海人寿也继续买入近1%的股票,使"宝能系"持有万科总股本10%的股票,成为仅次于华润的第二大股东,导致万科在2015年7月24日被第二次举牌。

第三次举牌。2015年8月26日万科被第三次举牌,是因为钜盛华以收益互换形式购买了万科4.23%的股票收益权,前海人寿通过二级市场竞价交易购买了0.73%的股份,钜盛华融资融券购买了0.08%的股份。这使得钜盛华和"一致行动人"前海人寿合计持有万科A股16.62亿股,占万科总股本的15.04%,成了万科最大的股东。

第四次举牌。钜盛华通过资管计划买入万科4.969%的股票。至此"宝能系"的两大主力钜盛华和前海人寿自2015年6月以来至12月4日,合计斥资约299.15亿元至357.60亿元,持有万科A股股票22.11亿股,占公司总股本的20.008%。这就导致万科被第四次举牌。

2015年12月17日,"宝能系"继续增持万科令其股权争夺战进一步白热化。"宝能系"共花费400亿元人民币买下24.81亿股万科股份,占万科总股本的22.45%,成为万科第一大股东。而原万科第一大股东华润仅持有15.29%的股份。如果宝能继续收购下去达到30%,就将进入要约收购阶段。要约收购是指收购人向被收购的公司发出收购的公告,待被收购上市公司确认后,方可实行收购行为。它是各国证券市场最主要的收购形式,通过公开向全体股东发出收购要约,达到控制目标公司的目的。中国法律规定,投资人持有一家上市公司的股份超过30%再想继续收购时,就必须通过要约形式了。为此,2015年12月18日,万科A股以正在筹划重大资产重组事项为由而停牌,筹备出台资产重组计划,进行反收购。

二、"宝能系"并购万科的投融资行为

在并购万科的过程中,"宝能系"先在每股15元左右的价格投入近240亿元,买入万科15%的股份,之后又用了约100亿元的资金猛拉至涨停价,继续购买5%的股份,前后共投入资金近400亿。这些投资和融资行为包括以下几种。

1. 二级市场竞价交易

二级市场竞价交易就是通过证券交易所集合竞价和连续竞价方式,购买上市公司已经流通的股票。交易日早上就是给集合竞价的,具体是在股票每个交易日上午9点15分到25分,由投资者按照自己所能接受的心理价格自由地进行买卖申请。深圳市场在下午收盘前3分钟也有集合竞价交易。连续竞价就是在正常交易时间段买卖股票。大宗买卖是指达到规定的最低限额的证券单笔买卖申报,买卖双方经过协议达成一致并经交易所确定成交的证券交易。一般大宗交易是在收盘后半小时内进行。"宝能系"通过二级市场竞价交易和大宗交易买入的万科A股估计有3亿多股,实际出资在45亿元左右。

2. 收益互换

这是一种新的杠杆模式,就是券商用自己的钱或从银行借来的钱去买股票,客户存放20%～50%的保证金或保证品,享受整个股票的股价盈亏和股利,等于动用了2倍(50%保证金要求)到5倍(20%保证金要求)的杠杆比例。

在收益互换合约中,钜盛华将现金形式的合格履约保障品转入证券公司,证券公司再按比例给予配资后买入股票,该股份收益权归钜盛华所有,钜盛华按期支付利息,合同到期后,钜盛华回购证券公司所持有股票或卖出股票获得现金。2015年8月26日万科被第三次举牌,就是因为钜盛华以收益互换形式购买了万科4.23%的股票收益权。

3. 融资融券

融资融券就是证券公司向客户出借资金供其买入证券或出借证券供其卖出证券的业务,当然也有民间的融资融券公司提供这样的业务,只是这个的利息要高很多。融资融券是最简单的杠杆。"宝能系"通过融资融券买入多少万科股票不得而知。

4. 资管计划

资管计划就是集合资产管理计划,即集合客户资产,让券商来管理。名义上它是证券公司针对高端客户开发的理财服务创新产品,但实际上,用得好的话就是一种杠杆。最核心的一点是,资管计划的优先级资金可以来自银行配资。钜盛华曾经在回复深交所的质询时表明,为了取得万科4.97%股份,共动用了七个资产管理计划,所支付的资金总额为

96.52亿元。钜盛华系相关资管计划的劣后级委托人,其中自有资金32.17亿元!也就是说增持杠杆率达到两倍,且有平仓线的要求。一旦股价出现大幅波动,就会面临追加资金避免被强制平仓的风险。

5. 股权质押

股权质押就是出质人以其所拥有的股权作为质押标的物而设立的质押。一般观点认为,以股权为质权标的时,质权的效力并不及于股东的全部权利,而只及于其中的财产权利。换言之,股权出质后,质权人只能行使其中的受益权等财产权利,公司重大决策和选择管理者等非财产权利则仍由出质股东行使。

通俗地说,股权质押就是把"股票持有人"持有的股票(股权)当作抵押品,向银行申请贷款或为第三者的贷款提供担保,最重要的是,决策权还在公司高层手里,所以股权质押是上市公司大股东重要的融资工具之一。

根据报道,前海人寿从2015年7月开始,股权就不断被质押,在所持的45亿股中,已经有31.047亿股权被质押,占比近70%。除了质押前海人寿,"宝能系"其他资金也加了多重杠杆,包括宝能投资集团持有的30.98亿股钜盛华股权,钜盛华持有的9.26亿股万科股票均已质押。

"宝能系"就是充分利用这些杠杆获得资金,再在二级市场收购万科的股份的。这也成为高信誉的万科公司不欢迎"宝能系"的重要原因。

三、宝能杠杆收购万科前景

"宝能系"并购万科的大戏还在继续中,其结果还难以预测。在停牌半年多后,2016年7月4日万科复牌。万科A股在连续两个跌停板之后,姚振华的"宝能系"再次出手,在跌停板增持15亿元。7月7日万科A股打开跌停板,跟随姚振华买入万科的资金高达200亿元,换手率高达10%。从宝能发布的详式权益报告来看,宝能旗下的钜盛华和前海人寿合并持有万科的股权已经达到25%。即便这样,宝能对万科发起的杠杆收购仍然可能陷入泥潭。与生命人寿从二级市场举牌收购金地集团不同,万科尽管股权分散,但这家房地产龙头老大体量相当的大,比宝能更大的资本方都不敢轻易下手。

宝能通过增持只是阻止了万科的继续跌停,但并不能阻止股价持续阴跌。宝能停牌前买入万科A股价格最高的一个资管计划是通过南方资本管理有限公司发行的广钜2号。最高买入价格是24.43元,最低买入价是20.03元,买入平均价格是22.23元。这个资管计划规模13.9亿元,宝能出了4.6亿元的劣后资金,南方资本负责筹集了9.3亿元的优先级资金。资管计划于2015年12月14日设立,续存期是两年,也就是2017年到期。平仓线是净值低于0.8元。也就是说,当万科股价低于17.78元之后,宝能的第一个资管计划将面临平仓,除非追加保证金,宝能需要足够的弹药来应付万科股价的下跌。7月20日万科A股收盘价17.08元,最低价跌到过16.74元。此后万科A股价出现回升,并在8月18日再创新高,达到每股27.68元。

姚振华的眼光应该是精准独到的。万科股价一直在低位徘徊,最近3年因为管理层搞事业合伙人计划。增持万科的股票成为第二大股东之后,万科最近3年开始大比例分红。姚振华旗下的前海人寿手上大量保险理财产品需要寻找高收益的渠道;赶上股灾时万科股价被低估,是一个符合保险资金等长期资金投资价值的标的。但随着收购成本不断升高，分红收益和公司利润增长不足以覆盖融资成本，“宝能系”高杠杆融资收购万科的投资就存在巨大的风险。

“宝能系”是否想并购万科，能否成功并购万科结果还不得而知。本案例主要关注的是“宝能系”并购万科的融资创新行为及其合规性问题。比如，宝能是用资管计划和万能险持有万科股权的，这些产品不仅有时间期限，还面临法律权属鉴定的一些风险。近3年宝能通过不断并购和投资，实现了资产规模的迅速膨胀，从87亿元迅速达到2 603亿元，所有者权益也从33亿元扩张到639亿元。宝能资产规模扩张一方面来源于并购和投资，另一方面受益于深圳房地产和土地等资产价格的暴涨。一旦宝能并购万科成功，宝能总资产将接近万亿的级别，依靠资本的点金术迅速成为横跨地产和金融业的巨头。那时宝能的举债不会再被拒绝，宝能的融资能力将得到迅速提升。

【案例评析】

杠杆并购实质上是举债并购，即通过财务杠杆加大负债比例，以较少的资本投入融得数倍的资金，对企业进行并购重组，并以并购重组企业的未来利润和现金流偿还负债。简言之，杠杆并购就是借别人的钱来购买目标公司，购买的目的是以更高的价格将其卖出，然后从中获利。

杠杆并购与战略并购的侧重点有所不同。前者一般不关心某种行业或特定产品和服务，更多地关心公司价值，即以价值被低估的公司为目标，并通过资本市场发现和赚取被低估的价值。后者主要是想在某种特定行业的产品或服务中不断提高市场份额。因而杠杆并购在一定程度上被视为一种掠夺和投机的手段而受到非议。在实践中也出现了借助杠杆来完成战略并购的案例，实现了杠杆并购和战略并购的结合。

资金来源是制约杠杆并购发展的重要因素。一方面，杠杆并购被视为掠夺、投机工具，面临的负面舆论环境使许多贷款人不愿参与杠杆并购；另一方面，杠杆并购多属于恶意并购，因而不能提早透露恶意并购意向，同时，并购的不确定性也导致无法确定是否急需钱以及需要多少钱(因为可能需要提高并购出价)。因而在国外，杠杆并购的资金来源大体呈现出“倒金字塔”的结构：最顶层是对公司资产有最高求偿权的银行贷款，中间层是被称为高收入债券的夹层债券，底部为收购者的自有资金。

企业并购可以改善公司治理结构、优化资源配置。《国务院关于进一步优化企业兼并重组市场环境的意见》明确指出：“兼并重组是化解产能严重过剩矛盾、调整优化产业结构、提高发展质量效益的重要途径。”在并购过程中，最关键的问题之一就是资金来源。使用债务资金来支付并购价款和费用的并购活动被称为“杠杆并购”。债务杠杆的使用不仅可帮助优秀的市场主体和管理层获得并购资金，还可提高并购效率、放大潜在收益。然而，杠杆并购的顺利开展，尚需做好以下工作。

(1) 控制杠杆水平。杠杆具有放大收益和亏损的特点。金融市场中债务杠杆的无序采用，一方面容易造成市场泡沫，另一方面也会形成浓厚的投机氛围，妨碍市场健康发展。在“万宝之争”的并购总价中，宝能的自有资金占比不足10%，万一并购失败可能会引起一系列无法偿还本息的连锁反应。因而有效控制杠杆水平很有必要，为此需要内外并举，强化外部监管，建立健全内部控制。

(2) 规范融资工具。由于缺乏规范化的并购融资工具,并购主体常常使用保险资金和银行理财资金通过层层嵌套资管计划等方式来筹集并购资金。因此要"开正门、堵邪路",规范杠杆并购交易的融资工具,如发展规范的融资工具、规范现有的融资工具等。

【案例讨论题】

1. 中国杠杆收购产生的背景是什么?
2. "宝能系"杠杆并购用了哪些融资工具?效果如何?
3. 高杠杆并购存在哪些风险?如何对这些风险进行控制?

案例二 并购基金设立模式及相关典型案例

2014年10月,证监会重新修订的《上市公司重大资产重组管理办法》《上市公司收购管理办法》明确提出:"鼓励依法设立的并购基金、股权投资基金、创业投资基金、产业投资基金等投资机构参与上市公司并购重组。"这些大幅减少并购重组审批的政策和证监会对并购基金参与上市公司并购重组的明确鼓励,在政策层面将进一步推动中国上市公司借助并购基金进行并购重组的发展。

一、上市公司参与并购基金发展趋势和主要模式

1. 上市公司协同PE/券商设立并购基金的趋势

中国国内并购基金发展虽然处于初级阶段,但上市公司与PE或券商合作设立并购基金进行协同并购发展比较快。随着监管政策促进、上市公司自身业务整合需要,上市公司参与设立并购基金可投资的领域将进一步拓宽、加深,中国并购基金或将步入快速发展时期,未来数年内协同并购基金有望成为中国私募股权投资市场最重要的基金类型之一。

根据市场数据显示,上市公司参与设立并购基金所投资的领域大多与其本身行业或上下游产业相关。从具体行业类型来看,目前上市公司参与并购基金并投资的案例大量集中于医疗、文化、环保、移动互联等领域。因此,随着并购基金对上述行业频繁投资和整合,医疗、文化、环保、移动互联行业将成为上市公司并购重组市场新的热点。

由于灵活便捷的"上市公司+PE"协同并购模式既能方便上市公司融资,又能满足PE退出需求,因此自2011年天堂硅谷与大康牧业合作首创该模式始,多家上市公司和PE相继效仿。但由于该模式特点决定了PE能方便地介入或知悉上市公司内部运作,因此证券交易所等监管层在肯定这种模式创新的同时,已开始关注此模式下可能引发的市场操作、内幕交易以及信息披露等问题,预期监管层会增加明文规定或通过"窗口指导"等方式进一步规范并购基金模式的发展。

随着中国经济增速减缓,存量结构调整蕴含大量并购业务机会;创业企业家的逐步退出带来大量的企业出售需求,职业经理人队伍的逐步成熟为并购基金的发展奠定良好的制度环境和人才基础;中国许多产业面临产业集中度不断提升的过程,而并购是集中度提升的最有效手段;中国并购基金参与并购交易的比例不仅低于美国等发达国家,也低于巴

西、印度、俄罗斯等发展中国家。这些意味着中国并购市场以及并购基金的发展具有巨大的发展空间。

2. 上市公司参与并购基金的主要模式

经研究市场公开信息，上市公司参与并购基金主要模式有两大类，即“上市公司＋PE”和“上市公司＋券商(或券商系基金)”。其结构如图7-4所示。其中作为主流的“上市公司＋PE”模式又可细分为四种：①上市公司直接与PE合作设立并购基金；②上市公司与关联方合作再联手PE设立并购基金；③上市公司与PE子公司合作设立并购基金；④上市公司子公司联合PE设立并购基金。

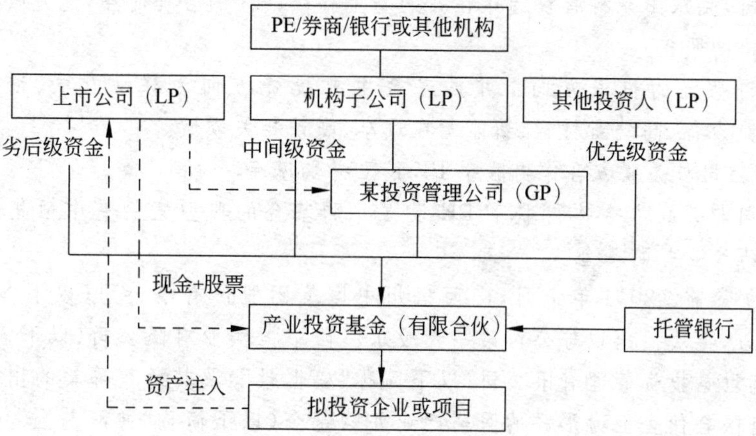

图7-4　上市公司发起设立产业并购基金结构

上市公司与PE合作设立并购基金进行项目投资，可以实现上市公司与PE投资战略上的“双赢”。一方面，上市公司在并购基金中已从单纯出资的有限合伙人(以下简称“LP”)，发展成为在投资决策上有话语权的类似普通合伙人(以下简称“GP”)。因此，上市公司可以利用PE专业投资团队和融资渠道，以较少的资金撬动较大的收购资源，专注投资上市公司同行业或产业链上下游企业，同时能够把收购标的在并购基金控制下运营一段时间，防止收购后的不确定性给上市公司短期业绩带来负面影响。另一方面，对于PE来说，尚未解决的A股IPO“堰塞湖”使得IPO形式投后退出方式依然较为困难，而上市公司参与设立并购基金所投资项目，一般都会由上市公司优先回购，实际上等同于提前锁定PE退出渠道。

二、“上市公司＋PE”模式典型案例

1. 上市公司直接与PE合作设立并购基金案例

上市公司直接与PE合作设立并购基金的典型案例有东阳光科(600673.SH)联合九派资本设立新能源产业并购基金。

(1) 设立背景。2014年7月广东东阳光科技控股股份有限公司(以下简称“东阳光科”或“公司”)发布公告，为了充分发挥东阳光科与深圳市九派资本管理有限公司(以下简称“九派资本”)的优势，开拓公司投资渠道，合理降低公司投资整合可能存在的风险，公司与九派资本合作共同发起设立专门为公司产业整合服务的并购基金(以下简称“并购基

金")。并购基金作为东阳光科产业整合的平台,围绕东阳光科既定的战略发展方向开展投资、并购、整合等业务。

(2) 并购基金设立方案。并购基金成立于2014年7月,注册于深圳市前海深港合作区,组织形式为有限合伙,认缴出资额为30 000万元,出资比例为九派资本作为GP,认缴出资300万,出资比例为1%;东阳光科作为LP,认缴出资29 700万,出资比例为99%。九派资本为并购基金管理人,主要负责并购基金的日常经营管理及对外投资项目管理;东阳光科协助九派资本进行投资管理。并购基金对标的公司成功投资后,东阳光科有权选定专业人员参与标的公司的管理。并购基金设立的主要目的是投资符合东阳光科产业战略布局的公司,且东阳光科有权选择在并购基金存续期内的合理时点,优先收购并购基金投资标的公司的股权。

(3) 并购基金的投资方向。并购基金主要投资方向为移动互联、通信电子(含NFC)、可穿戴设备、高端新材料、新能源在汽车、高铁相关领域。

2. 上市公司与关联方合作再联手PE设立并购基金

上市公司与关联方合作再联手PE设立并购基金的典型案例有中恒集团(600252.SH)设立医药产业并购基金。

(1) 设立背景。2014年7月,广西梧州中恒集团股份有限公司(以下简称"中恒集团")发布公告,再次提出拟与公司第一大股东广西中恒实业有限公司(以下简称"中恒实业")、北京盛世景投资管理有限公司(以下简称"盛世景")及其负责募集的出资方共同出资,设立以有限合伙企业为形式的医药产业并购基金(以下简称"并购基金")。公司公告称,从行业发展前景、自身产品结构以及企业发展阶段等多方面考虑,设立产业并购基金符合公司重点发展医药产业的战略规划,能够降低公司单一产品占比独大的经营风险,可以提高资源利用效率,有效为股东创造价值。

(2) 并购基金设立方案。并购基金拟注册于广东省珠海市横琴新区,组织形式为有限合伙,出资总额上限为20亿元,出资比例为中恒集团作为LP,出资占比29%,中恒实业作为LP,出资占比20%,盛世景作为GP及其他由其募集LP合计出资占比51%。并购基金投资决策委员会是并购基金决定项目投资的最高权力机构,投资决策委员人员5名,盛世景推荐2名,中恒集团及中恒实业各推荐1名,其他出资人推荐1名。投资决策程序采用投票制,一人一票,共5票,4票通过有效;并购基金投资的项目为中恒集团推荐项目或按市场化标准寻找的项目;并购基金投资的项目优先由中恒集团进行收购;并购基金委托盛世景经营管理合伙企业资产。

(3) 并购基金的投资方向。并购基金投资方向为法律、法规、政策允许的医药行业股权投资业务和创业投资业务;代理其他股权投资机构、创业投资机构或个人开展医药行业创业投资和股权投资业务。

3. 上市公司与PE子公司合作设立并购基金

上市公司与PE子公司合作设立并购基金的典型案例有当代东方(000673.SZ)联合华安基金子公司设立文化产业基金。

(1) 设立背景。当代东方投资股份有限公司(以下简称"当代东方")是一家专注于文化传媒领域的投资及运营等领域的上市公司。2014年6月当代东方发布公告,由于与华安基金管理有限公司控股的资产管理子公司——华安未来资产管理(上海)有限公司(下称“华安资管”)共同看好中国文化传媒领域资产的投资、并购及相关上市公司定向增发业务,拟共同设立一系列特定多个客户资产管理计划(以下简称“并购基金”)在文化传媒产业进行投资。

(2) 并购基金设立方案。当代东方与华安资管发起设立并购基金暂命名为“华安当代文化产业基金”,组织形式为特定多个客户资产管理计划(当代东方及其关联方认购华安资管设立的资产管理计划劣后份额)。基金总规模50亿元,首期将募集5亿~10亿元。双方共同募集基金、共同管理基金、共同寻找优质项目,并共同进行调查及投资决策。并购基金投资对象为当代东方选择的有增长潜力的文化企业,并购基金参股或控股投资文化企业后,对其提供全方位的增值服务,然后在合适时机由当代东方或其关联方及第三方通过并购重组等方式收购。

(3) 并购基金的投资方向。并购基金主要参与文化传媒行业优质资产的并购、重组等一系列涉及一、二级市场的投资。

4. 上市公司子公司联合PE设立并购基金

上市公司子公司联合PE设立并购基金典型案例有中源协和(600645.SH)拟设子公司联合银宏基金设立医药产业基金。

(1) 设立背景。中源协和干细胞生物工程股份公司(以下简称“中源协和”)为从事生命科学技术开发和干细胞基因工程产业化的上市公司。2014年9月中源协和发布公告称,拟设立控股子公司中源协和投资管理有限公司(以下简称“中源投资”)作为并购基金运营管理平台,参与发起设立多只并购基金(以下简称“并购基金”)。

(2) 并购基金设立方案。并购基金GP为中源投资,其设立于2014年10月,注册于北京经济技术开发区,组织形式为有限责任公司,注册资本为3 000万元,其中中源协和以现金出资2 700万元人民币,持股比例为90%;银宏(天津)股权基金管理有限公司以现金出资300万元人民币,持股比例为10%。LP中源协和及其控股子公司自筹不超过10亿元的资金参与发起设立多只并购基金,并且对单支并购基金的出资上限不超过4亿元或出资比例不超过基金规模的20%,并购基金总规模为50亿元。GP中源投资负责寻找并购项目,实施投资和投后管理,选择适当时机完成项目转让,实现基金退出。中源协和对所参与出资(不含以普通合伙人身份的出资)的并购基金拟投资项目可以享有一票否决权。并购基金退出时,中源协和对拟退出的投资项目享有优先受让权。

(3) 并购基金的投资方向。并购基金的投资方向面向国内外医疗、医药领域,且限定于符合公司发展战略和产业链布局的盈利性或现金流优秀的高成长企业;符合公司发展战略和产业链布局的包括但不限于以生物治疗为特色的临床专科医疗机构;等等。

三、“上市公司+券商/券商系基金”模式典型案例

上市公司参与设立并购基金的合作伙伴除了PE机构外,还有证券公司(以下简称“券商”)。上市公司一般联合券商旗下直投子公司设立并购基金进行产业投资。这方面典型的案例有昆明制药(600442.SH)联合平安证券旗下基金设立医药产业并购基金。

(1) 设立背景。昆明制药集团股份有限公司(以下简称“昆明制药”)为专注于医药生产的上市公司。2014年4月,昆明制药发布公告称,为提高昆明制药的投资效率,公司及

其高管团队合伙成立昆明智博投资合伙企业(有限合伙)(以下简称“智博投资”)与平安证券旗下唯一投资平台——平安财智投资管理有限公司(以下简称“平安财智”)及其子公司平安智汇投资管理(深圳)有限公司(以下简称“平安智汇”)共同发起设立医药产业并购基金(以下简称“并购基金”)。

(2) 并购基金设立方案。并购基金采用有限合伙组织形式,由平安财智、平安智汇、昆明制药及智博投资共同出资和募集设立,认缴出资总额不低于5亿元人民币,其中平安财智作为LP出资9 500万元人民币,平安智汇作为GP出资500万元人民币,昆明制药作为LP出资9 500万元人民币,智博投资作为LP出资500万元人民币;平安财智负责募集剩余金额3亿元人民币。具体出资结构为投资决策委员会将授权投资管理团队寻找合适的并购标的,项目投资决策须经投资决策委员会4票以上(含4票)通过。并购基金投资时尽可能选择能取得控股权的投资项目,并购基金所投资的项目以并购方式退出为主,在符合公允性及同等条件的前提下,投资项目可优先被昆明制药及其关联公司回购退出。

(3) 并购基金的投资方向。并购基金的投资领域为从制药为主的企业或医疗机构或大中型医院、民营综合医院、专科连锁医院等。

上市公司联合券商设立并购基金除上述案例外,还有奥飞动漫(002292.SZ)与广发证券直投子公司广发信德携手、华泰证券控股子公司联合[爱尔眼科(300015.SZ)、蓝色光标(300058.SZ)和掌趣科技(300315.SZ)]等多家上市公司设立并购基金等。

【案例评析】

一、上市公司参与发起设立产业并购基金利弊分析

上市公司通过发起设立产业并购基金的方式,有效避免了上市公司直接收购的弊端,其风险也与上市公司直接并购的风险基本一致,对上市公司来说利大于弊。

具体来说,上市公司参与发起设立产业并购基金的主要好处有以下几点:一是能撬动社会资金。使上市公司并购形成杠杆效应,减少并购资金风险。二是有利于提高专业性。联合专业机构,提高并购的专业性和成功率。三是能储备和培育战略业务。降低并购前期风险,形成上市公司与项目之间的“储备池”和“缓冲带”,促进上市公司战略转型。四是具有更灵活的市场化安排。便于采取对赌安排、更灵活的激励制度、更多元化的退出方式等。五是能获得一级市场投资收益,促进二级市场市值管理。结构化基金使得上市公司获得最大化的一级市场投资收益,并通过持续稳定的外延式收购及资产注入,提升上市公司价值,为股东提供更好的回报。

上市公司参与发起设立产业并购基金的主要坏处有以下几点:一是上市公司需对优先级资金本金及收益进行担保或兜底。结构化基金收益要优先分配优先级资金及收益,极端情况下(基金全部亏损)需要上市公司或其大股东对优先级资金本金及收益兜底。二是存在内幕交易及监管风险。上市公司实质主导并购基金,涉及较多内部知情人,有可能造成内幕交易及相关处罚。三是有可能出现投资效益不达标或基金亏损。产业投资周期长、流动性较低,投资回收期较长,且投资并购过程中将受宏观经济、行业周期、投资标的公司经营管理、并购整合等多种因素影响,有可能面临投资效益达不到预期或基金亏损的

风险。

二、“上市公司＋PE”模式的主要特点

通过分析“上市公司＋PE”模式的典型案例可以发现，该并购基金模式具有以下四个特点。第一，并购基金组织形式一般为有限合伙。上市公司或关联方的出资比例通常为10%以上，可担任LP，也可与PE合资成立公司担任GP或基金管理人；PE作为并购基金的GP并兼任基金管理人时，出资比例一般为2%左右，PE关联方也可作为LP出资，并购基金的剩余资金一般由PE负责对外募集。第二，上市公司在并购基金中地位越发重要。上市公司已从单纯出资发展到与PE共同管理并购基金日常事务、共同决策投资项目，甚至对投资项目决策具有一票否决权。第三，并购基金投资项目时注重取得控制权。与一般PE通常作为财务投资人购买目标公司的少数股权不同，上市公司参与设立并购基金通常需要取得目标公司的控制权，才能顺利实现由上市公司对目标公司进行业务整合，并在适当的时机出售给上市公司或其关联方而实现退出的目的。第四，上市公司一般都要求并购基金从投资项目退出时，上市公司及其关联方可优先收购该项目，以整合上市公司现有业务和资源。即相对于上市公司而言，完整的并购模式包括两次并购，一次是上市公司参与设立的并购基金并购投资项目，另一次是上市公司或关联方通过并购取得项目控制权。

“上市公司＋PE”模式并购基金的这些特点，主要源于上市公司参与设立并购基金的目的，即为上市公司整合所属行业资源及上下游产业链提供投资服务。因此上市公司强化了在并购基金方面的决策地位，基金投资的项目一般亦取得控制权，并在项目成熟时退出收回投资收益，上市公司及关联方接盘时直接控制项目，并进行后续业务和资源的整合。

（资料来源：根据陶旭东、牛元的“A股上市公司参与设立并购基金模式及案例研究：君合专题研究报告”和张琪的“上市公司参与发起设立产业并购基金的两大模式与案例分析：搜狐网”整理。）

【案例讨论题】

1. 上市公司参与发起设立产业并购基金产生与发展的背景是什么？

2. 上市公司参与发起设立并购基金有什么风险？

3. “上市公司＋PE”和“上市公司＋券商（或券商系基金）”有什么区别？“上市公司＋PE”为什么成为上市公司参与发起设立并购基金的主流模式？

第八章 企业并购后的整合

企业的并购之路并不是坦途，很多失败的经验教训告诉我们，企业并购仅仅是扩张的开始，如何整合好并购后的企业才是实现成功扩张的关键。对中国企业而言，跨国并购后的整合面临的难度和挑战更是空前巨大。

本章首先分析了企业并购后整合的内涵、重要性和整合的模式等基本问题，然后分析了并购后整合的内容，最后将理论与具体操作实践结合起来，通过分析两个案例，进一步加深对企业并购后整合的理解。

第一节 企业并购后整合的基本问题

企业并购后的整合(PMI)是一项复杂的任务，涉及企业的方方面面，而且存在各种风险。但由于企业并购价值又都是在并购后的整合中创造出来的，即公司价值的创造有赖于并购后的整合过程。因此，正确认识并购后的整合的内涵和风险，并采取合适的整合模式，对成功实施并购战略具有重要意义。

一、企业并购后整合的内涵与意义

(一) 企业并购后整合的内涵和过程

国内外学者对企业并购后整合的内涵存在不同的理解。Lajoux(2001)认为，并购后整合是两个或多个公司组合为一体，并由共同所有者拥有的具有理论和实践意义的一门艺术，即整合是指调整公司的组成使其融为一体的过程。[①] 魏江(2002)认为，并购后整合是由兼并或被兼并双方共同采取的一系列旨在推进合并过程、合并绩效的管理措施、手段和方法，涉及员工安排、队伍建设、文化重组和业务重建等每次兼并活动必须面对和完成的各项工作。[②] 王长征(2002)指出，并购后整合是指并购双方组织及其成员间通过企业能力的保护、转移、扩散和积累，以创造价值的相互作用的过程，此定义是基于有效的能力管理是并购的价值创造源泉这一认识。[③]

张洁梅(2011)认为，企业并购后的整合是指并购企业获得目标企业的资产所有权、股权或经营控制权后进行的资产、管理体系、人力资源、组织结构、组织文化等资源要素的系

① [美]亚历山德拉·里德·拉杰科斯.并购的艺术：整合[M].丁慧平，孙先锦，译.北京：中国财政经济出版社，2001.

② 魏江.基于核心能力的企业购并后整合管理[J].科学管理研究，2002，20(1).

③ 王长征.并购整合：透过能力管理创造价值[J].外国经济与管理，2000，22(12).

统性安排，以不断提升企业核心能力，从而使并购后的企业按一定的并购目标、方针和战略组织运营。[①] 简单来说，整合是指参与并购的组织融为一个功能性整体的过程，但并不是参与并购组织的简单加总，而是组织之间一个渐进的、动态的融合过程。所以，整合也是并购组织在文化、结构和体制以及功能性活动安排上的一个变革过程，受到环境不确定性的影响。

根据上述定义，并购后的整合的基本含义应该包括三个方面：第一，企业并购后整合的最终目的是创造和增加企业价值，这一价值是通过企业能力的保护、积累、转移和扩散来实现的，因而企业并购后整合强调的是能力基础上的融合。第二，促使异质企业文化下的资源转化为同质企业文化下的资源，加强企业管理者对资源的控制和协调。第三，企业并购后整合不仅涉及被并购企业的有形资源，还涉及企业的无形资源，尤其是对知识的整合。

可见，企业并购后的整合是企业在并购中使用的一种内部管理型策略，是指在产权结构大调整之后，企业通过内部各种资源和外部各种关系的全面整合，包括战略的调整、产业的重新定位、控制成本、提高生产效率、开发新产品、拓展新市场、调整内部组织结构、提高管理能力等行为，从而使企业核心竞争力得以维护和保障，进而进一步增强企业的竞争优势。简单地说，整合就是对已有的企业资源进行重新配置，以保证资源得到最理想的利用效率。

从企业管理的角度来看，一个完整的企业并购包括两个步骤。第一步是选择战略上、能力上都适合的目标，谈判获得合理的收购价格（理论上是被收购公司市场价值加上并购溢价）。第二步则是并购后整合，即并购完成后，收购方与被收购标的实现协同价值，从而获得并购溢价。并购后整合过程分为计划、组织、执行三个阶段。在计划阶段，实施并购的企业应适时调整战略，并制订有效的整合目标。合理的并购整合目标将为公司的战略最优化提供支撑。在组织阶段，主要是打造一支具备业务能力的组织和团队，并选择合理有效的整合程度。在执行阶段，企业主要是管理好人员的情绪，并使PMI执行管理系统化。

（二）整合在并购与重组中的意义

1. 整合是保障企业并购与重组成功的关键

经济全球化、市场动态化、环境多变化、需求差异化和竞争白热化等趋势的加剧，给企业发展带来了机会和挑战。而并购则是企业整合行业、重新划分市场格局、创造价值、实现增长和发展目标的主要途径，同时也是实现快速扩张和提高竞争力的重要手段。因此，一场空前的并购与重组大潮正席卷而来。例如，联想并购IBM的PC业务、TCL并购汤姆逊、阿里巴巴并购雅虎中国、国美并购永乐、华润控股华源、华为并购港湾、明基并购西门子手机业务、分众并购聚众、百思买并购五星、吉利并购沃尔沃等。然而，国内外大量并购实践与实证研究表明，并购失败的可能性大于成功的可能性，能够实现并购预期目标的企业并没有期望的多。据统计资料显示，在并购活动中大约有一半最终失败。从长远经

① 张洁梅. 企业并购整合研究现状综述[J]. 商业时代，2011(12)：75-78.

济回报和持续发展的角度来看,企业并购成功的比例更低。

大量的研究和实践表明,并购后缺乏合理、有效的整合,是导致并购失败的主要原因。根据麦肯锡和科尔尼等全球著名管理咨询公司的分析,并购失败率之所以很高,问题主要出在并购后的整合过程中。从企业并购的全过程来看,并购后的整合是非常关键的环节。企业并购的价值创造最终依赖于并购后整合过程中的能力管理,因为它是并购双方战略性资源与能力的转移和适用的保证,是价值创造的来源和并购成功的重要保证。迈克尔·波特对《财富》500强公司做的研究也表明,由于并购后双方大多不能很好地进行整合,在收购5年之后,70%以上的公司又把那些业务不相关的企业重新剥离了出去。所以并购后的整合直接影响到并购的成败。

从本质上看,企业并购并不是两个企业的简单合并或形式上的组合,而是一个复杂的、以资本为控制核心,通过方方面面管理观念和行为方式的整合,才能达到预期效果的系统运作过程。企业并购是否成功,当然与并购的具体操作有直接关系,但关键还是要看并购后的企业能否进行有效整合,并提高企业的竞争力。如果将并购比作一曲宏伟的交响乐,可以说,并购协议的签订只是一个不可或缺的前奏,而并购后的整合才是真正的主旋律,因为它是决定并购成功的关键。如果企业对并购后的整合工作重视不够,整合战略选择不当,整合成本太高,就会导致企业并购的失败。所以,面对当前国内外企业战略性重组频繁发生、企业并购愈演愈烈的形势,深入研究企业并购后的整合问题十分必要。

成功的并购一般都会给并购企业和目标企业带来财富的增加。而这种财富与价值的创造,从根本上来说,取决于并购企业与目标企业在并购完成后的整合。一般来说,这种并购溢价主要来自四个方面,即并购企业与目标企业的经营资源共享,业务活动一体化,管理技巧的融合以及规模经济效益的获得。其中每个方面都涉及并购后并购企业与目标企业的融合和管理。所以说,并购后的整合决定着并购的最终成功。

综上所述,并购后整合的成效直接关系到并购能否最终成功,尤其是企业文化整合。因此,对企业并购与重组后的整合问题进行研究有很重要的现实意义。

2. 文化融合是整合的主要内容

并购后的整合是现代企业成功实行并购的关键,而整合的核心是跨文化的融合。有效的整合能消除冲突,最终实现文化的融合。因此,成功的企业并购有赖于企业文化的整合。

在不同的并购企业之间,文化冲突的调整方式导致了不同的商业结果。这一点已得到理论界和实务界的认可。因而,如何化解并购企业的文化冲突,成为实现并购后整合的重要内容。

组织及文化整合是指发现被并购企业文化的优点和价值,以及双方文化的融合点,建立并购与重组双方沟通协调机制,安置调整被并购企业的人员,尤其是企业高层管理人员和核心员工,建立新的激励机制。

在企业并购后的整合过程中,文化的整合与财务、组织、人事等项目的整合一样,是保证企业并购成功的手段之一。从某种意义上来说,文化整合比其他整合还要重要,尤其在现代知识经济时代,人力资本成为企业的重要资本。机构、财务等项目的整合可以通过专业机构的运作在较短的时间内完成,而文化整合却是一个较长时期的潜移默化的过程。

随着知识经济时代的到来,文化的整合特别是人力资源的跨文化管理已经受到越来越多的关注。跨文化人力资源管理的实质就是要尽量减少和消除跨文化引起的冲突,给问题寻找解决方案,并予以实施。当前,越来越多的中国企业正在准备或已经开始走上国际化之路,相当多的中国企业在海外建立了自己的分支机构,还有一些企业直接在海外进行了并购活动。由于中国的传统文化和世界上绝大多数国家的文化存在很大的差异,如何进行跨文化的人力资源管理以提高并购的成功率,对于增强中国企业在国外的竞争力将是一件非常有意义的事情。例如,IBM 与普华永道咨询公司并购后整合的案例,对中国企业进行文化整合具有一定的借鉴意义。

二、企业并购后整合的模式

企业并购后整合模式的选择取决于并购双方之间的相互依赖程度。根据并购企业与目标企业在战略依赖性与组织独立性方面需求程度的不同,可以采取不同的整合模式。这里的战略依赖性是指目标企业在产业方向、市场或技术能力方面增进或补充并购方企业战略的程度;组织独立性是指目标企业与并购方企业在文化、人员和管理上的关联程度或匹配程度。综合考虑战略依赖性与组织独立性需求,并购后的整合模式有四种形式,如图 8-1 所示。

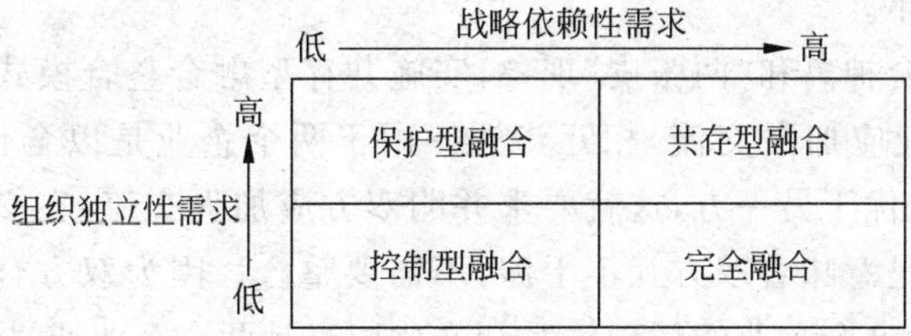

图 8-1　并购后整合的模式

资料来源:毕雄梅.并购企业的整合管理[D].北京:对外经济贸易大学,2000.

1. 完全融合整合模式

从图 8-1 可以看出,在完全融合模式下,并购双方在战略上互相依赖,但目标企业的组织独立性需求低。完全融合模式可以说是两家企业长期形成的组织与文化的一次全部融合。在完全融合策略下,企业资源需要共享以消除重复经营活动,业务活动与管理技巧也需要进行重组与配置。

1994 年年底,中国宝安集团股份有限公司并购马应龙药业股份有限公司后的整合采取的就是完全融合模式。宝安公司在取得马应龙公司的股权后,加强了对该公司的渗透,并移植本企业的经营与管理机制。通过建立健全各种规章制度,并加大执行规章制度的力度,宝安公司使马应龙公司发生了巨大变化。例如,中国宝安将激励机制移植进马应龙,制定了与激励机制相辅相成的约束机制,使企业员工从上到下有了明确的目标,有压力也更有动力了。马应龙公司的机制因此转活了,效益提高了,从此走上了快速发展的道路。

实施完全融合整合模式要注意以下两个问题:一是保持并突出被并购企业的专业性。为此并购企业的对应部门要吸收与专业生产无关的资产、部门以及人员,无法吸收利用的应及时剥离,努力提高被并购企业的专业生产技术、能力和规模。二是实现两个企业资源的充分共享。为此要在并购企业和被并购企业各自范围内突出专业性的同时,将原有两个企业的资源在整个企业内进行最优配置,保证生产经营体系的完整。

2. 共存型融合整合模式

在共存型融合整合模式下,并购双方的战略依赖性较强,同时双方组织独立性的需求也较高。也就是说,并购双方在并购完成后在战略上互相依赖,但在组织形式和日常的生产经营上依然保持各自独立。以共存为目的的并购更多的是从战略的角度来考虑的。并购企业与目标企业没有分享经营资源,但并购方对被并购方实施战略上的控制,同时还存在许多管理技巧的转移。例如,为了生产多媒体产品,一家电信企业可以并购一家计算机企业。AT&T公司在并购NCR公司后,继续让NCR公司从事所有与计算机有关的业务,但也共同开发了计算机通信产品。

1988年,瑞士食品与糖果业的巨人雀巢公司敌意并购了基地设在约克的糖果商伦特瑞公司。这一并购引起了伦特瑞公司职工的强烈抵制,并且通过提交垄断与并购委员会备案引发了一场风波。雀巢公司用了4年的时间,通过经理层的双向流动、巨额投资,把伦特瑞公司放在雀巢公司全球战略中较高地位,以及赋予伦特瑞公司较大自主权等共存型的整合手段,减轻并逐步消除了伴随并购而出现的怀疑与敌视,从而非常谨慎、机敏地解决了并购后的整合问题,逐步实现了其并购战略目标。而在通常情况下,完全完成并购后的整合只需两三年。

为避免出现貌合神离和"两张皮"现象,实施共存型融合整合模式应当注意以下两个问题:一是双方企业应加强交流,相互渗透。由于两个企业是以合作、共享资源为目的的,没有哪一方明显优于另一方,这就要求并购双方应加强交流,在交流中了解对方。保持相对独立也绝不是意味着双方互不干涉,不需要整合。因为双方合并在一起的结果是产生一个新的企业,这个企业的管理体系和文化应当是两个企业通过相互渗透、逐渐磨合形成的。二是不争主次。由于两个企业实力相近,并购后都不太愿意改变自己已经熟悉的行为模式,总是希望别人来适应自己,尤其是占较多股权的企业。这样很容易使兼并双方产生矛盾,其结果是两败俱伤。因此,在共存型融合整合模式中,企业双方应当本着"求大同,存小异"的原则来促进合作,实现共同发展。

3. 保护型融合整合模式

在保护型融合整合模式下,并购企业与目标企业之间的战略依赖性不强,且目标企业的组织独立性需求较高。这决定了并购企业必须以公正和有限干预的方式来培养目标企业的能力,允许目标企业全面开发和利用自己的潜在资源与优势。

1989年,德国西门子公司与英国通用电器公司联合并购了英国普莱塞公司的两家子公司——普莱塞电子系统公司与航空运输控制管理公司。根据普莱塞两家子公司的总经理的说法,在并购前,他们一直受到普莱塞总公司资金投入不足、设备不够、测试与设计仪器短缺的困扰。西门子公司并购该公司后,以极其慎重的方式进行了整合。最初,西门子公司使用一位德国顾问实施被并购公司的成本缩减计划,引起了经理层的不满。后来,西门子公司允许这些公司选择自己的顾问,还将英国的经理层派往德国进行文化交流与培训。西门子公司赋予两家子公司很大的自主权,将航空运输控制系统管理公司建成世界航空系统管理的中心之一。英国的总经理认为,如果没有西门子公司,他们的公司将难以生存。他们很感激西门子公司所给予的自主权以及长期的财务资助。由于西门子公司与普莱塞公司在发展战略上的依赖与补充并不是很强，普莱塞公司依然保持其组织独立性，所以西门子公司对普莱塞公司并购后的整合正是保护型融合整合模式的体现。

4. 控制型融合整合模式

在控制型融合整合模式下，并购双方的战略依赖性不强，同时，目标企业的组织独立性需求很低。由此可见，并购企业实施并购的目的并不是寻求一种战略上的依赖与协同，或者说并购的目的在于目标企业的资产或营业部门。在这种情况下，并购完成后，并购企业更应注重对目标企业和并购企业资产组合的管理，最大限度地利用这些资产，充分发挥其优势与能量。

这种并购整合模式是中国目前企业并购中采用最多的整合方式。在这种整合模式中，并购企业将自己的战略思想、生产、技术、企业文化，甚至是资源等直接移植到被并购企业中。控制型融合一般发生在拥有精明强干和声誉卓著的管理层的优势企业并购业绩较差的同行业企业。并购后，劣势企业的经营方法、管理方式，包括企业文化更多的是被"扬弃"。在中国，由于并购最初的动机是政府为了消除亏损，拯救破产企业，使得企业的并购行为更多地表现为"强弱"并购。优势企业通过兼并劣势企业，发挥其管理优势，"克隆"优势企业，有利于提高被兼并企业的管理水平。

三、企业并购后整合的风险与防范

1. 企业并购后整合的风险

科尼尔顾问公司分析并购失败的原因后认为，在并购后的整合过程中充满了风险，风险一旦失去控制就会导致并购失败。许多企业实施并购的时候非常重视并购前的分析、财务设计以及与对方的讨价还价，使这一阶段的风险相对比较低，并购后的整合也就构成了并购整个过程中最大的风险[①]。

并购后的整合风险源于整合的复杂性。并购后的整合涉及企业活动的所有方面，而且管理者在整合期间所遇到的挑战大多是平时所碰不到的，使得整合成为一项复杂的任务，需要采取不同的方法来应对，如表 8-1 所示。

表 8-1 管理上的挑战与复杂的环境因素

管理上的挑战	复杂的环境因素
应对过于勉强的最后期限	士气低落
实现艰巨的财务目标	信任度降低
以有限信息快速重组	生产效率下降
各种不同制度与机构的合并	广泛弥漫的不确定性
留住重要的员工	极度竞争
保持足够的交流	文化冲击
机构的搬迁与合并	政治策略与职位安排
	热衷的新闻媒体

① 刘翠红，王初建. 上市公司并购的整合研究[J]. 商业研究，2003(5).

除了企业自身的管理问题外,整合过程还需要各方专家的参与配合,如投资银行专家、并购律师、注册会计师等。对于这些人员的选择也增加了并购后整合的复杂性。整合的复杂性还表现在即使拥有周密的整合计划,也并不意味着能够实现成功的并购。当然没有制订整合计划失败的可能性更大。在通常情况下,并购前的计划既无法解决信息不完全问题,也很难预见并购后管理本身对结果的影响,因此,一成不变地执行并购前所设定的计划是一种危险的整合思路。并购后的整合往往是一个随机的过程,整合的重点是过程和组织的问题,而不是战略计划。

具体来说,并购后整合中存在的问题和风险包括以下几个方面。

(1) 高层管理者之间的权力斗争。并购双方高层之间的权力斗争会消耗大量的时间和精力,影响企业各项经营活动的开展。内耗的结果往往会有部分高层管理人员离开并购后的企业,导致人才资源的流失。

(2) 部分管理和技术骨干的流失。文化氛围、管理风格、管理制度等方面的不兼容,以及高层权力斗争中的权利重新调整,会影响部分管理和技术骨干的能力的发挥,导致部分骨干离开企业。这也是人力资源外流的具体体现。

(3) 不同文化之间的冲突。文化冲突不但会破坏组织资源,包括组织的凝聚力、学习模式、内部组织之间的联结模式以及组织知识等,而且还会形成不同的利益团体。这些利益团体之间的矛盾冲突加大了整合的难度,其影响将是长期的,破坏性很大,如员工的消极怠工,对制度的恶性抵制,都会严重影响生产的正常进行。

(4) 企业资源的流失。企业之间的并购本来是出于资源互补的需要,但由于资源的流失,包括人才资源、技术资源、知识资源、市场资源和信息资源等,会给企业带来巨大的损失。从企业并购的实际运行看,并购交易并不难,难就难在并购后的整合,以上这些问题处理的好坏,最终决定企业并购的成败。

2. 企业并购后整合风险的防范

为防范企业并购后整合的风险,除需要在企业层面、业务层面加强控制,建立企业并购后整合与运营的风险的分散机制,建立健全企业并购整合与运营的风险预警系统外,以下几点也是实现成功整合的关键因素。

(1) 并购双方相互尊重。尊重才能看到对方的优势,才能相互协调,才能在服从"大企业"的背景下对业务、人员等统一调配。对于主并方来说,企业之间的战略、业务协同正在成为关注焦点。正是出于对目标企业某些优质资源的需求而将其重组进企业,因此可以认为新成员是一个能够带来有效资源的部分,是能够促进集团公司发展的环节。为此要做到尊重每一个企业,认真听取原领导班子和员工的心声,把握思想状况,查看现场管理,充分尊重企业的历史和员工的需求。

(2) "一企一策"、因企制宜。在整合实施过程中,由于整合与被整合企业之间的发展历史、隶属关系、资源配置等存在较大差异,因而在整合中要根据整合企业的实际情况,有重点、有针对性地选择整合策略。在整合中,坚持采用"一企一策"的策略,做到对症下药、有的放矢,才能够更好地解决企业发展中的"瓶颈"问题,更好地推动整合工作的顺利实施。

(3) 全过程整合思想。进行一次成功的整合管理,必须将全过程整合思想贯穿于整个并购过程。整合工作的重点是将目标企业纳入收购企业，最后平稳过渡到企业正常运作流程，实现一体化经营管理。所以并购重组后整合团队要更加重视资源的有效配置、费用合理支出、风险规避、整合速度与程度的把握、偶然事件的应对等问题。

（4）整合节奏得当，管理团队平稳过渡。整合节奏的好坏是决定并购成功与否的一项非常重要因素。因为资金的时间价值是决定净现值和投资回报的重要因素，整合节奏能够快速调动机构活力，创造企业规划的效益。整合的节奏是由一个有专业化管理经验的整合团队控制的。整合团队的先导作用给了整合过程一个平稳的前提。在整合前筹建熟悉总部战略的管理团队，有助于目标企业平稳度过整合时期。

（5）重视文化整合，逐步渗透与融合。在企业整合的过程中，要注意对企业文化的研究与创新。在融合双方优秀文化的同时，要善于借鉴中国传统文化和优良传统，汲取国内外先进企业的管理思想和经验。对于跨地区的企业整合，还要善于吸取其他地区区域文化中的养分，丰富自身的企业文化，也易于被该地区的人群认同和接受。

（6）政府支持与市场化运作相辅相成。企业在整合中，不能仅仅考虑企业方面的“单赢”，而应综合考虑企业、行业、政府之间的“三赢”。企业的行为影响企业的成长，行业的情况影响企业所生长的环境，政府部门在并购交易中的全力配合也非常关键。企业管理者如果能够善于处理与政府的关系，不仅能充分利用行政资源，还能扫清企业自身无法克服的诸多障碍。重组的主体应该是企业集团，也需要地方政府的大力支持。重组是高风险的资本运营活动，防范风险是首位，要考虑进入和退出成本。

第二节　企业并购后整合的内容

企业并购后的整合要有系统的观念，对组织的文化、结构、资源和体制等要素进行有效的整合，消除并购组织之间的内耗，以实现“1＋1＞2”效应。

著名管理学大师彼得·德鲁克在其名著《管理的前沿》中，总结了成功并购的五条原则：第一，只有并购方完全考虑了它能够为所要购买的企业做出什么贡献，而不是被并购方能为并购方做什么贡献，并购才会成功。第二，要想通过并购开展多元化经营，需要有一个团体的共同核心，这不仅表现在生产经验、技能专长、财务的联结上，最重要的是必须具有“共同的文化”。第三，除非并购方的人员尊重被并购方的产品、市场以及消费者，否则，并购就不会成功，如药品公司并购化妆品企业，成功的可能性就不大。因为药物学家和生物化学家是关心健康与疾病的“正派”人物，他们对口红及口红的使用者不屑一顾。第四，在并购后一年左右的时间内，并购方必须能够向被并购方提供最高层管理人员。因为管理是无法“买来”的，原来的“老板”一般不会降格以求，挂冠而去更符合常理。第五，在并购后的第一年内，极为重要的是要让两个公司管理层中的部分人得到跨越界限的重大晋升，即从以前的公司晋升到另一公司。这样做的目的是使两个公司的管理者都相信，并购为他们提供了个人的发展机会。

在此基础上，德鲁克简明地指出了并购后整合的主要内容，即战略整合、业务经营整合、财务整合、管理制度和组织结构整合、人力资源整合及文化整合。

一、战略整合

1. 企业并购后战略整合的准备

企业并购后的整合是在并购交易完成之后,但对战略整合来说,不能仅发生在交易之后,而应在交易开始前就对一些问题做好充分准备。企业并购后战略整合应考虑的问题主要有以下四个方面:①企业并购行为是否与企业发展战略相一致?并购行为是否能成为原有企业发展战略的补充和修正?②并购企业到底需要什么?是为了资产,新的经济增长,还是其他?③企业并购是为荣誉还是利益?④企业主业与多元化经营问题。

2. 企业并购战略的分析与整合决策

企业并购的根本目的是促进企业经营战略目标的实现。在并购完成之后,并购企业应根据双方的情况(尤其是并购企业的战略需要)和企业的外部环境,相应地对并购企业的整体经营战略进行整合,以实现协同效应。全美并购市场的第二大咨询顾问公司——杨格财务顾问公司经理 Janet M. Green 认为:"并购一家在经营战略上不能互相配合的公司,即使价格便宜,也会引起无穷的后患。如果事先深入研究所要并购的企业如何融入公司整体经营策略中,那么所并购的企业大都会带来好处。"由此可见,通过并购,在原并购者与被并购企业之间形成一定的互补关系。这种关系可能是横向的,也可能是纵向的,取得协同效应,是发挥并购"1+1>2"综效的关键。在这种情况下,要求并购者必须有长期发展的战略眼光,将被并购方的发展轨迹纳入自己的经营战略,逐步调整被并购企业的经营策略,提高其获利能力,使之纳入整个公司的营运轨道。

在进行战略整合时,首先应对本企业和目标企业进行战略分析,然后才能相应做出整合决策。国外许多公司在进行并购时,经常利用产品生命周期法、经验曲线法、增长-市场占有率矩阵法和指导性政策矩阵法等方法进行分析,以确定并购企业和目标企业的经营战略及并购后战略整合的具体措施。

3. 企业并购战略的重新定位与实施

企业在并购中对总体战略的重新定位和调整,必须在依据企业目前运行状况,并分析企业内外环境的变化以及企业竞争力的情况下进行。实施战略整合需要分析收购后战略延伸的可行性,提出产业整合模式,等等。

对企业内外部环境因素变化,可以通过对企业自身的优势和劣势,以及外部环境的机会和威胁的动态分析,确定相应的发展战略。

企业通过 SWOT 分析、竞争力量分析,可以认清自身在本行业的竞争地位、发展机遇和资源优势,并以此为基础进行战略定位、制订战略目标和实施方案。

总之,并购企业首先要分析通过并购是否能改变自己的市场地位,占有更多的市场份额。它可能由追随者壮大为有挑战力量的挑战者,也可能通过市场份额的变化跻身于行业的领导者,然后在战略协同中根据市场地位的变化,相应地调整自身的发展战略。

二、业务经营整合

业务经营整合是指通过剥离不良资产,优化和调整资产结构、营运流程、组织结构等,以创新业务流程,拓展企业的业务、客户及市场渠道,提高企业的经营效率和效益。

提高资产效率是企业并购后整合的重要目的，也是企业并购中业务经营整合的重点。在通过战略整合，形成企业的核心能力的同时，应该有相应的对策处理低效率的资产或子公司，即对企业的存量资产进行整合，借以产生经营优势和规模效应。

对于经营业绩和财务状况欠佳的公司，并购后首先应进行存量资产的整合，处理不必要的资产，迅速停止获利能力低的生产线，从各种可能的方面采取措施降低成本。例如，精简机构和精减人员，将办公地点搬到房价较低的地方，腾出办公楼或变卖改做他用等，以缓解财务压力，提高获利能力。值得一提的是，在国外常常出现将并购后的企业转售获利的现象，因为公司的买卖极易形成巨额的利润。这需要具有高度的战略眼光和经营管理能力。企业转售获利的方式主要有以下两种：一种方法是并购后立即将被并购企业的资产拆开后出售；另一种方法是在并购后委派管理专家、财务专家和各种技术专家对其改造后，再高价出售，套取利润。无论并购后保留还是出售被并购企业的资产，都是对存量资产进行整合的手段，最终目的都是提高企业的获利能力。

企业营运流程的整合是指联合、调整和协调采购、产品开发、生产、营销、财务等各项职能活动。并购后的企业可以将一些经营活动合并，包括相同的生产线、研发活动、分销渠道、促销活动等，同时放弃一些多余的经营活动，如多余的生产、服务活动，并协调各种业务活动的衔接。

买方企业并购目标公司是希望通过整合双方业务活动，以实现经营优势和规模效应。因此，在并购完成后，将企业业务活动有效地结合在一起，发挥预期的综合效应，成为并购活动成功的关键。

一般来说，业务活动的整合可能比产品线的整合来得困难。因为它通常会涉及某些重复设备的处置，而且生产制度要跨越组织进行运转，其困难更大。在业务活动整合过程中，厂房设备的迁移费用是不可避免的，但可以降低生产成本、存货成本，提高整体利润水平。业务活动的整合效果通常需要一段时间后才能体现出来。而在整合期间，由于大量的融合措施以及新旧制度的转换，还可能降低企业的经营效率。

通常情况下，在并购完成后，并购企业应尽可能地将目标企业与本企业的人员在组织上予以合并，特别是财务、法律、研发等专业方面的人员。同时要协调其他部门的业务人员。业务活动的整合与管理不可能一蹴而就，更不可能立竿见影。在并购之初，往往要保留目标企业原来的某些部门的独立。并购企业应视目标企业的具体情况而采取相应的措施，有些整合可以马上进行，有些则需分步进行，有的甚至需要两三年才能基本完成业务活动的融合过程。

三、财务整合

财务整合是在企业并购后，并购方对被并购方的财务制度体系、会计核算体系统一管理和监控，被并购的一方必须按照并购方的财务管理制度进行运营，实现企业管理的一体化。由于企业自身的发展情况不同，财务整合的方式也存在很大的差异。企业并购的目标是通过核心能力的提升和竞争优势的强化创造更多的新增价值。因此，在财务整合过程中，企业也必须紧紧围绕这一目标，以成本管理、风险控制和财务管理流程的优化为主要内容，通过财务整合力求使并购后的公司在经营活动上实现统一管理，在投资、融资活动上实现统一规划,最大限度地实现并购的整合和协同效应。

1. 财务整合的必要性

在企业整合的过程中,财务整合是企业整合的核心内容。因为企业并购的主要目的是实现利益的最大化。这与企业财务直接产生关系。因此,财务整合具有非常重要的地位。并购后只有实现财务管理方面的统一,建立良好的财务管理制度,才能在财务制度正常运行的情况下提高财务管理的有效性,从根本上控制被收购企业,实现并购活动的目的。

(1) 财务整合是有效实施企业战略的基础。完善的财务制度是企业战略有效实施的保证。在企业并购完成之后,新企业的经营发展战略是基于并购双方的经营情况来确定的。因此,新企业必须对并购双方的财务进行统一管理,使自己拥有统一的财务保证,对财务资源统一调配和使用。财务管理的统一性是对企业经营战略的统一性的支持。

(2) 财务整合是实现资源有效配置的保证。现代企业的内部资源配置都是根据一定的财务指标进行的。新企业作为一个整体,必然需要统一的财务基准来保证财务活动的效率,从而最大限度提高内部资源配置的效率。此外,由于企业内部的任何资源配置都必须在财务上有所反映,所以财务管理也是监督企业内部资源配置有效性的重要手段。为了发挥这种监督作用,新企业必须使财务管理具有统一性和一致性。这样才能使财务对资源配置监督的效率性和可靠性体现出来。

(3) 财务整合可以获得财务协同效应。财务协同效应是指并购完成之后,由于税法、会计处理惯例以及证券交易等内在规定的作用而产生的一种纯金钱上的效益。这种效益不是通过合理安排企业内部资源配置,提高生产效率的方式实现的。比如新企业利用税法中的亏损递延条款实现合理避税。这都是建立在统一的财务管理基础之上的。

(4) 财务整合是并购企业对被并购企业实施控制的重要途径。如何对被并购企业进行有效控制是并购企业面临的重要问题。虽然并购企业可以通过人事安排对被并购企业进行控制,但这种方法的作用有限。此外,过多的人事干预有时会损害并购整合的进行。而通过掌握被并购企业的生产经营的财务信息,并购企业可以很好地控制被并购企业,这是单纯的人事控制所不能做到的。要准确了解被并购企业的财务信息,就必须有统一的财务管理。

2. 财务整合的基本内容

财务整合必须以企业价值最大化为中心,通过对被并购企业的资金筹措、资金运营和资金分配等各种投融资活动与生产经营活动的管理,实现并购企业投融资活动的统一规划、生产经营活动的统一管理和统一规范,以最大限度地实现并购后企业的财务协同效应。因此,财务整合基本内容包括以下几个方面。

(1) 财务管理目标的整合。目前普遍接受股东财富最大化与企业价值最大化作为财务管理的目标。企业财务管理的目标是企业发展的蓝图,通过财务目标的整合,使并购后的企业在统一的财务目标指引下进行生产经营。它所体现的重要性表现在以下几个方面:有助于财务运营的一体化;有助于科学地进行财务决策;有助于财务行为的高效和规范化;有助于财会人员建立科学的理财观念。

(2) 财务制度和会计核算体系整合。财务制度整合是保证并购企业有效、有序运行的关键。它主要包括融资制度、投资制度、固定资产管理、流动资产管理、工资管理、利润管理和财务风险管理等内容的整合。会计核算体系整合是统一财务体系的具体保证，也是并购企业及时、准确、全面地获取被并购企业财务信息的有效手段，更是统一企业绩效评价口径的基础。它主要包括账簿形式、凭证管理和会计科目等的统一规范。

(3) 绩效评价体系的整合。并购后企业对财务运营指标体系的重新优化和组合，是由一组考评指标构成的。一般包括：①收益能力指标，如销售利税率、资产报酬率、毛利率、净利润率等；②市价比率指标，如每股利润、股利发放率、股利报酬率、市盈率等；③经营安全性指标，如流动比率、速动比率、负债比率、权益乘数等；④成长能力指标，如销售收入增长率、固定资产增长率、人员增长率等；⑤发展能力指标，如市场占有率、研究开发投入等；⑥生产能力指标，如人均销售收入、人均净利润、人均资产总额等；⑦资产管理指标，如存货周转率、应收账款周转率、流动资产周转率等。

(4) 资产与债务整合。资产整合是指在并购交易完成后，以并购企业为主体，对双方企业（主要是被并购企业）范围内的资产进行鉴别、吸纳、分拆、剥离、重新配置等优化组合活动。资产整合包括有形资产整合和无形资产整合。

债务整合从企业内部看是一种债务责任的转移，从企业外部看则是一种权益的变动。债务整合工作的关键应充分考虑到债务人和债权人双方的利益，既保护好债权人的根本利益，又能使并购后企业（债务人）不受高额债务的拖累，能够稳定和健康地发展。

企业并购中的债务整合包括两方面的内容：一是对被并购企业的现有债权债务关系进行调整，将偿债责任进行转移。所谓调整就是对现有的债务进行清理、评估、重新组合、转换资产形式，并在必要的情况下变更债权债务关系。二是对调整后的债权债务进行管理。整合后的资产管理关键在于被并购企业的改革和改组，取决于企业的改革和改组能否达到提高企业资产经营水平，优化企业组织结构，提高并购后企业的整体盈利水平。

债务整合应按《中华人民共和国民法通则》对债权与债务的规定进行。具体的方式包括低价收购债权、依法消除债务、延长债务偿还期、债权转股权等。

四、管理制度和组织结构整合

一项成功的、最终能为企业带来经营效率和经济效益的并购，其关键是并购企业的先进管理模式与目标企业的内部管理制度有机融合，使并购企业的管理优势在目标企业生根、开花、结果。否则，并购企业如果不向目标企业输入先进的机制，积极搞好机制的磨合工作，两个企业就不能融为一体，目标企业就不能真正走向市场，成为市场主体，反而会变成一个沉重的包袱，使并购前功尽弃。

并购企业与自创企业不同之处在于，有现有管理制度可以利用。假如目标企业原有的管理制度良好，则并购者不需要对其加以改变即可以坐享其成，充分利用原有企业的内部管理制度和经营管理人才，处理企业生产经营活动中的各种具体事宜。并购企业的总部一般只需对被并购企业的有关重大决策予以关注和指导。这样既能体现出企业决策的统一性，又不失企业经营管理的灵活性，还可以将目标公司好的管理制度移植到买方企业。例如，中国台湾统一集团并购美国万哈姆饼干公司的目的之一，就是希望引进该公司良好的配销制度。如果被并购企业的管理制度不是并购者所期望的，则在并购后为了达到改善经营绩效的目的,或者为了便于内部沟通,达到降低管理成本目标,并购方则需要将本身实施良好的制度转移到目标公司。

无论如何,在进行管理制度整合时,并购方应事先了解目标公司原有的管理制度,根据公司之间经营管理的特性与管理哲学的差异,制定管理制度整合策略。如果并购方欲将目标公司纳入自己的经营管理体系,则应逐步将目标公司的发展规划和管理制度纳入自己的经营管理体系之中,以实现统一的管理。尤其当并购方并购的目的是利用目标公司的资源时,更应对目标公司的经营决策和管理制度进行较深层次的整合。如果并购的目的是实现多元化经营,目标公司需要保持一定的独立性,则没必要对其管理制度进行生搬硬套的整合。除非目标公司经营不善,需要引入新的管理思想和方法。

在实践中,对管理制度进行整合往往会遇到诸多问题。尤其是当并购方欲改变被并购公司的经营管理制度时,常常会遭到经理人员的反感和不认同。这就需要企业的管理者剖析原有制度的缺点,阐述现行制度的优势,并在对比的基础上采取适当的手段进行引导,根据生产经营的实际需要制定审慎的管理制度整合策略,最终让事实说话。

企业并购需要对各种生产要素重新组合,而一个科学有效的组织结构是提高管理水平、保证各生产要素有效运作的基本前提。企业并购后,需要形成共同的组织结构和组织运行制度,使原先的两个企业融为一体。这就会涉及并购前处于两个完全不同的组织、各自分工负责的人员。在实践中,并购后对企业整体组织结构的整合,与重新设置企业的组织结构原理上是一样的,所不同的是前者涉及面较小,后者涉及面较大。

在进行组织结构整合时,应从管理组织结构一体化角度出发,避免局部调整导致与原有体系的不协调,给管理工作带来矛盾和问题。根据具体情况,可以将目标企业作为一个相对独立的整体加以管理,也可以将目标企业进行分解,并入并购企业的相应子系统。但无论以哪种方式进行整合,都应遵循管理组织的基本原理,即有效性原理、统一指挥原理、管理幅度原理、管理层次原理、集权与分权相结合原理、分工与协作相结合原理、权责对等原理、才职相称原理。

具体进行组织结构的整合,应根据并购企业的经营战略,考虑并购双方的行业特点、产品种类、企业规模、技术复杂程度、专业化水平、市场需求的变化、双方企业的地理分布以及双方管理人员的素质等因素,设计一个科学合理的组织形式,如事业部制、超事业部制、矩阵管理制、多维组织结构等。例如,以多元化经营为目的的并购,往往会形成跨地区、跨行业的大型企业集团甚至是跨国公司,一般采用多维组织结构,也有些企业会结合使用几种组织形式。

五、人力资源整合

管理制度和组织结构整合都会涉及人力资源的重新配置。为此不仅要安排好组织结构每一个节点上的负责人,而且也应注意集体内人与人之间在工作上的协调与配合,包括工作时间、空间、质量上的协调与配合,以达到并购的初衷,即获得经营优势与规模效益,从而取得协同效应。

人是企业诸生产要素中最活跃、最富创造力的因素,生产资料的价值最终要依靠人的智慧和能力去实现。现代企业的竞争在很大程度上是人才的竞争,人才是公司最重要的资源，尤其是高层管理人员、技术人员和熟练工人。而企业家也被现代经济学家视为一种必不可少的生产要素。企业并购后，人员需要重新组合，人际关系将变得更加复杂，由此带来的人事管理和队伍建设问题，可能成为企业并购后遇到的最棘手的问题。可以说，并购企业在实施并购战略之后能否取得真正的成功，在很大程度上要看能否有效地利用被并购企业的人才。而对于社会而言，被并购企业原有人员的安置问题又显得格外重要，因为这涉及社会的稳定和可持续发展。因此，企业并购后加强新组织职工队伍的建设，是企业并购顺利进行并获得持续发展的保障。为此，应着重做好以下几项工作。

1. 做好并购双方企业员工沟通工作，统一思想，统一认识，加强感情上的融合

并购后双方员工各有顾虑，如买方员工可能产生背包袱的不满情绪，目标公司员工则担心受歧视，产生当“二等公民”的自卑感。此时，加强沟通便成为一种解决员工思想问题、提升士气、培养企业精神的必要方式。为了避免员工抗拒并购，高层管理人员应安排一系列员工沟通会议，让员工清楚整个并购的大致情形，如公司股权的变化、目前谁负责经营职责、未来经营方向如何等。最好也讲明一般员工关心的问题，如哪些员工将被解雇、哪些经营单位的工作地点将迁移、薪金福利是否将变化、原来的员工分红及其他过去对员工的承诺是否继续有效等。如北京丽源日用化学股份有限公司在兼并北京表壳一厂后，对其在册员工采取分批通知、分批开会动员、设立接待组、深入开展思想工作等方式进行多层次的沟通，动之以情，晓之以理，结合某些鼓励手段，顺利完成了员工安置任务。

众所周知，人是企业所有资产中最不容易确定其价值的资产。因此，要想发挥整合效果，在进行沟通前，管理者一定要对内部人员的特性有相当的了解，并取得他们的认同。既要了解企业关键员工的思想，制定相应的激励机制，又要深入了解普通员工的思想，做好思想动员工作。在与员工进行沟通时必须注意的是，员工对过于含糊的声明和过于吹嘘的未来美景不会感兴趣，他们所关心的是与自己切身利益相关的问题，即这项并购将影响所在部门及本身工作的程度。当然，为了避免不必要的麻烦，有些经营重整计划，譬如两年后将关闭某厂，在沟通中可以暂时不必透露。

加强沟通是企业并购后整合的一项首要工作。做好沟通工作还有利于并购方了解目标企业原来管理经营中的失误与症结；有利于稳定目标公司员工的情绪，了解原有的公司文化，为未来提高经营效益打下基础；有利于消除双方企业文化差异的障碍，尤其是在跨国并购中的国家间文化障碍；等等。

2. 做好主管人员的选派工作

通过分析国内外大量企业并购案例可以发现，并购企业对被并购企业最直接、最有效的控制方法是选派忠诚于母公司、有专业管理才能、精明能干的得力人员前往被并购企业担任主管。尤其是当并购企业的并购动机是着眼于双方整合效果的发挥所产生的利益时，直接性的人员控制最能确保整合效果的发挥。例如，中国第一汽车集团公司(以下简称“一汽”)并购吉林轻型车厂等 4 家企业后，在进行组织管理改造中，选派高素质的经营管理者担任这 4 家企业的中高层管理人员，从而把一汽的管理思想和方法带进被并购企业。同时，为了使被并购企业的管理人员转变观念，接受新的管理方式，一汽还把他们调过来任职一两年，再派回原企业。这些管理人员回到原企业后，处处以“一汽人”的身份自觉地贯彻一汽的管理思想。此外，一汽还通过办班形式，对被并购企业的职工进行轮训，结果使这4家被并购的企业在管理方式和管理水平上和一汽实现了并轨,取得了很好的效果。

选派主管人员管理被并购企业固然重要,但如果是跨行业并购,目的是拓宽经营领域,实现多元化经营,在并购方对被并购企业不熟悉,又找不到精于此类业务的管理人才时,继续留用被并购企业的主管则是非常必要的。例如,唐山钢铁公司并购唐山自行车厂后,就继续留用了原唐山自行车厂的管理人员。即使是同行业并购,让被并购企业有能力的人继续担任管理工作也是必要的。因为充分发挥这些人才的作用,对实现并购企业的目标非常有益。

3. 实施稳定的人事政策和有效的激励机制,稳定人才

企业并购后,往往会出现被并购方人才流失的现象。这是因为一些管理、技术人才和熟练工人担心不适应新的环境,或因两种企业管理制度在融合时产生摩擦和对抗,他们会另谋出路。因此,并购企业必须解除被并购企业职工的后顾之忧,制定出稳定人才的政策。这种稳定人才的政策必须有实质性的激励措施相配合,以激励员工在新的环境下勤奋工作。

美国的斯戴西·亚当斯在1956年提出的"公平理论"尤其值得并购企业的管理者在制定人事政策和激励机制时作为参考。根据公平理论,被并购企业拥有管理和技术专长的人员,在并购后的报酬不能低于原来的水平,也不能低于并购企业做同种工作的人员的报酬水平。为此要尽量克服绩效评价和工资制度中不合理的现象。但必须注意到,公平与否是个人的主观感觉,而一般人总是对自己的投入估计过高,对别人的投入估计过低。因此,管理者除了客观、公平地对待并购企业和被并购企业的职工外,还应使他们正确地认识自己和他人投入的多少。

在公平的基础上,并购企业还应通过有效的激励机制,进一步激发职工的积极性和创造性,同时把有真正才能的、公司需要的人才吸引过来,以提高工作绩效,加速企业的整合步伐。美国心理学家赫兹伯格提出的"双因素理论"认为,当保健因素得到改善时,职工的不满情绪就会消除,但不会导致更积极的效果;只有激励因素才能产生使职工满意的积极效果。因此,不管是对并购企业的职工还是对目标企业的职工来说,要调动其积极性,不仅要给予必要的物质利益和合适的工作环境等,更要注意对职工进行精神鼓励,及时表扬和认可他们的工作成绩。同时要尽量使职工的工作具有一定的挑战性,为职工的成长和发展提供机会。而根据"期望理论"的期望模式——激励力=效价×期望值,管理者可以从两个方面着手激励职工:一是给职工设置一个对其来说期望值较高的目标;二是可以通过工资、提升、赏识等奖酬形式提高效价,从而提高特定工作对职工的激励力。

我国一些并购企业十分重视人才的整合工作,为了留住人才并调动被并购企业员工的积极性,采取了许多有效的措施,收到了良好的效果。如深圳康佳集团公司并购牡丹江电视机厂后,通过建立以效能为主的分配机制,将分配同企业效益挂钩,调动了被并购企业员工的积极性。康牡公司组建后,以岗位标准、岗位内容和工作量为依据,在定员、定编基础上制定出22个薪级标准,全员实行岗位工资和浮动工资制。员工的收入主要以企业的经济效益为依据,根据岗位档次制定上、中、下三类浮动系数,由部门经理视岗位人员的工作成绩确定。在以效能为主的前提下,再考虑员工的贡献和专业文化知识,实行年功工资和学历补贴。正是这些有效的激励制度，调动了被并购企业职工的积极性。

在国外，吸引人员留任的重要激励措施是让员工认购股份，特别是对那些并购方想要留任的主管人员，通常给予一定数额的"股票选择权"，规定在一定年限内，可以以事先确定的股价购买股票。这样做可以激励主管人员勤奋工作，努力改善企业的经营状况，使公司的股票价格上升。这样，主管人员就可以从中赚取差价。例如，日本三菱公司曾以高于市价40%的价格，并购美国钢铁公司所属的艾里斯化学公司，并将股份的15%留给艾里斯公司的管理层，以此为代价要求这些高级职员留任，从而赢得这些排头兵对新企业的高度认同，激发了他们的敬业意识和积极性。

4. 建立优胜劣汰的用人机制

企业并购后，应迅速建立优胜劣汰的用人机制。这对于调动员工积极性，提高人事管理水平，加强职工队伍建设是十分必要的。例如，深圳康佳集团并购牡丹江电视机厂后，首先大刀阔斧地精简机构，精减人员，原牡丹江电视机厂的管理人员并购后精减到95人。在用人制度上，坚持"能者上，庸者下"的原则，并实行聘用制和招聘制。总经理由董事会聘任，部门负责人由总经理聘用，一般管理人员由各部门经理聘任。聘用中打破论资排辈的陋习，在原一般管理人员中聘用3名中层干部，真正做到能上能下。在厂内公开招标营销人员，经考评，原营销部落聘4人，重新招聘了9人。同时，还在社会上公开招聘了8名管理、技术、公关等方面的人才。在用工制度上，实行了全员劳动合同制。企业员工签订了劳动合同，建立了员工与企业之间新的劳动关系。

六、文化整合

1. 文化整合的重要性

企业文化是在一定的社会历史条件下，企业及其员工在生产经营和企业管理中逐步形成的观念形态、文化形式与价值体系的总和。企业文化以核心价值观和企业宗旨为核心，通过文化的熏陶、教化作用使职工在潜移默化中接受共有的价值观念，并以此作为个人行为的方向和准则，自觉将个人目标纳入企业的共同目标之中，能大大提高企业行为的一致性和整体协调性，增强企业的凝聚力，激励员工为实现自我价值和企业目标而勇于献身，不断进取。

由于并购双方在所有制、地域、规模水平、行业特点和历史传统上有所不同，作为"企业之魂"的企业文化就具有很强的个性，相互之间表现出很大的差异性。企业并购后，两种迥异的企业文化遇在一起，必然带来经营思想、价值观念、工作方式、管理制度等各方面的冲突。这种冲突的影响是全方位、全过程的，特别是对跨国、跨地区、跨行业和跨所有制的企业并购，文化冲突会显得更加明显，具体体现在以下三方面。

(1) 精神文化冲突。企业精神文化，是企业价值观、企业精神、企业经营观念与经营哲学等意识形态的总和，它是企业文化的核心。由于企业原有的精神文化已为员工所认同、接受，当企业并购后，这种主体意识受到冲击或否定，员工的精神支柱发生动摇，甚至完全崩溃，就会感到失落和迷惘。这样，企业原有的两种文化便会出现互相抵触、排斥。

(2) 制度文化冲突。企业制度文化是为约束企业及其员工行为而制定的各种规章和制度。企业并购后，必然要对原有的组织机构、管理制度和行为规范进行调整重构。在这个过程中，员工常有一种怀旧心理，难以适应这个转变，以致对新制度文化在意识上和行为上有意无意地抵触，新旧制度文化的冲突在所难免。

(3)物质文化冲突。企业物质文化往往以实物形态出现，如企业产品、广告和包装等。企业并购后要重新进行战略规划，制定新的产品策略、促销策略等，从而引起新旧物质文化的冲突。

企业并购后这种文化差异及冲突的客观存在，不可避免地将带来很大的文化风险，导致并购难以最终成功。摩根斯坦利公司对并购案例的长期跟踪调查发现，有50%以上的并购是失败的，并未明显促进企业运行效率的提高。如果再剔除效率增进几乎为零的并购，那么，并购之后效率增进的概率是非常低的。由于并购的效果需要在两年甚至多年以后才能显现出来，大量的失败案例被忽略了。根据资料统计，在全球范围内，资产重组的成功率较低。而那些失败的重组案例中，80%以上直接或间接起源于新企业文化整合的失败。

由于文化因素致使并购后的企业出现严重问题的实例很多。1998年11月27日，德国戴姆勒-奔驰公司与美国克莱斯勒两家著名的公司宣布合并，涉及金额395亿美元。戴姆勒-奔驰以世界头号高级轿车生产者著称，克莱斯勒则是美国第三大汽车制造企业，也是世界上盈利能力最强的汽车生产商之一。这场合并当时被称为汽车业强强联手的典型。但到2000年第三季度，合并后的戴姆勒-克莱斯勒公司的克莱斯勒部门出现了近9年来的第一次亏损，亏损金额高达5.12亿美元。不到两年，戴姆勒-克莱斯勒公司的股票价格下降了50%，其市值还不到原来戴姆勒-奔驰公司一家的市值。戴姆勒-克莱斯勒公司出现的经营问题，其原因是多方面的，如市场形势的变化、管理者的决策失误等，但还有一个重要原因是两个不同国家的企业文化存在较大的差异而产生了文化冲突。合并后的公司总部设在德国，由德国人掌管经营大权，但公司规定日常交流语言是英语，这就给公司高层管理者之间的沟通带来了困难。同时，美国人希望尽快推出价廉而实用的新产品，有时宁可在产品质量上做点让步；而德国人把质量视为企业的生命，即使延误新产品问世时间也不会降低产品质量。双方为此经常争论不休。事实上，要把德国人日耳曼民族精雕细琢的工作风格与美国人直率勇猛的工作作风融合为一体并不是一件轻而易举的事。有人曾这样评价，这两家公司是“一个公司，两个总部”。结果，这两家公司的合并并没有发挥“1+1>2”的效果。

中国由于文化冲突导致并购失败的例子也不鲜见。1994年浙江康恩贝集团股份有限公司第一次并购浙江凤凰化工股份有限公司，但没有实现预期的目标就是典型的案例。在1994年6月至1995年年底一年半的时间里，康恩贝集团向凤凰化工注入了众多优质资产，并对其进行了多方面改革和调整，但公司的经营状况并没有得到改善。为扭转局面，1995年12月康恩贝集团开始对凤凰化工进行第二次重组，并加大了经营管理的力度，调整了产品结构，实施名牌战略，重塑了凤凰化工产品在市场上的形象。这一系列措施仍然没有从根本上扭转或阻止凤凰化工经营恶化的局面。究其原因是多方面的，而忽视企业文化的整合是重要原因之一。两家企业原有管理制度和行为方式在并购后没有进行相应的融合与调整，致使两种文化发生严重冲突。主要表现为，凤凰化工员工仍以国企老大自居，瞧不起由街道小厂发展起来的康恩贝集团。这就使员工间的沟通和协调产生严重的问题，价值观念发生碰撞，当然会影响并购的效果。

大量研究成果和实践经验表明，企业重组的失败，与其说是资源配置失当、管理效率低下造成的，不如说是企业文化冲突的结果。可见企业并购后进行文化整合是极其重要的。

2. 文化整合的模式

所谓企业文化整合，就是要使并购双方不同类型的企业文化或同一类型不同特质的企业文化相互吸收、融合，以形成新的企业文化的过程，也就是并购企业从企业核心价值观到企业及其员工行为模式的重新调整、传播、扩散及强化过程。假设 A 为并购方企业文化，B 为被并购方企业文化，从整合的结果看，企业文化整合呈现以下五种模式。

(1) 文化注入式(A+B→A)。在这种模式中，并购方具有较深厚的企业文化，被并购方放弃自己的企业文化而全面接受并购方的企业文化。这种企业文化整合的表现形式是被并购方对并购方企业文化的自觉接受和主动融合。这种模式可能发生在两个经济实力相比差异较大的公司之间。同时，如果并购方具有很强的市场、技术或管理优势，在进行横向并购时，此种模式更易发生。例如深圳康佳集团公司凭借其品牌、管理和销售网络的优势，对被并购企业全面输入康佳的企业文化，先后在全国形成牡康(牡丹江)、陕康(陕西)、安康(安徽)和重康(重庆)四大专业生产基地，在短时间内取得了较好的经济效益。又如青岛海信集团采取吃“休克鱼”并购方式后，通过向被并购企业派出管理人员，将海尔文化输入，从而救活被并购企业。

(2) 文化促进式(A+B→B)。在此种模式中，被并购方具有较深厚的企业文化，并购方放弃自己的企业文化而全面接受被并购方的企业文化。这种企业文化整合的结果，表现为被并购方对并购方企业文化的全面接管。经济实力相当的企业之间的并购一般会出现这种文化整合的结果。例如雷诺烟草公司并购那比斯克，最终却是那比斯克为暮气沉沉的雷诺公司带来了新鲜感和企业文化，并最终导致合并后的公司再次被外来者并购。

(3) 文化融合式(A+B→C)。在这种模式中，并购方和被并购方的企业文化在并购重组过程中相互促进、相互融合、相互发展。并购整合给予了双方管理层全面学习和体验另一种管理模式的机会，并能全面检讨本公司原有管理模式的优劣点。并购方和被并购方的企业文化在比较中相互学习，在学习中相互促进，都随着整合过程的推进而被注入新的内容，从而使企业在新的价值观和企业宗旨的指导下取得统一，并且对管理过程和管理环节中的不合时宜的因素进行调整，形成具有积极意义的整合结果。

(4) 文化隔离式(A+B→A+B)。在并购双方分属于不同行业，并购企业文化本身属于多元化文化，被并购企业文化具有很强的吸引力，其成员不愿接受并购企业的文化，强制变迁被并购企业文化需花费极高的成本和代价的情况下，可以采用这种文化整合模式。并购双方尽量保持各自文化的独立性，并购企业除在重大问题上进行必要的干预外，允许被并购企业在文化上拥有高度的独立性。例如，美国通用电器公司在控股日本五十铃公司时，考虑到五十铃独特的企业文化和美日两国文化上的差异，并没有向五十铃公司注入自身的企业文化，而是采用了平行性的整合模式，使文化整合获得了极大的成功。

(5) 文化混沌式(A+B→0)。这是一种失败的模式。由于并购方和被并购方相互敌视、对立，缺乏沟通和合作的诚意，最终导致整合的失败，企业文化整合带来的是负效应。

在为实施多元化战略而进行的跨行业并购中,企业的盲目扩张往往造成这种结果。在中国,这种例子举不胜举,如沈阳飞龙、珠海巨人集团等的困境,就与文化整合的失败有关。

从理论上讲,以上五种文化整合的结果都有可能发生。在选择文化整合模式时,应考虑企业并购战略和企业原有文化因素。企业并购战略分为横向并购、纵向并购和混合并购战略三种类型。企业原有文化对文化整合模式选择的影响主要表现在并购双方对多元文化的容忍度上。根据企业对于文化差异的包容程度,企业文化可分为单一文化和多元文化两种类型。前者追求的是文化的统一性;后者追求的是多种文化的相互融合和互相促进。综合考虑上述两个因素,有以下几种文化整合模式可供企业选择:①当并购企业采用横向并购战略,并且并购企业是多元文化时,就可以选择促进式或融合式文化整合模式。这时,并购双方应认真分析各自文化的不同特点,寻找各自文化上的相同点,吸收彼此文化上的优势。一方面,允许被并购企业保留自身部分文化;另一方面,双方共同合作寻求多方面的协同效应,尽快建立起更为先进的企业新文化。②当并购方采用横向并购战略,但并购企业是单一文化时,就可以选择注入式文化整合模式,将自身文化输入被并购企业。③当并购企业采用纵向并购或混合并购战略时,并购方不需要对被并购企业进行太多的干预,允许多元化文化存在的并购可选择隔离式文化整合模式,而强调单一文化的并购企业可采用文化注入式。

第三节　中国企业海外并购后整合的风险与对策

一、中国企业海外并购与整合的趋势及存在的问题

(一) 中国企业海外并购与整合的趋势

近年来,随着资金面的宽松、对外投资审批环节简化、人民币汇率贬值,以及世界经济缓慢复苏带来的契机,中企海外并购激增,“中国买断全球”论盛行。在全球经济一体化的大背景下,中国企业通过海外并购“走出去”,成为寻找新的经济增长点,在加快产业调整和转型的同时,也是实现多元化经营、提升企业国际形象和品牌价值管理的重要途径。

根据普华永道和中国股权投资基金协会联合发布的2016年《全球并购市场年度研究报告》,2016年上半年中国企业海外并购交易金额增长了近3倍,达到1 340亿美元,超过前两年中企海外并购交易金额的总和。其中有24宗交易金额超过10亿美元,中国化工430亿美元收购先正达是迄今为止最大的海外收购案例。总的来看,中国企业海外并购呈现以下趋势。

(1) 从投资行业来看,海外并购目的出现多元化。过去五年中国以获取能源、矿产等战略性资源为目的的海外并购项目数量占比仅为20%,以获得技术、品牌和市场份额为目的的海外并购占比却高达75%左右。这与过去长期以来的趋势迥然不同。目前中国企业力图通过海外并购来寻求新的利润增长点、占领新的市场,以及成为全球竞争的领导者,而不只是为了保障关键资源的供应。中国企业还希望通过海外并购获取国外先进技术以及宝贵的品牌和海外市场管理经验。基于此,工业品、金融、电信类并购项目占比不断上升,高科技、大消费和媒体及娱乐行业也吸引了大量资金,主要原因之一是海外企业

看好中国新兴的中等收入群体和消费文化。

当前中国企业跨境整合的核心是通过跨境产业整合，实现行业、企业资源再配置，提高企业核心竞争力，谋求竞争优势。以实现企业转型为目的的跨境并购并不是买下海外的资产后"坐等升值"，也不是为了规避系统风险，而是要把企业的境内资源和市场与境外的资源和市场进行重新配置，从而增强企业在产业内的竞争力，拓展海外市场，提高企业的核心竞争力。

(2) 从并购目的地来看，北美洲、欧洲的发达国家凭借领先的技术、平台、品牌以及成熟的消费群体，仍然是中企海外并购的首选，但非洲、南美等区域的项目也吸引了越来越多中国投资者的注意。例如，2011 年联想集团斥资 5.3 亿欧元收购德国电脑制造商 Medion 公司；2012 年中国建筑机械制造商三一重工出资收购位于德国施瓦本的混凝土泵品牌普茨迈斯特；潍柴动力也以 4.67 亿欧元的价格入主德国工业叉车制造商凯傲集团；2014 年中国航空工业集团耗资 4.73 亿欧元收购了德国汽车配件供应商 Hilite；2016 年 1 月，中化集团出资 9.25 亿欧元收购德国塑料和橡胶专用设备制造商克劳斯玛菲 (KraussMaffei)，成为迄今中国在德国的最大投资。

(3) 从并购的主体看，海外并购主角出现多元化，国企不再是"一家独大"，民营企业在许多行业中已走在国企之前，渐成主体。像万达、绿地、弘毅投资等民营企业海外并购不仅在数量上实现了大幅增长，在金额上也达到了一个高点。在出海并购的中国企业中，虽然单笔交易金额超过 30 亿美元的超大额并购交易案例多为国企主导，但在整体案例数量和交易金额方面，民企已远远超过国企。国企"走出去"在时间上比较早，但如今民企已经后来居上，步伐更快。

(4) 从并购融资和操作看，海外并购的行为逐渐趋于理性和多元化。不少中国企业到海外看访、考察时考虑得更加成熟，不仅看技术，也会看品牌、文化等无形资产，寻找与自身发展理念相契合的海外企业进行并购。中国企业在融资和在操作上也更加国际化与市场化。中国企业尤其是民营企业在海外并购支付环节上一改"财大气粗"式的现金收购，开始利用更多的金融杠杆以弥补自身实力上的不足，从而实现"蛇吞象"。2014 年 7 月弘毅投资斥资约 9 亿英镑（折合人民币约 95.5 亿元），全资收购英国餐饮品牌 Pizza Express 全部股权，就是一个典型案例。弘毅此次投资完全依赖国际资本市场的融资，不像过去中国企业收购主要依靠国有银行等支持。公司通过跟国际投行合作，包括摩根大通给其的收购贷款承诺，迅速在伦敦债券市场进行融资。这些是美国和欧洲比较成熟的基金与公司操作方式。可见，现在中国企业在海外收购的手段也更加成熟和市场化。

（二）中国企业海外并购后整合存在的问题

企业并购后最复杂的系统工程是整合。并购后整合涉及资产、人力资源、管理体系、组织结构、文化等企业资源要素的整体系统性安排，以使并购后的企业按照一定的并购目标、方针和战略组织运营。整合的结果决定了并购的最后命运，也是整个并购程序中一个必不可少的关键性环节。

海外并购活动本身是一种全球市场化的经济行为，并购成败的关键取决于主体企业自身的实力、战略和素质，以及并购后的有效整合。由于中国企业并购业务起步较晚，较国外企业缺乏并购整合的经历和经验,在进行境外跨国并购时就更要加倍关注整合问题。以TCL公司为例,2004年TCL宣布正式收购法国阿尔卡特公司的手机业务,并成立合资公司从事手机及相关产品和服务的研发、生产及销售业务。由于文化冲突、公司管理理念冲突等原因,合资公司在整合过程中出现了人员配置不合理、经营状况恶化、人才外流等严重问题,最终导致公司出现巨额亏损,合资企业解体,并购整合失败。

纵观近年来的海外并购交易,中国企业"走出去"的步伐明显加快,积累了行业宝贵经验,开拓了国际视野。但从整体上看,中国对外直接投资总量占GDP比重仍然偏低,投资存量占全球比重也算不高,仍处于摸索阶段。在系统地制定和执行并购后整合中,还存在以下实务中常见的问题。

1. 并购前的调研、评估、尽调等各项工作准备不充分

中国企业在进行跨国并购整合时,往往集中和主要注重在兼并收购的谈判上,而事实上兼并前的调研分析、评估和尽职调查并制定明确的兼并策略和兼并后的整合均具有同样重要的作用。上述的这几项工作是企业在进行收购所必须做的。然而,这些看似容易和"常规"的工作对中国企业而言并非易事。例如,收购方对标的企业缺少全面的尽职调查,急于求成,没有真实了解标的企业出售原因、企业经营现状、财务数据、市场评价、技术缺陷等信息。对标的企业投资价值没有切实研究,过于看重标的企业现有的销售渠道、知识产权、商誉等,无法给予标的企业一个合理的估值,不少中国企业海外并购溢价过高,导致不必要的浪费和资产流失。并购方案设计不严谨,缺少对标的国法律、税务、投资、股权、文化、消费市场、劳工保护等方面的研究,对后续并购整合可能遇到的各种困难估计不足,甚至埋下了并购失败的隐患。又如,不少企业在并购后进行组织安排时,仅注重重要管理岗位的人事任命,对一线人员和被收购方优秀人才的安排则没有注意,容易造成人员流失和上下级由于沟通不畅形成的管理障碍。还有不少企业完全忽视了沟通的作用,在进入被收购企业前后,欠缺一套综合和全面的沟通计划,不能使企业内部充分达成共识,致使整合作业受到影响和时间上的拖延,无法达到整合计划预期的效果。

2. 中西文化与管理的巨大差异带来整合困难

即使企业用心准备和进行上述这些工作,并购仍会遇到极大的挑战。这是因为中国企业在进行跨国并购整合过程中,在时间和文化这两个层面会面临巨大压力。由于并购整合涉及所有利益相关方,包括股东、资本市场、企业管理层、雇员和政府机构等,而且在时间安排上不能有所拖延。企业在并购整合过程中的所有问题,包括涉及战略和管理整合、运营与人事组织上的一系列重大而关键的问题同时存在,需要同步尽快得到解决。特别是当这些问题之间又存在着极大的关联性时,企业整合也因而变得更加复杂。

同时,企业在兼并过程中所面临的另一项巨大挑战则是文化无法兼容的风险。在跨国并购中,这包含了企业文化的不同和跨国、跨地域文化的巨大差异。并购后整合过程绝不可能仅仅是一小部分领导参与便可以完成的,必须有大量的从总部到运营层面的人员的积极参与才能成功,因此在文化的融合方面所具有的重要性是不言而喻的。这方面处理不好,有可能带来骨干人员流失、重要技术和客户流失、非骨干人员裁减困难等问题。现有企业被并购后,由于企业的整合往往会产生大量的剩余人员。对这些人员的安置和补偿,会在企业的经济效益上或者在道义上和法律上碰到麻烦。比如,让出控股权的汤姆逊为TCL留下上万人的人员包袱，加上TCL的3 000人，新公司的人力构架将达13 000人之巨。新公司要甩掉亏损包袱，就必须大幅度裁员，由此面临的各方面压力可想而知。

3. 既通中国国情又有跨国并购经验和整合能力的国际化人才奇缺

跨国并购后的整合工作难度大，需要一批既通中国国情又有跨国并购经验和整合能力的国际化人才。这是中国企业实施跨国并购面临的又一难题。因为并购的成功不仅仅是一种财务活动，或一项法律手续的完成，更取决于并购后对公司的整合工作的有效性程度。而这种整合工作的难度是相当大的。并购者的“异国”身份会带来很大的整合难度，如文化传统、语言障碍、制度差异等，使整合工作面临巨大困难。

4. 企业经营管理水平和管理体制存在差距

中国企业特别是国有企业在经营管理体制上与国际跨国公司存在着巨大的差异。世界上绝大部分国家和地区的跨国公司都是在市场经济体制下形成和发展起来的，其管理体制也是按市场化的原则形成、发展和成熟起来的。而中国企业的跨国经营和跨国公司是在原有计划经济体制下形成和发展起来的，这样就存在着一种先天性的体制缺陷。尽管中国经过改革不断向市场经济推进，国际化经营也不断与市场经济体制对接，但新旧体制的交错和过渡，必定会对跨国经营的企业带来多方面的负面影响。尤其是跨国母公司所依托的企业几乎全部是国有大企业，旧体制下的“国企病”不可能得到完全的根治，如效率低下、产权不明晰等。当其进行跨国经营时，照样存在。另外，实施跨国并购需要国际化的经营管理经验。世界上跨国公司发展早的国家已经积累了上百年的经验，具有熟练的、规范化的管理技术。显然，中国在这方面尚存在差距。

二、中国企业海外并购后整合存在的风险

海外并购只是手段，最终目的是使企业获得更多盈利。因此，并购后必须进行有效的整合。通过海外并购重组，虽然迅速获得了技术、人才、品牌、渠道等方面的综合优势，但风险在并购后并未消除。事实上，国内一些企业所并购的很多业务都是跨国公司剥离的非核心亏损业务，如果在并购之后整合不利，常常会造成继续亏损，甚至亏损范围扩大。因此，并购整合失败的风险也是中国企业海外并购的主要风险之一。具体来说，中国企业在跨国并购整合阶段主要存在以下风险。

1. 文化整合风险

境外收购后的文化整合是企业面临的第一个问题。文化整合失败也是跨国并购后整合中最大的风险。企业文化是在一定的社会经济条件下，通过社会实践形成的为全体成员遵循的共同意识、价值观、行为规范与准则的总和，是一个企业在自身发展过程中形成的以价值为核心的独特的文化管理模式，主要包括思想意识和企业制度。所谓企业文化整合就是将不同的企业文化，通过合并、分拆、增强、减弱等方式进行处理，从而形成一种新的企业文化。

企业文化塑造企业的经营方式和经营理念，影响企业员工的价值观和思维方式。企业并购是不同企业组织的一次大调整、大变革。这必然会对人们固有的思维方式和价值观形成强大的冲击，给企业员工带来很大的不适应。这是企业文化碰撞的必然结果。这种碰撞经常为企业并购完成后的整合工作带来困难。

在跨国并购中,文化整合问题非常突出。如果企业文化存在误解或对立,将可能造成人员大量流失,管理陷入瘫痪,甚至导致人力资源管理和企业经营管理中的重大法律风险。

2. 品牌整合风险

对于跨国并购而言,品牌整合是一个突出的问题。因为品牌涉及商标等知识产权的保护问题,使用期限、使用费用等问题也都是必须考虑的因素,容易因此而引发法律争议。

品牌整合的最终目的是实现管理上的效率和社会评价上的良好效应。企业跨国并购中的普遍目的之一是获得国外品牌,并加速发展自身品牌。如果整合不力,显然会增加法律风险的发生。

西方发达国家企业对自身品牌是十分珍视的,中国的并购企业即使获得免费使用权,也受到一定使用条件的限制。如果购买,会支付巨资;不买,又会受制于对方。

相对于跨国公司对中国企业的并购,并购具有高成长性的品牌是显著特点,而中国企业海外并购的大多是跨国公司的亏损业务或盈利能力较差的业务,市场前景并不乐观。这就增加了并购品牌整合的难度和风险。

3. 管理能力风险

首先,缺乏合适的国际管理人才,会增加管理整合中的风险。并购交易完成后,能否有效整合,能否在并购方和被并购方之间真正形成协同效应,在很大程度上受制于企业是否拥有一批认同本企业文化、了解本企业发展战略思路和行业发展趋势、熟悉国际惯例和当地经营环境的跨国经营管理人才。对于中国民企的跨国并购来说,人才的选拔及其实现本土化是非常重要的。这些高级管理人员必须对所在企业或类似企业的文化非常熟悉,而且具有丰富的管理经验和能力,并能够接受和适应并购重组方的企业文化与发展战略,这样才可能顺利地进行企业经营运作。但这本身也需要一个磨合的过程,对磨合过程中所引发的诸如人事动荡的法律风险应有所准备和防范。

其次,管理模式陈旧单一,会增加管理整合的风险。在跨国并购中,管理模式也同样需要国际化,如果固守原来的模式,可能会增加管理的难度。一方面,应尊重企业所在国法律规定,使经营管理符合法定的要求。例如,TCL并购的德国施耐德公司有650多名员工。受工会的影响,施耐德新的团队不可能完全按照自己在中国的思路和战略执行。因此,必须调整管理模式。另一方面,所在企业本身是需要管理创新的。那些在国际竞争中处于劣势地位而被并购的企业,自身的管理是存在问题的,应当进行管理创新。但实际情况是,人员不能裁,工资不能减,管理制度不能改,这往往增加管理失败的风险。

4. 整合成本风险

在并购后整合中,成本的控制是非常重要的问题,需要较强的财务能力。如果成本控制不当,容易导致成本控制整合中一系列风险的产生。

在企业并购过程中,并购成本主要来自三个方面:并购实施前的准备成本、对目标公司的购买成本和并购后的整合成本。在实践中,绝大部分实施并购的企业都非常关注购买成本的高低,认为购买成本是决定实施并购与否的核心因素。实际上,整合成本也同样重要。

整合成本也称并购协调成本,指并购企业为使被并购企业按计划启动、发展生产所需的各项投资。由于不同的企业在业务经营、管理模式、企业文化等方面都存在显著的差异，整合显然需要一定的成本。如果对并购后的整合成本准备不足，容易引发整合失败的风险。

目标企业为避免并购，往往会通过抬高股价、寻求“白衣骑士”参与收购、降落伞策略、“毒丸计划”、提高福利待遇等方式增加收购的难度，防止企业的所有权或控制权发生转移。反并购措施往往会增加企业并购和并购后整合的成本，或者降低企业的并购效益，甚至给收购企业造成极大的损失。

5. 人力资源整合风险

并购一定会涉及人力资源的调整。对于跨国并购来说，人力资源的整合是非常重要的问题。如果处理不当，就会导致生产效率低下、文化冲突、关键人才流失等。收购后的整合不力，尤其是人力资源整合风险控制不佳，是众多企业并购失败的主要原因。具体来说，人力资源整合风险主要有以下五个方面。

(1) 员工心理变化风险。企业并购以后，会给并购企业和被并购企业的员工带来不同程度的心理变化。不可否认的一点是，这些员工的心理变化都会影响企业的有效运行。一般来说，并购企业的员工会有一种优越感。在并购的前期，他们会考虑各方面的情况而反对并购。在并购以后又会排斥被并购企业的员工，抵制企业的整合。而对于被并购企业的员工来讲，会出现员工的模糊感状态。他们因不能确定自己在组织中的角色定位和职位而引发紧张、焦虑情绪。这样容易导致员工丧失进取精神，降低劳动效率。研究表明，人力资源管理的焦点是心理契约的失衡与重建。并购后整合不当，会给员工带来巨大的心理冲击，导致其工作积极性受挫，关键员工辞职。这种现象冲击了原有心理契约的稳定结构，会造成大量人力资本的浪费。

(2) 企业文化冲突风险。每个企业都具有自己独特的文化。并购双方企业文化的差异使得并购后双方文化出现冲突。如果不能恰当地化解，无疑会损害并购企业目标的实现。当并购企业的文化不相容时，新的企业文化势必会给原企业员工带来心理上的冲击，产生失落感和不适应感，进而激发他们潜意识里对新的价值观和经营理念的抵制，阻碍新的企业文化的形成。

(3) 薪酬冲突风险。并购之前的每个企业都有自己的薪酬机制，因而在并购的时候，容易遇到的一个问题就是薪酬冲突风险。并购双方岗位的设立、各个相同岗位的工资级别及范围、奖金制度、绩效考核标准以及福利待遇等，都会有不一致的地方。而这些不一致的地方如果处理不恰当，最终会影响企业的有效经营。在并购以后整合过程中，由于没有做好薪酬整合而失败的例子不胜枚举。例如，1996 年思科公司收购 Strata 公司后，由于佣金政策的改变，造成了原 Strata 公司销售人员大批离职，最终使业务陷入瘫痪。

(4) 组织结构冲突风险。并购双方以前的组织结构很可能是不太相似甚至是对立的。比如一方是扁平型，一方是高耸型。这样在并购以后容易出现矛盾。造成组织结构冲突的原因之一是，并购方对被并购方的歧视和缺乏统一的组织愿景。而并购双方组织结构的冲突又会导致并购企业无法形成一个开放性与自律性有机结合的系统，无法构建企业内部物流、资金流和信息流顺畅的网络结构，而责、权、利的不明会确又导致部门间既不能有效协作又不能合理制约等问题的出现，结果必然会影响企业整合效果。

(5) 人力资源流失风险。人力资源流失风险主要包括两个方面：一是企业主动的裁员行为。首先，裁员会对被裁减员工产生巨大的影响，导致其职业生涯的暂时中断，职业资历丢失，相应的工资报酬、福利待遇等一并中断。这不仅会对他们的物质生活产生不利影响，还会影响其精神生活。其次，裁员也会对留下的员工产生影响。面对同事的被裁，"幸存者"会产生挫折感、失落感、对管理层的不信任感以及对自身未来的不确定感，进而感到沮丧、失望和不满，从而影响工作业绩，导致生产效率下降。二是员工的主动离职。主动离职人员有高级管理人员、专业技术人员等关键人才和普通员工。这些人的离开，尤其是对企业发展至关重要的高级管理人员和核心员工的流失，会给企业带来致命的打击。最直接的影响是短期内企业该部分员工创造的利益的损失，再就是一些客户会因这些核心人员的离开而有所顾虑，还存在再次寻找替代这些人员的显性成本和隐性成本。

6. 法律风险

企业海外并购的法律风险一般主要发生在准备阶段、交易阶段以及经营阶段，并根据并购的发生时段而有所区别。中国海外投资法律体系建设的滞后性以及审批制度的不健全是企业海外并购的首要风险。东道国的反垄断审查机制、国家安全审查机制、被收购企业的反并购行为也是企业并购过程中面临的重要难题。此外，企业并购成功后依然存在治理结构、环境保护、劳工、知识产权等方面的法律风险。

(1) 中国海外并购制度不完善。中国海外并购的立法滞后、法律体系不完善。在审批制度方面，2014年年底之前，中国对于海外直接投资行为一般的审批部门是商务部和发改委，所依据的审批制度主要是2009年颁布的《境外投资管理办法》和2004年颁布的《境外投资项目核准暂行管理办法》。由于中国境外投资相关审批手续较为烦琐，导致许多企业采取地下通道从事境外投资。2014年4月，国家发改委颁布了《境外投资项目核准和备案管理办法》；同年9月，商务部颁布了新修订的《境外投资管理办法》，境外投资改为"备案为主，核准为辅"。之后的2015年至2016年，国务院、发改委、商务部、银监会、证监会、外汇管理局等监管部门又陆续推出了若干项优化措施，加大对实体经济"走出去"的鼓励和支持。这一系列利好政策的出台，极大地解放了对企业的束缚，给企业注入了新的发展活力。尽管近年来中国对外投资审批环节有所简化，但海外并购活动的蓬勃发展与中国的审批制度仍然存在冲突。传统的行政管理观念使得海外投资的审批倾向于形式主义，审批标准欠缺可操作性。而在审批过程中，往往需要漫长的逐级审批周期，还存在具体程序复杂低效，内容以及职能不合理，投资主体的投资范围不确定等问题。中国企业海外并购具有严格的审批制度，在监管方面需要进一步完善。

在保险制度方面，中国迄今并没有形成完善的海外投资保险制度。对于企业在东道国发生的非商业风险所造成的损失进行担保，有利于鼓励和引导海外投资活动。中国企业海外投资保险制度在立法上存在缺失，其规定主要集中于签订的国际条约以及所加入的国际公约，保护力度有限。此外，中国并未成立专门的海外并购保险制度和机构，海外投资风险的承保职能主要由中国出口信用保险公司承担，承保范围有限。

(2) 国家安全审查风险。出于对本国的国家政治安全以及经济安全的考虑，东道国通常会对于跨国企业的并购行为提出国家安全审查，以确信海外并购行为的合理性。美国和日本是国家安全审查最为严格的国家。美国设立外国投资委员会负责国家安全审查事宜，专门评估对美国本土企业的并购活动。日本则由大藏省下设的审议会对国家安全事宜进行审查，对于可能损害国家安全以及公共安全的并购行为都必须进行强制性审查。国家安全审查制度涉及国家主权的维护，其标准往往非常笼统宽泛，难以明确界定。关于国家安全审查的程序，以美国为例，一般包括非正式磋商审查、启动审查、初审、全面调查、终审等步骤。

中国企业在海外并购过程中，国家安全审查风险主要表现在对于特殊行业的准入以及对于国有企业身份的认定上。特殊行业主要是指影响国计民生的基础性行业，比如信息技术、食品、石油等。往往由于行业的敏感性而可能受到限制。国有企业身份的认定则是基于不同国家间意识形态的差别以及市场经济体制的区别，其认定往往带有灵活性。国有企业海外并购更容易在国家安全审查中承担风险。比如在中海油并购优尼科公司失败的个案中，企业身份的认定就在一定程度上影响了对收购行为的审查。

(3) 反垄断审查风险。海外并购在一定程度上是垄断产生的温床，往往极易对东道国的市场秩序造成影响和破坏，反垄断审查由此产生。中国企业海外并购集中于能源行业，而且多采取横向并购模式，更可能受到严格的反垄断审查。所审查的行为具体包括垄断协议、滥用市场支配地位、经营者集中。中国企业在海外并购过程中，不可避免地要受到反垄断审查。当前反垄断审查对于横向并购的规制较为严格，其认定标准主要是市场份额。在反垄断控制模式上，美国、欧盟等大部分经济体采取行为主义模式，而日本主要采取结构主义模式。在反垄断审查的申报制度上，美国主要采取事先申报制，而欧盟国家则多采取事后登记制。国家安全审查与反垄断审查通常在具体实施过程中紧密相关。中国企业在海外并购过程中所面临的反垄断审查风险，主要表现在对于并购方式选择不当、多以横向并购模式为主、相对监管较为严格；企业在事先申报过程中也可能出现不实申报，导致遭受巨额罚款惩罚。

(4) 其他海外并购法律风险。企业海外并购的法律风险还包括公司收购成功后的治理风险、知识产权风险、环境保护风险、劳动保障风险等多方面。在知识产权方面，国外对于知识产权的保护和支持力度大，在将知识产权作为并购目标的情况下，存在使用年限、费用的限制和侵犯知识产权的风险。在环境保护方面，发达国家往往制定了较为严苛的环境标准，一旦违犯可能需要承担巨额罚款。

劳动法问题是中国企业海外并购后遭遇的典型法律风险。收购阶段完成后，中国企业常常会根据业务需要对目标企业的员工进行调整或裁减。此时，应特别了解当地劳动法规对裁减人员的各种实质性要求和程序性要求，以及对雇用当地人员比例的要求等。如果中国企业无视当地劳动法盲目行事，对目标企业人员调整、裁减，就有可能违法，轻则招致工会抗议或当地政府行政处罚，重则可能导致大面积罢工和政治化事件。许多国家，尤其是那些民主意识浓厚、法制健全的国家，劳动法对劳动者的保护全面而系统，工会和其他劳工组织非常强势。这对于不擅长民主管理的中国企业来说，意味着存在必须审慎应对的法律风险因素。

此外，中国企业海外并购的政治风险也不可小觑。政治风险是东道国政治环境发生变化、政局不稳定、政策法规发生变化给投资企业带来经济损失的可能性。例如，安邦保险集团放弃 140 亿美元竞购美国酒店集团喜达屋、华润集团子公司收购仙童半导体公司遭拒、中联重科被迫放弃收购特雷克斯公司等,就是遭受到了严重的政治干扰。

三、中国企业提高海外并购后整合能力的对策

(一) 中国企业提高海外并购后整合能力的关键要素

随着越来越多的中国企业通过并购实现海外扩张,专业化的并购后整合对于最大限度获取并购价值的作用日益凸显。在目前的中国企业海外并购实践中,相当多的并购效果不佳,其主要表现在企业并购后不能有效整合,难以获得预期的并购价值。

并购价值理论上是指被并购企业市场价值与并购溢价之和。然而,能否兑现并购溢价,关键就看企业在并购后如何进行整合,以获得协同价值。但是,由于缺乏专业化 PMI 方法的指导,经验不足的中国企业往往无法获得海外收购的全部价值。调查资料显示,2008 年至 2013 年间海外并购规模超过一亿美元的中国企业中,33%的企业之前没有真正的并购经验,80%没有海外并购记录。整理该段时间内不同制造领域的中国企业海外收购案例,并对其并购后整合进行分析发现,中国企业海外并购后整合的困难主要来自陌生的商业环境和陌生的管理技能两大方面,加上并购、并购后整合经验的缺乏,双重挑战使得许多企业即使有强烈的投资意愿,也常常不知道如何去做。为此,在大量调研的基础上,结合国内外管理咨询项目经验,德国罗兰·贝格国际管理咨询公司(Roland Berger)在 2014 年发布的报告《中国企业海外并购整合的成功关键》中,提出了中国企业成功实现海外并购后整合的六大要素。

1. 调整全球化战略,适应新的商业环境

全球化战略的有效性在任何情况下都不能被低估。全球化战略的制定基于对外部市场吸引力和企业自身竞争力的分析,而且这些分析评估往往是在交易发生之前开始进行的,以指导并购目标搜寻、并购策略制定和后续并购后整合的规划。

但实际情况告诉我们,在海外市场收集信息是极为困难、复杂的,其困难、复杂程度远远超过在国内市场收集信息。因此,在完成并购过程中"目标筛选""尽职调查""交易谈判"等一系列步骤时,企业必须对新的商业环境和目标公司有充分的了解。然后通过不断的修正和对细节的充分把握,收购方须迅速验证其并购的逻辑,结合被并购企业的实际情况,对公司整体全球化战略做必要的调整,为并购后整合提供战略性方向指引。理想情况下,这样的战略调整也能让被并购公司的高管层参与对关键问题的讨论。

2. 建立宏大但切实可行的并购后整合目标

即便未来的市场战略清晰,为实施整合,将战略转变成宏大但切实可行的目标同样重要。哪些并购利益应被优先考虑?联合销售、成本协同效应还是技术协作?

大型跨国并购往往寻求多重战略目标,这为并购后整合过程增添更多的机遇和复杂性。然而,企业试图同时追求多种目标的结果通常以失败告终。明确利益优先级是关键,再具体量化、定义整合目标(如成本协同效益的具体价值),明确预期进度(预期在未来 1 年、2 年、3 年能够实现的结果)。如果目标不够宏大,可能直接导致并购价值的损失。如果目标不切实际、过于盲目,将难以给予团队一股建设性的引导力量,可能产生负面效应而使并购价值难以实现,不切实际的预期目标也会带来并购价格过高等风险。

3. 打造具备国际业务能力的团队和组织

若想成为“具备国际业务能力的团队和组织”，至少有两大方面的要求。一是人员，尤其是领导团队需要具备在国际环境下的工作能力；二是公司治理管控模式能够在经营目标、管理范畴和业务流程上给予海外业务单元合理清晰的说明。在多变的国际环境中工作，员工需要具备一定的语言技能和开放的心态。20 世纪 80 年代，日本和韩国企业不断在海外进行收购，但始终无法实现它们的并购预期。究其原因，最关键问题在于语言障碍、文化敏感度较低，以及对不同企业文化接受能力较差。这往往造成被并购团队的人才流失。这些流失的人才对于公司未来在陌生市场环境下的运营极为重要，他们或许比那些只有本土市场经验的日本和韩国主管有用得多。最终，日本并购方意识到自己所要寻找的人才不仅要具备商业技能，更要具备国际环境下的工作能力。中国企业海外并购目前也面临着与日本、韩国相似的挑战。

公司的管控模式发展同样需要紧跟公司国际化的进程。全球化的治理管控模式需要在中国总部和海外分公司之间寻求一个平衡点，进而形成明确的自由决策机制，需要明确总部董事会、总部管理层、海外董事会和海外管理层之间的协调与合作机制，同时要明确信息沟通和相关规定与流程。如果相应的公司管控模式在收购兼并之前，或者并购后整合开始阶段没能及时梳理明确，那么将来再改变会更为困难，并可能会因企业失去积极性、管理变革、领导层更换而付出更高昂的代价。

4. 选择合适的整合程度

协同效益是获得一项并购真正价值的关键抓手。每种协同效益意味着不同方面、不同程度的整合。市场相关的协同效益通常需要并购双方决定如何分工或参与到不同市场领域。成本相关的协同效益往往需要并购双方进行相关的组织合并，或者明确定义如何进行持续的协作。这与市场类的协同效益相比属于更深层次的整合。简而言之，整合程度取决于公司对整合的目标预期以及对各种已验证的协同效益的优先级排序。

罗兰·贝格研究显示，70％～80％的收购案例中，中国的制造型企业采取的是横向收购。其中，26％的企业没有宣布将整合作为其收购后两年内的目标，74％的企业声称在两年内已开始整合几个职能。

某些公司由于整合力度不足，也造成诸多不理想的并购结果。例如，整合如果旨在节约成本，而对应组织的高层领导却依然各自独立决策，势必导致运营上存在割裂，难以形成协同效应。另外，在实际项目中可以发现，某些热情、信心高涨的企业团队将深度的功能整合作为目标，甚至涉及非协同相关领域，进而导致企业主营业务增长错失良机和人才流失。可见，恰当的整合程度和深度最为关键。

虽然没有一种通用方法可适用各个公司情况，但某些思路值得广为借鉴。例如，一家中国的电动工具制造商在收购了欧洲知名电动工具品牌后，其面临的主要挑战是如何在中国以外、全球高质量要求的专业级市场构建其品牌。为实现其并购发展目标，公司CEO 仔细研究了被收购企业的长处与短板，决定对公司和被收购子公司部分职能部门进行适当整合。该决策主要有两方面的考量。首先，整合前市场类职能没有显著优势，无法有效地促进专业级产品业务在中国以外市场的增长；其次，从价值链角度来看，部分职能、产品线的协作能进一步增强技术优势，提高资源配置效率，促进业务增长。比如，中国产品开发部门能够更快、更好地进行标准化产品的开发和生产,外国部门可以更好地了解专业级客户群体的需求。只有通过双方在运营价值链多个环节紧密合作,充分利用彼此所长,才能在目标时间内、在重点市场投放更多新产品。

5. 管理海外被收购公司相关利益方的心理

并购和并购后整合将给被收购企业及其客户、供应商等外部合作伙伴带来改变。通常,这种改变会导致焦虑、关系的不确定和相互猜疑。有时这种情感会被放大,特别是新的企业拥有者来自不同国家和文化背景。我们经常可以听到,被收购的欧美企业的员工会担心"中国企业会不会有损我们的品牌和产品质量?""是否会将生产转移到廉价的中国?""只为获取技术,是否就不在乎其他部门而关闭公司?"对此,罗兰·贝格曾在某项目中帮助中国企业积极化解海外被收购企业利益相关方对于中国战略投资方的各种猜疑的做法,就促进了双方的并购整合进程。中方在罗兰·贝格的全程支持下,将管理外方心理情绪因素的考量融入整合项目各方面具体规划和实施中,具体工作如下:①确立交易意向之后,立即建立负责总协调的整合项目组,指派人员专职于计划,推进各项沟通和公关活动;②积极规划媒体报道,为后续收购的宣布和整合的实施奠定良好基调;③聘请目标公司已退休CEO担任特殊顾问,借助其影响和声望传达可信的收购者声誉;④在并购临近完成以及完成初期,及时进行客户沟通,不同阶段采取不同的沟通方式,包括电话、邮件、拜访等,不给竞争对手任何攻击的机会;⑤尽早传递关键承诺信息(保留海外工厂的长期承诺等),并言行一致地落实(对于工厂的设备更新投资等);⑥在符合公司发展所需能力的前提下,有选择地尽可能保留管理团队和员工。整合的最终结果显示,雇员对并购信心大增,并且经过100天的整合,没有造成顾客和经销商的丢失。

6. 应用系统化的PMI管理架构和流程

对变革和整合采取积极态度,可以为实现并购价值奠定良好基础,但是系统化执行并购后整合是实现协同效应和整合预期的重中之重。

在很多案例中,整合的过程都缺乏自始至终的严格执行准则。主要原因在于与交易阶段相比,在整合阶段高层领导人重视度不够。由此,系统化的执行并购整合需要以下三大要素:一是一支组织架构完整、能力互补的整合项目团队,而且该团队能在需要时获得高层领导决策;二是受人敬重、能力出众、经验丰富的整合领导人;三是行之有效的用于计划制订和执行跟踪的管理工具。

中国企业要善于通过系统性的方法,将这六大要素正确应用到海外并购整合实践中,帮助企业弥补在海外运营和并购经验上的缺失,实现海外并购价值的最大化。

(二)中国企业提高海外并购后整合能力的具体对策

企业的海外并购,其本质是母国企业在东道国以兼并、收购的方式获得企业经营权或控制权的产权交易行为。并购后整合通常涉及国内外的投资法律制度、竞争政策、产业政策、国家安全以及企业经营管理等复杂因素,需要从各方面寻找对策,提高并购后整合的能力和成功率。

1. 根据自身整合能力,选择合适的收购对象,制订完善的整合计划

中国企业海外并购应定位于获取经济发展过程中所需要的资源和技术上,通过业务整合，获取完善的市场网络和高端技术，这是提升公司价值的根本所在。跨国并购重组不是一种激进式的单纯以资产规模扩大为目标的投资行为，也不是为博得资本市场的喝彩，而要立足于对企业长期发展真正发挥效用，以利润指标和是否提高核心竞争力为标准，同时还要充分考虑自身的整合、消化能力，尽量避免"蛇吞象"。因此，并购对象的选择必须符合企业发展战略的要求，并购对象必须有好的资产并能产生符合公司要求的回报，必须慎重考量自身是否具备整合并购对象的能力。在并购对象的选择过程中，需要考虑能否通过并购来改善被并购的公司，以增加股东价值。成功的并购包括三个重要的组成要素：人的因素、战略及财务上的合理性，更重要的是如何整合被并购的企业。

在周密调研的基础上，制订完善的整合计划，是因为收购后的整合是系统的工作，需要严谨地按照计划来完成。企业必须在对被收购企业内外部情况十分了解的情况下，制订出明晰的整合计划，确定具体的目标、工作方案、时间表等，包括明晰的整合工作范围、涉及的单位和人员及层面，以及相应的沟通计划。在这一基础上进行下一步的工作，即实施具体的整合规划。企业应考虑设立由总裁和执行层直接领导的整合项目小组，来直接指导和协调整个兼并后整合工作，包括协调各部门间在进行整合时所产生的分歧，协调执行层来调解和确定各重大步骤的优先排序，介入整合受到阻力的单位和部门，积极进行引导、疏导或采取行动来化解阻力。在项目小组下，各部门和业务单元尤应建立相应的整合工作机构，积极筹措和规划本部门范围内，特别是运营和职能范围内的整合工作，力求适合总部下达的目标。只有在这一基础上，企业才能进行下一阶段的工作，即进行具体的整合实施，包括组织和流程的调整，人员的安排和调配，运营和职能的调整和改进等。这部分工作即便在实施完成后，也应予以跟踪和进行深化。

2. 并购前后要稳定员工心态，维护员工的合法利益

并购前最重要的工作便是通过沟通协调稳定员工的心态。企业并购风声四起，难免造成人心惶惶，员工面临着巨大的心理压力。员工对公司未来的动向产生忧虑和不确定感，常常会拒绝并购行为，甚至感到愤怒而产生抗拒心理。最后员工虽然不得不接受事实，但伴随而来的是失落感，失去对管理层的信赖，以自我为中心，而不再顾及公司的整体利益。部分无法接受变革的员工甚至选择离职，公司可能因此失去好的员工。此时，企业需要通过强有力的沟通协调稳定员工的心态。企业应该通过各种渠道与方式让员工对即将到来的并购有一个充分全面的了解，从而消除流言和小道消息的干扰，稳定员工的情绪，为即将到来的实质性并购打下良好的基础。

当并购已成为事实，被并购公司员工获悉公司即将出售，如果并购公司不立即向被并购公司员工开展沟通与安抚工作（如续聘、工作规划、公司福利等），被并购公司员工会因对自己的未来忧心忡忡而无心工作，造成公司的损失。还会因员工忠诚度的降低，可能产生偷窃公司客户名单、机密文件、产品配方，或破坏、浪费等行为。由于员工无心工作，缺乏相应的教育和培训、沟通不良，容易造成劳动安全卫生的隐患，或人员的职业伤害。在这种情况下，企业应该从以下方面着手来维护员工的合法利益。

(1) 与重要的雇员洽谈，订立财务协议。可以同公司高级经理们签订在公司的所有权发生变更时行使股份选择权的协议。为防止这些人员取得钱款后离职，进行兼并或收购的公司可以提供随时间的推移而逐步到位、生效的整套协议。

(2) 发放留职津贴。公司给那些在兼并或收购过程中或在某一特别项目完成之前留在公司的员工发放现金,可以稳定员工心态,留住员工。例如,美国Florida电力公司进行合并期间,就给200名雇员发放了留职津贴。公司还增加了退职金发放办法的内容,使担心被解雇的员工不致过早离去。

(3) 做好沟通和安抚工作是促使员工留职和激励员工的另一种有效方法。这项工作可以采取以下两种形式进行。一是收购公司使用网络、公司局域网和电子邮件、微信等方式来消除谣言并使雇员获悉有关情况。如Daimler和Chrysler在合并中,成立了DC TV(Daimler-Chrysler TV)电视台,每日向全球36个国家以7种语言播出新公司的新闻和企业资讯,让员工得以随时获得最新的资讯。两家公司的总裁还亲自定期发送电子邮件给全球所有员工,让员工了解整个并购过程的进展,并欢迎员工随时通过电子邮件提出问题与总裁直接沟通。二是高层经理与他们决定要挽留的雇员直接对话。公司高层对员工的关怀对于留住有能力、能干事的人能够起到很大的作用。公司老总经常与人力资源部门交流,了解公司关键人员、骨干人员工作情况和思想动态,并与他们定期沟通交流,关心他们的工作和生活等情况,会增强员工公司的认同感,激励员工更加努力地工作。反之,如果公司的主要领导根本就没有找员工聊过工作或关心他们的个人发展问题,员工就会产生被忽视的感觉,甚至因此而离职。

3. 培养具备跨文化整合能力的国际管理人才

在上汽入主韩国双龙,董事会罢免了双龙原社长后,中方派不出一个熟悉跨国并购与运作的团队来整合支撑双龙的运作。相比之下,美国通用收购韩国大宇后,马上从通用全球机构中抽调50人组成的经营团队来接管大宇,并配备500人的后方支持。这凸显了上汽在国际经营人才体系及人才培养方面的缺失。这也是中国许多企业的现状。中国大部分企业刚刚走上国际化的轨道,需要不断注入经验丰富并具有跨国管理能力的人才,从而使之走得更快、更远。这些管理人才需要具有跨国公司经营管理的背景和经验,善于管理具有不同文化背景的企业。具备跨文化整合能力的国际管理人才的培养要实现外部吸纳与内部培养相结合,外部吸纳人才见效快,但内部培养人才是持续有效的根本保证。另外,在管理人才方面也可以实施人才本土化的策略,最大限度地克服由文化背景和语言思维上的差异引起的种种障碍,同时也可利用这些人员良好的人际关系,顺利打开市场,拓宽销售渠道。

4. 实施文化评估,选择相应的文化整合模式

中国企业海外扩张基本上并购的是发达国家的企业,在企业文化上还处于"受歧视"的阶段,要想整合甚至主导合资企业的文化面临着巨大的挑战。为此首先要做好被并购方及其所在国家的文化评估。中国企业的并购往往被外企的显性价值或者短期利益所吸引,而对并购后的整合还缺乏足够的认识。特别是对于文化软实力方面的整合还没有一个很好的评估与规划。对于目标企业的评估应特别重视文化的研究,在签订并购协议之前就应通过组建调查团队,采用合理、系统和科学的方法,对并购目标的国家文化、企业历史和发展战略等深层次问题进行调查与分析,然后再与自身的企业文化以及整合后的企业文化进行匹配。如果发现两者文化的差异性特别大,以至于整合的可能性很小,那么企业就应该果断地放弃并购。如果分析之后确定实施并购,那就应该继续分析并购双方的企业文化，识别并购可能带来的文化冲突，以及文化冲突所带来的负面影响，要充分研究双方的文化差异和共同点。尤其是在差异方面，要预先设定必备的措施，去改变或缩小两者间的差异。求同存异，优势互补，实现企业文化的有效对接，促进企业文化的整合与再造，才能确保企业并购真正成功。预先做好这方面的评估工作与规划，将会给后续的文化整合带来巨大的帮助。

其次要实现企业的战略整合与文化融合的有机统一。应该明确的是，企业文化的建设与整合决不能脱离企业的战略以及技术发展的方向。企业文化如果没有战略的引导，也就成了无源之水，缺乏目标和动力。当然，企业战略如果没有文化的支撑，就缺乏精神与灵魂，企业很难获得长久发展。中国企业“走出去”意味着自身发展战略的调整，或是为了获取关键技术与资源，或是为了打开国际市场，等等。在这些情况下，企业文化并不总是适应企业战略的。由于企业文化的刚性与连续性，往往很难针对新制定的战略做出及时变革。这时企业文化就有可能成为战略实施的障碍。因此，企业文化的调整与整合势在必行，并根据相互适应性状况对文化做出适合战略实施的变化。可以说，企业战略与文化是动态协调的，而且在这一过程中，一定要让员工切身参与和认同这些变化，切忌单纯为了企业文化而整合。这样只会增加整合的成本，双方还可能会互不认同。在企业发展中，文化实际上是不可比较的，即没有所谓的优劣之分，只有适不适合企业战略发展的变化，是否和企业战略融为一体，从而推动企业的可持续发展，而不是相反。

跨国并购文化整合必须根据跨国并购双方的不同文化特征，选择相应的文化整合模式。传统的文化整合模式基本上是基于文化适应观点的。根据文化整合水平可将文化整合模式分为四种，即融合、吸收、分隔和消亡。

传统的文化整合模式基本上是从如何尽量避免文化差异造成的文化冲突的角度来进行分析的。例如，为了避免文化冲突，在并购双方战略相关性较低的情形下，选择分隔模式以保护被并购企业的文化独立性。又如，在并购双方战略相关性较高的情况下，则选择双向渗透和妥协的融合模式。另外，在被并购方文化缺乏价值时，则可考虑采用吸收模式，用并购方文化取代被并购方文化。而在被并购方不认同并购方文化的价值时，则可能导致无所适从和文化消亡现象。由此可以看出，传统的文化整合模式较少从文化差异能创造文化价值的角度思考问题。另外，传统的文化整合模式并没有意识到国家文化差异对于文化整合的影响，以及对于国家文化差异的管理整合。

跨国并购文化整合行为实质上是对东道国企业心理契约的继承和修改过程。通过对两国企业文化差异造成的文化冲突和文化价值进行管理，形成跨国公司内部文化多元性和整体性的统一，以提升跨国公司的竞争优势。因此，可以通过文化差异造成的文化冲突和创造的文化价值作为坐标，来区分不同的文化整合模式。从并购方的角度出发，对跨国并购后文化整合模式的选择取决于它所感知到的文化冲突和文化差异；对被并购方企业而言，对跨国并购文化整合模式的选择取决于它是否愿意保留自己的文化，以及对并购方文化的看法。如果并购双方倾向于选择比较一致的文化整合模式，那么文化整合过程就较为顺利。跨国并购后文化整合必须从大处着眼，小处入手，没有捷径可走。唯有充分认识和尊重不同国家和企业的文化差异，努力避免文化差异可能造成的文化冲突，吸收不同文化底蕴中的精髓部分，真正达到多元统合的境界，才能构筑跨文化优势，实现跨国并购的战略目标。

本章小结

企业并购后的整合是一项复杂的任务,涉及企业的方方面面,而且存在各种风险。但由于企业并购价值又都是在并购后的整合过程中创造出来的,即公司价值的创造有赖于并购后的整合过程,因此,正确认识并购后的整合的内涵和风险,并采取合适的整合模式,对成功实施并购战略具有重要意义。本章重点介绍了并购后整合的概念、内容和方式,分析了中国企业跨国并购的整合的风险,并提出防范风险的对策和建议。

复习思考题

1. 什么是企业并购后整合,整合的主要内容和关键问题是什么?
2. 中国企业如何提高并购后跨文化整合的能力?
3. 国内企业并购后整合和跨国企业并购后整合有什么异同?

案例一 联想并购IBM个人电脑事业部后的整合

企业并购后整合是决定并购成功的关键因素。并购后的整合包括人力资源整合、市场渠道整合、品牌资源整合、财产资源整合、文化资源整合等。联想并购IBM个人电脑事业部后的整合,为我们提供了很好的成功案例。

一、并购双方背景分析

联想集团成立于1984年,是中科院计算所投资20万元人民币并由11名科技人员创办的。到2004年,已发展成为总资产198亿元,年营业额425亿元,拥有员工1.8万人的国内信息产业领先企业。2005年5月联想完成对IBM个人电脑事业部的收购,标志着新联想的诞生。

国际商业机器公司(IBM)于1914年创立于美国,是世界上最大的信息技术和业务解决方案公司,2004年拥有全球雇员30万多人,业务遍及160多个国家和地区。1981年,IBM开始将个人电脑带入普通人的生活,从此使个人电脑成为企业和消费者的主流消费产品。但随着行业竞争不断加剧,IBM开始进行战略调整,由20世纪80年代软硬件全部自己设计和制造,到90年代逐渐向软件、服务型企业转变。在此发展过程中,其PC业务在总收入中的比例逐渐下降。2003年IBM的总收入为8 913亿美元,其中个人电脑业务的收入为115.6亿美元,较前年增长3.3%,税前营运亏损1.18亿美元;而软件与服务的营业收入超过400亿美元,相比利润微薄的个人电脑尤其是台式电脑业务,软件与服务才是IBM真正的核心所在。

二、并购的基本情况与结果

2004年12月8日,联想集团宣布收购IBM全球PC业务部门。2005年3月联想并购 IBM PC 业务部获得了美国外国投资委员会批准，5 月 1 日完成交易全部。联想将向 IBM 支付 6.5 亿美元的现金，以及价值 6 亿美元的联想集团普通股，锁定期为 3 年，同时还将承担 IBM PC 部门 5 亿美元的债务。其中 6 亿美元以每股 2.675 港元的价格向 IBM 定向发行 821 234 569 股新股，以及 921 636 459 股“无投票权股份”。在收购完成后，联想集团作为一家香港上市公司，中方股东将拥有 45%左右的股份，新发的市值 6 亿美元的股票将使 IBM 拥有新联想 18.9%的股份。联想收购的全部资产包括 IBM 所有笔记本、台式电脑业务及相关业务(包括客户、分销、经销和直销渠道)、“Think”品牌及相关专利、IBM 深圳合资公司(包括其 X 系列生产线)，以及位于大和(日本)与罗利(美国北卡罗来纳州)的研发中心。

通过这次并购，联想获得了 IBM PC 的技术中心，使得联想在 PC 技术领域获得了一个飞跃，大大加强了它在 PC 行业的竞争力，对联想的技术创新战略是一个极大的促进。联想获得“Think”品牌及 IBM 笔记本、台式机业务后，丰富了产品线，使原来局限于中低端市场的联想在高端市场也能够和戴尔、惠普等竞争对手抗衡。得到“长城国际”后，加上联想原有的在北京、上海和惠阳的工厂，联想的制造能力也得到了加强。最重要的是，联想通过并购获得了 IBM 遍及全球 160 多个国家和地区的庞大分销与销售网络，以及广泛的全球认知度，形成了联想在中国和亚洲之外全球市场范围的覆盖能力。

三、并购后整合的措施

并购成功与否，关键要看并购后整合得好坏。联想、IBM 作为两家优秀企业，在许多方面存在着较大的差异，产生冲突难以避免。为了实现并购后的有效整合，联想对整合采取的策略是对 IBM 更多地抱着观察、研究、学习的态度，采用双品牌、双市场战术保持过渡期的暂时稳定，而不急于改造。为了使整合顺利进行，联想确定了整合原则：“坦诚、尊重和妥协”。柳传志解释说，整合出现矛盾，首要的是“妥协”，搞清楚什么是最重要的事情，双方再慢慢腾出时间解决矛盾。

1. 人力资源整合：留用外方人才

美国管理学大师彼得·德鲁克在总结并购成功的五要素中指出，公司高层管理人员任免是否得当是并购成败的关键。主管人员选派不当会造成目标公司人才流失、客户减少、经营混乱，影响整合和并购目标的实现。如果并购方对目标公司经营业务不熟悉，又找不到合适的主管，则应继续留用目标公司主管。麦肯锡咨询公司的一个调查发现，约有 85%的并购方留用了目标公司经理人员。联想缺少国际化经营人才，留用 IBM PC 业务部的高层，有利于平稳过渡，减少动荡。事实上，新联想也是这样做的。在新联想中，杨元庆担任董事局主席，CEO 则由原 IBM 高级副总裁兼 IBM PC 事业部总经理斯蒂芬·沃德担任。在当时联想 14 位副总裁和高级副总裁中，有 5 位来自 IBM，另有 5 位具有跨国公司或国际咨询公司背景。新联想拥有一支高水平的国际化管理团队。一年的实践证明，留用斯蒂芬·沃德稳定了军心，实现了平稳过渡，新联想的国际业务已顺利地扭亏为盈。新联想进入新的整合阶段，使新联想实现盈利性的增长。为此，新联想聘任戴尔前高级副总裁阿梅里奥担任公司新的 CEO，沃德担任公司顾问。

国外研究表明，并购后很快离开的绝大部分是技术、管理专门人才。因此在过渡与整合阶段，应采取切实有效的措施稳定和留住这些对企业未来发展至关重要的人才资源。

IBM个人电脑业务部门有近万名员工,分别来自160多个国家和地区。如何管理这些海外员工,并留住关键人才,提防别的厂商乘机挖墙脚,对联想来说是个巨大的挑战。为了稳定队伍,联想承诺将暂时不会解雇任何员工,并且原来IBM员工可以保持现有的工资水平不变。把他们在IBM的股权、期权改成为联想的期权。另外,在并购协议中规定,IBM PC部门的员工并入新联想两年之内,不得重投旧东家IBM的怀抱。联想原想设立双总部,但原来IBM方的部分员工坚持认为,要维护国际化的形象还是把总部设在纽约好。这些措施使IBM PC事业部人员流失降低到最低程度。并购后IBM PC部门9 700多名员工几乎全部留了下来,其中20名高级员工和新联想签署了1～3年的工作协议。

2. 市场渠道资源整合:留住客户

新联想的最大挑战是保留IBM的核心客户,并且打败戴尔和惠普。新联想对客户流失风险是有预计的,并采取了相应措施。例如,全球销售、市场、研发等部门悉数由原IBM相关人士负责,将总部搬到纽约,目的是把联想并购带来的负面影响降到最低;IBM在全球发行的《纽约时报》和《华尔街日报》上刊登巨幅广告,向消费者承诺:IBM PC业务并入联想后,IBM大部分的经理级主管人员仍会是新公司里的主角,IBM PC事业部的系统架构也不会改变;2004年12月13日联想集团披露与IBM之间的附属协议,特别强调对一些特殊客户(如已签订合同并未交割的政府客户),联想集团将被允许向IBM提供这些客户的个人电脑和某些服务。新联想将使用IBM品牌5年。这对客户的保留有很大的帮助。联想还会继续使用IBM的销售模式,继续使用IBM的服务,继续使用IBM的融资手段。这些对客户来说感觉没有什么变化。联想和IBM一起共派了2 500位销售人员到各个大客户去做安抚工作、说明情况,很快就基本稳定了市场。

3. 文化资源整合:融合双方优秀的企业文化因素

并购的"七七定律"是:70%的并购没有实现期望的商业价值,其中70%的并购失败于并购后的文化整合。文化冲突在跨国并购的情况下要较国内并购更为明显。因为跨国并购不仅存在并购双方自身的文化差异,而且还存在并购双方所在国之间的文化差异,即所谓的双重文化冲突。学者认为,文化差异造成的文化冲突是跨国并购活动失败的主要原因。联想与IBM的文化冲突,既有美国文化与中国文化的冲突,又有联想文化与IBM文化的冲突。如何跨越东西方文化的鸿沟,融合双方优秀的企业文化因素,形成新的企业文化是联想未来面临的极大挑战。为了减少文化差异,增加交流,新联想把总部迁到美国的纽约,杨元庆常驻美国总部。为了双方更好地沟通,新联想采用国际通用语言——英语,作为公司的官方语言。文化磨合最重要的是董事长、CEO的磨合,并购后联想的两位高管磨合得很好。但文化整合是一个长期的过程,需要企业付出时间和耐心,需要并购双方高层以及双方员工的沟通、妥协,切不可操之过急。

4. 品牌资源整合:保留IBM的高端品牌形象

根据双方约定,新联想在并购后5年内无偿使用IBM的品牌,并完全获得"Think"系列商标及相关技术。其中前18个月,IBM的PC业务可以单独使用,18个月后到五年之间可以采用IBM和联想的双品牌,五年后打联想的品牌。鉴于IBM是全球品牌、高价值品牌、高形象品牌,新联想在并购后大力宣传ThinkPad(笔记本)品牌和ThinkCentre桌面品牌,以此作为进军国际市场的敲门砖。与此同时,新联想确定了国内Lenovo主打家用消费，IBM主打商用的策略，两条产品线将继续保持不同的品牌、市场定位，并在性能和价格方面做出相应配合。

联想对于进军国际市场做了充分的准备。早在2003年，联想成功地由Legend变成了Lenovo。2004年3月26日，联想集团成为国际奥运会全球合作伙伴，通过赞助2006年都灵冬奥会和2008年北京奥运会，提高了Lenovo品牌在全球市场上的知名度。另外，聘请国际广告机构——奥美公司，创作了全新的广告宣传语——只要你想！这些举措加快了Lenovo从一个区域性品牌向世界性品牌的过渡。2005年11月底，联想宣布提前放弃IBM的品牌，并打算在全球实施以Lenovo为主的品牌战略。也有人提出，联想在5年内应继续使用IBM的高端品牌"Think"，而不应放弃IBM品牌。因为在顾客心中，IBM就是高品质的象征，有很高的顾客忠诚度，联想则可以在国际市场上推出Lenovo的中低端品牌。

5. 财务资源整合：控制成本

IBM PC业务是亏损的，联想凭什么敢接过这个"烫手的山芋"呢？IBM的PC业务毛利率高达24%却没钱赚，联想的毛利率仅有14%却有5%的净利润。IBM在如此高的毛利率条件下仍然亏损，是其高昂成本所致。一是体系性成本高。整个IBM的管理费用要分摊到旗下的各个事业部，PC部分毛利率相比其他事业部要低得多，利润就被摊薄了，但联想没有这部分费用。二是管理费用高。IBM历来是高投入、高产出，花钱大手大脚，因此管理费用高昂。譬如生产一台PC机，IBM要24美元，联想只要4美元；IBM PC每年交给总部信息管理费2亿美元，这里有很大的压缩空间。IBM PC事业部本身的业务是良好的，联想控制成本能力很强，二者结合可以使成本大大减少，并很快实现赢利。

四、并购后整合的效果

(1) 2005年至2006年第四季度联想国际业务顺利实现赢利。2006年5月25日联想集团公布截至2006年3月31日第四季度及全年业绩：第四季度的综合营业额为港币244亿元，较上年同期增长417%，主要来自中国业务表现持续强劲及在上年5月份新收购IBM个人电脑业务的贡献。联想个人电脑销量年比年增长为11%。季内集团除税及重组费用前亏损港币3.17亿元，主要是由于业务赢利受到正常季节性因素影响，以及集团对新产品的投入和在全球推出联想品牌等的投入。2006年3月31日，集团的净现金储备总额为港币61亿元。董事会建议派发末期股息每股2.8港仙(1仙＝人民币0.01元)。

(2) 自主品牌创新成果显著。2006年2月23日，联想集团向美国及全球市场发布"联想3000"系列的电脑产品，主要面对中小企业和个人用户。这是它在兼并IBM公司个人电脑业务后首次向海外市场推出自有品牌。该系列中低端产品将与IBM的"ThinkPad"系列的高端产品形成互补，有利于提高其在美国市场的知名度。这是联想进军美国及全球市场的重要一步，也是其跨国并购的最新成果。

(3) 先进技术打造新联想核心竞争力。在与全球PC巨头的竞争过程中，联想从来没有取得过技术上的竞争优势。这使得联想品牌一直只能在中低端市场竞争。杨元庆曾经想把技术打造成为联想的核心竞争力。现在他已经做到了：从IBM得到的两个研发中心大大提升了联想的技术水平，而且IBM先进的技术研发管理水平还帮助新联想在原有的技术研发部门发挥其更大的潜能,进一步提升了新联想的技术优势,使得联想一跃成为PC制造商中的技术领先者。同时,联想还通过战略联盟,借助IBM的研发力量和研发成果,牢牢把握住相对于竞争对手的技术优势。新联想终于拥有一条从高端到低端的完整产品线,联想原先占领市场的中低端产品线,在充分利用IBM的技术优势后得到改进,同时也更具有竞争力。因此,新联想依靠先进的技术,推出比竞争对手更具有优势的产品,能够在各个细分市场上争夺市场份额。

【案例评析】

据IBM向美国证交会提交的文件显示,其卖给联想集团的个人电脑业务持续亏损已达三年半之久,累计亏损近10亿美元,而联想并购IBM PC业务3个月后就实现赢利,意味着并购后的资源整合初步成功。联想并购案成功经验主要有如下几个方面。

一、制订清晰的战略与整合计划

企业并购无非为了技术、市场。有些企业并购前对于目标企业熟记于心,可并购时却在协议中漏洞百出,并购后又忽略了对目标企业的整合消化,最终使得并购风马牛不相及。而联想并购IBM PC部门,很明确是为联想的国际化战略目标服务的。

国际化始终是联想的长期战略。联想在2001年提出了"高科技的联想、服务的联想、国际化的联想"的企业愿景。2002年联想召开技术创新大会,2003年推出新的英文标示(Lenovo),2004签约成为国际奥运会合作伙伴,都是联想国际化的组成部分。此次对IBM PC事业部的收购是联想国际化战略的继续,是联想高层在合适的时间做出的一个合适的决定。在并购协议中以及并购后的整合都时刻贯彻这一战略目标,因而业绩能够不断地提升。新联想的战略设想是:联想主打中国市场,IBM主打国外市场;联想主打消费类产品,而IBM主打行业和高端市场,同时并购后的新联想将会形成更大的规模,并且能够享受到规模采购带来的价格优势与制造成本更低的优势。

联想具体的整合计划分三个阶段进行。第一阶段从宣布收购之日起,新联想将着力兑现其对客户、员工、股东的承诺,包括维护联想已有的客户,保持产品领先性、高效的业务运作,主动推广并提升公司品牌,激发员工的工作积极性。第二阶段新联想将着力通过品牌、效率和创新,提升自身的竞争力,包括提升其运营效率,提升Think品牌资产,在世界各地推广Lenovo品牌,建设全球化的创新和绩效文化,目标明确地开发新的产品和新的市场。第三阶段通过在选定市场的强势投入,扩大投资以实现公司盈利的增长。

二、选择合适的目标企业

IBM拥有品牌和技术优势。中国企业走向世界最缺少的是品牌和技术,核心技术受制于人同样是联想成长的隐痛。通过收购,联想得到了需要多年积累的资产:高端品牌和核心技术。联想今后可以在IBM搭建的平台上开展业务。可以说,联想已站在巨人的肩膀上。通过收购,联想可以获得IBM在日本和美国的两个研发中心,并可以获得相关的专利。这与当初的目标就更接近了一步。

三、吸引战略投资,化解财务危机

由于预料到了现金流的压力,在高盛和IBM的协助下,联想与以巴黎银行、荷兰银行为首的20家中外资银行签订了6亿美元的融资协议(其中5亿美元为定期贷款),用于收购所要支付的现金。2005年3月,联想又获得美国三大私人股权投资3.5亿美元的战略投资。在谈到三大战略投资的时候,联想集团CFO马雪征也着重强调了这是“额外”拿到的钱。在此次战略投资总额中,约1.5亿美元用作收购资金,余下约2亿美元用于联想日常运营资金及一般企业用途。这一战略性交易为联想提供了另一条融资渠道。马雪征认为,谈到收购的财务风险,无非就是收购的资金,而我们已经得到了银团贷款,原有现金储备尚有盈余,另外我们还有银行的周转性资金、营运资金,以及额外获得的五大基金,不存在财务风险。这两笔交易确保了联想对IBM PC业务部的顺利收购,同时也使得联想有足够的现金维持企业的运作。

2005年一季度和二季度报表显示,联想分别持有97.8亿港币(约12.53亿美元)和116.7亿港币(约14.96亿美元)现金,分别占营业额的49.87%和40.96%。在净现金流方面,联想拥有78亿港币(约10亿美元)储备,同期上升了159%,现金周转期从上年同期的8天改善为负31天。之前联想估算维持IBM PC业务运营需要2亿美元,联想长期负债部分须于5年内偿还的大约有15亿港币,远低于当时持有的现金储备,所以在短期内,考虑即将支付的服务费后,联想在现金流方面也没有问题。

联想承担的IBM5亿美元的债务来自IBM对供货商的欠款。但对于PC厂商来说,这种流动负现金流只要保持交易就能够维持下去,而不必支付。因此并不能够对联想形成财务压力。

四、各项整合要相互配合,协调推进

企业并购并不是两个企业生产要素的简单相加,而必须通过有效的整合形成一个有机的整体。并购后整合涉及企业全球化战略、财务控制、国际营销、人才国际化以及企业文化等多方面的整合,必须合理规划,协调推进。

由于并购本身的高难度、高风险,联想高层在并购谈判过程中,充分估计了可能遇到的风险,并采取相应的防范措施,极大地降低了并购的风险。并购双方在咨询公司美林和高盛的协助下,经过13个月的艰苦谈判,最后在董事会结构、CEO人选、总部位置等方面达成了协议,最终达成交易。根据双方协议,整个并购交易在2005年第二季度之前完成。之后,新联想从整合双方的物流、制造、采购业务等入手,开始进入历时3~5年的整合期。第一步,明确总部的职能,对供应链进行整合,通过联合采购,重新规划两个公司原有的生产制造布局、物流、生产等环节,从而降低其营运成本;第二步,在合并一年或者一年半之后开始对整个市场、销售渠道和研发等进行整合;第三步,联想利用全球整合的品牌进入一些新的业务和新的市场。

随着越来越多的企业采用并购式的扩张和发展模式,面对日趋激烈的国内外市场竞争,中国企业必须做大做强,但不能再认为只要有足够的资金就可以成功实现企业并购,购买有形资产是一回事,如何将有形资产和无形资产(包括技术、人才、经验、思想观念等)有机结合、发挥创造性的价值增值功能,才是企业应该认真思考的问题。

(资料来源:根据李小琴的“联想集团并购整合案例分析.经济师,2010年第12期,第252-254页”及网络文章“联想并购IBM后的资源整合”整理。)

【案例讨论题】

1. 联想并购IBM PC事业部后的整合包括哪些具体内容?
2. 联想并购IBM PC事业部后的财务整合有什么特点?
3. 联想要真正成为有实力的跨国公司,还需要做哪些工作?

案例二 艾默生并购深圳安圣电气后的整合

现代企业的发展经常会伴随着企业间并购行为的发生。并购已经成为企业扩大运营规模,加快发展速度的重要途径之一。为了促进并购企业更好地融合,对并购后变化的运营要素进行整合是非常必要的。并购后的整合是企业并购后期的收尾阶段,也是执行难度最高的阶段。整合过程通常是长期的、复杂的,整合的内容也包含企业经营管理的方方面面。美国艾默生电气公司并购深圳安圣电气后的整合,为我们提供了国外企业并购整合国内企业的典范。

一、并购双方的背景

美国艾默生电气公司(Emerson Eleetrio Co)(以下简称艾默生),成立于1890年,总部设在美国密苏里州圣路易斯市,是世界上全球化、多样化的制造商和技术提供者。艾默生在过去的50多年中获得了很大的成功,创下连续50年保持每股赢利逐年增长、连续52年每股红利逐年增长的骄人纪录。数十年来,收购在艾默生公司的成长和成功历程中一直处于中心地位。2002年艾默生在世界500强企业中排名第326位。

深圳市安圣电气有限公司隶属深圳市华为电气技术有限公司,创建于1996年1月,注册资金7亿元人民币,拥有中国最集中的电力电子人才平台和最强大的电力电子技术平台。作为业界一流、国内最大的专业电源制造商,安圣电气以电力电子技术及其相关网络控制技术为核心技术发展方向,关注环境保护、关注能源节约、关注设备对操作者的影响,自始至终把满足客户的需求放在第一位,并以此作为衡量企业研发、生产、市场和用户服务质量的唯一标准。

华为技术有限公司是中国一家具有民营性质的企业,经过10多年的发展成为中国通信设备制造业的一面标志性旗帜。出于整个发展战略的考虑,早在2000年4月,华为将华为电气更名为"深圳市安圣电气有限公司"之时,就准备出售安圣电气。华为把数据通信、移动通信作为发展战略后,必须转让和剥离所有与核心业务、主流设备不相干的产品线,把精力、资源从非核心业务中抽出来,放在自己的核心领域。而安圣电气是以电力电子及其相关控制技术为基础的,与华为的核心发展方向不一致。艾默生则希望通过此次收购的实现来确立它在全球网络能源方面的霸主地位。它很看重安圣电气在电力电子研究方面的人才资源和安圣电气很好的中国市场及服务平台。随着中国通信市场的发展,通信电力市场需求会不断提高。艾默生希望通过收购参与到中国的发展中来。

2001年5月24日,艾默生电气有限公司以7.5亿美元(当时折合人民币60亿元)现金收购安圣电气100%的股权,2001年10月20日正式交接完毕。原"深圳安圣电气有限公司”更名为“艾默生网络能源有限公司”。这次并购几乎创下了中国市场外资收购案的纪录，给当时中国资本市场带来了极大的震撼，引起了广泛的争议与思考。现在再回过来整理并分析艾默生收购安圣电气及其整合过程，从中可以获得一些有益的启示和经验。

安圣电气从2001年收购时29亿元人民币的销售额，到2008年60亿元人民币，年销售的复合增长率达到12%。同时创造了预期的现金流以回报给艾默生总部。安圣电气也实现了预期的协同效应，网络能源业务单元在艾默生并购安圣电气后的几年里也得到了飞速的发展，网络能源业务单元从2000年占集团18%的销售额发展到2008年的25%销售额，同时该业务单元也创造了利润总额持续增长的优秀业绩。更重要的是，通过业务单元的整合及产品的不断创新，真正为客户提供了“端到端”的一体化解决方案，全方位为客户提供解决方案。

二、并购后整合的成功经验

安圣与艾默生是有着不同文化背景、在不同环境中成长的公司。两家公司合并后，艾默生网络能源能否适应艾默生公司的经营模式？艾默生网络能源是否会因此丧失它原有的竞争力？这些问题尤其是在运行一段时间之后，开始逐渐暴露出来，主要表现在对市场、产品等问题的认识上。比如，中国通信市场的发展是波浪式的，可能某一年市场机会及空间增大，也可能某一年市场机会和空间缩减，而艾默生公司追求的是一种平稳发展的趋势。这与中国的通信行业市场的变化特点有所不同。又如，安圣电气是在华为体系下成长起来的，员工以前养成的很多工作习惯，包括工作经验、对事情的认识、企业管理制度等方面都需要改变，流逝的华为情结在一定时间内让员工会有所不适。对于员工来说，逐步适应、接受和融合艾默生的管理体制与企业价值观念也是需要时间和积极的心态来对待的。这些问题都需要通过并购后的整合来解决。在这方面，艾默生的成功经验值得我们学习和借鉴。

1. 并购前做好详细的整合计划

艾默生在并购前就已经做好了详细的整合计划，同时请安圣电气的总公司——华为总裁任正非共同评估审核，共同讨论整合方式，提出整合意见。任正非是最了解安圣电气商业运作的人，也是安圣电气最具权威的人。他迫切地期望这项并购整合成功，所以艾默生请任正非作为安圣电气的整合顾问。之后几年，安圣电气所经历的大的整合动作都咨询了任正非，任正非也给出了非常负责任的建议。

在之后几年的整合过程中，任正非担任了部分整合经理的职责，负责与原安圣电气高层的整合沟通，以及给艾默生派给的安圣电气CEO提出合适的整合建议，否决CEO提出的一些不符合中国国情的整合计划。CEO非常尊重任正非，他否决的整合计划都被搁置或被大幅度修改后实施。任正非与CEO的这些对话都形成了文件，发给原安圣电气全部员工阅读，起到了很大的稳定人心的作用。

2. 艾默生拥有开放、包容性极强的文化

艾默生的文化认为，每个员工设立他的人生目标优先次序应该是：健康—家庭—事业。基于这种文化，艾默生计划将网络能源的市场销售人员和售后技术服务人员本地化，同时可以达到降低成本的目的。这一计划遭到任正非的强烈反对，任正非与艾默生网络能源CEO梁恒毅沟通时,反复说明中国的国情。最后,这项计划执行时进行了大幅度修改,仅仅对售后技术服务的基层员工进行了本地化。

艾默生曾经遵循艾默生公司的惯例,在网络能源实施"高速培养接班人计划",即每年在欧美商学院一流学府的MBA毕业生中选择一些优秀的学生,招进艾默生网络能源做副总裁助理,然后委任他们去做一些具体业务部门的经理。然而,这些毕业生任职副总裁助理一年左右的时间就陆续全部离开了。艾默生详细访谈,研究了他们离开的原因。一是他们在学校学习的理论应用到实践中来时,需要时间综合消化并根据企业实际情况进行二次创造;二是他们作为"空降兵"完全不了解艾默生网络能源的内部运作,不熟悉各部门的具体业务和各部门的主管与员工。这使他们领导公司级跨部门、跨团队的项目运作时,遭遇了极大的困难;在项目内部,他们欠缺权威,使项目执行力差。另外,他们的上司——副总裁对他们也欠缺由时间积累出的信任和相应授权。他们感觉一直与公司有隔膜,所领导的项目业绩又差,所以他们最终都选择了离开。艾默生意识到这个"高速培养接班人计划"无法得到网络能源各位副总裁的认同和积极的配合,最终只会"流产",所以不再在网络能源进行此项接班人培养计划。

从资本上来看,安圣已卖身于艾默生;但从管理文化上,艾默生网络能源的精神领导者依然是华为。原安圣电气人员几乎垄断了新公司的主要管理层。华为的企业文化已彻底延伸到了艾默生网络能源,而原艾默生的企业文化正在消逝。这也是导致力博特等原艾默生老员工集体离职的主要原因。

3. 保留原有员工,实现人力资源和公司管理的平稳过渡

收购之后,艾默生美国总部仅仅派驻3人到原安圣电气。梁恒毅任艾默生网络能源有限公司总裁,另外两人主管财务和资源。而付恒科则继续担任副总裁一职,负责公司的规划和运营,率领原班人马平稳过渡。梁付组合颇为有趣:梁是美国人,思维绝对美国化,但对中国具体业务比较陌生;付恒科为人严谨威严,对中国市场了解深厚;梁的任务是制订规划目标,经验丰富的付负责目标的具体实施。

此外,华为与艾默生还达成共识:尽力保留原班人马至少3年不变。华为采用内部股权支付方案,对安圣电气员工持有的内部股权进行相当高的溢价倍数回购,分3年四次等额支付给安圣电气员工内部股权溢价金额和本金。这是一个支出非常大的激励方案,对每个员工来说都是一笔不小的金额。该计划使网络能源员工的薪酬3年内远高于华为同级别员工,大大保证了整个员工队伍的稳定。这项措施的确保证了员工队伍3年基本上没有太大的变化,将批量的中层管理者辞职延迟到了3年之后(2004年年底之后)。而3年之后的艾默生网络能源在重要岗位上已培养了合适的接班人,批量的中层管理者辞职以及之后陆续的骨干辞职,都未引起公司震动,只是完成了人力资源和公司管理的平稳过渡。

4. 迅速推进网络能源的战略整合

相对于文化整合的和风细雨,缓慢融和,网络能源的战略整合工作是非常迅速的。艾默生接手原安圣电气后,就迅速开始研发产品线的调整,改变原安圣电气电源产品线一枝独秀的状态,实行五大产品线均衡发展的策略。一是限制通信电源产品线的研发投入,同时将瑞典爱立信电源的大部分产品转移到中国网络能源进行开发,对瑞典本地员工进行

了“瘦身”行动。二是恢复原安圣电气已放弃的监控产品线，并且加大其研发投入(监控产品线利润很好，销量也不错。安圣电气在准备并购前将这条产品线放弃，是因为此产品与电源核心业务距离较远，不适合被并购)。三是大力加强板装电源的研发和销售力量。2002 年年初，艾默生关闭了在天津的力博特工厂，将其并入网络能源，使网络能源多了一条精密空调产品线。同时将北美及意大利的大功率 UPS 产品及工业空调转移到中国来生产，并陆续开始了本地化的开发工作，此举分别壮大了 UPS 产品线和精密空调产品线。

在完成整合之后，网络能源发展成为一个能为多行业客户提供多产品、多种动力机房网络能源设备解决方案的公司，并取得了良好的业绩，也给艾默生带来了巨大收益，真正实现了双赢。

【案例评析】

企业并购整合在企业并购过程中是非常关键也是至关重要的一个环节。在并购的众多失败案例中，整合失败成为首要原因。很多企业在并购前期和过程中往往十分顺利，但是最终在并购整合中，因为各种原因导致整合的失败。在企业并购的过程中，要注重并购的前期准备过程和中期过程，更应该注重并购后的整合以及磨合阶段。并购整合的时间常常比预期要长，难度要大。文化整合要和风细雨，缓慢融和，战略整合则要迅速推进。因此，企业要想成功并购，一定要重视并购后的整合，把握每一个整合单元的节奏。这样才能形成“1+1>2”的良好局面。

中国企业面临最大的困难就是国际化。并购可以加快中国企业融入经济全球化进程。随着中国不断融入全球经济，国际企业进入中国的成本与风险逐渐降低，国外企业将不断长驱直入中国市场，深入腹地与国内中小企业进行广泛交易。这也许才是中国经济与全球经济的真正接轨，全面的经济开放时代才真的到来。

由于多方面的限制，外资并购国内企业的案例并不多见。但随着中国对外开放层次的提高，产业整合和升级迫切需要外资的参与。艾默生收购安圣电气给中国并购市场发出了一个不同寻常的信号，国外企业将不再局限于同中国政府打交道，也不再满足和大企业做生意，而是直接与中国的中小企业进行交易。民营企业在中国并购市场上将成为一道亮丽的风景线。

国外跨国公司生产管理经验丰富，我们必须抱着学习的态度在保持原有竞争优势、市场经验及优良传统的前提下，不断学习并利用国外跨国公司的国际营销网络，将其产品销售到国际市场，同时也要引进国外的产品和技术，为中国客户提供更多、更好的产品和服务。

从国家层面看，对于外资兼并收购国内企业需要新的法律渠道或者法律途径，即怎样把一个国内企业直接变成一个外商投资企业这个通道还没有完全顺畅，由此产生操作过程不清晰、结果难以确定性等问题。另外，在公司并购的反垄断调查或其他相关控制性程序方面，也需要完善相关法律规定。

(资料来源：根据童星的“企业并购后整合的案例研究：《中国证券期货》2013 年第 9 期，第 93-94 页”等文整理。)

【案例讨论题】

1. 再找一个国外企业并购中国企业后整合的案例，并加以分析。

2. 有人认为，既然不同的文化很难交融，就没有必要进行文化整合。请对此谈谈自己的看法。

3. 为什么后来会出现艾默生和华为到底谁是并购者问题？

第九章 并购与重组中的法律与监管框架

在经济全球化和跨国并购的浪潮中，各国(地区)政府都采取了相应政策措施来规范并购重组，下面分别讨论并研究探讨其对中国的借鉴意义。

第一节 世界各国公司并购重组的监管

一、美国

美国对并购投资的法律监管主要是从反垄断法开始的。作为一个强调自由与竞争的资本主义市场经济国家，美国以竞争作为配置社会资源和推动经济发展的根本途径，因此，美国对并购的法律监管设计也是从促进市场自由竞争、防止垄断形成出发的。美国是最早对公司并购行为进行法律监管的国家，拥有许多成功的立法实践，因而美国的反垄断法成为许多国家制定反垄断法的样板。

1. 美国反垄断法

美国是反垄断法最完善、历史最悠久的国家，下面通过对美国反垄断法的简要分析来了解美国对外资并购投资的法制监管特征。

美国政府对外资采取“门户开放”的基本政策，它的总原则是鼓励外国投资者来美国投资，给予外资以国民待遇，因此美国的多数并购法律未对外国人和美国人加以区别对待，而是同时适用于国内企业并购和外资对美国企业的并购，只是在少数相关法律中对外资并购与国内企业并购迥异的一些特殊问题做出某些特别规定。

美国对并购投资的法律监管主要是从反垄断法开始的。美国作为一个资本主义市场经济国家，其基本经济政策是推动和保护市场竞争，以竞争作为配置社会资源和推动经济发展的根本途径。由于并购投资活动可能对市场竞争产生某些负面影响，决定了国家必须对并购行为进行反垄断规制，而这种规制往往要借助法律手段。美国实施的反垄断法有许多合理的因素与成功的经验，因而成为世界上许多国家推行反垄断法的样板，对各国的反垄断立法都有一定的借鉴意义。

美国国会在 1890 年通过了资本主义历史上具有现代法律形式的反垄断法——《谢尔曼法》，该法的最大缺陷在于没有给“垄断”和“限制贸易”下精确的定义。为了克服该法的不足，美国国会于 1914 年通过了《克莱顿法》，此后随着企业并购活动的发展，《克莱顿法》先后修订了四次，不断修改和完善，使之成为美国政府监管企业并购活动最重要的法律。1936 年通过了《罗宾逊-帕特曼法》。《罗宾逊-帕特曼法》在完善以往反垄断法的前提下，还表达了保护中小竞争者在内的所有竞争者的思想，通过制定更为详尽的立法条款，有助于使小厂商在与大厂商的交易中获得平等的待遇。因为保护了弱小的竞争者就是保护了竞争的源泉,这有助于市场竞争的可持续性与合理性。

随着企业并购活动的发展,美国反垄断法律也在不断修改和完善。于1962年颁布了《反垄断民事诉讼法》,1974年颁布了《反垄断诉讼程序和惩罚法》,1976年颁布了《反垄断改进法》,1980年又颁布了《反垄断程序修正法》,由此形成了较为完整的反垄断法律体系。这些法律不仅适用于一家美国企业并购另一美国企业,也适用于外国企业并购美国企业,还适用于外国企业之间在美国所进行的并购。这就是说,两个不同国籍的企业之间的并购,只要它们在美国市场上是实际的竞争者,不管它们是直接的竞争者还是通过子公司而间接地成为美国市场上的竞争者,其并购行为都可能会受到美国反垄断法的指控。正如美国在反垄断法指南中指出的,企业具有外国国籍的事实,对于美国的反垄断法的执行没有特别重要的意义。美国的反垄断执行纲领并不基于它们的国籍而歧视或优惠任何企业。在美国反垄断的实践中,受关注的是企业并购在美国市场上的实际影响和作用,而不是并购企业的国籍。

但是,由于美国的反垄断法体现的是维护资本主义基本制度的宗旨,是在维护大资产阶级利益,兼顾社会总体需要的条件下实施的,因此其总是为垄断留下了缺口。在实践中,对于那些局部性的、影响竞争的企业并购,美国往往通过执行反垄断法加以制止,以维护自由竞争秩序;而对于一些能够增强本国整体实力的企业并购,政府仍然持允许或支持的态度。如在1996年年底,美国波音公司用166亿美元兼并了麦道公司,合并后的波音公司不仅成为全球最大的干线客机制造商,而且几乎垄断了美国国内干线飞机销售市场。美国政府不仅没有阻止波音公司兼并麦道公司,而且利用政府采购等措施促成了这一并购活动。其主要原因是,在全球航空制造业,美国波音公司面临欧洲空中客车公司越来越强劲的挑战,而波音公司与麦道公司的合并有利于充分发挥美国航空工业的整体优势,维护美国航空工业大国的地位。由此可见,美国政府在监管企业并购时,并不是孤立地审查并购对国内竞争秩序的影响,而是同时考虑国家整体产业的竞争力,反垄断法的实施是以服从美国的国家利益为基本前提的。

为了有效地实施反垄断法,美国司法部每隔若干年要颁布一次企业并购准则,用以衡量何种并购可以被批准或拒绝。1992年美国司法部和联邦贸易委员会这两个反垄断机构第一次联合发布关于企业并购的准则。

根据1992年的准则,反垄断当局在决定是否对企业并购提出异议时,通常采用如下分析过程:第一,当局对市场进行合理的界定和测度,评估企业并购是否会显著增加市场的集中度并导致集中化的市场;第二,根据市场的集中度和反映市场特征的其他因素,当局应评价并购是否会产生潜在的反竞争后果;第三,当局应评价新的市场进入能否及时地、充分地阻止或者抵消并购引起的反竞争效果;第四,当局应评价并购的效益,这些效益是并购企业通过其他途径在正常情况下不可能获得的;第五,当局应评价,如果没有并购,参与交易的一方是否可能破产,从而导致其资产从相关市场上流失。在此基础上,反垄断当局就可以回答并购分析中的根本问题,即并购是否会产生或者加强市场势力,或者推动利用市场势力,以便做出是否干预的决策。与1982年和1984年的准则相比,新准则中最重要的修订是更清楚地分析和解释了哪些并购有可能导致不利竞争的效果,以及哪些特定的市场因素与分析这些效果有关,从而有利于减少在这个领域中执行反垄断法的不确定性。自1968年到1992年美国先后颁布了四部并购准则。这些并购准则成为美国政府监管并购行为的准则，这四部准则大体反映了美国政府监管并购行为的政策变迁，总的发展趋势是从严格控制走向灵活掌握监管标准。

1997年美国司法部和联邦贸易委员会还对企业并购准则中有关效益的问题做了修正，更明确地承认了企业并购的效益，指出某项并购即使对竞争有危害，但只要能够证明并购的最终结果，如在改进生产与服务以及降低价格方面的效益可以抵消上述危害，那么这项并购仍然可以进行。这种放宽对企业并购监管的思想已经在一系列并购案中得以体现，如美国波音公司与麦道公司的合并，埃克森公司与美孚公司的合并。随着经济全球化趋势的加强，地域范围的不断扩大，美国政府出于本国经济利益的考虑，对有利于提高企业国际竞争力的并购行为，只要不是严重危害国内竞争或竞争性市场结构，一般不加以干预。总之，美国希望能通过增强企业的竞争力来维持或提高本国的国际竞争力。

2. 美国上市公司并购的法律监管

除反垄断外，企业并购立法的另一重要任务就是对上市公司并购的法律监管。相关监管法律包括1933年《证券法》(*The Securities Act* of 1933)以及《威廉姆斯法》。

1933年《证券法》的颁布不仅奠定了美国金融证券法律的基础，也是世界各国证券市场监管立法的典范。该证券法共28条，分别就“豁免证券”“豁免交易”“关于州际贸易和邮递的禁令”“证券注册和注册报告书的签署”“注册报告书及其修订的生效”“法院对命令的复审”等进行了详述。在企业并购方面，1933年的美国《证券法》规定了以股换股的并购投资必须向证券交易委员会注册，但对其他形式的并购并未做出规定，因此现金形式的并购行为基本处于无人监管的状态。由于并购法规的不健全，一些上市公司的股权被随意转移，使得一些中小股东处于非常被动的状态。

为了规制上市公司的并购投资行为，保护中小股东和债权人的利益，1968年美国国会在1934年通过的《证券法》的第13条和第14条分别增加章节，这些新增章节被统称为《威廉姆斯法》。设立《威廉姆斯法》的目的首先是规范要约收购，明确收购的程序和信息披露的要求，使股东有充分的时间来了解收购方的背景、收购意图和对目标公司的影响，以便做出正确的决策，从而保障股东得到公平的待遇。《威廉姆斯法》要求收购方披露的内容包括：①所取得证券的名称、种类，发行人的名称及其主要决策机构的地址；②证券取得人(收购方)的身份及背景材料；③取得证券的融资安排，如果需要贷款，则提供贷款人的名单；④取得证券的目的，对目标公司经营发展的计划，尤其是有无将目标公司合并、重组或分解的计划；⑤收购方持有该种证券的总额以及过去60天内买卖该种证券而订立的合同、协议，所达成的默契、关系等。迄今为止，《威廉姆斯法》仍是美国联邦对上市公司并购进行监管的最主要的法律依据。

美国政府在实行《威廉姆斯法》的同时，还允许各州结合本地情况，制定地区性的州并购法律。各州法律的具体条文虽然有所差异，但有一个共同的突出特点，就是规定对敌意并购行为进行限制或惩罚，注重保护目标企业自身的利益和现任管理人员及雇员的权利，对目标企业的反并购行为予以法律上的承认或支持。由于某些州的并购法律规定与美国推行的自由企业制度不符，联邦最高法院曾一度试图取缔这些州法律。但由于州法律往往与目标企业管理人员和雇员的利益相一致，受到当地政府与民众的支持，因此它们至今仍是美国上市公司并购监管中不可忽视的力量。

1988年美国正式出台了《艾克森-弗洛里奥修正案》,这是19世纪80年代以来美国专门针对外资并购制定的一项比较严厉的法规。该法案授权美国总统基于国家安全利益,可否决外国投资者并购或接管美国企业的请求,并授权外资委员会具体实施这一条款。该法案规定,外国投资者欲并购的美国企业如果涉及与国家安全相关的产业,应事先向外资委员会提出书面申请,在申请后的30天内,外资委员会决定是否对这一并购进行调查,并在45天内做出决定。如果外资委员会认为该项并购会威胁到国家安全,应提请总统审查该并购案,总统将在15天内做出决定,即同意或否决外国投资者的并购申请。1990年2月美国总统签署行政命令,要求中国航天航空技术进出口公司撤回1989年年底对美国飞机零部件生产企业Mameo公司的所有投资。

除《艾克森-弗洛里奥修正案》以外,美国在其他有关法规中也涉及对外资并购的限制,例如《联邦通信法》《联邦航空运输法》等。由此可见,即使在资本流动自由化程度相当高的美国,对涉及所谓"敏感行业"的跨国并购也有较严格的立法限制与监管。

如果外国投资者欲并购的目标企业是上市公司,那么除了必须遵守上述有关法律规定外,还应遵守美国的《联邦证券法》和《威廉姆斯法》。这两个法律对本国并购人和外国并购人基本上未加区分,对外国投资者并购美国上市公司的行为也没有更为严格的法令或规则的限制。但值得注意的是,上述法律规定外国投资者在取得一个上市公司5%以上的股份后,必须向证券监管机构申报,并公布投资者的身份、经营情况及其背景材料。这对那些习惯于通过银行或其他中介进行跨国投资,并且连其身份都不愿公开的外国人来说,可能会带来一些问题。

由于跨国并购通常涉及两个或两个以上国家,单靠一国立法难以做到全面、有效地保护本国企业的经济利益与国家安全,因此美国在完善本国并购法规的同时,还重视利用双边合作机制的功能。近年来,美国司法部和联邦贸易委员会与其他国家的并购投资监管机构签订了一些双边协定,这些协定的内容主要集中在防止外资并购形成的垄断方面。例如,美国与欧盟、加拿大、以色列等国家和地区之间都签有这类协定。

在对企业并购实施法律监管的过程中,尽管不同时期美国执法部门衡量垄断的具体标准有所变化,对并购导致垄断的处罚表现出较大的随意性和不确定性,但总的发展趋势是从严厉逐步走向宽松,这在很大程度上是出于应对经济全球化挑战和增强本国企业竞争力的需要。

可以看出,美国进行的并购投资活动涉及的法律是多方面的,但主要是反垄断法、证券法、公司法和一些涉外投资法律或条款,其中又以反垄断法最为重要。因为垄断违背了市场经济最根本的竞争法则,它追求的只是单一的或者局部的利益,对国民经济的整体协调发展不利,可以因其对市场竞争法则的破坏而导致国民经济的整体效益降低。对于大多数中小企业而言,垄断局面的形成会使它们面对不公平的市场竞争条件。对于社会广大消费者而言,垄断造成的不公平更为明显,它会使消费者失去多样性选择的权利,更使之因垄断价格而受到严重的利益损害。不管是国内企业并购,还是跨国企业并购,都可能在某种程度上形成垄断,因而长期以来美国政府都将并购投资法律监管的重点放在反垄断方面。凡是既有垄断意图,又形成削弱竞争的后果,对社会公众产生危害的并购行为即构成违法。

二、欧盟

1. 欧盟有关企业合并控制的法律框架

欧盟有关企业合并控制的法律框架可基本上分为三个层次：一是 2004 年欧洲理事会修改通过的《理事会关于企业之间集中控制条例》(以下简称《并购条例》),以及 2004 年委员会通过的第 802/2004 号条例,即《关于实施理事会第 139/2004 号条例的 802/2004 号条例及其附件》。二是一系列由委员会发布的指南和通知,包括有关横向并购的指南和相关市场定义,有关集中、合资企业、救济、简化程序、案件移交、营业额计算、案卷查阅等方面的通知,以及由委员会竞争总司制定的《欧共体并购控制程序最佳实践指南》、关于企业分拆承诺和分拆受托人责任义务方面的一些模板和指南。三是欧洲初审法院(the European Court of First Instance)和欧洲法院(the European Court of Justice)的有关判例。上述法律、法规、指南等对欧盟范围内的企业并购审查做出了全方位的规定和指导,成为对欧盟的竞争政策操作执行和企业进行申报的依据。

2. 欧盟有关企业合并控制的立法进程

欧盟竞争法最主要的渊源是《罗马条约》。但由于欧盟建立企业合并控制制度需要欧盟成员国放弃部分管辖权,《罗马条约》虽然对限制竞争的行为以及滥用市场优势地位、国家补贴、国有企业垄断等行为做了规定,却没有提及企业合并控制。

由于欧洲统一市场的建立,企业不得不通过重组以获得规模经济,从而参与新条件下的竞争。因此,欧洲理事会于 1989 年 12 月 21 日通过了一个专门规范企业合并的第 4064/89 号条例,即 1989 年《合并条例》。该《合并条例》在实现企业间公平竞争、提高行政执法效率方面做出了重要规定,即对于在不同成员国市场上运营的企业在欧盟范围内实施的集中,应根据同一实质标准进行评估并应适用同样的程序法,而不论其来自哪一成员国。这就是所谓的“公平处理”的理念。同时,该《合并条例》采用的单一执法机构原则满足了提高行政执法效率的需要,即所谓的“一站式申报”的概念。如果企业实施集中的效果涉及多个成员国,企业不再需要依据各国不同的法律和行政程序向各国竞争主管机构进行逐一申报并获得逐一批准。根据该《合并条例》,欧盟范围内的跨境并购企业,只需申报一次,对这项交易做出的决定在整个欧盟境内是有效的。这一程序极大地提高了企业合并审查的效率。

随着欧盟内部统一大市场及经济和货币联盟的形成,欧盟边界的东扩,国际贸易及投资壁垒的降低,使得欧洲企业掀起了重组浪潮,尤其是通过并购方式实现的重组。为了鼓励支持能够提高欧洲产业竞争力、改善共同体经济增长条件的并购,同时对那些造成持续性竞争损害的重组加以限制,欧盟委员会发起“一揽子”综合改革来完善广泛使用的并购制度。2004 年 1 月 20 日,欧盟部长理事会对 1989 年《合并条例》进行大幅度修改,形成新的《并购条例》(No. 139/2004),使之适应统一大市场带来新的竞争监管需要,并于 2004 年 5 月 1 日开始生效。新的《并购条例》只是其中一部分,该“一揽子”改革还包括《横向并购评估指南》和《欧共体并购控制程序最佳行动指南》,这两个指南已由欧盟委员会依法颁发,并与新的《并购条例》同时生效。2004 年 4 月 7 日委员会发布《关于实施第 139/2004

号〈理事会关于企业之间并购控制条例〉的委员会条例》(第802/2004号),为新的《并购条例》的实施制定了细则,并于2004年5月1日开始实施。之前,委员会发布通知,向社会征求对《并购案件移送规则中的案件分配》《对并购直接相关且必要的附属性限制》《对部分并购实行简化程序》三部草案的意见。新的《并购条例》及与之相配套的"一揽子"法律法规的出台及实施揭开了欧盟并购改革历史上新的篇章,对欧盟并购监管制度的完善起到划时代的作用。

三、英国

(一)英国并购重组的法律体系

英国并购重组的法律体系属典型的自律性立法体系,主要通过一系列的自律制度来实现对证券市场的管理。英国对企业的并购法律主要包括《公平交易法》《竞争法》《伦敦城市收购及兼并守则》和《反投资舞弊法》。其中,《公平交易法》《竞争法》主要用于维护市场有效的竞争环境,防止垄断市场的产生;《反投资舞弊法》及《伦敦城市收购及兼并守则》则用于保证证券市场的公平性及保护股东权益。

(二)英国公司并购的反垄断法律

现代英国竞争法始于1956年的《限制性贸易惯例法》。1973年,英国制定了《公平贸易法》,该法创设了公平贸易总监,规定了合并控制制度和垄断调查制度。1998年,英国议会通过了《竞争法》,该法于2000年3月1日生效,其第一章与第二章分别规定了限制性协议与反竞争行为。目前,英国政府主要依据的是1998年《竞争法》和2002年《企业法》。前者设立了竞争委员会这一反垄断和不正当竞争的机构,该机构基于消费者利益采取合理的可行性方案维护市场正常运营;后者将公平交易局下辖的公平交易办公室升格为独立的法人团体,赋予它独立的法人资格和权力。2014年4月1日,英国政府同时撤销了竞争委员会和公平交易办公室,以竞争与市场管理局和金融行为监管局(FCA)取而代之。

1.《公平交易法》

《公平交易法》授权贸易与工业国务大臣提名一位公平交易总监,他的职责是使有关的商品和服务的商业活动处于他的监督之下,及时发现任何可能损害消费者经济利益的行为。公平交易总监的作用之一是向国务大臣提供某起兼并是否需要垄断委员会调查的建议,但最终调查与否的决定并非由总监做出,而是由国务大臣做出。《公平交易法》最初规定调查的界限是:①该企业至少占有某类商品25%的市场份额;②兼并涉及的资产价值超过500万英镑。只要某起兼并达到以上两个界限之一,就有可能受到调查。《公平交易法》规定国务大臣有权依法提高资产价值的界限。事实上,这一权利被使用过两次。1980年4月1日,这个界限被提高到500万英镑;1984年7月26日,又提高到3 000万英镑。界限的提高,使根据《公平交易法》需要受调查的兼并企业数由每年的200个左右下降到150个左右。

第一次应用资产界限的兼并法规是1965年的《兼并与垄断法》。那时候,企业通常使用的是历史成本的会计方法，资产价值是以账面的价值为准。但在过去的几十年中，许多大公司都定期重新估价它们的固定资产，尤其是土地和建筑物。特别是从1980年起，根据标准会计实务公告第16号，大多数大的上市公司和非上市公司资产能用现行成本会计中的现行重置成本来表示。所以，估价资产的标准随着时间在变化，对于一个公司来说，资产可以历史成本或现行重置成本等来表示。在英国1973—1984年的2 335起兼并中，其中70起达到垄断与兼并委员会审查的界限，占总兼并数的3%左右，其余的除了放弃兼并企图的企业，被裁决准许和禁止的概率大致相等。

虽然说公平交易总监对使兼并活动处于监督之下负有责任，但他并没有让公司兼并提前通知公平交易部(Office of Fair Trading，OFT)的责任。事实上，有兼并企图的公司经常自动把它们的财务报告送交公平交易部审阅。所有达到《公平交易法》规定界限的兼并，都要受到OFT兼并处的审查，以证实是否会有危害公众利益的行动。OFT要跟有关兼并各方和其他利益集团会谈，然后，由OFT兼并处进行详细的评审。如果认为不会产生严重的公众利益问题，总监就将它送交国务大臣，建议准许此项兼并。在难以判断兼并影响的时候，公平交易总监将与兼并专门小组召开一次会议。这个兼并专门小组由政府和有关方面的权威人士组成，会议将根据OFT兼并处储备的材料对这个案例进行讨论。在会议后的一两天内，总监将向国务大臣建议未来的行动。虽然不是必须，但国务大臣往往采纳总监的意见。OFT的一个重要作用是公平交易总监向贸易与工业国务大臣提出建议，如果国务大臣也同意某一兼并企图可能会引起严重的公众利益问题，那么就会把它提交给垄断和兼并委员会(MMC)裁决。MMC所要考虑的“公众利益”问题的具体内容，在《公平交易法》中也做了具体的规定，其中包括：①是否维护和促进有效的竞争；②是否在商品和服务的价格、质量和品种方面有利于消费者、购买者和用户的利益；③是否有利于降低成本开发和利用新技术、新产品；④是否维持与改进行业和就业的平衡分配；⑤是否维护和提高商品及劳务在国外的竞争力。

2.《竞争法》

《竞争法》采用了反竞争条款，它对《公平交易法》的功能和对总监的授权做了补充。根据《竞争法》规定，所谓垄断是指某个人、公司或内部关联的企业集团，在英国供应和购买1/4以上的某种产品和劳务，或者两个或两个以上能达到这一比例但不相关联的人或企业，以任何方式进行勾结，以阻碍、限制或扭曲竞争。

《公平交易法》中规定的审查，是指对被提交的在一个完整的市场层面提供商品或劳务的所有公司进行的调查，而在《竞争法》中的审查或调查只限于对那些阻碍、限制或扭曲竞争的公司的调查。这种只对某一方面的调查要比由MMC从事的全面调查更可行，更省时间，特别是只限于对竞争的影响方面。《竞争法》授权总监对是否存在反竞争行为进行初步调查，如果证实存在反竞争行为，总监可以把它提交给MMC，以便做进一步的调查。一旦提交给MMC，总监必须公布这一事实并通知国务大臣，因为国务大臣在两周内可以决定调查是否进行下去。MMC的作用是进一步证实是否有危害公众利益的反竞争行为存在。根据《竞争法》规定，反竞争是指某个人、公司勾结其他人或公司，对英国境内或仅在英国某一地区内给某种产品或劳务的供应或采购市场的竞争施加阻碍、限制或扭曲性的影响。

根据《竞争法》规定,下列三种情况不视作反竞争行为:①《商业活动管制》(1976)另行规定的行为;②年销售额低于500万英镑和市场占有率低于25%的单个公司;③在诸如国际船运和国际民航等例外的行业。一旦被提交给MMC,必须对下面几方面进行调查:①在前12个月内,是否有从事过指定的商品和劳务的生产和经营的行为;②这种行为是否有反竞争的特点;③如果被认为是反竞争的,它是否已经或者可能危害公众利益。

这一调查必须在总监指定的时间内完成,一般不超过6个月,但如果需要,国务大臣有权再延长3个月。之后,MMC必须向国务大臣提交一份报告,说明反竞争行为存在何处,这种行为对公众利益有何不利影响。另外,MMC可能给国务大臣提出处理意见。接着,国务大臣把整理好的材料送交国会,而且必须阐明他所认为危害公共利益的事实和提供可能"有严重危害和不利影响"的个人或公司的详细资料。加入最终报告的结论是反竞争的和损害公众利益的,国务大臣可以直接下命令禁止这项兼并,也可以要求总监去寻求处理的办法。

(三)英国公司并购监管中存在的问题

英国兼并管理的总的政策趋向是反对垄断和维持有效的市场竞争,但在具体的操作上,也暴露出一些问题,主要包括以下几个方面。

第一,贸易与工业国务大臣拥有过大的兼并处理权。

第二,由于公平交易法不能管理全国或地方的报业兼并,报业的垄断倾向没有被遏制。

第三,计划进行兼并的公司没有义务预先通知公平交易部,这给全面兼并管理带来了不便。

第四,衡量资产的基准随着会计制度的变化经常改变。1973年,资产通常用账面的历史成本计价。20世纪80年代中期,更常用的方法是修正的历史成本法,这样资产可以定期估值。在英国,也有少数以现行重置成本来计价的资产。而政府在对兼并进行管理时,不同的资产规模使用不同的法律条款。鉴于资产准则的不一致,有人认为有必要对此做出说明,或者把资产基准改为收益回报,或像联邦德国那样采用销售额基准。

第五,大多数提垄断和兼并委员会(MMC)的案件应主要限于竞争方面的问题,这样,MMC才有可能进行更多的调查。从统计数字看,只有3%的兼并满足《公平交易法》规定的界限而提交给MMC。这些对兼并的调查虽然对有关公司的决策很重要,但对整个英国经济的影响却微乎其微。

第六,随着调查数量的增加,应进一步明确衡量竞争的指标。美国所采用的HHI指数被认为是一个较合理的指标。HHI指数不同于其他集中度指标,它的特点是把每个企业的市场占有率的平方相加。而英国的秘密指导线制度使得企业界对政府如何进行兼并管理感到不明确,甚至有点儿捉摸不透。

四、德国

1. 德国企业兼并的立法

在德国,对企业兼并的法律控制主要是通过《反对限制竞争法》(简称《卡特尔法》)来进行的。这部法律自1957年颁布以来,先后经过了1966年、1973年、1976年、1980年和1989年五次修改,迄今已成为德国企业兼并领域的基本法。此外,对企业兼并进行规定的还有《联邦德国股份公司法》第三百三十九条至第三百五十八条和《德国关于有限责任公司从公司资金中增加资本和合并的法律》第十九条至第三十五条。《反对限制竞争法》认为以下情形应认定为兼并,适用该法:①购买产权,即一个企业购买另一个企业的全部或相当一部分财产;②参股,即一个企业掌握另一个企业的股份达到被参股企业的25%或掌握另一个企业一半以上的表决权;③企业协议,即企业之间达成协议,组成康采恩式的联合体,或者联合核算,或者盈亏共同分享和分担,或者全部、部分租赁;④领导交叉兼职,即有关企业的监督机构或管理机构一半以上同时在对方企业的领导班子任职;⑤其他形式,只要企业之间建立的联系致使一个企业或几个企业对另一个企业能够施加控制性影响(德国《反对限制竞争法》第二十三条第二款)。

2. 德国企业兼并的控制程序

德国法律规定,控制企业兼并的主要执行机构是联邦卡特尔局,它被授予禁止兼并的权力。但在实践中,联邦卡特尔局不可能及时地掌握全国各地企业兼并的情况。因此,为便于联邦卡特尔局对兼并的管理,《反对限制竞争法》规定了企业兼并的两种报告义务。一是兼并后应履行的报告义务;二是兼并的事先通知义务。此外,为保护当事人的合法利益,德国法律还规定对联邦卡特尔局的决定不服时,当事人有权采用法律救济手段(德国《反对限制竞争法》第二十三条和第二十四条)。

首先,兼并的事先通知义务为,对于在筹划中的兼并,应该事先向联邦卡特尔局申报。这种事先申报是任意性的,但在有以下情形中的任何一种时应为强制性的:①参加兼并的两家公司各自的年度营业额都达到10亿马克;②其中任何一家公司的年度营业额达到20亿马克;③其他法律规定必须要事先申报的。对于需事先通知的企业兼并,如果卡特尔局认为有必要进行审查,就会在一个月内通知有关企业。如果在这一个月期限内未通知有关企业,兼并便可被视为得到了批准。在前一种情况下,如果卡特尔局要禁止这个兼并,原则上必须在得到兼并通知后的4个月内发布禁令。规定兼并的事先通知义务是为了使参与兼并的企业尽早知道卡特尔局对兼并的态度,以尽快消灭经济活动中的不稳定状态,避免兼并发生后被禁止而造成的损失。

其次,兼并后应履行的报告义务为,如果已完成的兼并会对竞争产生重大影响,则必须及时通知联邦卡特尔局。根据《反对限制竞争法》的规定,兼并在以下三种情况下被认为会对竞争产生重大影响:①有关兼并在特定市场中形成或达到20%以上的市场占有率;②参加兼并的企业之一在另一市场中拥有20%以上的份额;③参加兼并的任何一家企业拥有1万名以上的雇员,或上一年度的营业总额达到5亿马克。对于事后报告的企业兼并,在其登记后的一年内联邦卡特尔局都有权认定其违法而予以禁止。由于违反卡特尔局禁令的行为是无效的,所以兼并企业必须解散,或者出让其部分财产,或者分成几个企业。

兼并被禁止后当事人有权采用的法律救济手段主要有两种:一是向联邦卡特尔局所在地柏林的高级州法院提出上诉,请求再审。再审时企业可以向法院提出新的事实和证据。如果企业对上诉法院的判决仍然不服,可向联邦法院请求法律再审,但联邦法院仅审查与案情相关的法律问题,而不再审查有关的事实。二是向联邦经济部长申请特许批准,但一般只有在以下情形时有关的申请才可能得到批准:兼并对整个经济带来的好处大于其对竞争的妨害,或者从重大的公共利益考虑需要此种兼并。

3. 德国企业兼并控制的实体标准

对于联邦卡特尔局禁止兼并的实体依据,德国法律也做出了详细规定,它主要体现在《反对限制竞争法》的第二十四条中。该条规定:企业兼并如果完全有可能形成或加强某种市场支配地位,联邦卡特尔局则有权行使权力,对尚在筹划中的兼并予以禁止,或对已经完成的兼并予以撤销,除非参加兼并的企业能够证明,该项兼并将有助于改善竞争环境,而且这种改善带来的效益完全可以超过由于其对市场的控制而造成的不利影响。联邦卡特尔局对兼并的禁止和撤销可以基于对未来发展的预测而进行,并且不必证明是在什么时候形成或加强了有关企业的市场支配地位。1980年《反对限制竞争法》修改后建立了一项法律推定制度,规定有以下情形时可以推定兼并将会导致或强化市场支配地位:①一个年度营业额为20亿马克的企业与一个较小的企业合并,并且在有关的市场中中小企业拥有2/3的市场份额,或者被兼并企业至少拥有1.5亿马克的年度营业总额,其本身就具有市场支配地位。②所有参加兼并的企业年度营业总额达120亿马克,而其中两家企业的年度营业额分别达到10亿马克。至于联邦经济部长特许批准兼并的标准,前文已述及,即兼并对整体经济带来的好处大于其对竞争的妨害,或者从重大的公共利益考虑需要此种兼并。

五、日本、俄罗斯及韩国对并购的监管

1. 日本对外资并购及行业准入的监管

日本对外资并购的规制从指导原则上服从于国家的产业政策。日本的产业政策整体上决定了日本对外资基本的排斥和限制态度,而不同时期对不同的产业结构调整战略,决定了对外资并购规制的不同侧重点。日本对外资并购的规制在法理上服从于禁止垄断法。而禁止垄断法又与日本的产业政策具有一定的呼应,两者共同作用于对并购行为的规制,从而构成一个政策与法律的完整逻辑体系。日本证券市场的相应法规构成对外资并购在证券市场操作层面的补充,日本在证券市场针对外资并购的法规主要体现在日本证券交易法中。

日本对于外资并购监管的模式是:产业政策+禁止垄断法;在证券市场上表现为产业政策+禁止垄断法+证券投资方面的法律。

2. 俄罗斯对外资并购及行业准入的监管

俄罗斯在普京当选总统后进行的经济改革中,明确提出关系国家安全的战略性企业不允许任意私有化。即使在2002年美国、欧盟承认俄罗斯完全市场经济地位的情况下,普京仍然在2004年8月签署一道总统令,拿出一份有着1 000多家企业的名单,明确只有俄罗斯总统有权审批这些核心企业的改制。俄罗斯对于外资并购限制的模式是:严格规范,其中1 000多家企业的并购必须经过总统的批准。

3. 韩国对外资并购及行业准入的监管

韩国对外资并购的态度可以归纳为"有条件的准入,有限制的开放"。总体上韩国对

外资进入采取一种支持的态度，韩国通过优惠政策鼓励外资进入高新领域带动国内相关产业的快速进步，通过准入限制保护国内重要行业和经济核心领域，通过政府申报制将管理权控制在政府手中，通过对持股比例的要求实现对外资并购的管制。

六、西方国家有关企业并购立法的主要特点

1. 以反垄断为企业并购立法的核心和首要任务

市场经济国家都极力推崇自由竞争，而垄断恰恰是自由竞争的天敌。从总体上看，企业并购与大规模垄断企业的形成具有一定的因果关系。因此，各国对企业并购的控制重点始终放在反垄断上。

2. 保护中小股东和债权人

在企业并购尤其是上市公司收购实践中，由于大股东在股权交易中处于优势地位，他们在收购过程中往往能以较高的价值出售其股份，而消息闭塞、缺乏经验的中小股东和债权人则会承担较大的损失。为了贯彻同股同权原则，各国立法或者通过设立强制性收购要约和信息披露义务或者通过其他方式，对中小股东和债权人实行特殊保护。

3. 实体法与程序法相结合

实体法与程序法相结合的立法模式几乎是所有部门法的共同特点，在企业并购立法中，这一点显得尤为突出。无论是对垄断的规制还是对上市公司收购的法律监管，各国法律都在制定严密的实体规范的同时，还对并购各方当事人和政府主管部门做出了许多程序法上的要求，从而使企业并购的法律监管既严密又透明，体现了企业并购立法的公平和正义。

4. 体系化的立法思想

企业并购是一种极为复杂、烦琐的市场交易行为，而且由于其涉及多元的利益主体，因而仅凭一部单行法就想圆满规范企业并购的立法思想，只会被认为是立法上的“浪漫主义”和“幼稚病”。正因为此，尽管许多国家和地区都制定了企业并购的专门法，如英国的《伦敦城市收购及兼并守则》和美国的《威廉姆斯法》等，但这些专门立法仅仅是这些国家和地区的企业并购法律的一部分，而不是全部。虽然这些专门法构成了各国企业并购法律制度的基础和核心，但离开了反垄断法、公司法、证券法、合同法等法律的协调配合，企业并购活动是难以规范有序地进行的。各国立法可谓千姿百态，但各国在注重诸法协调配合、发挥法律的体系化功能这一点上概莫能外。

第二节　中国企业并购的监管及相关法律

一、我国并购监管及相关法律现状

上市公司在证券交易市场中进行的并购活动主要受到《公司法》《上市公司收购管理办法》《证券法》《股票发行与交易管理暂行条例》《上市公司章程指引》《股份有限公司国有股权管理暂行办法》《上市公司股东持股变动信息披露管理办法》《关于向外商转让上市公司国有股和法人股有关问题的通知》，证监会《关于规范上市公司重大购买或出售资产行

为的通知》、国家税务总局《关于企业股权投资业务若干所得税问题的通知》和《关于企业合并分立业务有关所得税问题的通知》以及上交所与深交所《股票上市规则》等法律法规以及根据这些法律制定的有关行政规章和规则的约束。其中最重要的是《上市公司收购管理办法》,该法经2006年5月17日中国证券监督管理委员会第180次主席办公会议审议通过,并经过两次较大的修改和补充正日益完善,在现实并购重组中发挥重要的作用。2008年3月24日中国证券监督管理委员会第224次主席办公会审议通过《上市公司重大资产重组管理办法》,2011年8月1日中国证券监督管理委员会发布《关于修改上市公司重大资产重组与配套融资相关规定的决定》修订,本节选取上述法律法规中的主要内容,编列如下。

(一)收购人的主体资格

禁止收购上市公司的情形如下。

(1)收购人负有数额较大债务、到期不能清偿且处于持续状态。

(2)最近3年有重大违法行为或者涉嫌有重大违法行为,例如被证监会处罚。

(3)最近3年有严重的证券市场失信行为,例如被交易所公开谴责。

(4)收购人为自然人,存在《公司法》第147条规定的情形。

(5)法律法规及证监会认定的其他情形。

(二)收购及相关股份权益变动活动的原则要求

(1)“三公”原则:公开、公平、公正。

(2)公开信息披露义务:真实、准确、完整、及时;公开前负有保密义务。

(3)履行法定程序:依法履行报告、公告及其他法定义务方可进行;涉及国家产业政策、行业准入、外资准入、国有股转让的,必须经过相关部门批准。

(4)诚信和社会责任要求:诚实守信,遵守社会公德、商业道德,自觉维护市场秩序,接受政府和社会公众的监督。

(三)对权益披露的相关规定

1. 简式权益变动报告书的必备内容

(1)投资者及其一致行动人的姓名、住所;投资者及其一致行动人为法人的,其名称、注册地及法定代表人。

(2)持股目的:是否有意在未来12个月内继续增加其在上市公司中拥有的权益。

(3)上市公司的名称,股票的种类、数量、比例。

(4)在上市公司中拥有权益的股份达到或者超过上市公司已发行股份的5%或者拥有权益的股份增减变化达到5%的时间及方式。

(5)权益变动事实发生之日前6个月内通过证券交易所的证券交易买卖该公司股票的简要情况。

(6)证监会、证券交易所要求披露的其他内容。

2. 不同方式的特殊要求

方式 1：二级市场举牌

持股达到 5%，事实发生之日(T)起 3 日(T+3)内报告监管部门、公告通知上市公司，在此期限内停止买入，未披露前也不得继续增持，卖出为违法行为。

持股达到 5%后，通过二级市场交易增持或减持 5%，在 T+3 日内报告、公告，在 T+5 日内停止买入，未披露前也不得继续增持，卖出为违法行为。

方式 2：协议转让方式(行政划转、间接方式、司法裁决、继承、赠予等)

持股达到或超过 5%，事实发生之日(达成协议日 T)起 3 日内(T+3)报告监管部门、公告通知上市公司，未披露前不得继续增持，卖出为违法行为。

持股达到 5%后，增持或减持达到或超过 5%，在 T+3 日内报告、公告，未披露前不得继续增持，卖出为违法行为。

方式 3：行政划转(包括国有单位之间划转、变更、合并)

持股达到或超过 5%，事实发生之日(上市公司所在地国资部门批准之日)起 3 日内披露股权划出方及划入方(变更方、合并双方)的名称、划转(变更、合并)股份的数量、比例及性质、批准划转(变更、合并)的时间及机构，如需进一步取得有关部门批准的，说明其批准情况。

方式 4：司法裁决

申请执行人持股将达到或超过 5%，事实发生之日(收到裁定之日)起 3 日内披露做出裁定决定的法院名称、裁定的日期、案由、申请执行人收到裁定的时间、裁定书的主要内容、拍卖机构名称、拍卖事由、拍卖结果。

(四) 发行股份购买资产的特别规定

1. 发行人

上市公司最近一年及一期财务会计报告被注册会计师出具无保留意见审计报告；被出具保留意见、否定意见或者无法表示意见的审计报告的，须经注册会计师专项核查确认，该保留意见、否定意见或者无法表示意见所涉及事项的重大影响已经消除或者将通过本次交易予以消除，发行后公司符合持续上市条件。

2. 限售期

(1) 特定对象以资产认购而取得的上市公司股份，自股份发行结束之日起 12 个月内不得转让。

(2) 属于下列情形之一的，36 个月内不得转让。

① 特定对象为上市公司控股股东、实际控制人或者其控制的关联人。

② 特定对象通过认购本次发行的股份取得上市公司的实际控制权。

③ 特定对象取得本次发行的股份时，对其用于认购股份的资产持续拥有权益的时间不足 12 个月。

3. 发行股份定价

上市公司发行股份的价格不得低于本次发行股份购买资产的董事会决议公告日前 20 个交易日公司股票交易均价。

计算公式为：董事会决议公告日前20个交易日公司股票交易均价＝决议公告日前20个交易日公司股票交易总额/决议公告日前20个交易日公司股票交易总量。

发行股份购买资产的首次董事会决议公告后，董事会在6个月内未发布召开股东大会通知的，上市公司应当重新召开董事会审议发行股份购买资产事项，并以该次董事会决议公告日作为发行股份的定价基准日。

二、我国并购与重组的监管法律体系的完善

我国证券监管及监管立法也呈阶段性的演进特征，并以政府监管主体的演化为主线。自2002年证券监管部门出台《上市公司收购管理办法》以来，上市公司收购和相关权益变动在总体上得到了有效规范。随着2005年对《公司法》《证券法》的重大修改以及市场形势的变化，证券监管部门在总结前期监管经验的基础上，于2006年对《上市公司收购管理办法》进行了重大修订，通过丰富并购手段、引入财务顾问把关、强化事后监管等机制，使上市公司收购监管向市场化方向迈出有力的步伐。2008年，在积极研究全流通市场环境下并购重组发展趋势的基础上，证券监管部门出台了《上市公司重大资产重组管理办法》，取消了重组过程中的长期停牌机制，对发行股份购买资产等创新活动做了有效引导和规范。随后，证券监管部门又出台了《上市公司并购重组财务顾问业务管理办法》，进一步完善了财务顾问对收购人、重组方事前把关、事后持续督导的市场化约束机制。2008年下半年，市场形势低迷，证券监管部门通过修改《上市公司收购管理办法》第六十三条简化相关许可程序，并发布《关于上市公司以集中竞价法式回购股份的补充规定》，鼓励大股东合规增持和上市公司回购股份，以此增强市场内在稳定机制，整体效果良好。通过上述一系列基础性制度建设，形成了如图9-1所示的监管体系，使我国上市公司并购重组的信息披露规则更加明确，决策机制更加公平。

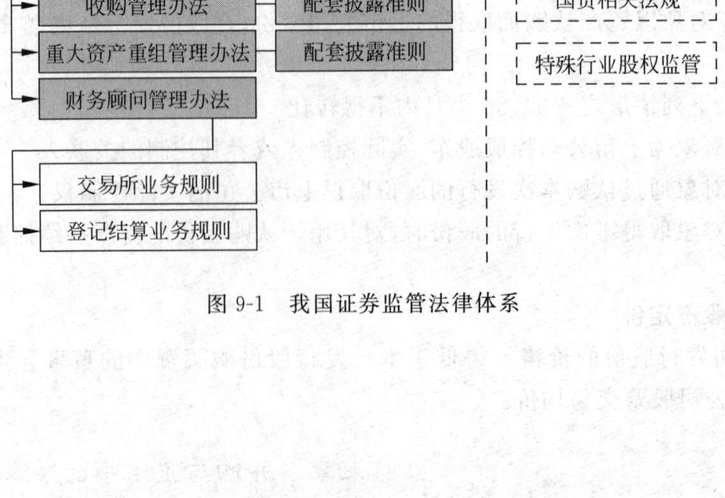

图9-1 我国证券监管法律体系

(一) 公司法和证券法

1. 公司法

公司法有广义和狭义之分，广义的公司法是指规定公司的设立、组织、活动、解散及其他对内对外关系的法律规范的总称。它除包括《中华人民共和国公司法》外，还包括其他法律、行政法规中有关公司的规定。狭义的公司法是指《中华人民共和国公司法》(以下简称《公司法》)，于1993年12月29日第八届全国人民代表大会常务委员会第五次会议通过，并于1999年12月25日第九届全国人民代表大会常务委员会第十三次会议、2004年8月28日第十届全国人民代表大会常务委员会第十一次会议以及2005年10月27日第十届全国人民代表大会常务委员会第十八次会议分别进行了修正。

《公司法》在第三章"有限责任公司的股权转让"、第五章第二节"股份有限公司的股权转让"以及第九章"公司合并、分立、增资、减资"中分别对有限责任公司、国有独资公司以及股份有限公司的产权转让与企业合并做了相关规定。最近一次的《公司法》修订中，与并购有关的修改包括：强调了公司自治，从而体现了公司章程的重要性；允许一人公司、分期注资、出资形式多样化(允许股权出资)、对外投资不受净资产50%的限制；强化了控股股东及其实际控制人、董事、监事高管人员的责任；规定重大购买、出售资产(重组)须经股东大会特别决议通过(国有独资公司不设股东会，由国有资产监督管理机构行使股东会职权)。新《公司法》的立法理念更为适应市场经济需要，体现了鼓励投资，简化程序，提高效率的精神，取消了诸多不必要的国家干预的条款，废除了股份公司设立的审批制，减少了强制性规范，强化当事人意识自治，突出了公司章程的制度构建作用，为进一步完善公司治理结构，加强对股东权益的保护提供了制度保障。

2. 证券法

《中华人民共和国证券法》(以下简称《证券法》)是新中国成立以来第一部按国际惯例、由国家最高立法机构组织而非由政府某个部门组织起草的经济法，已由中华人民共和国第十届全国人民代表大会常务委员会第十八次会议于2005年10月27日修订通过，并于2006年1月1日起执行。《证券法》第四章对上市公司的收购中对公司的要约收购、协议收购及其他合法方式等收购行为做出了规范。其中第八十六条规定，"通过证券交易所的证券交易，投资者持有或者通过协议、其他安排与他人共同持有一个上市公司已发行的股份达到百分之五时，应当在该事实发生之日起三日内，向国务院证券监督管理机构、证券交易所作出书面报告，通知该上市公司，并予公告；在上述期限内，不得再行买卖该上市公司的股票"。

2014年8月31日第十二届全国人民代表大会常务委员会第十次会议通过了修订的《证券法》等五部法律的决定(主席令12届第14号)。根据该决定，此次《证券法》的修改主要涉及上市公司要约收购制度。以下是修改前后的主要变化：

一是针对《证券法》第八十九条规定。修改前，收购人拟进行收购，需要事先向证监会报送上市公司收购报告书，并于报送收购报告书之日起15日后，再公告其收购要约；在上述期限内，证监会有权对收购报告书进行审核与查证；修改后，取消了收购报告书的事先报告制度及证监会相应的事先审核收购报告书的权力，改由收购人直接进行公告；这样有利于减少收购活动的程序，提高收购活动效率，避免可能存在的内幕交易或寻租的问题。

二是对第九十一条规定的修改，取消收购人变更收购要约的审核批准制度，允许收购人自行变更收购要约，并履行必要的公告程序。

三是针对第二百一十三条规定的修改，取消收购报告书报送及变更审核制度，允许收购人在合法合规前提下自行变更收购要约。

而在2014年《证券法》修订之后，2015年4月20日人大常委会第十四会议审议《证券法》修订草案将继续修改完善该法律，预计2017年将完成二审。目前，《证券法》一审修订草案的主要看点是：明确股票发行注册制程序，取消发行审核制；大幅提高欺诈发行的处罚标准；增设上市公司现金分红制度约束；为境外企业境内上市预留法律空间；取消要约收购义务豁免、境内企业境外发行上市等七类行政许可；允许证券从业人员在依法申报制度下买卖股票；允许设立证券合伙企业；新增禁止跨市场操纵条款；明确利用"未公开信息"交易等同内幕交易；规定投资者提起民事赔偿诉讼时，可以依法推选代表人进行诉讼。上述条款结合了我国证券市场发展的新情况，着力解决监管机构与市场主体两者的行为边界问题，强化以信息披露为中心和事中事后监管的理念，加大对违法违规行为的惩治力度，鼓励市场主体依法创新，着力保护投资者权益。这些理念和表述将在进一步讨论的基础上加以完善，其间要广泛征求市场主体的意见。

（二）《上市公司收购管理办法》

并购重组是资本市场最重要的功能之一。在我国，随着国民经济规模的日渐壮大和居民收入的不断增加，经济增长方式的转变及产业结构的优化调整都需要资本市场发挥更大、更积极的作用。从总体上看，我国证券市场正处于从量的扩张向质的提升转变的关键时期，但证券市场"新兴加转轨"的阶段性特征没有发生根本变化。股权分置改革后，市场环境的新变化和新趋势加大了证券市场监管的难度。因此，自2006年以来，在监管架构上，证监会构建了上市部、沪深交易所和证监局全方位"三位一体，相互制衡"的并购重组监管工作体系。在制度建设上，证监会陆续发布了《上市公司收购管理办法》《上市公司重大资产重组管理办法》和《上市公司并购重组财务顾问业务管理办法》等一系列规章制度，同时还组建了并购重组委和并购重组专家咨询委，解决了并购重组的原则和法律授权的问题，使并购重组有法可依、有章可循，并增强了市场化约束机制，为上市公司的金融创新搭建更为广阔的平台。

现行适用的《上市公司收购管理办法》(以下简称《收购办法》)是经2006年5月17日中国证券监督管理委员会第180次主席办公会议审议通过，并根据2008年8月27日中国证券监督管理委员会《关于修改〈上市公司收购管理办法〉第六十三条的决定》、2012年2月14日中国证券监督管理委员会令第77号《关于修改〈上市公司收购管理办法〉第六十二条及第六十三条的决定》修订。《收购办法》分总则、权益披露、要约收购、协议收购、间接收购、豁免申请、财务顾问、持续监管、监管措施与法律责任、附则10章90条，自2006年9月1日起施行。2008年8月27日对《收购办法》的修订是我国在公司收购市场化方面探索的一大突破，是对原来公司收购的一些基础性法规所做的一种更具可操作性的规则细化或补充，由此形成了上市公司收购的法律基本框架中的核心部分，标志着我国证券市场并购法规框架的进一步完善。

1. 修订背景

首先,新修订的《证券法》对收购制度的重大调整为:从原规定收购人持股比例超过30%须履行强制性全面要约义务,调整为仍须采取要约方式,即收购人持股达到30%时,拟继续收购的,可以自行选择向公司所有股东发出收购其全部股份的全面要约,也可以通过主动的部分要约方式取得公司控制权,大大降低了收购成本,有利于活跃并购活动。新修订的《公司法》和《证券法》赋予证监会更多的监管责任,监管对象扩大到上市公司股东和实际控制人,使证监会事后监管能力大为增强,为监管方式的转变提供了重要的法律保障。

其次,这是经济转轨时期,国民经济战略性结构的调整,经济增长方式的转变,提高了产业集中度的要求。产业集中度低是我国经济结构的一个重要缺陷,在集中度低的行业难以找到有明显竞争优势的企业。提高产业集中度,有利于形成行业龙头,推动作为我国经济发展中优势群体的上市公司,通过收购兼并提高质量,有利于提升产业的整体竞争力,提升国家对外的经济实力。

最后,股权分置改革后,证券市场全流通呈现出崭新局面:市场恢复公司定价和价值发现功能,股价表现成为并购的驱动力;控股股东的行为模式发生变化,控股股东的持股具有高透明度,其财富与股价挂钩,有动力通过并购重组提升公司价值;股权的流动性增强,股权结构逐渐分散化,收购方式呈多元化;证券市场配置资源的功能得以实现,为市场化的并购奠定基础。这些新形势决定了放宽收购监管的自由度将有利于企业通过并购重组,实现产业升级,增强国际竞争力,融入全球经济的结构性大调整。

2. 修订的突破与重点

2008年对《收购办法》修订的指导思想有两点:一是转变监管方式,进一步发挥市场机制的作用,鼓励上市公司通过市场化的收购兼并提高质量,提高市场效率,活跃证券市场;二是通过加大事后监管力度,做到监管有力,市场有序,以适应现阶段国民经济发展和全流通后证券市场发展的需要。《收购办法》的突破主要反映在以下七点。

(1) 充分体现《证券法》的立法精神。

将强制性全面要约收购制度调整为由收购人选择的要约收购方式,赋予收购人更多的自主空间,降低了收购成本,强化上市公司外部治理,充分体现了促进社会主义市场经济发展的价值取向和立法精神。

(2) 切实保护中小股东的合法权益。

修订后的《证券法》对以下几方面进行了强调:强制性信息公开披露,明确界定一致行动人的范围,增强控制权变化的透明度;程序公正,维护市场公平;公平对待股东,持有同种股份的股东得到同等对待;加大对控股股东和实际控制人的监管力度,未清欠解保,限制转让股权等要求,以尽可能减少信息不对称及大股东恶意串谋对广大中小投资者合法权益可能造成的侵害。

(3) 转变监管方式,由事前审批转变为适当的事前监管与强化的事后监管相结合。

一方面,监管部门基于重要性原则对控制权变化进行监管,以5%、20%、30%为限,按照持股比例的不同采取不同的监管方式:对30%以内的收购简化审核程序,采取事后监管;20%~30%涉及控制权发生变化的,由财务顾问把关;20%以下第一大股东发生变化的,比照收购要求,详细披露;对30%以上的收购采取适当的事前监管,同时要求财务顾问把关,减少对要约收购义务的豁免。另一方面,加大持续监管力度,财务顾问持续督导和派出机构持续监管。

(4) 充分发挥市场机制的作用,坚持市场化导向。

建立财务顾问"明责、尽责、问责"制度,强化财务顾问对收购人事前把关、事后持续督导作用,强化财务顾问为投资者服务、为增加并购透明度服务的积极作用,形成市场机制对上市公司收购活动的有效约束。

(5) 丰富收购手段和工具,鼓励市场创新,允许换股收购。

明确收购人可以通过取得上市公司向其发行新股的方式获得公司控制权,并可免予履行要约收购义务,鼓励上市公司通过定向发行,改善资产质量,优化股权结构。另外,《收购办法》修订案允许收购人以证券作为支付手段收购上市公司(换股收购),有效解决了上市公司并购手段不足的问题。

(6) 对收购人主体资格予以规范。

《收购办法》修订案解决了收购人无实力、不诚信的问题,并对特殊收购主体予以规范。强化了公司治理要求,对管理层收购进行严格监管。另外还明确外资收购应符合国家产业政策和行业准入的规定,适用中国法律,服从中国的司法以及仲裁管辖,不得危害国家安全和社会公共利益。

(7) 将不同的收购方式纳入统一监管体系。

《收购办法》修订案对要约收购、协议收购、间接收购、二级市场举牌收购、取得公司发行新股等主要的收购方式予以规范,明确间接收购和实际控制人的变化与直接收购适用同样的报告、公告及要约义务的要求,一并纳入上市公司收购的统一监管体系。

(三)《上市公司重大资产重组管理办法》

《上市公司重大资产重组管理办法》(以下简称《重组办法》)经2008年3月24日证监会第224次主席办公会审议通过,根据2011年8月1日证监会《关于修改上市公司重大资产重组与配套融资相关规定的决定》修订。《重组办法》分总则、重大资产重组的原则和标准、重大资产重组的程序、重大资产重组的信息管理、发行股份购买资产的特别规定、重大资产重组后申请发行新股或者公司债券、监督管理和法律责任、附则共8章58条,自2008年5月18日起施行。

《重组办法》的正式实施是继《收购办法》颁布以来,完善我国证券市场基础性制度建设的又一重大举措,标志着上市公司并购重组迈入了规范与发展并举的新阶段。《重组办法》在总则中指出,《重组办法》是根据《公司法》《证券法》等法律、行政规范制定,为了规范上市公司重大资产重组行为,保护上市公司和投资者的合法权益,促进上市公司质量不断提高,维护证券市场秩序和社会公共利益,并适用于上市公司及其控股或者控制的公司在日常经营活动之外购买、出售资产或者通过其他方式进行资产交易达到规定的比例,导致上市公司的主营业务、资产、收入发生重大变化的资产交易行为。

《重组办法》规定,任何知悉重大资产重组信息的人员在相关信息依法公开前,泄露该信息、买卖或者建议他人买卖相关上市公司证券、利用重大资产重组散布虚假信息、操纵证券市场或者进行欺诈活动的，依照《证券法》相关条款予以处罚；涉嫌犯罪的，依法移送司法机关追究刑事责任。上市公司筹划、实施重大资产重组，相关信息披露义务人应当公平地向所有投资者披露可能对上市公司股票交易价格产生较大影响的相关信息，不得有选择性地向特定对象提前泄露。上市公司预计筹划中的重大资产重组事项难以保密或者已经泄露的，应当及时向证券交易所申请停牌，直至真实、准确、完整地披露相关信息。停牌期间，上市公司应当至少每周发布一次事件进展情况公告。如果上市公司获悉股价敏感信息的，也应当及时向证券交易所申请停牌并披露。同时，上市公司筹划重大资产重组事项时，应当详细记载筹划过程中每一具体环节的进展情况，包括商议相关方案，形成相关意向，签署相关协议或者意向书的具体时间、地点、参与机构和人员、商议和决议内容等，制作书面的交易进程备忘录并予以妥当保存。参与每一具体环节的所有人员应当即时在备忘录上签名确认。

另外，《重组办法》还规定，上市公司与交易对方就重大资产重组事宜进行初步磋商时，应当立即采取必要且充分的保密措施，制定严格有效的保密制度，限定相关敏感信息的知悉范围。上市公司及交易对方聘请证券服务机构的，应当立即与所聘请的证券服务机构签署保密协议。如果在上市公司关于重大资产重组的董事会决议公告前，相关信息已在媒体上传播或者公司股票交易出现异常波动的，上市公司应当立即将有关计划、方案或者相关事项的现状以及相关进展情况和风险因素等予以公告，并按照有关信息披露规则办理其他相关事宜。

此外，经并购重组委审核后获得核准的重大资产重组实施完毕后，上市公司申请公开发行新股或者公司债券，同时符合进入上市公司的资产是完整经营实体；重组方的承诺事项已经如期履行，上市公司经营稳定、运行良好；上市公司和相关资产实现的利润达到赢利预测水平等条件的，本次重大资产重组前的业绩在审核时可以模拟计算。但上市公司在本次重大资产重组前不符合证监会规定的公开发行证券条件，或者本次重组导致上市公司实际控制人发生变化的，上市公司申请公开发行新股或者公司债券，距本次重组交易完成的时间应当不少于一个完整会计年度。

2014 年 10 月 24 日，证监会发布修订后的《上市公司重大资产重组管理办法》(证监会第 109 号令)。新的《重组办法》自 2014 年 11 月 23 日起施行。

本次修订以“放松管制、加强监管”为理念，进一步减少和简化并购重组行政许可，在强化信息披露、加强事中事后监管、督促中介机构归位尽责、保护投资者权益等方面做出配套安排。主要包括以下内容：一是取消对不构成借壳上市的上市公司重大购买、出售、置换资产行为的审批；取消要约收购事前审批及两项要约收购豁免情形的审批；二是完善发行股份购买资产的市场化定价机制，对发行股份的定价增加了定价弹性和调价机制规定；三是完善借壳上市的定义，明确对借壳上市执行与 IPO 审核等同的要求，明确创业板上市公司不允许借壳上市；四是进一步丰富并购重组支付工具，为上市公司发行优先股、定向发行可转换债券、定向权证作为并购重组支付方式预留制度空间；五是取消向非关联第三方发行股份购买资产的门槛限制和盈利预测补偿强制性规定要求，尊重市场化博弈；六是丰富要约收购履约保证制度，降低要约收购成本，强化财务顾问责任；七是明确分道制审核，加强事中事后监管，督促有关主体归位尽责。

针对A股市场借壳上市行为的监管要求将全面趋严。证监会于2016年6月就修订《上市公司重大资产重组管理办法》(以下简称《办法》)向社会公开征求意见,此次修订从认定标准、监管配套、中介机构责任三方面对重组上市行为(下称"借壳上市")提出了十分严格的监管要求。证监会于2014年11月对《办法》进行过一次修订,短期内再次修订该办法,意在规范借壳上市行为,给非理性的"借壳""炒壳"降温,促进估值体系理性修复,引导更多资金流向实体经济。

此次修订主要涉及《办法》中的五个条款,着重体现了三方面的内容。具体而言:

一是完善了重组上市认定标准。参照国际成熟市场经验,细化了关于上市公司"控制权变更"的认定标准,完善了关于购买资产规模的判断指标,明确了首次累计原则的期限。

其中,关于控制权变更的认定标准,从原先遵照持股比例认定,完善为从股本比例、表决权、管理层控制三个维度来认定;对于购买资产规模的判断指标,则由原先的购买资产总额指标扩充为资产总额、营业收入、净利润、资产净额、新增发新股五个指标。

二是完善了配套监管措施,抑制投机"炒壳"。包括取消重组上市的配套融资,提高对重组方的实力要求;遏制短期投机和概念炒作,要求上市公司原控股股东与新进入控股股东的股份承诺锁定36个月,其他新进入股东的锁定期从目前12个月延长到24个月;上市公司或其控股股东、实际控制人近3年内存在违法违规或一年内被交易所公开谴责的,不得"卖壳"。

三是按照全面监管的原则,强化证券公司、会计师事务所及资产评估等中介机构在重组上市过程中的责任,按"勤勉尽责"的法定要求加大问责力度。

此次《办法》修订的大背景包括2015年A股市场经历异常波动、一些不符合标准条件的公司试图规避重组上市认定标准、部分红筹企业谋求境外退市回归A股引发"壳炒作"升温等。此次《办法》修订后,A股市场"借壳"和"卖壳"的成本相应提高,有利于遏制二级市场对"壳资源"的炒买炒卖,同时也能促进股票市场资金流向实体经济。证监会将继续大力支持上市公司并购重组,提高资本市场配置资源的能力,《办法》修订后对意图绕过借壳条件的借壳上市行为加大了监管力度,意在规范借壳行为、遏制炒作,符合条件的还可以继续借壳上市。

(四)《上市公司并购重组财务顾问业务管理办法》

《上市公司收购管理办法》明确设立了财务顾问制度,将上市公司并购重组从证监会直接监管下的全面要约收购,转变为财务顾问把关下的部分要约收购;将完全依靠证监会的事前监管,转变为实施财务顾问制度下的证监会适当事前监管与重点强化事后监管相结合。而在此制度下,财务顾问机构能否切实履行其职责,能否真正督促并购重组活动的相关当事人自我约束、自觉规范运作、维护市场秩序和公信力,是有效发挥市场机制作用的前提和基础。但从财务顾问机构执业现状看,财务顾问机构在专业水平、职业操守和风险控制等方面还远远不能达到市场要求。因此,为规范上市公司并购重组财务顾问执业行为、促进其充分发挥并购重组"第一看门人"的积极作用,根据《公司法》《证券法》以及其他相关法律法规的规定,证监会制定了《上市公司并购重组财务顾问业务管理办法》(以下简称《财务顾问办法》)。《财务顾问办法》于2007年7月10日经中国证券监督管理委员会第 211 次主席办公会议审议通过，自 2008 年 8 月 4 日起施行，共分总则、业务许可、业务规则、监督管理与法律责任和附则 5 章 45 条。

上市公司并购重组财务顾问业务是指为上市公司的收购、重大资产重组、合并、分立、股份回购等对上市公司股权结构、资产和负债、收入和利润等具有重大影响的并购重组活动提供交易估值、方案设计、出具专业意见等专业服务。《财务顾问办法》规定，经中国证券监督管理委员会核准具有上市公司并购重组财务顾问业务资格的证券公司、证券投资咨询机构或者其他符合条件的财务顾问机构才可以依照本办法的规定从事上市公司并购重组财务顾问业务。未经证监会核准，任何单位和个人不得从事上市公司并购重组财务顾问业务。

《财务顾问办法》的正式实施，标志着上市公司并购重组财务顾问业务将正式步入规范管理的轨道。同时，它的正式实施也与此前发布实施的《上市公司收购管理办法》和《上市公司重大资产重组管理办法》构成上市公司并购重组的一套完整法规体系，这将推进上市公司并购重组活动，有利于资本市场的长远健康发展。

第三节　企业并购过程中的反垄断审查

《中华人民共和国反垄断法》(以下简称《反垄断法》)，是一部为了预防和制止垄断行为，保护市场公平竞争，提高经济运行效率，维护消费者利益和社会公共利益，促进社会主义市场经济健康发展而制定的法律。《反垄断法》由 2008 年 8 月 1 日起施行，共分为 8 章 57 条，包括总则，垄断协议，滥用市场支配地位，经营者集中，滥用行政权力排除，限制竞争，对涉嫌垄断行为的调查、法律责任和附则。

出台《反垄断法》的目的是限制并购的负面效应，因为并购的直接结果是企业规模的成倍扩大，有可能在某一个行业形成“巨无霸”垄断地位，因此，在鼓励并购的同时反垄断是维护市场有序竞争、促进行业健康发展、保护消费者的必然要求，也是政府市场监管的重点。世界许多国家对并购过程及并购结果可能导致的垄断都有严格的法律规定，都要进行反垄断调查。中国也不例外，几年前商务部禁止可口可乐收购汇源一案中，相关市场界定为中国果汁行业，理由是不利于竞争。这表明此前沸沸扬扬的保护民族品牌的理由不在此次反垄断审查考虑之列。该案的反垄断调查符合法定程序，但是如果可口可乐或者汇源对此决定不服，可以根据《反垄断法》第五十三条规定提请行政复议，如果对复议结果仍然不服可以提起行政诉讼。

一、企业并购反垄断审查的执法部门

根据国务院反垄断委员会关于职能分工的“三定”方案(定职责、定机构、定编制)，经营者集中的反垄断审查由商务部负责，商务部下设反垄断局，是国家发改委、商务部、国家工商总局三家国务院反垄断执法机构中人数最多的一家。

二、经营者集中的内涵

经营者集中是指下列三种情形。

(1) 经营者合并。

(2) 经营者通过取得股权或者资产的方式取得对其他经营者的控制权。

(3) 经营者通过合同等方式取得对其他经营者的控制权或者能够对其他经营者施加决定性影响。

三、需向商务部申报审批的企业并购

根据2008年8月1日国务院第20次常务会议通过的《国务院关于经营者集中申报标准的规定》,经营者集中达到下列标准之一的,经营者应当事先向国务院商务主管部门申报,未申报的不得实施集中。

(1) 参与集中的所有经营者上一会计年度在全球范围内的营业额合计超过100亿元人民币,并且其中至少两个经营者上一会计年度在中国境内的营业额均超过4亿元人民币。

(2) 参与集中的所有经营者上一会计年度在中国境内的营业额合计超过20亿元人民币,并且其中至少两个经营者上一会计年度在中国境内的营业额均超过4亿元人民币。

达到以上任一标准的参与集中的企业负有主动申报的义务。

未达到以上标准,但是按照规定程序收集的事实和证据表明该经营者集中具有或者可能具有排除、限制竞争效果的,国务院商务主管部门应当依法进行调查。这既是商务部的权利,也是商务部的义务。

四、反垄断审查须提交的文件

经营者向国务院反垄断执法机构申报集中,应当提交下列文件、资料。

(1) 申报书。

(2) 集中对相关市场竞争状况影响的说明。

(3) 集中协议。

(4) 参与集中的经营者经会计师事务所审计的上一会计年度财务会计报告。

(5) 国务院反垄断执法机构规定的其他文件、资料。

申报书应当载明参与集中的经营者的名称、住所、经营范围、预定实施集中的日期和国务院反垄断执法机构规定的其他事项。

经营者提交的文件、资料不完备的,应当在商务部规定的期限内补交文件、资料。

五、反垄断审查的程序

审查分为两个阶段,第一阶段是为期30天的初步审查阶段。如果在完成第一阶段审查以后,认为该并购案影响市场竞争的可能性比较大,就会进入第二阶段审查。第二阶段审查为期90天,必要时第二阶段审查还可延长60天。一般案件往往在第一阶段便能出结果。

六、反垄断审查一般考虑的因素

审查经营者集中应当考虑下列因素。

(1) 参与集中的经营者在相关市场的市场份额及其对市场的控制力。

(2) 相关市场的市场集中度。

(3) 经营者集中对市场进入、技术进步的影响。

(4) 经营者集中对消费者和其他有关经营者的影响。

(5) 经营者集中对国民经济发展的影响。

(6) 国务院反垄断执法机构认为应当考虑的影响市场竞争的其他因素。

对外资并购境内企业或者以其他方式参与经营者集中,涉及国家安全的还要进行国家安全审查。

审查的过程是相当复杂的,先要界定相关市场,还要考虑营业额的计算标准,以及整体市场竞争结构等。

七、反垄断审查的结果

反垄断审查无非有两种结果:批准或禁止。但是在批准的结果里面有一种特殊情形需要注意——默许。根据《反垄断法》第二十五条第二款规定,国务院反垄断执法机构初步审查立案以后30日后未做出进一步审查决定的,经营者可以实施集中。

一般情况下,多数反垄断审查会顺利通过,只有少部分可能确实会排除限制竞争的情况而被禁止。这是一种陪绑机制,多数陪绑者最终会得以释放,根本目的还是保护市场竞争秩序。

《反垄断法》主要规制大企业的行为,《反不正当竞争法》主要是规制中小企业的行为。这是两者的区别所在。《反垄断法》规定了经营者达成垄断协议,经营者滥用市场支配地位,具有或者可能具有排除、限制竞争效果的经营者集中三种垄断行为以及滥用行政权力,排除、限制竞争的行为,自《反垄断法》实施以来,有关部门查办了一系列反垄断案件,但执法中发现法律的部分规定难以完全满足执法实践的需要,《反垄断法》存在执法机构的权限不明确、缺乏对行政性垄断的有效制约等问题,仍然需要根据现今经济市场情况进行修订完善。

第四节　改进并购监管以促进并购发展

一、贯彻落实好《国务院关于促进企业兼并重组的意见》

2010年8月,国务院发布了《国务院关于促进企业兼并重组的意见》(以下简称《意见》),明确"通过促进企业兼并重组,深化体制机制改革,完善以公有制为主体、多种所有制经济共同发展的基本经济制度",并将工作分解到12个部委局及各省市政府。

从并购市场的表现看,促进政策激励效果虽有显现,但"产业集中度低,自主创新能力不强,市场竞争力较弱"等现象的改观不明显。在某些行业,民企"节节退出",外企难有表现,国企垄断范围不断扩大,市场竞争力、创业激情和非公有制经济发展呈现退步、退出迹象。

2011年,国有企业在本土和海外能源资源等资金密集型并购领域继续一马当先,但在提升产业竞争力方面表现平庸。民企在海外品牌、技术、全球供应网络等并购领域表现积极,涨幅超过 2010 年一倍多,外资并购徘徊不前,上市公司并购乏善可陈。2011 年并购交易量略高于 2010 年,但交易额却低于 2010 年。如果除去房地产领域新增的并购交易,2011 年本土并购交易明显退步。这一情形的出现,既与一些促进措施演变成过度监管措施有关,也与长期存在的并购支付工具贫乏,一些法律条文限制了并购交易有关。

我国能否在克服金融和欧债危机影响的同时,积极发挥并购带动资本、管理、知识、技术和信息流动的作用,顺势加快产业转型和升级,运用并购创新价值、创意发展模式和节约、优化资源配置的功能,提高本土产业的全球竞争力,关键取决于能否将《意见》既定的各项目标,嵌入各项并购监管规制和监管工作中,并根据全球和本土发展变化,改进、优化有利于促进并购发展的法律、监管程序和措施,构筑国企、民企、外企公平有序竞争的环境,保护并购参与者在境内外的合法权益。对此,应该采取以下措施,改进监管,促进并购重组健康、稳定、有序发展。

(1) 建立跨部委的并购咨询委员会,出台《意见》实施细则。根据《意见》确立的原则,成立并购咨询委员会,适当吸收并购行业组织和市场专家参加该委员会。抓紧制定和落实《意见》实施细则。

(2) 丰富并购融资渠道和工具。调整现有并购贷款限制向非企业、非同业并购贷款的规定,放宽并购债务资金筹措来源,允许非银行金融、准金融机构,从事投资和资产管理业务的法人组织,为有关联和非关联的并购交易、同业或非同业并购、企业和非企业并购主体拆借短期和中长期资金,并由资金拆借双方根据风险自行协商确定利率。允许为并购公开和非公开发行高收益债券。允许资金拆借双方根据风险选择是否接受未来收益作为主要还款来源和担保。放开债股互转限制,放宽公众公司和非公众公司换股收购条件,提高证券市场的有效性,改革完善证券发行和并购重组的市场化定价机制,提高并购交易的支付能力,丰富风险控制措施。支持具备条件的各类持牌和非持牌金融机构与行业组织,组建主导和参与并购的基金。

(3) 取消或大幅简化行政性并购审批,提高经济安全审查标准和程序的透明度,改进反垄断监管。并购监管应区别反垄断法普遍性适用、国资特别监管和经济安全审查中的主体差异性,取消或大幅简化对非国有企业并购和风险防范能力进行的行政审查与审批措施。对并购涉及反垄断、融资、就业、劳保、环保、外汇、产业政策等规定的,以监督参与者履行合规义务和备案为主,最大限度减少前置审批。反垄断审查要多附条件放行,少做预防性反垄断判断或否定交易,加强反垄断行为的查处。建立并购反垄断审查豁免行业和企业名单,积极推动双边和多边合作,提高并购交易效率,降低监管增加的成本。改进跨区域并购分税和统计方法,简化免税并购申报程序,扩大促进转型升级、控制权合并、企业分立等并购交易的免税范围。建立行业经济增加值、单位产品能耗、生产效率、并购绩效等强制挤出指标,鼓励和支持指标优异的企业进行并购,遏制低效率企业并购高效率企业现象继续发生。

(4) 尽快制定促进海外并购投资保护制度。明确具体责任部门及行业组织的作用,为企业参与全球并购投资创造安全的环境,增强计划赴海外并购企业的信心。

(5) 完善并购交易外部治理规则,防范海外和国企并购中的风险。建立并购主体内部代理人职责、问责、免责机制，发挥外部财务、法律、审计、评估等顾问的咨询和治理作用，形成完整的内外部并购治理和风险控制体系，从而确保政府部门将有限资源用于维护市场秩序，监督内外部代理人履行职责和遵守规则，确保国有企业并购决策前，已经获得外部专业顾问的独立咨询意见，确保使用了社会公众资源的海外并购，至少取得包括本土专业机构在内的专业独立意见。

二、加强和改善对外资并购的监管

外资并购对我国的影响是多方面的。它的积极作用主要表现在引进先进的技术和成熟的管理模式，提高企业竞争力；减少产业内的过度竞争，发挥规模效应。然而，外资并购中国企业的最终目的，是最大限度地占据市场和获得利润，为实现跨国公司全球战略而服务，对我国发展民族工业、优化产业结构、实现经济腾飞也会带来负面影响。首先，短期内将对产业造成较大的外部冲击，国内企业的品牌和市场占有率会有所下降；其次，加剧企业优秀人才的竞争，造成国内企业骨干力量的流失，此外，短期内还会造成国内原有的隐形失业显性化；最后，外资可能通过并购行业内的多个企业，而形成强大的市场垄断力量，扭曲市场结构、降低市场效率。所以，如何正确地引导外资并购，制定合理的外资并购对策，完善现有的外资并购管理体系，实现我国经济的可持续发展，是我们面临的重大课题。

我国对外资并购的监管并非是对外资并购活动全面的、无限制的控制，而是适当地介入必须由国家权力进行干预的领域。对外资并购进行监管的宗旨不在于限制或排斥外资并购的发生，而是在尽可能地吸引外资的同时最大限度地防止或缩小外资并购对我国经济的负面影响。为实现以上宗旨，监管应当遵循四项基本原则，即维护国家经济安全原则、维护本国利益原则、透明度原则和监管规范化原则。

（一）监管的具体内容

监管的具体内容包括外资并购的市场准入、资产定价、外商出资以及垄断规制等方面。

1. 市场准入

这主要有两方面的内容，一是外国投资者的并购资格和并购行为能力；二是外资并购的投资范围。前者要求监管部门审查申请并购中国企业的外国投资者的资格、规模、是否在中国国内有关联企业及其之间的关系。后者要求监管部门审查投资者的投资领域是否符合《外商投资产业指导目录》的规定以及对国内相关市场、目标企业的潜在影响。这方面在最新出台的《外国投资者并购境内企业暂行规定》中已经有相关的条例，但毕竟是笼统的规定，具体到各个行业和各个省份还应该有更加详细、具体的准入标准。

2. 资产定价

并购当事人应以资产评估机构对拟转让的股权价值或拟出售资产的评估结果作为确定交易价格的依据。监管机构对明显低于实际价值的评估结果和价格有驳回、撤销的权利。尤其是当并购涉及国有股权和国有资产时，应根据国有资产管理的有关规定委托具有国有资产评估资格的境内评估机构进行评估，防止有人变相地向境外转移资本，导致国有资产的流失。

3. 外商出资

对外商出资的监管有两项内容,其中一项是对限制外商进入行业的并购中外商出资比例的监管问题;另一项是对并购中外商出资落实的监督。对限制外商进入领域的并购事项实行事前审批制度,对可能达到控股的并购行为不予批准。对经批准进行的外资并购,还要进行事中和事后的监督,防止外商因后续的股权变动而掌握企业控制权。关于并购中外商出资的落实,是保障我国企业和股权转让方利益的关键。应强制要求并购当事人在并购协议中写明并购价格、支付方式、付款日、延期支付条件和违约责任等条款,未经监管部门的同意协议不可执行。在外商资金尚未全部到位的情况下,外商不可取得对企业的控制权,此外,还可借鉴《证券法》关于收购完成后转让限制的规则,明确规定在并购完成后6个月内,外商不得转让目标企业的所有权,防止投机等负面影响的发生。

4. 垄断规制

对企业并购中垄断的规制是西方国家政府实施并购监控的核心内容。反垄断调查主要有外资并购的规模是否对相关产业产生举足轻重的影响,是否明显导致市场集中化,是否引起价格歧视和市场进入壁垒,是否产生潜在的反竞争效果,等等。我国《反垄断法》第三十一条规定:“对外资并购国内企业或者以其他方式参与经营者集中,涉及国家安全的,除依照本法规定进行经营者集中审查外,还应当按照国家有关规定进行国家安全审查。”

(二)有效监管的实施

1. 国家权力是监管外资并购的核心力量

由政府部门组成的外资并购的监管机构是保证并购活动合法开展的主要力量。监管机关应享有对外资并购的审批权、调查权、决定权、监督权和处罚权,通过事前审批、事后审查和事中调查来实现监督。事前审批主要指凡法律规定应予审批的外资并购,监管机构应对外国投资者提出的并购申请及其他有关文件进行鉴定、甄别、评价,决定是否给予许可。事后审查则主要通过并购方在并购活动结束以后将法定应予报告的并购事宜做出书面报告,由监管机关做出并购是否有效的裁决。

2. 调动社会资源形成对外资并购监督的第三方力量

(1) 行业协会。在当前政府微观管理职能收缩和企业分兵作战的情况下,需要发挥行业协会的组织协调作用。尤其是针对当前政府部门对外资并购重审批、轻操作的现状,行业协会理应成为政府之外的监督者。代表企业利益的行业协会最了解本行业的竞争态势、发展潜力,在评价并购活动的产业影响方面最具有权威性。在西方有很多垄断诉讼都是由行业协会首先提出的。而且,行业协会还可以利用自身的资源优势,从行业发展的角度为并购双方牵线搭桥。虽然我国的行业协会存在先天不足,很多是从政府部门直接演变而来的,属于官办性质,缺乏独立行事的意识和魄力。但是,应企业的需求和生存的需要,行业协会已经逐渐转换角色,主动组织和参与有益于行业发展的活动,在日趋增多的并购活动中也定将见到其活跃的身影。

(2) 公众媒体。新闻媒体的力量向来不可小觑,美国安然公司事件首先就是由新闻媒体揭露的。除了上市公司要按规定强制性地进行信息披露以外,还可以由政府牵头搭建一个公众信息平台，分阶段地要求并购交易达到一定规模的当事人公布交易细节，接受公众媒体的监督。尤其是国有资产的并购，公众具有知情权，如果遭到公众媒体的一致反对，政府部门就有必要对该交易活动重新展开调查，避免国有资产的流失。

(3) 并购中介机构。公司并购是一项非常复杂的工程，除了并购当事人以外，中介机构的作用非常关键。这些中介机构包括投资银行，出具资产评估报告、审计报告的会计师事务所和负责起草修改并购合同以及其他法律意见书的律师事务所等。中介机构对企业并购事宜也负有诚信义务，有责任向股东提供真实和非误导性的陈述。在一个完善的市场经济中，中介机构应是维持资本市场秩序的最重要力量，也是推动并购市场正常运作的关键因素。

三、借鉴欧美国家立法经验，加快完善我国并购监管相关法律法规

目前，我国涉及并购监管的立法散见于《证券法》《公司法》以及有关行政规章，比较集中规定并购行为的行政规章主要是《上市公司收购管理办法》和《外国投资者并购境内企业暂行规定》(以下简称《暂行规定》)和《反垄断法》。除《暂行规定》有关于并购申报方面的程序性规定外，其他法律法规和规章都不是从竞争法角度进行立法，使得我国对并购反竞争问题的监管处于盲区状态，同时《暂行规定》仅是一部部门规章，法律地位低，且对并购审查的实体标准缺乏明确规定，可操作性差。从《反垄断法》司法实践来看，尽快从竞争法角度以国务院名义制定一部专门的并购监管行政法规——《企业并购监管条例》已迫在眉睫。根据欧美司法实践，现提出以下建议意见。

(1) 法律与实施细则要相配套，并及时修改完善相关立法。欧盟在发布新并购条例的同时，积极制定《实施细则》，并对实体标准和程序性问题制定专门的《横向并购评估指南》《欧共体并购控制程序最佳行动指南》加以补充，并都与新并购条例于 2004 年 5 月 1 日同时生效，形成评估并购反竞争性的实体标准明确、并购审查程序完善的并购监管法律体系，有效地确保了新并购条例的实施。鉴于《反垄断法》不可能对执法的细节做出详尽的规定，《反垄断法》的实施应配套制定并购评估的实体性标准及审核程序方面的实施细则，以确保《反垄断法》的有效贯彻与落实。

(2) 实体法与程序法要相统一，明确标准，提高评估并购反竞争标准的可操作性、可预期性与稳定性。欧盟评估并购反竞争性的实体标准及程序立法，通过对评估一项并购是否具有反竞争效果的实体标准(市场支配地位)进行拾遗补缺的修改，创设了“严重妨碍有效竞争”标准，使之能够有效地对所有(包括寡占引起的)的潜在反竞争情形予以监管，并缩小与美国“实质性减少竞争”(substantial lessening of competition，SLC)标准的差距。此外，通过发布《横向并购指南》，对 SIEC(严重阻碍有效竞争)标准的具体应用进行明确阐述，在总结委员会近 14 年审查经验及法院判例基础上，对哪些并购将遭指控方面为企业及其律师提供有益的指导。

在程序方面，通过修改《并购审查程序最佳行为指南》，更加注重在申报前与并购当事人进行有效沟通，通过召开专门会议、三方会议等形式保证当事人的知情权及抗辩权，确保委员会的决定建立在透明度高、事实充分基础之上。

建议《企业并购监管条例》的内容方面，应从实体标准和程序性问题两方面进行立法。

在实体方面应采取结果型标准,可以借鉴欧盟 SIEC 标准和美国"实质性减少竞争"标准,并配套颁布专门的并购实体评估指南,从市场集中度,HHI 级别,单边效果与协同效果,具有抵销并购反竞争效果的购买力,进入的可能性、及时性、充分性、效率以及破产诸多方面进行综合评估,而不能采取《暂行规定》第二十一条所列举的简单数量或比例标准。

(3) 采取事后司法审查型并购监管制度,强化法院的干预力度。实践证明,欧盟的事后司法审查制度具有积极的作用,一方面能够充分发挥行政前置审查的优势,减少对法院案件审理的压力,而且欧盟委员会充足的反垄断专业性人才有利于及时发现和阻止反竞争性并购。另一方面又能够为当事人进行司法救济提供有效渠道。2002 年欧洲初审法院在 Airtours(国际旅游航空公司)/First Choice(第一选择航空公司)、Schneider Electric(施耐德电气)/Legrand(罗格朗集团)、Tetra Laval(利乐拉伐公司)/Sidel(西得乐机械)三起案件中悉数推翻了委员会禁止并购的决定,该一系列判例充分表明了法院能够为当事人提供及时、高效的救济。因此,事后司法审查制度值得借鉴。鉴于司法审查期限较长,我国《行政诉讼法》规定的一审、二审期限分别为 3 个月和 2 个月,不利于满足并购业务"时间就是金钱"的性质,往往会导致并购因司法审查期限过长而遭搁浅,因此借鉴欧盟法院快速程序经验,修改《行政诉讼法》并将并购反竞争案件纳入简易程序范围尤其必要。同时,提高法院反垄断人才的培养应提上日程。

(4) 加大经济分析力度,强化内核监督。根据欧洲初审法院判决,委员会在 Airtours/First Choice 及 Tetra Laval/Sidel 两案决定中所运用的经济理论,因为收集的证据不充分而且所做的分析缺乏说服力,所以其决定不被支持。为符合欧洲初审法院及欧洲法院的严格标准,展开更为广泛而详尽的调查,适应复杂性竞争案件不断增多的需要,欧盟委员会在竞争总局任命非常熟悉产业经济学领域最新理论的首席竞争经济学家,以在整个调查程序中提供建议和指导。为强化委员会内部监督,在并购调查第二阶段设立由具有渊博知识和丰富经验的官员组成的内部审核专家组以不同角度对并购管理处(merger task force,MTF)案件组调查分析的主要问题及结论进行理性审查。内核小组以其独立于 MTF 案件组的地位,经过审查得出有关案件优点和不足的第二次意见,这无疑会提高委员会最终决定在法律上和经济上的可靠性,使该内核小组对调查人员所做出的初步结论的合理性进行真正有效的内部审核。

在并购反竞争性评估中,所运用的单边效果理论、HHI 指数、效率等反竞争性分析无不涉及产业经济、数理统计等方面专业知识及实证方法的运用,因此仿效欧盟设置首席产业经济学家制度,为并购反垄断分析提供充分的专业支持十分必要。在反垄断行政机关进行的并购控制活动中,为提高行政机关决定的公正合理性,借鉴欧盟立法经验,有必要在其内部设置由专业人员组成的内核小组,以加强内部监督,做到审核分离。

(5) 妥善处理产业政策与竞争政策的关系,在维持竞争法及竞争政策优先地位的同时,利用并购控制立法为我国产业政策服务,以促进我国产业结构转型,提高我国企业的国际竞争力。欧盟委员会依据的竞争法及竞争政策(并购控制法及并购控制政策是竞争法及竞争政策的重要组成部分)的优先地位应得到充分保证,以建立竞争不受扭曲的市场经济制度。同时,通过竞争法能够有效地培育一个有竞争力的市场结构,实现社会资源的优化配置并与产业政策相协调。目前,我国面临着产业结构的重大调整,可以利用竞争政策对有关行业的并购进行禁止或豁免，促进产业结构的调整。对外资通过并购间接控制关乎国计民生、国家安全、国家支柱产业的，应配合产业政策（如《外商投资产业指导目录》《指导外商投资方向的规定》）对该并购进行限制和禁止；对国家鼓励竞争的行业，坚持竞争法和竞争政策优先原则，鼓励在不妨碍有效竞争的前提下开展并购。对于目前感光材料胶片行业、照相机行业、软包装行业、软件行业即使外资通过并购握有较高的市场占有率，形成了一定市场势力，只要其不存在搭售、捆绑、独家交易、倾销、拒绝交易等滥用优势地位的反竞争行为，根据"做大做强不是罪，只有称王称霸才是罪"的原则，可以对其在竞争法范围内的并购及经营行为不予干涉。但当并购产生潜在的反竞争效果（单边效果和协同效应）时，当具有市场势力的企业滥用其优势地位时，即使不违反产业政策，仍应依据竞争法和竞争政策对其进行规制，维护竞争法的优先地位。

本章小结

在经济全球化和跨国并购的浪潮中，各国（地区）政府都采取了相应政策措施来规范并购重组。本章分别讨论了世界各国相关并购法律及监管的措施，研究分析了中国目前有关并购重组的法律法规及监管措施，以及中国《反垄断法》的具体实施办法，同时根据目前法律和监管现状，以及实践中的新情况、新问题，借鉴欧美等国家的并购立法和监管实践，提出了改进我国并购监管的政策建议。

复习思考题

1. 欧美国家相关并购监管法律法规的主要特点是什么？有哪些借鉴意义？
2. 我国相关并购监管的法律法规主要有哪些？还有哪些不足需要完善？
3. 我国《反垄断法》如何实施？实施的效果又如何？
4. 改进和完善我国并购监管的政策措施有哪些？

案例一　可口可乐收购汇源的反垄断调查

可口可乐收购汇源案是自《反垄断法》实施以来第一个也是迄今为止唯一一个被商务部禁止的代表性案例，这个案例为中国《反垄断法》的实施所带来的思考，已经超越了案件本身所包含的意义。该案所包含的反垄断法原理为中国以后的反垄断法实践提供了很多素材和思考空间。

一、可口可乐收购汇源案引发的争议

2008 年 9 月 3 日，汇源果汁在中国香港联交所发布公告，可口可乐公司以约 179.2 亿港元收购汇源果汁集团的全部已发行股份及未行使可换股债券。由于该项收购满足我国《反垄断法》以及《国务院关于经营者集中申报标准的规定》关于经营者集中事先申报的要求，2008 年 9 月 18 日，可口可乐公司向商务部递交了申报材料。经由初步审查和进一

步审查,商务部最终于2009年3月18日否决了可口可乐收购汇源果汁的申请,认为该收购会对市场竞争造成不利影响,导致"两个传导效应和一个挤压效应"。也就是说,集中可能会导致可口可乐公司传导其市场支配地位和品牌,并对中小型果汁企业产生挤压效应。

商务部否决集中的公告一出,立即引起了广泛的讨论和争议:禁止集中到底是阻碍了效率,还是维护了市场竞争、保护了消费者权益?抑或是维护了民族品牌和产业安全?实际上,自可口可乐宣布收购汇源之日起到商务部最终否决收购议案,以及收购被否决之后的一段时间以来,多方主体已经通过多种渠道表达了自己的声音。这些主体按其利益属性大致可以分成三类:第一类是与收购有直接利益关系者,包括参与集中的可口可乐和汇源两大公司及其股东和员工,以及上下游产业链的相关利益主体,如经销商和果农;第二类是与收购有间接利益关系者,包括果汁行业的现有竞争者和消费者;第三类是独立的第三方主体,包括相关领域的专家学者以及反垄断执法机构本身等。

在这三类主体中,第一类主体发出的声音最少,因为收购本身对他们而言是有利的,更多的不是表达其利益诉求,而是积极参与到推动收购顺利进行的过程,并为收购成功后的企业整合和发展做准备。第二类主体发出的声音最多,因为收购成功与否事关其切身利益。比如,作为消费者的众多网民对这一收购普遍表达了不满和抵制。这些反对的声音不仅仅从收购有可能损害公平竞争和消费者利益的角度出发,而且更多地关注收购是否将危及产业安全甚至国家安全,以及担心民族品牌的旁落。第三类主体作为独立利益主体,其所发出的声音应该是最理性的,但是也没有形成统一意见。

可口可乐收购汇源案在本质上是一个法律问题,只有在《反垄断法》的角度下分析和考察,才能得出正确的结论。下面将从《反垄断法》出发,对该收购案的反垄断审查,特别是商务部的三个禁止理由做出评价。

二、可口可乐收购汇源案的《反垄断法》分析

经营者集中的《反垄断法》分析是一项巨大而系统的工程,需要通过收集和处理相关数据与材料,在界定相关市场的基础上,计算市场份额和市场集中度,继而推断市场控制力和市场影响力,然后考虑市场进入状况、效率、破产企业集中和符合社会公共利益等可豁免情况,最终在两相权衡和比较之后,做出禁止与否的决定。下面从《反垄断法》出发,就相关市场及市场控制力、市场进入和效率抗辩三个方面对可口可乐收购汇源案的反垄断审查过程展开分析,并对商务部的决定理由做相应评论。

1. 相关市场及市场控制力分析

界定相关市场是分析经营者的市场地位以及集中的市场影响的必要前提。相关市场的范围越大,经营者所占的市场份额就越小,集中对竞争的损害也就越小。在本案中,将相关市场界定为饮料市场、非碳酸饮料市场、果汁市场,还是纯果汁饮料市场、中浓度果汁市场或低浓度果汁市场,对市场竞争影响的判断就会产生截然不同的影响。商务部将此案的相关市场界定为果汁类饮料市场,理由是:果汁类饮料和碳酸类饮料之间替代性较低,且三种不同浓度果汁饮料之间存在很高的需求替代性和供给替代性。那么,在这个相关市场上两大集中企业的市场份额和市场控制力如何呢?欧睿国际信息咨询公司的数据显示,在中国果汁市场上,汇源果汁市场份额为10.3%,可口可乐为9.7%,二者合并后的市场份额为20%。在更大的市场范围内,以销售额计算,2007年整个软饮料市场可口可乐占12.4%，汇源占4.4%，合计16.8%。另据统计，可口可乐并购汇源果汁的整体市场占有率约为35%，比市场第二、第三名的统一和康师傅合计约39.7%还低。我国现阶段并无判断市场控制力的可参照标准，因此20%的市场份额是否可以初步推断为具有排除、限制竞争的效果，并不能做出一个明确的回答。但是从经验和常理判断，20%的市场份额并不能对市场构成显著影响。比如，欧盟《横向合并指南》第18条规定：如果参与集中的企业在共同体市场或者重大部分的市场份额不超过25%，在不影响适用条约第81条和第82条的前提下，集中特别被视为与共同体市场相协调。若以此标准看，可口可乐收购汇源并不产生排除、限制竞争的严重后果。

但商务部认为，可口可乐公司占全国碳酸饮料市场份额的60.60%，且在资金、品牌、管理、营销等诸多方面已经取得竞争优势，因此可口可乐公司在碳酸软饮料市场占有市场支配地位。收购完成后，可口可乐公司有能力将其在碳酸软饮料市场上的支配地位传导至果汁市场，从而严重削弱甚至剥夺其他果汁类饮料生产商与其形成竞争的能力，最终使消费者被迫接受更高价格、更少种类的产品。可口可乐公司在碳酸饮料市场占据市场支配地位，这是毫无疑问的，但是是否能够导致商务部所说的"传导效应"，尚需考察相关市场的市场进入情况。若进入相关市场非常容易，即使集中一方占据市场支配地位，也会受到市场潜在进入的威胁，而不敢轻易降低产量、提高产品价格。

2. 市场进入分析

饮料市场，包括果汁市场，相对于其他市场而言，市场进入是相对容易的。第一，果汁市场的进入并没有法律壁垒，无须取得特别许可，任何具备生产经营条件的企业都可进入。第二，进入不需要满足高行业标准，只需一般规模的资金及技术即可启动。第三，果汁市场已有的竞争者和潜在的竞争者众多，对现有的主要生产企业均构成了潜在的威胁。国际竞争网络在其《关于合并分析的推荐意见》中指出：已有竞争者的市场进入和市场扩张分析，应该成为合并是否会实质性阻碍竞争的组成部分。如果合并企业受到来自市场进入的威胁(比如进入壁垒很低，进入之后在合并前价位上定价能够获得利润)，合并就不太可能会有反竞争影响。目前，除了可口可乐和汇源之外，我国已经存在娃哈哈、露露、椰树、统一、康师傅和百事可乐等一批重要品牌。进入中国轻工业联合会主办的中国轻工业网，点击"进主饮料工业"一栏，可见栏下细分了饮用水、碳酸饮料、果汁饮料、茶饮料、含乳饮料、蛋白饮料、功能饮料、饮料原料和香精饮料等专栏。单是果汁饮料项下，就列举了近300家从事果汁饮料生产的企业。虽然不排除这些企业存在交叉持股的情况，或者某些企业共同为第三家企业所控股，但是如此众多涉及生产果汁饮料的企业，从一个侧面表明了现有果汁市场竞争的激烈。如果再考虑其他企业的进入可能性，包括生产其他饮料的企业进入果汁行业的可能性，果汁市场的市场竞争程度就更激烈了。

商务部认为，除了可口可乐的市场支配地位有可能传导之外，还可能存在"品牌传导"：由于消费者对现有品牌的忠诚度，说服零售商改变供应商十分困难，因此，品牌构成了饮料市场进入的主要障碍。此次交易完成后，可口可乐公司将独自拥有"美汁源"和"汇源"两个最具影响力的果汁品牌，对中国果汁饮料市场的控制力将明显增强，加之其在碳酸饮料市场已有的支配地位以及相应的传导效应，集中将使潜在竞争对手进入果汁饮料市场的障碍明显提高。但是从垄断角度讲，竞争并不仅仅局限在品牌，还有价格、品种、质量、文化、消费者感受等多个方面,某些强势品牌并不能一统天下。我国绝大多数饮料企业,不管是内资还是外资,不管企业规模大小,都介入至少两类饮料生产。这恰好证明了这个行业不同种类产品之间几乎不存在难以逾越的技术、品牌、网络等进入壁垒。换个角度看,如果收购成功后可口可乐确实将其市场支配地位和品牌效应传导至果汁市场,通过搭售、附加排他性条件和提高价格等方式获取垄断利润,反而会进一步刺激现有竞争者和潜在竞争者及时、有效、充分地进入果汁市场,来分享可口可乐公司在此市场上的超额利润。考虑到可口可乐和汇源在果汁市场的市场份额,以及果汁市场本身的市场进入情况,商务部禁止该收购,明显地具有说理上的不足。

3. 效率抗辩分析

商务部或许掌握了笔者及公众尚未得知之的数据和材料,或者具备其他理由和考虑,姑且认为商务部的以上判断都是正确的,下一步即应进入效率抗辩阶段。在我国现有法律框架下,本案若要启动效率抗辩,主要有以下依据:第一,根据《反垄断法》第27条,主张集中将对技术进步和国民经济的发展产生有利影响;第二,根据《反垄断法》第28条,主张集中对竞争产生的有利影响明显大于不利影响,或者符合社会公共利益;第三,根据商务部的《经营者集中申报表》,在集中申报过程中启动效率抗辩。但是从商务部的公告以及相关解释来看,本案并未启动效率抗辩,商务部在审查过程中也并未考虑效率问题。但这并不妨碍对该收购案相关效率问题的讨论。

(1) 集中被禁止导致的效率损失。集中被禁止导致的效率损失包括直接效率损失和间接效率损失两类。直接效率损失包括:第一,正常交易费用损失,包括并购交易中商业咨询公司、会计师和律师事务所的咨询费用以及参与交易和谈判的正常费用等。第二,股价损失。比如,收购被否决后的2009年3月19日,汇源果汁复牌后即暴跌,截至收盘时股价下跌了42%;加上18日早盘急挫近20%,汇源集团创始人朱新礼的身价在两天之内便缩水33亿港元。按照可口可乐2008年开出的每股12.2港元收购价计算,朱新礼的身价则缩水44.5亿港元。第三,企业战略和资源调整损失。参与集中企业的战略设计、投资重心以及资源分配等,都会围绕着集中的启动、进行和展开而做相应调整。这时候法律是否能够给予参与集中的企业一个相对清晰的反垄断审查结果预期,就显得尤为重要。比如,在"等待出售"的半年里,汇源果汁自身的业务扩张几近停滞。收购被否决后,汇源已经叫停了总投资近30亿元的果汁上游基地建设项目,并陆续召回派往基地的骨干人员,转战新产品开发和营销领域。这些损失的造成,一方面是汇源对收购案的进展过于乐观的结果;另一方面也透露出我国现有反垄断法律的模糊性和弱操作性,无法给参与集中的企业一个相对稳定的预期。间接效率损失则表现为上下游产业损失,典型的是果农在这场博弈中的损失。可口可乐收购汇源的失败,直接导致了汇源新建和扩建果汁产业上游基地的战略落空,而对于已经投入大量生产成本以及寄希望于通过实施该战略改善生活的果农而言,无疑是一个巨大的打击。

(2) 集中可能产生的效率提高。可口可乐和汇源若要证明集中将导致明显的效率提高,需要展开以下几个步骤:①提出并证明集中将产生哪些效率;②证明这些效率为集中所特有;③所提出的效率具有可证实性;④效率能够在一个较短的时间内得以实现;⑤集中并未导致垄断或接近垄断的市场结构;⑥集中导致的效率会给消费者或社会整体带来福利正效应。

集中能否产生效率的数据和材料主要掌握在参与集中的经营者以及反垄断执法机构手中，而目前几乎未对这些数据和材料进行公开。从目前可以获知的相关资料来看，收购最有可能产生的效率是生产效率、交易成本效率、采购和销售效率、品牌效率(广告效率)等，而后几类效率均可转化为生产效率并以生产效率的提高值来进行计算和表述。交易成本效率表现为集中将缩减中间环节，减少交易的不确定性，从而节约交易成本。比如，除了将要卖掉的上市公司，汇源集团还有很长的产业链：种子、树苗、果园、水果加工、果汁灌装；根据收购的附加协议，在同等条件下，可口可乐要优先采购汇源的浓缩汁。可口可乐能够通过集中收获一个相对稳定的采购源，减少谈判成本；汇源则可专注于上游果园产业开发，从而实现专业化效率。收购完成之后，借助于汇源已有的营销网络，可口可乐将进一步扩大营销范围，继而降低销售成本，获得的“汇源”品牌也节约了其创造和维护品牌形象的广告费用，将比自己重新创设一个品牌花费更少成本。集中往往还能导致更大的采购量，从而降低采购产品的单位价格，进而有可能降低产品价格。所有这些效率的提高，都可能会以规模经济或范围经济的形式表现出来，即收购之后可口可乐生产果汁饮料的单位成本降低，而产量(包括原来可口可乐与汇源的产量之和)不变甚至增加；或者收购之后可口可乐同时生产碳酸饮料和果汁饮料，将以更低的成本提供同样或更多的产品。若能证明上述所有效率，并最终以生产效率的形式加以量化，将能最大限度地证明收购对效率提高的巨大推动作用。

但是，尽管可以相对容易地证明这些效率能够在较短时间内实现，并且集中不会导致垄断或接近垄断的状态，比如可以将各种效率转化为生产效率进行可变成本节约和固定成本节约的量化分析，估算具体效率的实现可能性及实现时间表，通过界定相关市场和评估市场控制力来分析集中后的市场结构情况，但是，要证明效率为集中所特有并必然会给消费者或社会公众带来福利上的好处却极为困难。上述所列效率类型，不仅可以通过现有的集中形式获得，也可通过内部扩张(可口可乐完全有这个能力)、建立合资企业、协议合作以及与另外更小规模的企业集中等方式得以实现，除非可以证明，通过其他方式不可能获得同等程度的效率提高，或者通过集中实现效率提高具有时间上的优势。同时，还须证明效率提高能够至少给消费者或社会公众带来好处，比如不会提价，或者增加产品的种类和质量等。但是，要证明或保证这些条件也非常困难。因此在本案中实施效率抗辩，尽管绝非不可能，却具有相当大的难度。

【案例评析】

2008年9月3日，可口可乐公司宣布通过旗下全资附属公司以179.2亿港元的总价收购汇源果汁集团有限公司。2009年3月18日下午，我国商务部以该项收购将对竞争产生不利影响为由，正式否决了可口可乐收购汇源果汁的申请。这是我国自2008年8月1日《反垄断法》实施以来，首个未获商务部审查通过的经营者集中申报案例。

跨国企业凭借资金和管理的优势，直接并购我国有实力的龙头企业，迅速形成市场优势地位的手法屡见不鲜。但是，由于我国的《反垄断法》于2008年8月实施，可口可乐收购汇源是我国《反垄断法》遭遇的“第一个重大考验”。商务部于2009年3月18日明确表态,可口可乐并购汇源未通过反垄断审查,并给出三点原因:第一,如果收购成功,可口可乐有能力把其在碳酸饮料行业的支配地位传导到果汁行业。第二,如果收购成功,可口可乐对果汁市场的控制力会明显增强,使其他企业没有能力再进入这个市场。第三,如果收购成功,会挤压国内中小企业的生存空间,抑制国内企业的发展空间。然而,此次《反垄断法》规制经营者集中的机理,在企业合并审查到底是纯粹的政府干涉还是法律上的必经程序,确是一个值得我们思考的问题。

这次商务部否决可口可乐对汇源果汁的并购,对于是否符合反垄断法的规定精神,是否有相应的申报听证和司法救济程序,如何具体展开听证和救济等问题,都是值得我们进一步思考的问题。

(资料来源:应品广.可口可乐收购汇源案的反垄断法思考[J].西南政法大学学报,2010(6).经删改)

【案例讨论题】

1. 可口可乐并购汇源案是我国《反垄断法》实施以来第一个否决案例,对该案的现实意义你是如何看待的?

2. 可口可乐并购汇源案被否依据是否合理合法,你认可反垄断调查委员会的结论吗?

3. 汇源为什么自愿被并购?这一案例反映了中国民营企业存在什么问题?

案例二 微软收购雅虎搜索业务的反垄断审查

随着经济的快速发展,尤其是互联网产业的飞速发展,该产业的并购交易十分活跃,并有望持续成为并购市场的重要组成部分。基于互联网产业的特点(如双边市场的界定、商业模式的独特以及网络效应的形成),该产业领域的并购交易与传统产业(如制造业和金融业)有很大的不同,这势必对经营者集中反垄断审查执法部门带来一定的挑战。因此,对如何就互联网产业领域的经营者集中交易进行反垄断审查进行研究,在理论和实践方面均具有重大意义。

一、交易背景

1. 交易双方

微软公司在全球范围内以设计、开发、销售计算机软件和相关服务为主要业务。本次交易涉及微软在线服务业务部门,即微软在线搜索平台 Bing 及其在线广告平台 adCenter。而雅虎则是一个全球性的互联网消费品牌公司,它是访问量最大的网站之一。本次交易涉及雅虎网络计算搜索引擎和搜索广告业务,包括雅虎搜索广告平台 Panama(“雅虎搜索业务”)。

2. 经营者集中

本次交易的结构较为复杂,其完成后将使双方合并各自的在线网络计算搜索引擎和搜索广告业务。微软和雅虎就交易达成了技术许可协议,以及合并搜索、广告服务和销售协议(以下简称“相关协议”),以约定雅虎通过转让相关资产(技术及客户合同)和员工的方式，将雅虎搜索业务转让给微软。

同时，相关协议约定：微软将取得雅虎核心搜索技术10年的排他性许可使用权，而雅虎则将在其网站上独家使用微软的搜索引擎。微软由此将成为雅虎搜索广告服务的唯一提供商。雅虎仍可自行决定其网站的内容和用户界面，但雅虎的广告平台Panama将结束运营，所有雅虎用户将转移到微软的adCenter。最后，微软同意聘用至少400名原雅虎员工。相关协议还有特别之处：按照其约定，雅虎将成为adCenter面向优质直接广告商的全球唯一销售商。

本次交易同时具有商业合作和经营者集中的性质，因此，交易是否完全属于经营者集中具有不确定性。委员会依照《欧盟并购条例》和《合并管辖通告》中规定的标准逐一分析了本次交易的相关要素。委员会特别强调了以下问题：①雅虎拟转让给微软的搜索业务，包括技术、客户合同和员工，是否构成可产生营业额的业务部门；②附有提前终止条款的十年期技术许可协议，以及转让客户合同和员工是否能被认定为持续改变控制权的方式；③相关业务部门是否实质性地变更为由微软单独控制，或雅虎控制与优质直接广告商的客户关系使得其保留了至少某些新兴业务的共同控制权。

(1) 控制权的标的：由雅虎转让给微软的搜索业务的资产和雇员构成可产生营业额的业务部门。

根据《欧盟并购条例》和《合并管辖通告》，只要资产构成经营者的全部或部分，即占有一定市场份额的、可清楚计算营业额的业务部门，则取得该部分资产的控制权将被视为经营者集中。该规定和实践的关注点在于：被转让的资产应当至少使得买方能借机发展其在相关市场的份额。

委员会审查了本次交易的各个方面，包括那些否定相关资产具有业务因素的事实(如并非所有对微软的技术许可均为排他性许可)。就此问题委员会认为，将非专利知识产权(如相关软件编码的著作权)对微软进行十年期的排他性许可，足以使得包括雅虎在内的其他竞争者无法使用雅虎核心搜索技术与微软进行竞争。同时，委员会也考虑到搜索及广告平台技术，人力资本，以及广告客户是搜索广告业务三个必需的要素。为此，委员会认为，拟转让的资产具有一定的市场份额且能带来营业额，因此构成一项独立的业务。

(2) 持续性：本次交易导致控制权的长期变更。

在审查本次交易会否导致控制权的长期变更时，委员会考虑到本案涉及的是一个技术持续更新且发展迅速的行业。同时，根据《合并管辖通告》，十年的期限对网络搜索行业来说，可以认为是一个相当长的期限。此外，在对相关协议中所包含的提前终止条款进行分析的基础上，委员会认为条款中约定的提前终止的情况均不足以使得本次交易丧失持续性的性质。另外，委员会还认为即使本次交易提前终止，但相关协议中并不存在任何关于强制微软向雅虎返还转让的员工和客户的约定；同时，技术许可将维持有效，虽然微软不再享有排他性许可使用权，但微软仍可继续使用该技术。

在此基础上，委员会认为由于技术资产、员工和客户合同的转让是不可恢复的，因此本次交易所导致的控制权变更具有持续性的特点。

(3) 单独控制权：微软对该业务具有单独的控制权。

由于相关协议并未设立一个合资企业，交易双方不具备平等享有投票权的基础，因此,委员会将审查是否存在联合投票权(或类似的方式)或共同利益而产生共同控制权。委员会着重对以下问题进行了分析:雅虎成为新业务面向优质直接广告商的唯一销售商这一事实是否将使得雅虎保留对该部分业务的控制权。然而,从行业内广泛采用的折扣政策看,雅虎对涉及优质直接广告商的商业策略的潜在影响力并不足以构成战略决策权,即对该业务的控制权。再者,委员会认为除互联网流量和销售服务外,雅虎并未对业务做出"重大贡献",因此,雅虎和微软之间并不具备"高度的双边依赖性",从而使得双方之间不存在类似于合资企业的"战略目标"。

基于上述分析,委员会认定本次交易构成微软通过并购取得另一经营者部分业务(雅虎搜索业务)的单独控制权。

二、行业及市场特性

本次交易涉及在线搜索市场和在线广告市场,该市场具有新颖性和复杂性等特点。上述两个市场的运行均依赖搜索引擎提供的平台,将用户和广告商联系起来。

1. 在线搜索用户

对用户而言,www.bing.com、www.google.com 以及 www.search.yahoo.com 等搜索引擎是用户选择用于网上信息检索的工具。用户可在搜索框内输入希望搜索的信息关键词,该搜索框对于大部分用户来说是非常熟悉的工具。搜索引擎运用计算程序检索相关搜索结果,包括地图、视频、图片等,并以特定的排序将相关结果的链接显示出来。根据用户要求搜索得出的结果被称为自然计算搜索结果或自然搜索结果。

互联网用户可进行不同类型的搜索。在上述任一搜索引擎进行搜索均为一般在线搜索,通过软件(又称"搜索程序")对整个万维网进行信息筛选后得出搜索结果。然而,搜索也可通过特定搜索引擎(针对特定主题,如法律、医药或旅游等)进行,仅对万维网部分与主题相关的信息进行检索。该检索基于网络文字进行。最终,搜索也可限定在特定网站中("站内搜索"),如新闻资讯或社交网站。

2. 广告商

虽然在线搜索结果通常对互联网用户免费开放,但搜索引擎可通过广告收入维持运营。搜索引擎向广告商出售其搜索结果页面的位置,以使得广告商的链接("广告链接")在该位置显示。换言之,在实践中,当互联网用户进行搜索时,得到的结果页面除包含自然搜索结果之外,还包含与关键词相关的广告链接。

广告商依据互联网用户可能搜索的关键词购买搜索广告位置,以显示其广告链接,用户点击该广告链接将进入广告商指定的页面。广告商通过广告平台对关键词进行竞价,即广告商对用户通过搜索关键词点击付费广告链接一次以及搜索引擎对单个广告可能获得预计的点击量而愿意向搜索引擎支付的价格进行报价。竞价机制的一个重要特点在于广告商仅在互联网用户点击其链接时才需要支付相关的费用。

3. 平台双方的相互依赖性

互联网用户与广告商的需求是相互依赖的。用户对在线搜索包括自然搜索结果和广告结果的关联程度进行评价,而广告商的目标在于投入广告并得到广泛的关注。搜索引擎的搜索流量对双方而言均是重要的因素。搜索引擎的搜索流量大,一方面可以增加搜索引擎为互联网用户提供的关联搜索结果;另一方面可吸引更多的广告商。

委员会分析了几个主要搜索引擎的用户资料和习惯以及广告客户的分布。尽管委员会对用户资料的分析并无确定性的结论，但其确实肯定了用户的"单一据点性"，即一个月内倾向于使用单一的搜索引擎完成其90%的搜索需求。与用户相反，大部分接受调查的广告商则表现出"多据点性"，即同时在adCenter、Panama、adWords三个平台投入广告以求获得最广泛的关注度。

为了增加搜索流量，搜索引擎以迅速增加其在线搜索服务接入点的方式吸引更多的用户。用户可以通过搜索引擎的主页，以及其他"入口"使用在线搜索服务。

4. 销售渠道

搜索引擎可以与硬件生产商、独立的软件销售商以及在线服务提供商签订销售协议，使得其在浏览器的地址栏、工具条以及搜索框中嵌入自动搜索服务，并将搜索引擎设置为默认的搜索工具。该入口一旦启用，将使得用户直接进入搜索引擎。搜索引擎与第三方网站签订联合协议，从而使得用户可通过该第三方网站间接使用搜索服务。该联合可以使得某些出版商，如在线报纸等，直接在其自己的网站上为用户提供搜索功能，包括站内搜索和全网搜索。例如，搜索引擎与在线报纸网站签订联合协议后，在线读者可在报纸网站上使用搜索引擎及其广告平台提供的搜索服务；后者将为读者提供搜索结果及相关广告。出版商将由此获得广告收入的提成。

三、相关市场界定

1. 在线广告

搜索广告业务是在线广告业务的一种。在以往的案例中，市场调查确认在线广告市场并非依赖于线下广告市场，而是一个独立的市场。委员会进而分析：在线广告市场是否能根据选择机制（搜索或非搜索，或行为定位广告）、表现形式或格式（文本、视频、展示）、用户终端（手机、笔记本电脑）或定价机制（单次点击成本，每千人印象成本）进行进一步的划分。依据Google/Double Click一案中的相关市场界定，市场调查的结果表明，搜索广告市场很可能被认定为一个独立的市场，尤其是鉴于搜索广告直接符合用户需要的特性，而其他类型的广告如展示类广告，仅仅是增加或制造品牌认知度。市场调查同时表明，依据此种特性划分的方式，移动广告因其技术特性（如广告的尺寸）及商业特性（如根据手机用户具体位置推广周边商户的可能性）也可能被认定为独立的市场。部分被调查者表示，移动广告是目前在线广告最重要的发展之一。

最后，考虑到无论采用何种相关市场界定的方式，本次交易均不会对欧洲经济区（European Economic Area，EEA）造成严重影响，因此委员会并未对相关市场做出结论性的界定。

就地域市场而言，委员会沿袭了Google/Double Click案的结论，认为在线广告的相关地域市场应根据EEA内的语言区域进行界定。

2. 在线搜索

委员会首次探讨了在线搜索业务是否构成一个相关市场，也是首次对所有否定构成相关市场的因素进行分析。一方面，由于搜索服务向用户免费开放，具有垄断地位的搜索引擎不具有控制市场价格的能力，因此在线搜索业务是否构成相关市场经常受到质疑。例如，对于免费卫星电视的双边市场，委员会认为仅广告市场构成相关市场，而免费电视不构成一个独立的市场。另一方面,搜索引擎对用户的争夺十分激烈,而在线搜索的质量又直接决定了搜索引擎的受欢迎度。最终,委员会对相关产品市场并未做出结论性的界定。

关于在线搜索的地域范围,由于大型的搜索引擎均为全球性的,世界各地的用户可以使用其各自的常用语言进行搜索。最终,委员会对相关地域市场亦未做出结论性的界定。

3. 其他市场

委员会同时审查了在线广告中存在一个双方均活跃的中间市场的可能性,以及设立搜索引擎接入点的经销协议是否构成一个独立的市场。由于本次交易在上述方面并未产生竞争关注,因此,委员会依然未做出结论性的界定。

四、相关市场的竞争状况

委员会在其竞争评估中,对交易的各方面因素做出了全面细致的审查,尤其是针对本次交易可能导致市场中的竞争者数量从3名缩减为两名,从而使得市场进入的门槛变高。同时,委员会注意到,雅虎和微软在EEA内搜索和搜索广告市场的共同市场份额低于10%。尽管如此,考虑到该新兴行业具有复杂性、市场准入门槛高且市场竞争以质量和技术更新为基础等特点,委员会特意将第一阶段的市场调查范围进行扩大。调查包括两个方面:一方面,委员会分析了相关的假设,如本次交易未发生的情况下市场可能发生的变化,以及本次交易对上述变化可能造成的影响;另一方面,由于上述市场的多边性,委员会分析了本次交易对各类相关竞争者的影响,如广告商、用户、出版商和销售商。在其分析过程中,委员会同时考虑到市场调查中收到的几乎全部正面的回复,被调查者不仅不担心交易会限制竞争,甚至表明本次交易将产生促进竞争的效果。最后,委员会同时考虑了本次交易可能为消费者带来益处。

1. 相关假设

关于EEA内的搜索广告业务,微软和雅虎仅在法国、英国具有竞争关系,且各自所占市场份额都相对较小。另外,微软的内部文件表明,其在相当长的一段时期内并无在EEA其他成员国扩张adCenter广告平台的计划。因此,委员会认为本次交易对其他成员国市场竞争的限制较小。

委员会收集的材料和数据表明,雅虎和微软在与谷歌的竞争中均处于明显的劣势地位。后者占据的市场份额超过90%且加之雅虎最近损失的客户,其占有率仍在不断上升中。根据本次交易当事人提交的意见,竞争不力的原因主要在于其业务规模较小。对于搜索业务而言,需要大量的资金持续性地投入以提高搜索服务的质量及进行相关的研发,且根据网络效应,搜索业务的规模也同时可以提高搜索结果的质量以及广告与关键词的匹配度。市场调查表明,业务规模是搜索行业一项重要的经济因素。

在申报期间,雅虎在EEA内的竞争力逐年显著下降,且其不具备扭转该趋势的财力。市场调查显示,雅虎搜索引擎的性能在下降,雅虎也不再考虑对搜索广告进行更新。因此,委员会认为,即使本次交易不发生,雅虎的危机亦无法得到解决,雅虎很可能将不构成一个有效的市场竞争者。

面对谷歌的强势地位,微软同样面临难题。微软对其在线搜索及搜索广告业务投入巨大。尽管如此,微软搜索业务的发展仍然受到限制,其业务规模和市场占有率水平低,处于持续亏损状态。微软认为，其缺乏的同样是业务规模，因此其有效的创新和竞争能力受到了限制。在市场调查过程中，广告商几乎不约而同地认为微软的点击率太低，不足以与谷歌进行有效竞争。

最终，在评估了微软、雅虎与谷歌的竞争地位之后，委员会认为谷歌无疑是EEA乃至全球范围内搜索广告市场的领头军。市场调查显示，谷歌的搜索流量使得其成为搜索广告客户的必争之地。根据委员会提供的资料表明，绝大部分的用户将谷歌作为单一据点。

2. 对不同市场参与者的详细评估

委员会仔细评估了拟进行的交易对众多市场竞争者的潜在影响，如广告商、用户、经销商和出版商。

对于广告商，委员会审查的重点在于：adCenter和Panama合并成为一个搜索广告平台后是否会造成竞价价格以及最低价格的升高。委员会所适用的损害理论（theory of harm）建立在两个因素的基础上：Panama的退出限制了市场竞争，以及由于adCenter的广告客户增多，导致同一关键词的竞价者数量增加。市场调查表明，竞价价格上涨的可能性不大，且即使发生，造成的影响也十分有限。首先，考虑到Panama退出市场对市场竞争造成的限制，该等限制仅限于法国和英国（交易完成前微软和雅虎具有竞争关系的仅有的两个EEA成员国）。其次，考虑到竞价者数量的增加，很多受访的广告商已经同时在三个搜索广告平台上进行了竞价。因此，同一关键词竞价者增多的情况仅可能发生于那些之前只在Panama上竞价而未在adCenter上竞价的广告客户。最后，市场调查表明，对于广告商来说，单次点击的付费价格是他们重点关注的因素。广告商的决定主要取决于他们能从广告平台的投入中获得多少回报。广告与关键词的关联性越高，收回投入的可能性越大，广告商愿意支付的单次点击价格也越高。为此，绝大多数的广告商期望本次交易能使得微软更有效地与谷歌抗衡。

对于搜索用户，委员会的主要质疑在于，本次交易将使得一个搜索引擎退出市场，而合并产生的新平台是否将会减少自然搜索结果的关联性。委员会同时审查了本次交易是否会导致创新动力减少，以及用户是否会因不同搜索平台提供的服务种类减少而受到损害。市场调查的结果显示，搜索引擎的质量和关联程度是吸引用户最关键的因素。然而，委员会认为仅有很少的用户同时以微软和雅虎为“据点”，因此也极少有用户同时使用这两个平台进行检索。另外，从本次交易的架构看，交易完成后，微软和雅虎各自的出版业务仍然维持独立，且雅虎仍将独立地向用户提供其他补充性的服务。因此，委员会认为交易完成后雅虎仍然具有竞争的动力，继而对用户体验进行改进。

对于在线出版商和销售商，委员会审查一个独立搜索引擎和广告平台的消失是否会导致出版商以其网页获得收入的机会减少，从而导致销售酬劳减少。市场调查表明，交易双方的竞争关系并不明显。另外，就相关协议本身而言，交易完成后，雅虎将继续就销售及联合交易进行竞争。最后，市场调查的受访者表明，他们希望本次交易可以使得交易当事人成为谷歌在搜索行业的有力竞争对手。再者，对于销售协议，委员会同时还从混合效应的角度分析本次交易是否会增加微软利用在线广告之外其他领域（如个人计算机操作系统和个人生产应用软件）市场力量的能力，从而增加其协商搜索技术销售协议的优势。

市场调查的结果并未提到任何与集中相关的混合效应,为此,委员会认为本次交易并未包含任何可能导致微软利用其在其他市场上支配地位的内容。

3. 可能产生的促进竞争影响

委员会在审查中提到了微软的抗辩,其声称本次交易可能产生积极影响。微软声称,进行本次交易的目的在于收购雅虎的业务规模,这将使得微软成为谷歌的有力竞争者,由此对广告商和用户带来更大的价值。一方面,增加的流量将使得微软为了提供搜索结果进行更多实验,特别是针对那些不常见的关键词;另一方面,增加的访问量将有利于广告商收回广告投入。

总之,市场调查确认了业务规模是成为该行业内有效竞争者的重要因素。另外,本次交易的进行可能产生一个更强的谷歌竞争对手,这将有利于市场竞争。考虑到微软的分析过程主要是建立在假设的基础上,而委员会最后并未采纳此观点。

五、反垄断调查结论

基于对本次交易的审查,委员会认为将市场竞争者从3名减少至两名的交易并不会对市场竞争造成负面影响,尤其是考虑到雅虎和微软在EEA内市场份额很小,且其在谷歌的强势地位前处于困境。委员会于2010年2月18日批准了交易。同时,就如何理解在线搜索和搜索广告这一复杂的行业(以同时提供双方平台为行业特征,包括面向用户的免费在线搜索平台和面向广告商的付费搜索广告平台),委员会针对本次交易的反垄断审查提供了很好的案例。最后,委员会的审查过程揭示了搜索市场不同参与者间的紧密联系性,以及业务规模对确保进行常规实验以提高搜索及搜索广告平台是十分重要的。

【案例评析】

本次收购案已经结束,可能大家更关心的是下一步微软与雅虎如何走。相信微软一定是按照原先计划向互联网这块市场投入大量的资金和收购其他公司来进行压制谷歌,同时微软对雅虎跟谷歌的外包合作极为不满,对此微软要制约谷歌的广告市场,其必须以最快的速度行军,这也是微软不愿意与雅虎打持久战的原因之一。相反雅虎面临微软的威胁后,知道自己的形势及弱点在哪里,如何走出困境以免再次受到威胁,是下一步的重点工作。能否摆脱困境、提高业绩是雅虎的当务之急。如果从创新上来说,雅虎几乎没有什么创新可言,唯一的出路就是多收购其他有价值的网站进行能源补充。这也是走快步的唯一方法。而中国阿里巴巴也因此舒了一口气,不用再担心雅虎被收购,需要回购股份。微软在价格上放弃,雅虎在独立上抗衡,两条平衡铁路又怎么能交叉在一起呢?一切都成为历史,历史还会不会重演?

近年来微软有不少收购,但成功案例不多。根本原因在于微软与其他企业之间的文化差距很大。雅虎生逢其时,赶上第一次互联网高潮。但作为门户网站,谷歌更有效率,雅虎代表落后的翻页文化,是资本的力量让雅虎又苟延残喘了这么多年。微软买雅虎,是在买流失的流量和用户而已,并不是买创新和产品。微软是因为谷歌才来收购雅虎的。雅虎正是吃准这一点,坐地起价。微软收购雅虎,不光是一桩在线广告的买卖。软件巨头与网络巨头的联姻,是行业势力的重新洗牌。此前,雅虎对微软抛来的橄榄枝未加回应。其董事会也一直期待合适的接管人出现,甚至考虑过剥离子公司投入谷歌的怀抱。但事实的走向却出人意料。

[资料来源：戴健民.微软收购雅虎搜索业务案之反垄断分析[J]. 电子知识产权，2011(10).]

【案例讨论题】

1. 你认可反垄断调查委员会的结论吗？
2. 这个案例给我们哪些启示和借鉴？哪些方面有助于完善我国的反垄断法律体系？
3. 根据该案例，中国企业在美国实施并购时应注意些什么？

案例三 哈里伯顿能源服务集团和贝克休斯“世纪并购”的反垄断调查

经过百年石油工业发展，廉价的油气资源越来越少，石油和天然气的成本变得越来越高，加之国际油价发生大跌，全球第二、第三大油服企业哈里伯顿(Halliburton Company)和贝克休斯(Baker Hughes Incorporated)于2014年11月宣布合并，而其后收购进程不断遭遇多方反垄断因素影响。2016年5月2日，美国第二大油田服务企业哈里伯顿能源服务集团和第三大油服公司贝克休斯因反垄断相关监管障碍宣布终止合并交易。随着国际油价的不断下挫，未来会有更多并购、停产甚至破产案例出现，因此此次全球第二大和第三大油服合企业并案因反垄断监管而“流产”，对之后国内外油服企业的并购重组有较大的借鉴意义。

一、哈里伯顿收购贝克休斯低油价下的油服市场大动作

2014年11月17日，全球第二大油服公司哈里伯顿宣布，将以346亿美元的价格收购第三大油服公司贝克休斯。哈里伯顿以股票和现金的形式支付对价，1股贝克休斯股票折算1.12股哈里伯顿股票加19美元现金，收购溢价率约为35%。折算后，贝克休斯原股东将在合并后的新哈里伯顿中占股36%，在15个董事会席位中占3席。2014年12月19日，哈里伯顿已将收购计划提交美国证券交易委员会审查。收购交易尚需通过美国、英国和挪威等国的反垄断审查。为应对审查，哈里伯顿称可能会出售一部分资产，这部分资产每年的营业收入最高可达75亿美元。一旦收购未通过审查而失败，哈里伯顿将支付贝克休斯35亿美元的违约金。从2015年1月1日起，整合工作正式启动。按计划，收购交易将于2015年下半年完成，在此之前，两家公司仍将独立运营。

增强北美市场实力、实现跨越式发展是哈里伯顿进行此次收购交易的主要原因，油价下跌则提供了一个非常好的收购时机。收购完成后，新哈里伯顿将在规模上比肩斯伦贝谢，国际油服市场将呈现两强争霸的局面。收购交易前，尽管哈里伯顿与贝克休斯在全球石油工程技术服务市场上分列第二和第三位，却与排名第一的斯伦贝谢有较大差距。融合贝克休斯之后，新哈里伯顿将在全球范围内接近甚至超过斯伦贝谢，并在北美市场，特别是北美海上市场和页岩油气市场上远超对手。

哈里伯顿收购贝克休斯很可能是新一轮油服行业并购的开始。主要原因：第一，迫于反垄断审查的要求，两家公司将会出售一批资产(最高达年收入75亿美元规模)，市场传言威德福和国民油井最有可能接手，这一部分资产销售足以引发中小型企业之间的地

位变化。第二,斯伦贝谢、此前排名第四位的威德福以及其他中小型油服公司将面临类似的市场环境和来自新哈里伯顿更大的竞争压力,可能做出同样的合并选择。

二、收购案引反垄断争议

自2014年11月宣布至今,哈里伯顿与贝克休斯的这条"联姻之路"走得分外艰辛。

2016年4月6日,认为该交易将造成油服行业垄断的美国司法部,一纸诉状将其告上法庭,交易成功的概率也因此大打折扣,该诉讼将提交特拉华州的美国联邦地区法院。

"这项收购交易将消除油服行业市场及其他市场的竞争,造成能源市场失衡,危害美国消费者的利益,"美国司法部总检察长洛蕾塔·林奇(Loretta Lynch)在周三的声明中说,"我们的行动清楚地表明,司法部将严格保护反托拉斯法(反垄断法)。"

美国司法部表示,这项收购交易将造成全球油田技术服务领域仅有两个主导供应商的情形,世界油服老大斯伦贝谢(Schlumberger Ltd)是其中之一,油田服务领域中20多种产品和服务的竞争将大幅受损,可能造成抬高价格及抑制创新等其他垄断问题。在该领域的11条业务线中,从海上固井到陆上压裂,如果哈里伯顿成功收购贝克休斯,那么新哈里伯顿将在全球占有50%多的市场份额,甚至在其他情况下还可能占80%。

哈里伯顿成立于1919年,总部位于阿联酋第二大城市迪拜,目前是世界第二大的油服公司,全球员工超8万名;世界第三大油服公司贝克休斯成立于1987年,总部位于美国得克萨斯州,目前拥有6.1万名员工。

在全球油田技术服务领域,哈里伯顿与贝克休斯分别是继斯伦贝谢之后的二、三名。2014年11月17日,哈里伯顿宣布以346亿美元新股和现金收购贝克休斯所有股权,从而新建一个市值达700亿美元的新哈里伯顿。"哈里伯顿与斯伦贝谢在美国的营业额大体相当,只是斯伦贝谢的国际业务要大大超过哈里伯顿,"跨国投行分析师表示,"一旦并购贝克休斯,那么哈里伯顿在美国的利益就大于斯伦贝谢了。"

这项收购交易本应于2015年结束,但由于可能产生行业垄断的担忧而不断被推迟。哈里伯顿此前曾表示愿意剥离75亿美元的资产以换取交易成功,并表示愿意出售一些子公司和贝克休斯的核心竞争力业务,但在经过几个月的关于剥离相关重叠业务的会谈后,美国政府认为剥离的资产规模仍不够消除垄断担忧。"我曾亲眼看见了许多有问题的并购交易,但为市场带来如此多的反垄断问题的交易我还是第一次见。"美国司法部反垄断部门部长比尔·巴尔(Bill Baer)在媒体发布会上表示。

然而,哈里伯顿却对此表示异议,并表示已经做好在法庭上"积极辩论"的准备,"哈里伯顿和贝克休斯都认为司法部的交易评估得出的结论是错误的,司法部的相关行动只会适得其反,尤其是在眼下美国及全球能源行业面临挑战的严峻背景下",该公司在声明中表示。

除了美国司法部的阻拦,该项交易在欧洲反垄断监管机构也碰了壁。就在3月,其声称交易双方尚未提供一项重要信息,第三次暂停了对这项交易的审查活动。

三、并购案失败的监管审批解读

2016年5月2日,美国第二大油田服务企业哈里伯顿能源服务集团和第三大油服公司贝克休斯因反垄断相关监管障碍宣布终止合并交易。贝克休斯公司发布声明表示,无法找到满足反垄断监管要求的解决方案。而哈里伯顿公司则表示,满足监管批准等条件严重损害该交易的经济利益。

由于合并双方是全球第二和第三大油服公司，交易面临的反垄断审批压力前所未有。虽然交易宣布后，两家公司在一年左右的时间内陆续获得了加拿大、哥伦比亚、哈萨克斯坦、南非、土耳其等国的反垄断机构审批，但最主要的几个国家和组织，如中国、美国、澳大利亚、巴西、欧盟等法域的反垄断审批周期明显超出两家公司高管的预估时间，因此在2015年年底，此交易就已显现出失败征兆。特别是2016年4月遭美国司法部起诉后，交易完成的可能性变得微乎其微。综合分析反垄断审批未获通过的原因，大致有以下两点。

一是双方的业务领域高度重合。哈里伯顿90%以上的收入领域同时也是贝克休斯提供服务的业务领域。美国司法部使用了常见的假定垄断者测试和HHI指数来计量市场份额的变化与厂商规模的离散度，认为两家公司合并将导致油服行业竞争受损、价格上升及创新减少，损害消费者利益，并特别指出两家合并后至少在23个油服细分市场上减弱了竞争性，其中11项产品/服务的美国市场占有率将超过50%，特别是陆地尾管悬挂器和海上生产封隔器的市场份额将超过70%，海上增产船和海上尾管悬挂器的市场份额将超过80%。石油业内人士，如道达尔首席执行官在接受采访时也表示，若此并购交易完成，对原油开采商和原油公司来说都不是好消息；油服业内企业更是不断发出行业垄断的警告试图延缓或阻止此项交易。

二是哈里伯顿和贝克休斯提供的资产剥离计划并不具有实质效果，难以达成交易完成的要件。此前，两家公司提出了明确的资产剥离计划，如哈里伯顿计划剥离固定切削齿钻头和牙轮钻头业务、定向钻探业务、随钻测井业务，以及膨胀式尾管悬挂装置业务；贝克休斯计划出售其核心完井工程业务(包括封隔器、流量控制工具和井下安全系统)，以及在墨西哥湾的防砂业务，在澳大利亚、巴西、墨西哥湾、挪威和英国的海上固井业务。不过，这其中潜在的困难是，为了防止大量的资产分割给未来的监管执行带来难度，美国司法部要求两家公司所出售资产的买家尽可能少，甚至一个买家会更好。可是在油气行业整体低迷的情况下，寻找一个买家购买如此多的资产是相当困难的。两家公司一度努力向通用电气和凯雷集团等实力雄厚的潜在买家甩卖资产，但终因油气行业前景不明朗和资产专属性较强等原因未能取得实质性进展。

【案例评析】

在国际油价持续暴跌的背景下，2014年11月18日哈里伯顿提出以346亿美元收购贝克休斯，其后收购进程不断遭遇多方反垄断因素影响。美国反垄断监管机构担忧合并会损害消费者及其他较小型企业的利益，威胁到石油勘探行业在23项产品和服务的有序竞争，最终会扭曲市场。在18个月的漫长并购过程中，外部环境的变化和内部因素的双重作用，使得哈里伯顿与贝克休斯的并购交易以失败告终。当然，并购中的种种限制和约束使得并购初衷失去了本来强强联合的意义是最为主要的原因。

低油价下油服行业的洗牌与整合仍会继续。资产规模较小、负债较多、现金流较差的企业将难逃破产的命运，而很多成本低且效率较高的油服公司则可能借机争夺市场份额，以求在油气行业复苏时赢得有利位置。总之，未来一段时期，油服行业将进入核心竞争力比拼的高级阶段，优胜劣汰将愈加明显，而哈里伯顿能源服务集团和贝克休斯“世纪并购”

在反垄断审查中以失败告终也给油服行业的并购重组提供了前车之鉴。

【案例讨论题】

1. 你认为哈里伯顿能源服务集团和贝克休斯“世纪并购”失败的原因有哪些?

2. 这个案例在哪些方面对我国油服企业在国际油价下跌背景下的并购重组有借鉴意义?

3. 通过这个案例,你认为我国在此类案件反垄断调查过程中应该注意哪些问题?

附录

中国上市公司并购典型案例汇总

一、1990 年至 1998 年未规范的上市公司收购

1. 宝延风波——中国上市公司收购第一案

1993 年 9 月 13 日，深宝安旗下宝安上海、宝安华东保健品公司和深圳龙岗宝灵电子灯饰公司在二级市场上悄悄收购延中实业的股票。9 月 29 日，上述 3 家公司已经分别持有延中实业 4.56%、4.52%和 1.657%的股份，合计持有 10.6%。由此，延中实业的股票价格从 9 月 13 日的 8.83 元涨至 12.05 元。9 月 30 日，宝安继续增持延中实业的股票，持股比例达到 15.98%。至此宝安才发布举牌公告宣称持有延中 5%以上的股票，在一切准备就绪的情况下，向延中实业公开宣战。1993 年的宝延事件，深圳宝安集团通过二级市场购买延中股票达 19.8%，从而成为公司第一大股东，由此开辟了中国证券市场收购与兼并的先河，成为中国证券市场首例通过二级市场收购达到成功控制一家上市公司的案例。1998 年方正入主延中，延中改名为方正科技，后来又发生长虹、裕兴争夺控制权的收购事件。

宝延风波是中国大陆第一例股权转移事件，标志着股份制改革和证券市场发展迈出具有历史意义的一步。其后万科参股申华、恒通控股棱光、康恩贝吃掉凤凰、辽国发拨弄爱使、恒丰举牌兴业、一汽买金杯等一系列事件，都可说是宝延事件激起的千层波浪，同时也催生了中国股市挖掘不尽的题材板块——资产重组。

涉及要点：信息披露的程序；公告、反收购

2. 申华竞购案

1993 年 11 月 10 日，宝延风波平息没多久，深万科(000002)发布公告，深万科及其子公司合计持有申华实业 5%股份。1994 年 3 月 31 日，《中国证券报》在第 4 版上刊登万科 4 家 A 股股东授权万科 B 股股东之一君安证券所作《改革倡议——告万科企业股份有限公司全体股东书》，其中对万科参股申华大加指责。王石虽对此并不认同，但其实在 1993 年年末万科就已经开始减持申华的股票。1993 年年底，申华工贸持股 3.74%，依然是第一大股东，万科持股比例已经降为 2.92%。在后来的两年中，万科继续减持，直至 1995 年从申华前十大股东名单中退出。同年，申华工贸及瞿建国等与上海太阳海设备有限公司发生股权纠纷，申华工贸退出，但太阳海也没有进入申华实业，而 1995 年瞿建国以 0.69%的持股比例，俨然位居第一大股东之列。此时申华实业的股权分散的程度已经到达历史最低点。在 1996 年年底，金融大厦即将封顶之时，广州三新公司在二级市场大量买进该公司股票，接连两次“举牌”公告，并引发“申华”公司董事会的内部决裂。7 名董事要求接纳“三新”公司的 4 名新董事，并与董事长反目。在此关键时刻，作为国内最大的证券公司之一——“君安证券”公司登场入驻，先后持流通股 15%，成为无法抗争的第一大

股东。君安入驻申华后,派来年富力强管理人员,瞿建国仍是董事长,但离开管理第一线。1998年7月,君安高层出事后,瞿建国在管理层的一致要求下,重新掌控申华。但瞿建国在收购江西省最大的民营科技集团江西科环集团时与君安产生分歧,临时股东大会上该项收购提案未被通过,最后瞿建国通过分拆收购的方式得以实现。1999年,君安投资与瞿建国反目,以瞿建国"侵权和非法投资"为由,将其告上法庭,这也是中国资本市场第一个大股东状告公司董事长的例子。一时间,"君申之争"成了市场竞相关注的焦点。1999年3月17日,申华董事会会议一致同意以9.2亿元收购华晨在美国纽约股市上的51%的股权(未能实施)。同时,为了排除大股东君安的阻力,包括瞿建国在内的7名董事决定以集体辞职为条件,同时,董事会推举9名主要来自华晨的新董事候选人。而华晨通过收购君安投资成为申华实业的控股股东。1999年4月,仰融当选为申华实业董事长;1999年8月,申华实业以其持有上海申华商务大酒店90%的股权与珠海华晨持有的铁岭华晨橡塑制品有限公司95%的股权进行置换,其中的差价2 655.2万元由本公司以现金向珠海华晨支付;1994年10月,申华实业更名为华晨集团。2001年,华晨集团再次更名,变为申华控股。

涉及要点:二级市场收购、反收购、公司诉讼、资产置换

3. 爱使股份收购:股权变动最频繁

爱使股份这只盘子最小的全流通股票,以控制权五易其手的纪录创下之最,更留下大炒家风云际会的历史写真。上海爱使电子设备有限公司,于1985年面向社会公开发起成立,并于1990年年底成为我国首批在交易所公开上市的企业之一。由于其全流通的特质,爱使股份股权相当分散,股权控制最不稳定。仅在上市后的10年内便五易其主,自然人胡兴平、辽宁国发集团、延中实业(600601)、天津大港油田、明天系等相关企业先后入主爱使股份。爱使股份最初以电子产品为单一主业,随着控股股东数次更迭,其主业也频繁变换。由电子产品到客运等第三产业再到石油制品和饮用水,以至于今天的煤炭和计算机软件,爱使股份早已物是人非。如今,爱使股份唯一保持不变的恐怕就只有它的证券简称和代码了。

涉及要点:自然人控股、二级市场举牌收购、反收购

4. 恒通入主棱光——开国家股受让之先河

1994年至1995年,中国证券市场接连发生两起颇不平常的企业收购交易。交易之一:1994年4月29日珠海恒通集团股份有限公司(以下简称"恒通集团"或"恒通")斥资5 160万元,以每股4.3元的价格收购上海建材集团总公司(以下简称"建材集团")持有的上海棱光实业股份有限公司(以下简称"棱光公司"或"棱光")1 200万股国家股,占总股本的35.5%,成为棱光公司第一大股东。这次收购首开国有股协议转让的先河,引起新闻界的广泛关注,被称为恒棱事件。交易之二:1995年12月22日,恒通集团将其属下全资于公司恒通电能仪表有限公司(以下简称"恒通电表")以16亿元的价格转让给棱光公司。显然,两起交易的策划者是恒通集团,由于交易之二中的卖主——恒通同时又是买主——棱光的控股股东,使得交易之二构成明显的关联交易,两起交易合在一起,又构成买壳上市。所谓买壳上市,是指非上市公司通过收购并控股上市公司来取得上市地位,然后再通过反向收购的方式注入自己有关业务和资产。

涉及要点：国有股协议转让、买壳上市、反向收购、关联交易

5. 北旅事件

1995年7月5日，日本五十铃自动车株式会社和伊藤商式会社，一次性购买北京北旅法人股4 002万股，占该公司总股本的25%，旋即成为轰动一时的“首例外资收购案”。可是，由于北旅公司长期亏损，几乎没有股权利润分成，公司经营管理不力，重组进展不顺，伊藤商式会社1995年以每股2元买进股权，现在只剩下0.7元左右，此外2 000多万元的债权只换回200万元的现金。

“北旅事件”发生后，为防止外资一窝蜂地无序占有上市公司股权，1995年9月23日，国务院办公厅颁布48号文件规定“在国家有关上市公司国家股和法人股管理办法颁布之前，任何单位一律不准向外商转让上市公司的国家股和法人股”。

涉及要点：外资收购、国有股法人股转让

6. 中远收购众城实业

1997年我国资本市场资产重组风起云涌之际，证券市场发生一起著名的“登陆”案件：中远置业、上海建行及上国投三方(上海建行与上国投是众城实业四大股东之二)在进行了多次谈判后，于1997年5月27日签署协议，中远置业一次性受让众城实业发起人国有法人股共4 834.4万股，每股转让价格为3.00元(为净资产的1.5倍)，总共耗资1.45亿元。7月17日，众城实业召开第三届第五次董事会，改选、调整了董事、监事和总经理。8月18日，众城实业召开股东大会，至此中远掌握众城的实质经营权。此举达到了中远在中国内地买壳上市的目的，在此前中远已在我国香港有两家大的上市公司，其一直想在中国沿海地区发展房地产业以支持其日益发展的海上运输事业。这次收购是上海市房地产业第一起“买壳上市”案，同时也为大中型国有企业利用证券资本市场发展壮大自己探索了一条成功道路。

中远入主众城董事会后，在财务顾问上海亚洲商务投资咨询公司的协助下制订出缜密、切实可行的资产重组方案和众城实业中长期业绩及股本增长规划方案。经过两个多月的运作，众城的经营状况明显改善。在这种情况下，中远置业做出增持众城股份的决定。因为众城基本面好转，第二次股权收购的成本也相应高于首次收购成本。经过多项谈判，中远置业、陆家嘴和中房上海公司签署协议，中远置业一次性受让众城实业发起人国有法人股共6 681.4万股，每股转让价格为3.79元，共耗资2.53亿元。至此，中远置业以68.37%的众城股份持有量成为其绝对控股方。这两次收购均获得了证监会有关豁免其全面收购义务的批准。

涉及要点：买壳上市、资产重组

7. 福特收购江铃汽车

1995年8月，福特以4 000万美元的价格认购江铃汽车发行的约1.39亿股B股，其约占江铃汽车此次发行B股总额的80%，占发行后总股本的20%。认购价格略高于江铃汽车每股净资产。同时，福特提名3人进入江铃汽车的9人董事会。1998年10月，江铃汽车增发B股1.7亿股，福特以每股0.454美元认购了1.2亿股。

涉及要点：外资收购、定向增发B股

8. 上房集团整体置换嘉丰股份

1997年10月15日上海房地(集团)公司(以下简称"上房集团")与上海纺织控股(集团)公司(以下简称"纺织控股")签署股份转让协议,纺织控股以每股2.628 8元一次性向上房集团转让其所持有的上海嘉丰股份有限公司(以下简称"嘉丰股份")国家股6 478.199 2万股,占总股本的74.69%。经国家国资局(国资企发〔1997〕328号)、上海市国有资产管理办公室批准,并经证监会证监函〔1997〕54号文批准,同意豁免上房集团向嘉丰股份其他股东发出全面收购要约的义务。1997年12月26日,股份转让协议正式生效。上房集团成为嘉丰股份的绝对控股股东。本次股权转让后,嘉丰股份总股本及股本结构不变。转让各方就此于1997年12月31日在《中国证券报》和《上海证券报》发布公告。

1998年6月25日,嘉丰股份与控股股东上房集团签署协议,对原纺织资产进行整体资产置换。6月29日,嘉丰股份1997年度股东大会在上海影城召开。会议以65 175 063股赞成、46 671股反对、8 500股弃权审议通过了《公司资产置换、变更主营业务的议案》。根据协议,上房集团将其所属部分优质资产(新型建材与高科技楼宇设备、城市基础设施配套建设产业)与嘉丰股份全部资产按各自评估后的净资产值进行等值置换,置换金额为14 028.16万元。会议还以65 163 863股赞成、57 871股反对、8 500股弃权审议通过了《关于公司更名的议案》,公司更名为"上海金丰投资股份有限公司"。会议还选举产生了公司第三届董事会成员、监事会成员。通过改组董事会、监事会,上房集团经营层全面入主嘉丰股份(金丰投资),从而保证嘉丰股份(金丰投资)顺利实现上房集团的经营发展战略。

嘉丰股份(金丰投资)董事长徐林宝在对原嘉丰股份进行资产置换后表示,公司将尽快改善经营业绩,恢复公司配股筹资能力,并为广大投资者带来丰厚回报。至此,历时8月有余的上房集团并购嘉丰股份暂告一段落,上房集团成功实现了买壳上市。

涉及要点:资产置换、买壳上市

二、1998年至2005年有监管的上市公司收购

1. 中关村替代琼民源

1998年11月20日,北京市政府批准将民源海南公司持有的琼民源38.92%国有法人股无偿划拨给北京住总集团。这一安排使北京住总集团代替民源海南公司成为琼民源的第一大股东,既保证了住总集团有权对琼民源的资产进行重组,又使中关村公司与琼民源的资产、债务并不发生直接的关系。

由北京住总为主发起人,联合市国资经营公司、市新技术产业发展服务中心、实创高科、联想集团、北大方正、四通集团六家发起人,于1999年6月8日发起设立"中关村"公司。

1999年6月19—28日,中关村公司向北京住总集团定向增发18 742.347万股,住总集团以经评估确认后的18 742.14万元净资产按1∶1的比例认购股票,不足部分由住总集团以现金支付。通过定向增发,中关村公司的股本增至48 742万股。经证监会同意,住总集团将自己拥有的中关村公司定向增发的股票与琼民源的社会公众股股东按

1∶1的比例实施换股，即琼民源的社会公众股股东可以将自己持有的琼民源股票换成中关村公司的股票，后者的股票将于1999年7月12日在深交所挂牌交易。这意味着中关村公司的4.87亿股票中有1.87亿股票是流通股，这也意味着持有琼民源流通股的投资人有机会在股市中交易并解套。

1999年7月7日，琼民源公司董事会与深交所同时发布公告，宣布根据《公司法》第158条和《深圳证券交易所股票上市规则》的有关规定，经证监会批准，自1999年7月12日起，琼民源股票终止上市。

1999年6月，北京住总以高科技为号召设立中关村公司，与停牌已久的琼民源换股，一举实现新公司借壳上市与旧股票恢复交易两大目标，获得了各方的好评，亦得到了投资者的认可。

涉及要点：资产重组、借壳上市

2. 阿尔卡特收购上海贝岭

2001年10月，上海贝岭第二大股东上海贝尔有限公司的中方股东与外资股东阿尔卡特公司签署备忘录，将原上海贝尔有限公司由中外合资企业改制为外商投资股份有限公司，更名为上海贝尔阿尔卡特有限公司。阿尔卡特公司占"50%＋1股"，中方股东占"50%－1股"。外资阿尔卡特公司通过绝对控股的上海贝尔间接持有上海贝岭25.64%的股份。

涉及要点：外资收购、间接控股

3. 南钢联合要约收购南钢股份(第一例要约收购)

2003年3月12日，复星集团及其关联企业与南钢股份控股股东南钢集团合资设立南钢联合有限公司。南钢集团以其持有的南钢股份(600282)70.95%股权及其他资产作为出资，复星集团及其关联公司以现金出资6亿元，共持有南钢联合60%的股权，实现了对南钢股份的收购。从而引发中国证券市场上的第一例要约收购，涉及金额达8.5亿多元。

2003年3月12日，南钢股份控股股东南钢集团公司，与复星集团、复星产业投资有限公司和上海广信科技发展有限公司联合组建南京钢铁联合有限公司。《合资经营合同》约定：南钢联合公司注册资本为27.5亿元。其中，南钢集团以其持有的南钢股份国有股35 760万股(占总股本的70.95%)及其他部分资产、负债合计11亿元出资，占注册资本的40%；复星集团公司以现金8.25亿元出资，占南钢联合公司注册资本的30%；复星产业投资以现金5.5亿元出资，占南钢联合公司注册资本的20%；广信科技以现金2.75亿元出资，占南钢联合公司注册资本的10%。由于南钢集团公司以所持南钢股份的股权出资尚须取得财政部、证监会等有关部门的批准，合资各方在《合资经营合同》中约定对南钢联合采取"先设立，后增资"的方案，即先行按前述出资比例设立注册资本为人民币10亿元的南京钢铁联合有限公司，其中南钢集团以需取得财政部、证监会等有关部门批准方可投入的资产以外的其他经营性资产合计净值人民币4亿元出资，而复星集团等另三方仍以现金出资；待南钢联合成立且有关各方履行完相关审批手续后再行由合营各方对南钢联合进行同比例增资，南钢集团以其持有的南钢股份国有股权及其他经营性资产(包括负债)出资，复星集团、复星产业投资、广信科技仍按前述出资比例以现金出资，以使南钢联合的注册资本达到27.5亿元。后三者的实际控制人是以郭广昌为首的4个自然人。3月27日,财政部批准了南钢集团公司以其持有的南钢国有股份出资成立南钢联合。这实质上构成了上市公司收购行为,且收购的股份超过南钢股份已发行总股本的30%,依法已触发要约收购义务。根据《上市公司收购管理办法》中要约收购义务豁免的申请条件,南钢股份此次要约收购不符合此条件,所以南钢联合将根据有关规定履行要约收购义务,向南钢股份法人股和流通股股东发出全面收购要约。

意义:作为首例要约收购,南钢股份要约收购的案例,将促进证券市场兼并收购业务的开展。上市公司的收购行为,完全符合《上市公司收购管理办法》所明示的可以申请豁免要约收购义务的情况的,其实很少。有不少企业有意收购证券市场上的好公司,但存在种种顾虑,尤其是在操作细则出台以前,以至于收购几乎成了ST板块的专利。复星-南钢的合作模式如果成功,将会给市场一个参考,被许多潜在的收购者所复制,真正意义上的收购重组行为将更趋活跃,甚至可能会出现竞争要约收购的情况。

涉及要点:要约收购、要约收购义务的豁免、资产重组、信息披露、大宗交易

4. 三联重组郑百文

1996年4月,郑百文成为郑州市第一家上市企业和河南省首家商业股票上市公司。郑百文的前身是一个国有百货文化用品批发站。郑百文曾经自称:1986年到1996年的10年间,它的销售收入增长了45倍,1996年实现年销售收入41亿元人民币,1997年其主营规模和资产收益率等指标在深圳与上海上市的所有商业公司中都排序第一,进入中国国内上市企业100强。郑百文上市后红极一时,成为当地企业界耀眼的改革新星和率先建立现代企业制度的典型。然而,在被推举为改革典型的第二年,郑百文就在中国股市创下每股净亏2.54元人民币的最高纪录,而上一年它还宣称每股赢利0.448元人民币。1999年,郑百文一年亏掉人民币9.8亿元,再创上海和深圳股市亏损之最。

郑百文上市后募集的资金数以亿计地被公司领导以投资、合作为名拆借、挪用出去,总计十多家公司拆借的近2亿元人民币资金不仅至今有去无归,还使郑百文陷入了一桩又一桩追款讨债的官司中。1998年下半年起,郑百文设在中国各地的几十家分公司在弹尽粮绝之后相继关门歇业。数以亿计的货款要么直接装进了个人的腰包,要么成为无法回收的呆坏账。按中国《公司法》规定,企业不能清偿债务就应该破产。但郑百文却迟迟没有进入破产程序。1999年12月,在有关方面的斡旋下,郑百文欠建设银行的20多亿元人民币债务被转移到中国信达资产管理公司。

就在郑百文生死未卜的时候,作为山东省政府重点培植的八大骨干企业之一的三联集团宣布,将对郑百文进行战略重组。根据重组方案,三联集团将以人民币3亿元的价格购买郑百文所欠中国信达公司的部分债务约人民币15亿元,实现"借壳上市"。

2000年12月1日,郑州百文股份有限公司宣布了决定其前途命运的资产重组方案。按照这一方案,山东三联集团将作为战略投资人进入郑百文。

意义:山东三联集团成功入主郑百文成为继琼民源、PT红光之后又一家起死回生的上市公司,是我国证券市场上最大的一次借壳上市事件。

涉及要点:资产重组、上市公司破产、流通股股东利益的保护、借壳上市、退市

5. 新桥控股深发展

2004年10月4日，新桥投资收购价为每股5元人民币，超过深圳发展银行（以下简称“深发展”）年报的2.03元及调整后的1.82元，斥资15亿元购买深发展15%的股份，从而成为深发展第一大股东，控股深发展。这是中国首例外资收购国内银行。这是国际收购基金在中国的第一起重大案例，也产生了第一家被国际收购基金控制的中国商业银行。深发展是上市银行。

意义：深发展成为中国首家外资控股上市银行。

首先，在股权转让比例方面，刷新了中资银行转让单个境外金融机构股权的新高。根据2003年12月31日开始施行的《境外金融机构投资入股中资金融机构管理办法》，境外金融机构向中资金融机构的入股比例有明确限制：单个外资参股中资金融机构的入股比例上限为20%。此次17.89%的被转让股权数量，刷新了迄今为止中资银行股权对单个境外金融机构转让的新高，此前新桥投资刚刚入股民生银行的比例为4.82%，而花旗银行参股浦发银行的比例也仅为4.62%。即使是上海银行、南京市商业银行和西安市商业银行等城市商业银行，单个外资持股比例也均未超过15%。尤为突出的是，此次在四家国有股东转让之后，新桥投资已经成为深发展的第一大股东，这是中国首个外资控股中资银行的案例，也是中国银行业逐步开放的一个新的里程碑。

其次，为国内其他股份制银行、城市商业银行引入境外金融机构投资入股提供了一个极为成功的案例。此次收购深发展的主角新桥投资，是一家战略金融投资机构，公司主要股东是世界银行、通用电气、美国加州退休基金和新加坡政府投资公司等机构。1999年9月，新桥投资曾收购当时濒临破产的韩国第八大银行韩一银行51%股权，成为韩国向外国出售大型商业银行的首例。

涉及要点：银行上市公司收购、外资收购、外资控股

6. 恒生银行收购福建兴业银行

2004年，汇丰银行（HSBC）的子公司恒生银行（Hang Seng Bank）出资17亿元人民币收购兴业银行15.98%的股权，使得汇丰紧随福建省政府之后，成为福建兴业银行的第二大股东。恒生此次入股兴业已创下外资银行入股内地银行两项历史新高：收购涉及金额最大以及外资持股比例最高。在此之前，以国际金融公司（IFC）所持南京市商业银行15%股权视为最高。之后，中国银监会宣布将单一外资银行入股内地银行的投资比例由原来规定的15%提高至20%。

恒生是首家突破入股内地银行超过原15%上限的外资银行，恒生也由此成为兴业银行第二大股东。福建省政府是兴业银行最大股东，持有该行34%股权。除恒生外，兴业本次增资扩股还包括另外两个外方投资者——新加坡政府直接投资有限公司及世界银行集团成员之一的国际金融公司。两家机构将分别购入兴业经扩大股本的5%及4%股权。

意义：收购涉及金额最大以及外资持股比例最高。

涉及要点：外资收购、金融开放、国有股转让

7. 苏格兰皇家银行收购中国银行10%股权

2005年8月18日，苏格兰皇家银行集团宣布与中国银行签订战略性投资与合作协议。苏格兰皇家银行牵头的财团决定收购中国银行10%的股权，此项收购耗资31亿美

元,是目前银行业内单笔并购额最大的一例。

意义：银行业上市前引进的最大战略投资者,也是中国银行业开放的标志性事件。

涉及要点：金融领域、战略投资、外资收购

8. 英国汇丰银行入股交通银行

2004年8月6日,汇丰银行宣布以"香港上海汇丰银行"名义与交通银行签署入股协议。汇丰银行以每股1.86元入股,持有77.75亿股交行股份,占该行增资扩股后19.9%,共计人民币144.61亿元,折合17.47亿美元。入股后汇丰将成为继财政部之后交通银行第二大股东。

意义：这笔交易创下当时外资参股中资银行金额最高的纪录。

涉及要点：金融领域、战略投资、外资收购

9. 花旗入股浦发银行(外资首次收购A股股权)

2003年9月18日公司接股东上海国有资产经营有限公司、上海久事公司通知,国务院国资委已同意上海国有资产经营有限公司、上海久事公司与花旗银行海外投资公司签署的股权转让协议。据悉,这是A股市场首例外资成功受让银行上市公司股权案。

据《上海证券报》报道,国务院国资委批复同意,上海国有资产经营有限公司将其所持的浦发银行29 850万股国家股中的10 845万股转让给花旗银行海外投资公司,上海久事公司将其所持的浦发银行22 950万股国有法人股中的7 230万股转让给花旗银行海外投资公司。

本次股权转让后,花旗银行海外投资公司将持有浦发银行股份18 075万股,占公司总股本的4.62%,成为公司第四大股东。与此同时,本次股权转让完成后,浦发银行第一大股东将由上海国有资产经营有限公司变更为上海国际信托投资有限公司,其持有浦发银行25 200万股,占公司总股本的6.44%。

涉及要点：外资收购、金融上市公司

10. 米塔尔钢铁公司控股华菱管线

2005年1月,作为华菱管线的控股股东,华菱集团与米塔尔钢铁公司签署股权转让协议,前者将其持有的华菱管线74.35%国有法人股中的37.175%转让给米塔尔。转让后,米塔尔与华菱集团成为并列第一大股东。此后,随着国内钢铁行业新政策出台,明确规定外商不能控股国内钢铁企业。在此背景下并购双方重新谈判,米塔尔钢铁公司同意其购入的股权减少0.5%,以1%的股权差距屈居第二大股东。

意义：跨国公司首次收购中国钢铁企业股份。

涉及要点：外资收购、钢铁行业外资控股、协议转让、收购资源及基础设施行业上市公司

11. 张裕集团股权转让

2005年1月18日,意大利意利瓦公司以4.81亿元购得张裕集团33%股权；美国国际金融公司以1.46亿元购得张裕集团10%股权。新的股权结构为,烟台市国资委持有12%的股权,境外机构共持股43%的股权,职工和管理层持有45%的股权,张裕集团完成了股权多元化国际化的改造后管理层成为第一大股东。

意义：引入国外战略投资者和MBO并举。

涉及要点：MBO、外资收购、国有股转让

12. 燕京入主惠泉

2003年，燕京啤酒宣布出资现金3.624亿元，受让福建惠安县国有资产投资经营有限公司持有的福建惠泉啤酒集团股份有限公司38.148%的股权，交易完成后燕京将成为惠泉啤酒的第一大股东。这是国内首家两大上市啤酒公司间的并购活动。业内人士分析，燕京入主惠泉对福建啤酒业影响是巨大的，福建啤酒市场将再次洗牌。

涉及要点：上市公司收购上市公司、啤酒行业并购、国有股转让

13. 美国AB集团、南非SAB集团争购哈尔滨啤酒

2004年6月，哈尔滨啤酒（以下简称"哈啤"）原第一大股东，世界第二大啤酒集团南非SAB Miller PLC（简称SAB）宣布接受世界第一大啤酒集团美国安海斯Anheuser-Busch Limited（简称AB）以每股5.58港元收购哈尔滨啤酒集团有限公司（0249.HK）股票的报价，SAB向AB出售它所持有的29.41%哈啤股权，总价为50多亿港元，AB成为哈啤第一大股东。到2004年8月，AB公司已持有哈啤全部股份的99.91%，并依例强制收购余下股份，哈啤从联交所退市。

意义：外资收购在境外上市的公司，引发了中国啤酒行业的并购大战，中国啤酒行业重新洗牌。

涉及要点：外资收购、H股收购、要约收购、退市

14. 哈药集团与哈药股份的重组

2004年12月14日，哈尔滨国资委与中信资本投资、美国华平投资、辰能投资与签署协议，共同斥资20.35亿元对哈药集团以增资方式进行重组。之后在12月20日哈药集团以每股5.08元的价格向所有流通股股东发出收购哈药股份要约的公告，预计收购资金总额为41.16亿元左右。一旦要约收购成功，哈药集团将重新成为第一大股东并至少持有95%股份。按照规定哈药集团要约成功之后还需将持股比例减到75%以下，否则将面临退市成为国内证券市场第一个私有化案例。

同年12月14日，哈尔滨市国资委、哈药集团、中信资本、美国华平投资和黑龙江辰能哈工大高科技风险投资有限公司五方共同签署了《重组增资协议》。3家投资公司以现金方式向哈药集团增资扩股20.35亿元人民币，分别获得哈药集团22.5%、22.5%和10%的股份，成为哈药集团的新股东。原股东哈尔滨市国有资产管理委员会持有45%的股权。

2005年9月20日，举行了哈药集团有限公司增资扩股庆祝仪式。这标志着历时一年之久、创黑龙江省单项引资历史之最的哈药重组增资改制工作圆满完成。重组后哈药集团第一届董事会确定的"招商改制内部整合对外购并＝有国际竞争力的大公司"的发展思路进入实施阶段。

涉及要点：资产重组、要约收购、外资收购

15. 华源集团收购北京医药集团、鲁抗集团（医药）

2004年11月中旬，中国华源集团通过旗下中国华源生命产业有限公司和中国高新技术投资发展有限公司分别以现金9.28亿元、2.32亿元增资北药集团，合计持有改制后北药集团50%的股权。由此，华源生命产业有限公司将正式成为北京医药集团新的控股

股东。几乎与此同时,华源通过其控股的上海医药集团重组国内四大抗生素企业之一的鲁抗集团,预计用不超过10亿元的资金取得鲁抗集团60%的股份。

涉及要点:资产重组、行业整合、医药行业收购

16. 百联集团整合上市公司(商业企业)

2004年4月7日,上海百联集团旗下的上海第一百货公司与上海华联商厦股份有限公司签署协议,进行吸收合并。合并后以第一百货为存续公司,华联商厦注销独立法人地位,原华联商厦股东所持有的华联商厦股票将按照比例折换成第一百货的股票。

本次合并是上市公司之间的吸收合并,在国内尚属首例。

同年8月百联集团将通过股权行政划拨方式,收购第一百货、华联商厦、华联超市、友谊股份、物贸中心5家上市公司相关股权,并成为这5家公司的实际控制人。实施资产划转后百联集团将拥有总资产284亿元、7家上市公司,是一个特大型流通产业集团。

意义:第一起上市公司之间的换股合并案。

涉及要点:吸收合并、国有股权划转、商业上市公司整合

17. 中信证券、吉富公司争购广发证券

2004年9月初,中信证券做出收购广发证券的决议;2004年9月3日,广发证券员工联名发布《公开信》反对中信证券对广发证券的收购,并创立深圳吉富创业投资股份有限公司并集资2.5亿元与中信争购广发证券的股权。随后,深圳吉富以8 888万元人民币收购云大科技所持广发证券3.83%的股权、以总价2.015亿元人民币收购梅雁股份所持有的广发证券8.4%股权,成功持有广发证券的12.23%股权,成为广发证券的第四大股东。中信随后宣布撤销对广发证券的要约收购。

意义:第一例证券公司之间的恶意收购失败案例。

涉及要点:证券公司之间收购、恶意收购、反收购

18. 荷兰飞利浦集团增持苏飞股份

2002年8月中旬,荷兰皇家飞利浦中国集团与苏州孔雀电器(集团)公司(以下简称"孔雀")签署关于飞利浦消费电子有限公司股份转让的协议,飞利浦在合资公司中的股份从51%增加到80%,孔雀则从49%减持至20%,涉及转让金额4.3亿元人民币。

意义:转让国有股权严格采用国际标准的企业定价方法,并参考了中国的市场指数,引起业界的关注。

涉及要点:外资收购、国有股权转让定价

19. 雨润收购南京中商

2004年11月29日,雨润首次举牌南京中商。当日,江苏地华房地产发展有限公司在二级市场购得南京中商7 347 844股流通股,占南京中商总股本的5.11%。此后,雨润集团以江苏地华为先锋,开始了连续举牌,至2005年2月18日累计持有南京中商流通股33 265 787股,占总股本的23.17%,成为南京中商第一大股东。

2005年12月5日,南京中商再次发布公告称,江苏雨润集团旗下江苏地华又通过上交所增持了部分南京中商的流通股,按此计算雨润集团共购得南京中商流通股3 629.6万股,占南京中商总股本的25.29%。

意义:这是在原《上市公司收购管理办法》出台后,通过增持流通股跨行业直接并购

上市公司的第一起案例，14次举牌也创下了16年来沪深股市收购案的最高纪录。

涉及要点：二级市场举牌收购、跨行业并购

20. 金鹰集团收购南京新百

2004年4月，金鹰集团以1.21亿元买下新百集团4家国企的资产，并完成了这些企业的改制和产权交割。当年5月，金鹰集团向新百集团注入3.6亿元资金，用于受让南京新百的国有股权。不过，后来南京国资政策有变，提出了"有进有退，优进劣退"的指导方针，南京新百国有股权转让暂时搁置。国有股权转让暂时搁置后，金鹰集团把目标瞄准二级市场，希望通过增持流通股，加强对南京新百的控制。从2004年2月起，金鹰集团历经10余次举牌、2次大宗交易，历时一年、耗资近5亿元，终于获得了南京新百24.55%的股份，成为南京新百事实上的第一大股东。不过，后来因为种种原因，从二级市场拿到南京新百大股东席位的金鹰集团并没获得上市公司的实际控制权。目前金鹰国际旗下的金鹰申集团是南京新百的第三大股东，持有南京新百6.59%的流通A股。

涉及要点：举牌收购、大宗交易

21. 佳通集团收购桦林轮胎

2003年世界轮胎巨头佳通集团以9 789万元竞买购得15 107万股桦林轮胎国有股权，成为第一大股东，这是第一例外商收购国内上市公司的案例。紧接着佳通轮胎将福建佳通51%股权与公司整体资产进行置换，使公司基本面产生脱胎换骨的变化。福建佳通是佳通集团在中国的五大轮胎生产基地之一，以生产子午线轮胎尤其是半钢子午线轮胎为主，享有佳通轮胎最先进的轮胎生产工艺和技术，其半钢胎生产能力在佳通轮胎五个工厂中排名第一，同时也是中国目前最大的半钢胎生产企业。该公司在外资入主并注入核心资产之后，基本面已经发生彻底变化。大股东新加坡佳通集团还准备将其下属的安徽佳通、重庆佳通、银川佳通等在华的全部资产都注入佳通轮胎，把佳通轮胎打造为其在华的轮胎产业平台。

意义：第一例外商收购国内上市公司的案例。

涉及要点：外资收购、资产置换、竞购国有股权

22. 格林柯尔收购亚星

亚星客车与格林柯尔联合宣布，控股股东江苏亚星客车集团有限公司已与扬州格林柯尔创业投资有限公司签订股份转让合同书。扬州格林柯尔以每股3.625元的协议收购方式收购亚星集团持有的公司11 527.25万股国家股，占亚星客车总股本的60.67%，收购价比亚星客车每股净资产3.32元高出9%，标的为4.18亿元。此次收购完成后，扬州格林柯尔成为亚星客车第一大股东。

亚星客车是大型国有控股客车生产企业，主要产品大型客车的毛利率为14.06%，中、轻型客车的毛利率为6%左右。业内人士分析认为，汽车业是中国支柱产业，加之近几年该行业比较火，资本一定是往赢利好的产业流动。另外，家电行业不景气，该行业的"老大"们虽然利润不多，可账面现金并不少，可拿出部分现金来培养利润增长点，并分散一定的风险。业内人士同时提醒，进入汽车业要掌握好度，负债率不应超过70%，否则风险会特别大。

意义：民资首次入主国有汽车上市公司。

涉及要点：汽车行业收购、跨行业收购、民企收购国有上市公司

23. 华润收购深万科

2000年8月10日，华润集团的全资子公司——中国华润总公司一次性受让深万科第一大股东深圳经济特区发展(集团)公司持有的5 115.559 9万股国有法人股，占万科总股本的8.1%。加上香港华润集团的间接控股公司——北京置地有限公司已经持有2.71%的万科B股。至此，中国华润成为万科的第一大股东。由此组成了中国房地产业的“巨无霸”。

涉及要点：房地产、国企收购民营上市公司

24. TCL集团整体并购上市

2003年9月30日，TCL集团宣布拟以换股的方式合并旗下的上市子公司——TCL通讯，TCL通讯每股折价21.15元。换股完成后，TCL通讯的法人资格将被注销，原有业务另成立公司。TCL集团通过首次公开发行的方式上市。该并购开创我国上市公司换股收购方式之先河，确切地说，是将首次公开发行与换股、吸收合并相结合，手段十分新颖。

TCL集团换股收购TCL通讯的案例对我国上市公司并购的启示主要有：

(1) 使换股收购成为一种新的并购融资手段。

增发、配股对上市公司的赢利状况都有比较硬性的规定，这就把一些未来发展前景好，但当前利润水平一般的上市公司挡在了再融资大门之外。因此，不以赢利水平为硬性条件的换股作为增发、配股之外的选择，可以通过市场化的决策机制，成为一种有效的融资手段。

此外，根据《证券法》的规定，增发和配股所募集的资金规模分别不能超过上市公司最近一期经审计净资产的50%、33%，而且连续两次融资要间隔一年以上，这对于那些渴望通过购并完成超常规发展的中小规模上市公司来讲，无疑无法满足要求。通过换股并购可以很好地解决这一问题。

(2) 换股方案充分维护了流通股股东的利益。

在对并购议案的表决程序设计中，启用独立董事向中小股东公开征集投票权、股东大会催告程序、控股股东回避制度以保证流通股股东充分行使投票权。不对TCL通讯股票实行长时间停牌，以保证广大流通股股东的交易机会，异议股东可以行使“用脚投票”权。

(3) 换股价格更加接近二级市场价格。

过去我国上市公司的协议收购往往是以每股净资产作为定价基础，而TCL集团换股收购TCL通讯的预案则综合考虑了并购后的赢利能力、发展前景、双方股东的利益平衡等因素。折股价格定为2001年1月1日到2003年9月26日间的最高股价21.15元，与TCL通讯的停牌价格18.24元相比，该换股价格很有吸引力。相应的，使得换股比例也更加市场化、科学化。

涉及要点：整体改制上市、资产置换

25. 粤美的MBO

粤美的是从1998年起开始酝酿管理层收购的，于2000年4月正式注册了顺德市美托投资有限公司作为实现融资收购计划的平台。美托公司分别于2000年5月和2001年

1月两次协议收购当地镇政府下属公司持有的粤美的法人股，目前已持有粤美的22.19%的法人股，成为公司第一大股东。现有22名管理层人员按职位和贡献大小持有美托公司的股份，为了便于操作，暂由何享健持有55%和另3位核心高级管理人员分别持有15%的比例，持有美托的全部股份，使管理层成为粤美的真正意义上的控股股东。通过MBO收购，政府退出来，而公司管理层成为公司第一大股东，控制了公司，这对实现股份公司的公司化运作大有好处。

粤美的在我国上市公司中第一个进行MBO，开了一个股权运作的新模式。当然市场对此褒贬不一，毕竟MBO在我国还是一个新兴事物，具体效果还有待时间来检验。

涉及要点：MBO

26. 宇通客车MBO

2004年1月13日，宇通客车(600066)发布公告称，中国证券登记结算公司已在2004年1月5日将郑州宇通集团持有的宇通客车2 350万股股权性质由国家股变更为社会法人股。喧嚣多时的"宇通MBO"案终于尘埃落定，尽管质疑之声仍旧在耳。

自从两年前宇通客车试图开MBO先河以来，一直处于媒体的视线之内。2001年6月15日，上海宇通与郑州市国资局(其职能后划到市财政局)签署了《关于郑州宇通集团有限责任公司股权转让协议》和《股权委托管理协议》，约定由上海宇通受让市财政局持有的宇通集团89.8%股权并呈报财政部审批；在报批期间宇通集团该部分股权(含宇通客车国家股2 350万股)由上海宇通代为管理。

2001年8月6日和8日，郑州市财政局收取了上海宇通支付的合同约定股权转让价款共计9 687万元。

但是宇通的尝试却被管理层叫停。由于财政部一直对郑州财政局的报告未予批复，因此郑州财政局既没有向上海宇通合法转让约定股权，也没有返还已收取的股权转让款。

因此，2003年12月3日，上海宇通以申请支付令方式向郑州市二七区人民法院提起诉讼，要求财政局返还股权转让款并赔偿利息。2003年12月20日，郑州市二七区人民法院裁定冻结郑州财政局持有宇通集团的100%股权并委托郑州拍卖总行公开拍卖。

2003年12月21日，郑州拍卖总行在《郑州日报》刊登拍卖公告。2003年12月29日，郑州拍卖总行对财政局所持宇通集团100%股权进行了公开拍卖。通过竞价，上海宇通以人民币14 850万元的价格拍得宇通集团90%的股权，宇通发展以人民币1 650万元的价格拍得宇通集团10%的股权。

拍卖完成并办理相关过户手续后，宇通客车的实际控制人已经变更为上海宇通。而宇通客车此次转让，随即被媒体指为"假道司法手段实现MBO"，"逼宫国资委"。

涉及要点：司法途径拍卖国有股、曲线MBO

27. 华润收购华润轻纺

2003年2月，中国华润总公司与华润轻纺(集团)有限公司(外资)签署《股份转让协议》，中国华润总公司将其持有的华润锦华(000810)股权全部转让给华润轻纺(集团)有限公司。该股权转让分别获得财政部、原经贸委和商务部的批准以及证监会的要约收购豁免，成为我国自1995年"北旅事件"后的首例外资直接收购并控股上市公司成功的案例。

意义："北旅事件"后首次外资并购。

涉及要点：外资收购、要约收购豁免

28. 一汽集团收购天津汽车

2002年6月14日，一汽集团公司总经理竺延风和天津汽车工业(集团)有限公司董事长张世堂在北京人民大会堂签订了联合重组协议书。协议规定天津汽车集团公司将其持有的天津汽车夏利股份有限公司国有法人股中的739 294 920股，协议转让给一汽集团，每股转让价格以2002年3月31日为基准日经评估的每股净资产值为准。收购完成后一汽集团持有天津汽车50.98%的股权，天汽集团继续持有33.99%。与此同时，天汽集团公司还将其子公司华利公司75%的中方股权全部一次性转让给一汽集团公司。

通过此次重组，中国最大的汽车生产企业一汽集团将中国最大的经济型轿车生产企业天津汽车(000927)收入囊中，这是目前中国汽车工业发展史上最大、最具影响力的重组。自中国加入WTO后，汽车行业并购、合资一直不断，此次的重组也因为双方的行业地位和闪现于后的国际巨头身影而备受瞩目。

涉及要点：汽车行业、重组并购

29. AB收购青岛啤酒部分股权

2002年青岛啤酒向美国AB公司发行1.82亿美元的定向可转换债，约定在7年内分3次按约定价格强制性转为可流通H股，从而开创了这一并购方式的先河。AB公司同青岛啤酒订立战略同盟之后，2003年开始实施可转换债的协议。按照计划，如双方的协议全部履行(期限为7年)，则AB公司即可持有青岛啤酒27%的股份，从而成为青岛啤酒仅次于青岛市国资办(其持有青岛啤酒30.56%的股份)的第二大股东。2005年4月，原本持有青岛啤酒14亿港元可转债，预计7年后全部完成换股的世界第一大啤酒集团美国AB公司(安海斯-布希国际控股有限公司)，突然提前3年完成全部换股，使其所持有的股权比例由最初的5%上升到27%，与青岛啤酒第一大股东青岛市国资委所持有的股权比例30.56%只差3.56%。

而如果在未来"股改"中第一大股东向流通股股东以送股方式支付对价，就算以很低的"10送2.5"方案的话，AB公司也将顺利夺得青岛啤酒控股权，夺取中国第一啤酒民族品牌。

涉及要点：外资收购，A股、H股同时上市公司的收购

30. 美国柯达收购中国乐凯股权

2003年10月24日，中国乐凯胶片集团公司与影像行业巨头伊士曼柯达就股权转让等相关事宜签署了合作协议书。乐凯集团分两次将其持有的乐凯胶片20%国有法人股转让给柯达中国投资有限公司和柯达中国股份有限公司，并将为使用柯达的某些技术向柯达支付费用、为柯达拥有的股份支付股息。柯达公司将向乐凯胶片投入约1亿美元现金及其他资产，并提供各项技术的支持。

涉及要点：外资收购、国有股协议转让、感光行业

31. *ST大洋B收购案

在*ST大洋B第一大股东股权变更公告中，披露了江南信托代为收购的背后实际收购人——佛山市远东投资有限公司，这是信托公司代为收购上市股权中首次披露实际收购人。这表明，日益严格的信息披露要求正对信托公司的业务发展提出了新的挑战。自

从《中华人民共和国信托法》(以下简称《信托法》)实施后,信托公司就成为上市公司并购队伍中一支神秘的力量。因按照《信托法》规定,信托公司有为委托人保密的义务,信托代为收购广受欢迎,特别对象管理层收购等一些不愿公开身份的收购人而言,信托代为收购解决了诸多难题。据悉,鉴于越来越多的国有控股上市公司通过信托公司代为收购,变相实施 MBO,证券监管层已经开始暂停受理信托公司对国有控股上市公司收购案。

涉及要点:B股收购、信托公司代为收购、信息披露

32. 阿赛洛入股莱钢股份

2006年2月24日,国内钢铁行业第二例外资大并购项目终于诞生,全球第二钢铁巨头阿赛洛集团耗资20.86亿元收购莱芜钢铁股份有限公司(以下简称"莱钢股份",600102.SH)38.41%的股权。

根据双方达成的协议,阿赛洛将以每股5.888元转让价格,总价款20.86亿元受让莱芜钢铁集团公司持有的354 236 546股国有法人股,收购莱钢股份38.41%的股权。所有支付价款还会将根据交割日前莱钢股份的净资产审计结果进行调整。莱钢集团持有莱钢股份76.82%的股权,完成股权转让后,阿赛洛与莱钢集团的所持股份持平。当然,此项交易的交割前提条件是获得中国政府相关主管部门(中国监管机构和国有资产管理部门)的各项批复和豁免。

意义:外资第一次通过整体改制的方式收购上市公司。

涉及要点:整体改制收购、外资收购、钢铁行业、产业之策、反垄断

33. 凯雷收购徐州工程机械集团

徐工机械于2002年7月28日成立,徐工集团以净资产6.43亿元作为出资,持股51.32%,余下的股权由四大资产管理公司分别持有。2003年1月,徐工机械无偿受让了徐工集团持有的徐工科技(000425)35.53%的股权,成为上市公司第一大股东。

2003年,在改制中,徐工集团聘请摩根大通为出让徐工机械股权一事做财务顾问。此后,为了使股权转让交易顺利进行,徐工集团从四大资产管理公司手中回购了徐工机械的剩余股份。2005年5月,在经历了两轮筛选之后,凯雷最终胜出。

为完成此次收购,凯雷亚洲投资公司专门成立了全资子公司凯雷徐工,在股权转让获批后,将支付2.55亿美元的收购价款,购买82.11%徐工机械股权。同时,凯雷徐工将对徐工科技分两次进行总额为1.2亿美元的增资。第一部分的6 000万美元将与2.55亿美元同时支付。另外的6 000万美元则要求徐工机械2006年的经常性 EBITDA(指不包括非经营性损益的息、税、折旧、摊销前利润)达到约定目标方可支付。

由于徐工机械直接及间接持有徐工科技43.06%的股权,为其第一大股东,因此,凯雷徐工实际上也取得了徐工科技的相对控股权。

2005年10月25日,美国凯雷集团与徐工集团签署协议,前者拟出资购买徐工机械85%的股权,这是迄今国内最大一笔由私人股本公司参与的交易。在经过了地方以及国家发改委的核准后,该收购已报至国务院国资委、商务部审批。

意义:国内最大一笔由私人股本公司参与的交易;外资并购了中国的机械行业的"领头羊",被称为"斩首行动",引发了关于国家经济安全的讨论;三一进行恶意竞购。除了控股权的获得,凯雷徐工收购案的最大突破亦体现在由此触发的要约收购上。

涉及要点：外资收购、全面要约收购、机械行业

34. 大摩、IFC投资海螺水泥

2005年12月，海螺水泥公告称，公司接到控股股东海螺集团通知，海螺集团已与战略投资者MS Asia Investment Limited和国际金融公司(世界银行集团成员之一，下称IFC)签署协议，拟将其持有的公司13 200万股和4 800万股国有法人股分别转让给MS与IFC。

海螺集团是国内最大的水泥生产企业，海螺水泥在水泥行业也具有相当的核心竞争力和垄断优势。注资海螺水泥，是迄今为止大摩在中国最大的一笔投资生意。而这已是大摩第二次出手投资国内水泥业。

涉及要点：外国投资者对A股战略投资、外资收购资源及基础设施行业上市公司

三、2006年股权分置改革以后的上市公司收购

1. 中石化整合旗下A股公司(以退市为目的的要约收购)

2006年2月，中石化发布公告称，以现金整合旗下石油大明、扬子石化、中原油气、齐鲁石化4家A股上市公司，以现金要约的方式收购旗下4家A股上市子公司的全部流通股和非流通股，其中用于流通股部分的现金对价总计约143亿元。

2006年2月15日，中石化发布公告称，以现金整合旗下石油大明(000406)、扬子石化(000866)、中原油气(000956)、齐鲁石化(600002)4家A股上市公司，以现金要约的方式收购旗下4家A股上市子公司的全部流通股和非流通股，其中用于流通股部分的现金对价总计约143亿元。

中国石化收购齐鲁石化、扬子石化、中原油气、石油大明流通股的价格分别为10.18元/股、13.95元/股、12.12元/股、10.30元/股，相对于四公司此前的停牌价，溢价分别为24.4%、26.2%、13.2%、16.9%。在要约期届满并生效后，4家A股上市子公司将被终止上市。

意义：这是继中石油之后，国内证券市场又一例以退市为目的的全面要约收购，其最终目的则是完成上市时整合的承诺以及顺利推进股改。类似的中央企业还有中国铝业、中国电力投资等。

涉及要点：要约收购、退市、垄断行业

2. Holchin B.V.吞下G华新

2006年3月，华新水泥公告称，将向其第二大股东Holchin B.V.定向增发16 000万股A股。此前，拥有世界水泥市场份额5%的全球最大水泥生产销售商Holcim Ltd.通过全资子公司Holchin B.V.持有华新水泥8 576.13万股B股，占公司总股本26.11%，是第二大股东，仅次于由华新集团27.87%的比例。华新水泥股改后，Holchin B.V.将成为其大股东。

意义：这是自2005年12月31日五部委联合发布《外国投资者对上市公司战略投资管理办法》以来，外资首度按该办法通过定向增发A股对上市公司进行战略投资。此前，拥有世界水泥市场份额5%的全球最大水泥生产销售商Holcim Ltd.通过全资子公司Holchin B.V.持有华新水泥8 576.13万股B股，占公司总股本26.11%，是第二大股东，

仅次于由华新集团 27.87%的比例。华新水泥股改后，随着 10 送 3 股对价方案的实施，华新集团持股比例下降至 24.13%，Holchin B. V. 一跃成为华新水泥的最大股东。此次定向增发 A 股获批后，Holchin B. V. 持有的华新水泥 A 股和 B 股合计将达 24 576.13 万股，占该公司总股本的 50.32%，成为绝对控股股东。

涉及要点：资产重组、定向增发、战略投资 A 股

3. 宝钢举牌邯钢

宝钢系企业自 2006 年 1 月开始通过证券交易所集中竞价交易收购 G 邯钢流通股，买入价格在 2.81 元至 4.22 元之间。截至 5 月 31 日，宝钢集团持有 G 邯钢流通股 46 261 548 股；宝钢集团下属全资子公司——上海宝钢工程技术有限公司、上海宝钢工业检测公司分别持有 G 邯钢流通股 67 946 016 股和 23 989 082 股。

而在二级市场举牌前，宝钢系企业已通过购入邯钢认购权证(邯钢 JTB1)获得了数量可观的潜在股权。据上证所统计数据，截至 2006 年 5 月 30 日，邯钢 JTB1 可流通数量为 108 670.529 9 万份，宝钢集团、上海宝钢设备检测公司持有的邯钢 JTB1 均达到或超过了可流通数量的 5%，即至少各自持有 5 433.526 5 万份。

由于每份邯钢 JTB1 持有人可以在 2007 年 3 月 29 日至 4 月 4 日，以 2.8 元的行权价格从 G 邯钢第一大股东邯郸钢铁集团有限公司获得 1 股 G 邯钢股票，所以假如宝钢集团、宝钢设备持有的邯钢 JTB1 到期行权，则可以增加至少 10 867.05 万股 G 邯钢股票。

不仅如此，上海宝钢工程技术有限公司可能还至少持有 3 791.87 万份邯钢 JTB1。因为股改时，宝钢工程持有 G 邯钢 5 197.874 1 万股，根据股改对价，宝钢工程可以获得 3791.87 万份邯钢 JTB1。而邯钢 JTB1 上市后不久，宝钢集团就开始大肆收购，因此宝钢工程抛售邯钢 JTB1 的可能性非常小。

上述迹象表明，宝钢系企业二级市场大量购入 G 邯钢及邯钢 JTB1 已经不是简单意义上的证券投资，而是战略性的收购。其现有持股量和潜在持股量合计已经达到约 28 478.58 万股，占总股本的比例高达 10.3%。

涉及要点：举牌收购、钢铁行业整合

4. CVC 或将控股晨鸣纸业

晨鸣纸业 2006 年 5 月公告称，同意亚太企业投资管理有限公司(VC Asia Pacific Limited)(代表其所管理的投资基金，以下简称 CVC)以认购公司向其非公开发行股份的方式对公司进行战略投资。晨鸣纸业将向 CVC 非公开发行不超过 10 亿 A 股股票，募集资金总额将达 50 亿元。此次增发完成，CVC 持股比例将达到 42%左右，成为公司的第一大股东。

意义：据一项行业分析，此次交易将成为中国最大的收购交易。CVC 将成为晨鸣纸业最大的股东，持有晨鸣 30%的股权。

涉及要点：外资收购、非公开发行收购、战略投资、造纸行业最大并购

5. 海信并购科龙

2005 年 6 月科龙危机引发业界关注，海信派杨云铎等人赴顺德实地了解情况。并购科龙进入海信决策层的视野。6 月下旬，海信召开董事会扩大会，最终达成一致，决定收购科龙，双方达成并购协议，海信以 9 亿元现金接手顾雏军在科龙的全部股权。但为了规

避可能存在的财务风险,海信在协议中为自己搭建起了"防火墙",在收购协议中明确规定,将委托中介机构对科龙电器资产进行全面评估。若净资产总额在18亿元以上,海信集团将支付9亿元溢价收购科龙电器26.43%的股权;若净资产在18亿元以下,将以评估值为基数按26.43%的股权比例支付对应收购款,收购款最多为4.77亿元。海信集团首期将支付5亿元,待最终评估结果出来后多退少补。

2006年5月,历时近8个月的海信收购科龙(0921)股权案终于拨云见日。据内地媒体报道,顾雏军本人代表格林柯尔正式与海信签订协议。海信空调有限公司以6.8亿元对格林柯尔持有的科龙电器26.43%股权进行收购,从而成为科龙最大股东。由于双方尚有一些法律程序要走,到6月初海信才真正接手科龙。

涉及要点:资产重组、电器行业并购

6. 中石油收购吉林化工、锦州石化、辽河油田

2005年10月31日,中石油及其控股的3家上市公司吉林化工、辽河油田和锦州石化分别发布公告显示,中石油将出资61.5亿元现金要约收购辽河油田和锦州石化所有流通A股,收购吉林化工所有流通A股和H股,收购价较市价溢价6.9%~18.8%。

本次收购是首次以终止上市为目的的要约收购;是首次同时对3家上市公司发出要约收购;是首次A+H的要约收购;是首次有条件的要约收购;是首次国内高溢价要约收购。

(1) 首次以终止上市为目的的要约收购。虽然《上市公司收购管理办法》已包含以终止上市为目的的要约收购,但迄今为止,国内并无一例以终止上市为目的的要约收购。国内已发生的几起要约收购,主要是上市公司股权转让超过30%的比例,触发要约收购,而且大都是收购方不符合申请豁免要约收购的条件,被迫发布要约收购。

(2) 首次同时对3家上市公司发出要约收购。中石油对3家公司的收购需斥资人民币34.475亿元,港币270137.84万元,合计约63亿元人民币。同时对3家上市公司进行收购,收购总资金高达63亿元人民币,这是国内资本市场上要约收购的最高纪录。

(3) 首次A+H股的同时要约收购。吉林化工是同时在国内A股市场和香港市场上市的公司,对该公司的收购涉及如何在两个交易所进行收购。本次吉化股份的收购方案采取相同的时间、不同的价格、不同的币种进行收购。本次跨交易所同时进行要约收购,不只是国内资本市场的创新,也是香港资本市场的创新。

(4) 首次有条件的要约收购。本次要约收购是有条件的收购,是国内资本市场的第一例,主要表现在两个方面:第一方面是吉林化工A股收购要约的生效条件是H股收购要约在所有方面成为无条件。H股收购要约在所有方面即成为无条件,吉林化工H股将在香港联交所及美国证交所退市。H股收购要约在所有方面即成为无条件,A股收购要约生效条件即满足,吉林化工A股将在深圳证交所退市。吉林化工A股的收购要约之所以以H股收购要约生效为条件,是由于吉林化工A股、H股的比例决定的。吉林化工A股的比例为5.62%,H股的比例为27.09%。H股要约收购生效,吉林化工在港交所退市后,5.62%的A股已不符合上市条件,吉林化工A股也必须终止上市。第二方面是锦州石化和辽河油田的要约收购有最低预受要约股份数量限制。根据现行《公司法》第152条,"(四)股份公司申请其股票上市,总股本在公司股本总额超过人民币四亿元的,其向社会公开发行股份的比例为百分之十五以上”，根据《公司法》第158条，“不具备上市条件的，由国务院证券管理部门决定终止其股票上市”。所以，中石油对锦州石化和辽河油田的要约收购有最低预受要约股份数量限制，如果要约收购期满，不接受要约收购的股份数量在15%以上，中石油将放弃要约收购。

（5）首次国内高溢价要约收购。根据《上市公司收购管理办法》第34条，收购人确定要约价格，应当遵循要约收购挂牌交易的同一种类股票的价格不低于下列价格中较高者：①在提示性公告日前6个月内，收购人买入被收购公司挂牌交易的该种股票所支付的最高价格；②在提示性公告日前30个交易日内，被收购公司挂牌交易的该种股票的每日加权平均价格的算术平均值的百分之九十。

涉及要点：要约收购、退市、垄断行业整合

7. 银泰突袭G武商

2006年1月13日，在已经持有G武商总股本9.44%的情况下，武汉银泰与G武商的9名非流通股股东签署协议，收购其持有的1 860.7万法人股。收购完成后，银泰系累计持有G武商6 648万股（占总股本的13.11%），成为第二大股东。而股改使得银泰与原第一大股东武汉国资办的持股差距进一步缩小。在G武商10送3.2股的方案实施后，银泰持有G武商的股权增加至14.72%，而武汉国资办的持股比例则由29.75%降至17.23%。4月3日，银泰再次“举牌”增持G武商800.6万流通股，累计持有G武商8 265.75万股，占总股本的16.30%，与武汉国资的持股比例仅仅相差0.93%。4月13日，银泰宣布成为G武商第一大股东，而武汉国资办坚决否认，称自已仍为第一大股东。G武商控股权最终归属仍在争夺之中。截至2006年4月，银泰百货已经投入7亿元从二级市场上收购股票，通过数次举牌，银泰百货已经持有百大集团22.25%股份（第二大股东），拥有G武商18.11%股份（第一大股东）。

8. 东方航空吸收合并上海航空

2009年12月29日，经中国证券监督管理委员会核准，中国东方航空股份有限公司（以下简称“东航”）换股吸收合并上海航空股份有限公司（以下简称“上航”）。东航、上航两个“难兄难弟”实在有太多的相似点了，在2008年金融危机的寒流中都分别“披星戴帽”，而这两家公司的业务均立足上海，放眼全国，业务上存在颇多重叠之处，重组是个双赢的选择。但实际中，由于东航属于国务院国资委下属企业，上航属于上海国资委下属企业，这两个属于不同“娘家”的国有企业最后能够走上重组之路，与上海对局部利益的放弃和打造一个国际航运中心的迫切需求是分不开的。

交易结构：①东航发行股份吸并上航，上航注销法人资格，所有资产和负债人员业务均并入东航设立的全资子公司上海航空有限公司中。②双方的换股价格均按照停牌前20个交易日均价确定，对接受换股的上海航空股东给予25%的风险溢价作为风险补偿。③方案赋予东航和上航的异议股东由国家开发投资公司提供的现金选择权，包括H股和A股股东，异议股东可以按照换股价格行使现金选择权，无风险补偿。④由于国务院国资委等领导要求东航非公发行融资，方案采取换股吸收合并和A+H非公开发行两个项目并行操作，且相互独立，不互为条件，达到“一次停牌，同时锁价”的目标。

涉及要点：吸收合并、退市、行业整合

9. 上海医药换股吸收合并、发行股份购买资产

上海医药、上实医药、中西药业3家上市公司于2010年2月25日同时发布公告称，上海医药通过吸收合并、发行股份购买资产的方式打造“新上药”，基本实现上实集团和上药集团医药产业的整体上市。此次资产重组包括三项交易，即上海医药以换股方式吸收合并上实医药和中西药业，上海医药向上药集团发行股份购买资产，以及上海医药向上海上实发行股份募集资金，并以该等资金向香港上市公司上实控股(00363.HK)购买医药资产。

意义：上述重组完成后，“新上药”将拥有包括医药研发与制造、医药分销和医药零售在内的完备的医药产业链，医药工业和分销业的比例约为1∶2。“新上药”拥有的药品生产批文超过3 000个，在已经公布的307个国家基本药物目录品种中拥有198个，拥有独家品种156个。医药分销板块中，“新上药”将拥有国内第二、华东第一的分销平台以及在数量上超越国药控股的零售网点，并且拥有在中国医院的终端3 800余家。这个案例是目前上市公司并购重组案例中最复杂也是技术含量最高的一个案例，该案例同时涉及H股上市的上实控股，被吸并方股东通过现金选择权的行使退出上市公司确实为一个很好的创新。

交易结构：①上海医药以换股方式吸收合并上实医药和中西药业，换股价格按照本次重组董事会决议公告日前20个交易日的交易均价确定。②上海医药向上药集团发行股份，上药集团将其与医药相关的主要经营性资产注入上海医药。③上海医药向上海上实发行股份募集资金20.00亿元，并以该等资金向上实控股购买医药资产。上实控股医药资产的评估值即为20.00亿元。④在上述吸收合并交易环节中，赋予了上海医药异议股东收购请求权，上实医药和中西药业的全体股东现金选择权，现金选择权由上海国盛(集团)有限公司和申能(集团)有限公司提供。⑤上实医药的控股股东上实控股(HK)通过行使现金选择权退出医药业务，现金选择权的提供方上海国盛(集团)有限公司和申能(集团)有限公司作为战略投资者受让上实控股持有的全部上实医药的股权，股权价值达30.60亿元。

涉及要点：吸收合并、退市、行业整合

10. 上海汽车发行股份购买资产实现整体上市

上海汽车集团股份有限公司于2011年9月13日发布公告称：收到中国证券监督管理委员会印发的证监许可〔2011〕1431号《关于核准上海汽车集团股份有限公司向上海汽车工业(集团)总公司等发行股份购买资产的批复》，正式核准本公司向上海汽车工业(集团)总公司及上海汽车工业有限公司(以下简称“工业有限”)发行股份购买资产暨关联交易(以下简称“本次交易”)的相关事宜。方案保留华域汽车独立上市地位，公司选择了发行股份购买华域汽车60.1%股权并保留华域汽车独立上市地位的方案，这一方案的好处主要体现在四个方面：一是通过购买华域汽车60.1%的股权，充分发挥上海汽车与华域汽车的协同效应，增强华域汽车零级化(整车与零部件同步研发)优势，加快上汽自主品牌汽车和新能源汽车建设；二是保留华域汽车独立上市地位，将不影响华域汽车独立性和中性化发展战略，有利于其进一步发挥规模优势，进而促进上汽整车业务发展；三是重组后华域汽车将成为上海汽车的控股子公司，原先上海汽车与上汽集团及其关联方间的关联交易将因此大幅减少，进一步提升公司治理水平；四是这一方案将不涉及华域汽车社会公众股股东的权益变化和现金选择权的安排，易于获得市场投资者的认可，方案风险较小、易于操作。

上汽集团持有华域汽车11.11亿股限售股和4.42亿股非限售股股票，据相关市场研究表明，限售股的不可流通折扣率约为26%，鉴于本次转让的华域汽车股份存在28.46%的流通股，经加权测算后的不可流通折扣率约为18%。本次交易完成后，上海汽车将承继上汽集团股票的限售义务，因此华域汽车股份按90%折扣率转让是较合理的。

涉及要点：整体上市、同业竞争、行业整合

11. 重庆百货收购新世纪百货

历时数年之久，重庆商社集团旗下重庆百货(600729.SH)与新世纪百货的资产重组迈出关键一步。2009年8月23日，重庆百货发行股份购买资产暨关联交易申请经过证监会审核，获得有条件批准。此前，重庆百货发布公告称，重庆百货将通过向控股股东重庆商社集团及新天域湖景投资公司非公开发行1.69亿股，购买后两者分别持有新世纪百货61%和39%的股权。

作为重庆国资委重点扶持上市的国有集团之一，重庆商社集团旗下重庆百货与新世纪百货的同业竞争一直以来备受关注，而随着本次收购的完成，这一问题将得到解决。

涉及要点：发行新股、资产并购、同业竞争、行业整合

12. 上海城投借壳西藏企业上市

上海闸北区国资委下属城投企业借壳西藏企业上市，不能不说新鲜，同时整个洗壳过程也很有意思。交易结构及程序：

(1) 重大资产出售——上市公司将其持有的除已用于担保的资产外的所有资产和负债(净资产评估值为负数)以1元价格转让给洗壳的投资公司。人员资产负债均由洗壳者承担。

(2) 三项担保事项的处置：①西藏雅砻对四川方向光电股份有限公司逾期借款的连带担保-股东代付；②西藏雅砻对金珠集团的贷款提供的连带担保-债权人豁免，西藏自治区国有资产经营公司已出具书面文件豁免西藏雅砻上述担保责任；③西藏雅砻对深圳市金珠南方贸易有限公司的银行借款的连带保证-股东代替担保同时约定借壳方以股份代偿解除担保责任。

西藏雅砻对深圳市金珠南方贸易有限公司对银行的借款提供连带担保责任，截至2009年1月31日担保的借款本金折合为人民币519 480 610.98元。西藏雅砻、全体债权人以及金珠南方、闸北区国资委以及新联金达签署了《保证担保责任解除及债务偿还协议书》，约定《保证担保责任解除及债务偿还协议书》生效之日起，西藏雅砻第一大股东新联金达将其持有的西藏雅砻的2 900万股股份质押给全体债权人，上述质押手续办理完毕后，西藏雅砻的担保责任自动解除。

闸北区国资委同意在获得西藏雅砻股份之日起36个月后的90日内，将其中的3 000万股依法支付给全体债权人作为其解除西藏雅砻担保责任的对价，且在本次重组完成，闸北区国资委成为西藏雅砻控股股东的第三年(重组完成当年为第一年)，如经会计师事务所出具的无保留意见审计报告所确认的西藏雅砻的每股税后利润低于0.5元，则闸北区

国资委将依法再支付 1 000 万股西藏雅砻股份给全体债权人。同时,闸北区国资委同意在获得雅砻藏药股份之日起 60 日内,将获得的西藏雅砻股份中的 3 000 万股质押给全体债权人,作为其履行该协议约定的依法支付股份义务的担保。

涉及要点:借壳上市、资产出售、政府担保及连带责任

13. 象屿股份借壳上市

2011 年 8 月 29 日,福建省厦门象屿股份有限公司在上交所举行隆重的重组上市仪式。暂停上市达 27 个月的*ST 夏新电子成功变身为象屿股份(SH600057),同时撤销*ST 夏新电子退市风险警示,恢复上市。

*ST 夏新被暂停上市后,国家 AAAAA 级物流企业厦门象屿集团有限公司成功对其实施重组和优质资产注入。重组完毕后,象屿集团及其全资子公司厦门象屿建设有限责任公司合并持有象屿股份 66.25%的股份。该上市公司主营业务也由此变更为大宗商品采购供应、综合物流服务、物流园区平台开发运营等;上市公司名称相应变更为福建省厦门象屿股份有限公司,股票简称变更为"象屿股份",股票代码保持不变。

夏新电子此前经营已经停顿,资不抵债,被债权人申请进入破产重整程序。在重整期间,根据债权申报和资产评估的情况,管理人制定了《重整计划(草案)》,其要点和主要内容是:①将公司的所有资产进行处置变现,用以偿还公司负债。②全体股东均让渡一定份额的股票用以支持重组,其中控股股东让渡其所持夏新电子股份的 100%,中小股东让渡其所持夏新电子股份的 10%,所让渡的股份共计 209 672 203 股。让渡的股份中的 70 000 000 股按照《重整计划》的规定用于清偿债权,其余的 139 672 203 股由重组方有条件受让。③《重整计划》中还明确了重组方为象屿集团,由重组方支付 1 亿元现金作为对债权人的补充清偿,并承诺以认购夏新电子向其定向发行股份的方式注入净资产不低于 10 亿元的优质资产。也就是说,发行股份购买资产作为重整计划的一部分。

意义:在本案例中,重整计划中不仅将引入象屿集团作为重组方和注入不低于 10 亿元的优质资产等内容明确纳入其范畴,同时在资产重组方案中,继续细化《重整计划》中的经营方案,通过明确定价依据和发行股份数量与注入资产规模等,将恢复上市公司持续经营能力和赢利能力落实到位,实现了重整和重组的一体化。

14. 首商股份控股合并新燕莎集团

2010 年 8 月,北京市国资委将西友集团无偿转让给北京市国资委下属企业首旅集团。2011 年 6 月,原西单商场发布与新燕莎控股的资产重组公告,公司将以增发股份的方式购买首旅集团下属新燕莎控股 100%的股权,发行价格为 9.92 元/股。发行完成后,首旅集团直接持有西单商场 24 880.94 万股,占西单商场总股本的 37.79%,再加上其全资子公司西友集团所持有的 13 163.1 万股股份,总计持有西单商场 57.78%的股权,从而成为西单商场的控股股东。西友集团和首旅集团均属于北京国资委的下属企业,西单商场为西友集团控股下的上市公司,新燕莎集团为首旅集团的全资子公司,与西单商场的主营业务相似。

意义:首商股份(原西单商场)是立足北京、面向全国的商业零售企业,主营业务包括零售及批发百货、食品等。在通过增资扩股的方式收购新燕莎控股之后,原西单商场于 2011 年 7 月 25 日正式更名为首商股份。根据合并报表,合并后共有 17 家门店,总营业

面积约 47.4 万平方米。2010 年新成立的首商股份实现营业收入 97.02 亿元，合并净利润 2.39 亿元，成为北京商业龙头企业的有力竞争者。

涉及要点：吸收合并、退市、行业整合

15. 南京新百收购中国脐带血库

金卫医疗私有化中国脐带血库(China cord blood corporation，简称"CO 集团")在先，南京新百收购 CO 集团在后。2015 年 4 月 27 日，CO 集团大股东金卫医疗向 CO 集团董事会发出私有化要约，CO 集团董事会成立特别委员会，由 3 位独立董事组成。2015 年 8 月 5 日，南京新百向 CO 集团发出收购的意向性邀约函，并经特别委员会接洽金卫医疗。

本次交易结构包含三个部分。

第一，南京新百以"发行股份＋现金"收购 CO 集团 65.4％的股权，包括金卫医疗 BVI 持有的 3 835.261 2 万股普通股及票面价值 1.15 亿美元、转股价为 2.838 美元/股的可转换债券。该部分股权作价 57 亿元，其中现金对价 32.64 亿元(折合 5.048 亿美元)，发行股份对价 25 亿元。南京新百以 18.61 元/股的发行价，向金卫医疗 BVI 发行 1.343 3 亿股，用于支付股权对价，锁定期 3 年。根据开曼公司的合并案例实践，合并协议获得私有化标的公司 2/3 以上的出席股东赞同才能通过，先收购 65.4％股权也就保证了后续股东大会的通过。

第二，配套再融资。南京新百采取询价发行方式，以不低于 32.98 元/股的价格，向不超过 10 名特定投资者发行股份，募集不超过 49 亿元，用于第一步收购 CO 集团 65.4％股权的现金对价、补充流动资金及偿还下一步收购 CO 集团 34.6％股权的银行贷款，其中，南京新百实际控制人袁亚非认购不低于 10 亿元，锁定期 1 年。交易后，南京新百将持有 CO 集团 65.4％的多数股权，袁亚非及其旗下三胞集团、中森泰富作为"一致行动人"，将持有南京新百 29.22％股权。

第三，CO 集团私有化完成之后，南京新百再以现金支付方式，收购 CO 集团剩余的 34.6％股权。2016 年 1 月 6 日，南京新百与金卫医疗 BVI(作为卖方)及金卫医疗(作为保证方)签署相关协议，以私有化价格 6.4 美元/股作价，该部分股权估值 2.67 亿美元，折合人民币约 17 亿元。

在此之前，金卫医疗 BVI 已经完成收购 CO 集团的私有化。具体操作为采用吸收合并方式，由金卫医疗 BVI 在开曼设立全资子公司 COM 作为收购主体，与 CO 集团合并，金卫医疗 BVI 通过银行贷款，向 CO 集团其他流通股东支付现金对价，收购其所持 CO 集团股份。之后，由 CO 集团吸收合并 COM，并注销相关流通股，CO 集团再向金卫医疗 BVI 增发 4 173 万股，完成私有化。这一步骤的资金安排由金卫医疗 BVI 通过银行贷款向 CO 集团剩余股东提供现金对价。

私有化完成后，CO 集团将从纽交所退市，成为南京新百的全资子公司。这一交易的基本逻辑在于：非主要股东拿钱走人，主要股东放弃美股股份，获得 A 股股份，以享受 A 股估值溢价。2016 年 2 月 22 日，南京新百股价为 30.25 元/股，比 18.61 元/股的发行价增值 62.55％，金卫医疗 BVI 换取的股份也同步增值。

意义：本次交易中，华泰联合担任南京新百的独家财务顾问，从买方诉求及交易快速达成的原则出发，创造性地推出两步收购和跨境换股方案，帮助客户从多家国内企业竞购中赢得交易机会。

由于买方、卖方、标的公司均为上市公司,华泰联合作为项目总协调方,实现三地信息披露与监管审批的同步推进。方案中收购主要股东的股权和配套再融资同步进行,第一步收购中涉及的现金对价无须通过美元贷款来完成。

在此之前,南京新百通过全现金形式收购英国老牌百货企业 House of Fraser 约89%股权,是A股零售企业有史以来最大的一笔境外直接收购案。House of Fraser 有超过160年历史,是英国历史最悠久的皇家授权百货连锁商店,在英国和爱尔兰设有超过60家门店。收购后,南京新百拟将 House of Fraser 引入中国市场,打造"东方福来德"品牌百货。华泰联合作为本次跨境交易的境内独家财务顾问,全面协调,促成了交易的顺利达成。

涉及要点:上市公司、境外收购、跨境交易

16. 天神娱乐两次并购,完善游戏产业链

天神娱乐成立于2010年,2014年8月借壳上市。2015年,其通过两次收购5家标的企业,成为融游戏研发与发行、互联网精准营销业务为一体的互联网娱乐集团,市值最高超过300亿元。

2015年1月,天神娱乐采用全部现金的方式收购深圳为爱普公司,拥有了手机分发平台和入口,为游戏的研发和发行提供用户数据支持。2015年11月8日,天神娱乐又收购妙趣横生、雷尚科技、Avazu 和上海麦橙4家公司100%的股权。妙趣横生成功将《十万个冷笑话》进行"影游互动";雷尚科技是业内少有的以军事题材为主的游戏商,游戏的国际化程度较高,且生命周期较长,拥有稳定的用户群,业绩稳步增长;Avazu 是互联网精准营销领域的领军企业。

天神娱乐原主营业务为网页游戏、RPG 手游研发与发行,通过这两项交易,其在快速增长的手游市场中完善了业务布局,同时,在互联网广告快速增长的情况下,通过并购 Avazu 和上海麦橙,进入互联网精准营销领域,与公司的海外发行业务形成了协同效应。

项目亮点:第一,两次收购均围绕游戏产业链进行横向或纵向的拓展,有效提升了天神娱乐在产业链上的影响力,为股东创造了更高收益。尤其是并购 Avazu 和上海麦橙,较早发掘了互联网营销公司的潜在价值,引领了这一领域的并购。

第二,现金收购深圳为爱普,是第一单由独立财务顾问出具估值报告的成功案例。中信建投证券出具的估值报告,兼顾净利润指标和用户数指标,在未来收益现值法的基础上,增加了用户价值法,这一创新估值方法获得市场的认可。本次交易总估值为6亿元,但并购后,深圳为爱普的用户数和业绩快速增长,月活用户由并购前的约500万增加到近2 000万,利润规模由并购前的约300万/月,提升到约2 500万元/月,为股东创造了较高的回报。

第三,本次收购标的较多,收购中各个标的均遵循市场化定价原则,商务条款也不尽相同,体现出差异化和业务特点。

意义:互联网领域赢利能力较好的几个细分行业包括游戏、互联网营销、电子商务等,在2013年、2014年游戏行业随着智能手机的红利快速增长之后,互联网营销在精准营销、DSP(demand-side platform,需求方平台)等新技术的推动下,也在2015年年初呈现出爆发式增长的前景，利润率和利润规模均快速增长，是值得关注的标的。

17. 锦江股份收购铂涛

锦江股份收购拥有铂涛菲诺、麗枫酒店、7天等酒店品牌的铂涛集(Plateno Group)母公司 Keystone 的 81%股权，成为首家跻身全球前五的中国酒店集团。

这一案例的交易结构并不复杂，即锦江股份以现金从 Protocol Enterprises Limited(由铂涛集团投资人何伯权控制)等 13 名交易对手处收购 Keystone 的 81.003 4%股权，何伯权和铂涛集团创始人郑南雁保留通过境外子公司持有的 Keystone 剩余 18.996 6%股权。Keystone 2013 年、2014 年度和 2015 年 1—6 月净利润分别为 3 256.28 万元、2.67 亿元、−2 791.76 万元，估值为 108 亿元，剔除净负债 5.913 26 亿元，81.003 4%股权的对价为 82.693 7 亿元。

这一交易的关键在于，近 83 亿元的现金对价如何安排。由于本次交易对手众多，其中多为境外基金，对境内结汇汇往境外提出了更高的资金及外管要求。同时，2014 年铂涛集团与境外 12 家银行组成的银团签署了 3 亿美元的贷款协议，由 Keystone 旗下子公司质押股权担保。本次并购将触发提前还款条款，并构成对银团的违约风险。

面对巨额交割款及需要协调的 3 亿美元贷款，财务顾问申万宏源设计了灵活的多层融资方案与交割资金方案，并联合包括工商银行、中国银行及进出口银行在内的多家银行组成的银团，在同一天内完成了境外还款、股权稀释及整体交割的复杂目标。

项目亮点：本次收购涉及中概股回归，收购标的境外结构复杂且交易对手众多，申万宏源证券面临从重组申报到控制主导交割进程、参与设计并解决税务、资金、股权激励方案等众多技术难题，体现了较高的项目执行的质量和效率。据该项目的财务顾问主办人张云建介绍，本案最大的难点在于时间紧迫，2015 年 7 月进场，9 月 18 日公告交易方案，需要核查遍布全球的门店和 13 名交易对手的股东背景和财务状况。

除了设计多层融资方案外，本案的创新之处如下。

第一，是首个适用 2015 年 2 月国税总局 7 号公告的案例，灵活解决了 VIE 架构及双重征税问题。本次收购标的为原纽交所上市公司，注册在境外而其持有的主要酒店经营实体位于中国境内，境外结构复杂，受开曼、BVI、HK 等多地不同法律管辖。"中外中"的三明治结构不仅可能造成数十亿的巨额交易税负，更使得上市公司日后面临双重纳税负担。

本案以股权回购或股权置换的方式适用"重组豁免"，来拆除 VIE 架构，减免税负。通过内部重组，简化海外的股权架构，由于所涉公司皆为无实际运营的 SPV，仅需公司的内部董事会和股东会审批，所有重组程序 3 个月完成。交易完成后，上市公司还将就标的公司现有的境外架构主体向税务机关申请中国居民纳税人的认定，彻底解决双重征税的问题。

本项目也是上市公司重大资产收购政策改革后，"上市公司履行内部审议流程，无须证监会行政许可"的代表案例。

第二，创新设计境外标的公司层面的国企股权激励模式。Keystone 此前一直实行股权激励方案，为确保收购后核心管理团队人员不流失，锦江股份仍希望继续激励计划。然而其为国有公司，股权激励计划受到国资委及证监会监管，必须符合包括股权比例、金额、人数等在内的严格条件。为此,申万宏源项目团队为其设计了在境外标的公司层面实行的新股权激励计划。

第三,交易中,申万宏源项目组不仅兼顾上交所和港交所的信息披露要求,还保证国家发改委备案、国资委备案、银团贷款与重组流程同步推进,高效执行完成此项目。这与其长期跟踪和服务锦江股份,对其业务深入了解密不可分。在2009年锦江股份的重大资产置换中,申万即协助其将相对成熟的高端星级酒店划给香港公司,把锦江之星划给境内公司,从而抓住了境内经济型连锁酒店的快速发展期。

锦江股份收购铂涛案与首旅酒店收购如家,在交易结构上的相同点在于:其一,资金安排均是海外银团的并购贷款或过桥贷款,这得益于银行先于券商"走出去";其二,去除多余的海外架构,因此未经历分众传媒私有化后复杂的拆除VIE架构的过程。

涉及要点:中概股回归、重大资产重组

参考文献

[1] 陈晓峰.并购重组法律风险管理策略[M].北京：法律出版社，2011.

[2] 陈彦丽.转轨时期我国经济垄断问题探讨[J].商业时代，2007(18).

[3] 戴健民.微软收购雅虎搜索业务案之反垄断分析[J].电子知识产权，2011(10).

[4] 戴健民.美国并购控制的新发展[EB/OL].中国竞争法网，2011-03-09.

[5] 顾玲妹，唐新苗.美、欧并购法律规则及其对我国的启示[J].国际商务——对外经济贸易大学学报，2006(3).

[6] 侯怀霞，钟瑞栋.企业并购立法研究[J].中国法学，1999(2).

[7] 胡海峰.公司并购理论与实务[M].北京：首都经济贸易大学出版社，2007.

[8] 刘和平.欧盟并购控制法律制度研究[M].北京：北京大学出版社，2006.

[9] 罗文志，董寒冰.上市公司并购法律实务[M].北京：法律出版社，2005.

[10] 林晓静.跨国并购的反垄断规制[J]，华东政法学院学报，2003(1).

[11] 马骁.上市公司并购重组监管制度解析[M].北京：法律出版社，2009.

[12] 美国律师协会反垄断分会.美国并购审查程序暨实务指南[M].3版.北京：北京大学出版社，2011.

[13] 黎作恒.投资中国外资并购法律实务指南[M].北京：法律出版社，2007.

[14] 聂名华.美国对跨国并购投资的法制管理[J].国外社会科学，2003(4).

[15] 隋平.上市公司并购业务操作指引[M].北京：法律出版社，2012.

[16] 上海国家会计学院.企业并购与重组[M].北京：经济科学出版社，2011.

[17] 王长斌.穿行于规则之间——中国对美贸易与美国反托拉斯法[M].北京：人民出版社，2009.

[18] 王银凤，刘和平.欧盟最新并购监管改革评析及启示[J].证券市场导报，2004(12).

[19] 吴伟央，刘燕.公司并购法律实务[M].北京：法律出版社，2007.

[20] 肖金泉.企业并购的法律风险控制[M].北京：中国民主法制出版社，2007.

[21] 肖金泉，黄启力.并购重组操作指引[M].北京：法律出版社，2011.

[22] 姚芃.全国工商反垄断执法第一案办结[N].法制日报，2011-03-09.

[23] 朱宝宪.公司并购与重组[M].北京：清华大学出版社，2006.

[24] 《中华人民共和国企业投资并购法律全书》编写组.中华人民共和国企业投资并购法律全书[M].北京：法律出版社，2008.

[25] 赵杰.《谢尔曼法》的垄断蕴味[J].法人杂志，2006(8).

[26] 张洁梅.企业并购整合研究现状综述[J].商业时代，2011(12)：75-78.

[27] 张金鑫，王方，张秋生.并购整合研究综述[J].商业研究，2005(9)：111-114.

[28] 吕福强.企业并购问题的探讨[J].财经界，2009(4)：77-81.

[29] 毕雄梅.并购企业的整合管理[D].北京：对外经济贸易大学，2000.

[30] 李菊敏.企业并购整合研究[D].长沙：湖南农业大学，2006.

[31] 刘文纲.我国企业跨国并购中存在的主要问题及对策[J].商场现代化，2009(1)：69-70.

[32] 庄恩平，汤进华.跨国并购中的文化整合——上汽双龙并购案例跨文化剖析[J].商场现代化，2007(8)：297-298.

[33] 陈朝阳.中国企业并购论[M].北京：中国金融出版社，1998.

[34] 陈虎.跨国并购的主要特点及原因分析[J].北方经贸，2003(9).

[35] 陈庆发.近代中国的企业资本运作与资本收益分析[J].江西社会科学，2010(1).

[36] 段爱群.跨国并购原理与实证分析[M].北京：法律出版社,1999.
[37] 干春晖.并购经济学[M].北京：清华大学出版社,2004.
[38] 于桂琴.论当代海外并购的动因、特点与发展趋势[J].经济界,2006(5).
[39] 李甫英,陈林心.国际资本流动中跨国并购的动因分析[J].企业经济,2007(1).
[40] 刘文通.企业兼并收购论[M].北京：北京大学出版社,1997.
[41] 吕俊瑜.跨国并购新趋势及我国对策探讨[J].当代经济,2001(1).
[42] 石建勋.突出重围——中国企业跨国发展战略与案例[M].北京：中国经济出版社,2004：198.
[43] 石建勋,陆军荣.中国企业国际资本市场融资[M].北京：机械工业出版社,2006：218.
[44] 石建勋.民企海外上市的国际差异分析及其对策研究[J].财经问题研究,2004(4).
[45] 石建勋.战略规划中国跨国公司[N].中国证券报,2001-12-27(12).
[46] 石建勋.企业跨国经营的战略思考[N].经济日报,2002-06-24(8).
[47] 石建勋.美国怎么了——美国公司丑闻的全景透视[M].北京：中国建材工业出版社,2003.
[48] 石建勋.美国公司改革法案研究评价[J].经济学动态,2003(3).
[49] 石建勋.战略规划中国跨国公司[M].北京：机械工业出版社,2004.
[50] 石建勋.正确认识和防范股票期权的负面作用[N].中国证券报,2004-04-01(12).
[51] 石建勋.树立全方位国际化大市场的营销新观念[J].市场营销导刊,2003(8).
[52] 石建勋.企业跨国经营与公司治理的“国际化差异”问题研究[J].经济纵横,2005：12.
[53] 石建勋,张鑫.我国企业跨国并购的整合能力差距与对策研究[J].广州大学学报,2007(1).
[54] 宋群.跨国并购在我国的新趋势[J].中国经贸导刊,2007(6).
[55] 隋文香,温慧生.中国种子企业资本运作新路径——奥瑞金 SPAC 海外上市之路简评[J].中国奇特,2007(6).
[56] 武勇,谭力文.论中国企业跨国并购[J].经济问题探索,2004(8).
[57] 王东,张秋生.企业兼并与收购案例[M].北京：清华大学出版社,北京交通大学出版社,2004.
[58] 吴晓求,等.公司并购原路[M].北京：中国人民大学出版社,2002.
[59] 张秋生,王东.企业兼并与收购[M].北京：北京交通大学出版社,2001.
[60] 孙涛.公司并购决策及有效性分析[M].北京：经济管理出版社,2006.
[61] 甘子玉.中国企业投资分析报告[M].北京：经济科学出版社,2005.
[62] 王普勇.上市公司并购剖析[M].北京：经济科学出版社,2004.
[63] 于桂琴.论当代海外并购的动因、特点与发展趋势[J].经济界,2006(5).
[64] 汤谷良.财务管理案例[M].北京：北京大学出版社,2007.
[65] 刘文通.企业兼并收购论[M].北京：北京大学出版社,1997.
[66] 吕俊瑜.跨国并购新趋势及我国对策探讨[J].当代经济,2001(1).
[67] 李曜.公司并购与重组导论[M].上海：上海财经大学出版社,2010.
[68] 上海市国有资产监督管理委员会编.并购与重组[M].上海：上海财经大学出版社,2006.
[69] 张新.中国并购重组全析——理论实践和操作[M].上海：上海三联书店,2004.
[70] 周林.企业并购与金融整合[M].北京：经济科学出版社,2002.
[71] 曹凤岐.如何进行企业并购和重组[M].北京：北京大学出版社,1999.
[72] 李善民.上市公司并购绩效及其影响因素研究[J].世界经济,2004(9).
[73] 罗良忠.我国上市公司资产剥离实证研究[J].证券市场导报,2003(12).
[74] 陈青,周伟.中国上市公司的要约收购制度[J].经济管理,2004(1).
[75] 陈信元,等.机会主义资产重组与刚性管制[J].经济研究,2003(5).
[76] 魏建.管理层收购的新解释[J].证券市场导报,2003(4).

教学支持说明

▶▶课件申请

尊敬的老师：

您好！感谢您选用清华大学出版社的教材！为更好地服务教学，我们为采用本书作为教材的老师提供教学辅助资源。鉴于部分资源仅提供给授课教师使用，请您直接手机扫描下方二维码实时申请教学资源。

qybg2

任课教师扫描二维码
可获取教学辅助资源

▶▶样书申请

为方便教师选用教材，我们为您提供免费赠送样书服务。授课教师扫描下方二维码即可获取清华大学出版社教材电子书目。在线填写个人信息，经审核认证后即可获取所选教材。我们会第一时间为您寄送样书。

任课教师扫描二维码
可获取教材电子书目

清华大学出版社

E-mail: tupfuwu@163.com　　网址：http://www.tup.com.cn/

电话：8610-83470158/83470142　　传真：8610-83470142

地址：北京市海淀区双清路学研大厦B座509室　　邮编：100084